JN100029

# 創作か 盗作か

——「大東亜共栄圏」論をめぐって

原 朗 著
Hara Akira

同時代社

敏感さ、すなわち権利侵害の苦痛を感じとる能力と、
実行力、すなわち攻撃を斥（しりぞ）ける勇気と決意が、
健全な権利感覚の存在を示す二つの標識だと思われる。

（イェーリング『権利のための闘争』ウィーン、一八七二年、村上淳一訳、岩波文庫、七五頁）

創作か盗作か——「大東亜共栄圏」論をめぐって／目次

## Ⅱ　裁判に明け暮れた七十代後半　61

## V　驚くべき東京地裁判決　359

# はしがき

時の移ろいは恐ろしい。秘すれば花なり、秘せずは花なるべからずと、数十年ものあいだ、ひたすら一人で耐えていたことが、このように理不尽な形で公になろうとは。

六年ほど前の二〇一三年七月一二日午前、私は一通の配達証明つき郵便を受けとった。

封書に入っていたのは六月二七日付の「訴状」と「第一回口頭弁論期日呼出状及び答弁書催告状」、「答弁書」、そして「最初にお読みください」という書面である。「訴状」は私の昔の友人の名義で、私が名誉毀損をしたから「謝罪広告」や「損害賠償金」などを請求する、というものであった。呼出状は、二〇一三年七月二九日までに答弁書を提出すること、八月五日（月）午後一時五〇分に裁判所に出頭することを命じている。「答弁書」を記入しようとしても、書式が示されているだけで、六つの項目にどう記入したらよいのかも判らない。そういえば、趣旨や主張がよく判らない「催告書」なるものが二ヵ月ほど前の五月八日付で届いていたが、その言い分が理解に苦しむようなものだったし、事柄の性質上、実際に提訴されるとは思っていなかった。

しかし実際に「訴状」を受け取ってみると、それは非常に大きな衝撃となって私に迫ってくる。「あなたが答弁書を提出せず、裁判手続が行われる日（期日）に欠席すると、訴状に記載された原告の言い分を認めたものとみなされ、欠席のまま判決されることがあります」という《注意》が記されている。

「答弁書」の書き方すらわからないのだから、これは弁護士さんの力に頼るほかはない。その日の午後、私は、話をよく聞いてくださるといわれる、ある弁護士さんの事務所に身を移し、この事件の弁護をお願いした。丁寧に、慎重に、相当長く考えられたのち、弁護を引き受けていただくことになった。

その日以来の六年以上、私は「被告」としてこの裁判にずっとかかわっている。その事情を最初に説明しておくことが必要だろう。

直接のきっかけは、私の大学での「最終講義」（二〇〇九年）などが名誉毀損にあたるとして、裁判所に提訴されたからだが、事の発端は今から四五年も前にさかのぼる。

一九七五年の一二月、私は一冊の本を前にして途方に暮れていた。その本は私が親しくしていた友人の最初の単著で、『「大東亜共栄圏」の形成と崩壊』という大著だった。友人は私の研究室にその本を持参して献呈してくれた。私は「おめでとう」といって受け取り、しばらく話をして彼は帰っていった。私はその本に見入ったが、ほどなくあることに気がついて凝然とした。その前年の秋、私とその友人ともう一人の若い友人とで行ったある学会の共通論題での私の報告「『大東亜共栄圏』の経済的実態」と、その友人の新著とが異常に類似しているのである。

題名だけではなく、序論や結論の論旨も、扱っている史料や歴史的事実も、そしてよく眺めればその編別構成までも、私の行った学会報告とたいへんよく似ているのだ。しかも、私の報告はまだ学会誌に発表されていない。当時のその学会の慣行では、大会報告を一括して掲載することはまだ認められていなかった。私は友人たちとの三論文の一括掲載を許可するよう学会の理事会に対して長い時間をかけて懇請を重ね、ようやく一九七六年の四月号への掲載が認められたばかり、というタイミングでの友人の新著刊行だったのである。私の学会報告は彼の新著によって完全に出し抜かれたということになる。

当時の学会、具体的には土地制度史学会という、経済学・歴史学・農業経済学など広い領域にわたる学会で、大会の共通論題を存続すべきか廃止するべきかという鋭い意見の対立が起った。そのため、いわば一時的で緊急避難的な措置として一九七四年度秋季学術大会共通論題の組織者が若輩の私（当時三五歳）に任されたという経過があったのである。私は先の友人をふくむ四人で「満州史研究会」を続けており、その成果として『日本帝国主義下の満州』（一九七二年）を刊行していたので、そのテーマをさらに拡大して「一九三〇年代における日本帝国主義の植民地問題」を学会大会共通論題とする案を立て、私が「『大東亜共栄圏』の経済的実態」を、その友人が「一九三〇年代における植民地『工業化』の諸問題」を、さらに若い友人が「日本ファシズムと『満州』農業移民」を主題とする三つの報告を行った。

私の報告は「大東亜共栄圏」全地域の経済構造と動態を概観するため、生産過程には立ち入らず投資・貿易・金融などの流通過程に限定し、友人の報告は生産過程に立ち入る反面、地域を「日満華北ブロック」に限り、さらに若い友人は地域により個性差の激しい農業土地問題に接近するため地域を特に「満州」のみに限定し、日本との関連で農業移民問題を取り上げて報告することとした。

ここまでは何の問題もなく、共通論題存続是非論も、共通論題報告一括掲載問題も乗り切って、理事会で承認され、あとは一九七六年四月の学会誌発刊を待つばかりになったときに、件の友人の新著発行となったのである。

友人の新著は、私の報告の文章やパラグラフをそのまま引用する方式はとっておらず、私の報告の内容を切り刻み、表現を若干変えながら著書の各所にちりばめる手法を用いていた。そして、何よりも私の共通論題報告が翌年四月に学会誌に公表される前に、全五四五頁の単著という形で公表されたことに私は衝撃を受けた。法律上は私の大会報告と配布資料の著作権が認められていても、一九七五年一二月の友人の著書のほうが「先行研究」となり、一九七六年四月公刊の私の学会誌掲載論文は「後発研究」とされてしまうことになる。

この事態に応じて、私はいくつかのことを考えた。友人が著書刊行に際して行った不正行為を学会理事会に公然と指摘して、学会理事会に学会誌掲載予定の友人の論文の撤回を求めることがその一つである。この場合、学会理事会と友人本人に対して、のちに本文で詳しく述べるような非常に大きい影響をもたらすであろう。学会理事会の責任問題、ひいては学会それ自体の存続問題と、友人本人に対する社会的制裁、著書の絶版や懲戒免職その他社会的制裁圧力の急激な強化により起こりうる事態の双方である。

これらの危険をはらむ問題を避けて、友人の論文の撤回を求めず新著についても抗議しないこととした場合、今度は私が重大な影響を被ることになる。友人の単著の内容は、過去に私が発表した論文や大会報告だけではなく、「満州史研究会」以来の長年の交友の中で、私が苦心して発掘してきた一次資料や、率直に詳しく語ってきた私自身の研究書の体系的な構想をも、縦横に用いて構成しているのである。のちに本文で語る私なりの深刻な苦悩や葛藤ののちに、私は決断した。学会を壊すことはできないから、彼のような独善的利己的な業績主義の「研究者」とは袂を分かち、全く別の道を進むことを決断したのである。

私が沈黙して、何ごともなく四半世紀の時間が流れた。二〇〇一年、『展望　日本歴史⒇　帝国主義と植民地』という日本植民地研究への手ほどきとなるリーディングスに私の学会誌掲載論文「『大東亜共栄圏』の経済的実態」が採録されることになった。私は沈黙二五年ののち、この時に初めて友人の実名を記載して、読者として想定される大学院生に対し、私の大会報告・学会誌掲載論文と、友人の著書との関係について、論文末尾の「追記」のなかで言及した。若い読者が研究史を誤解せず、正確に理解することを期待してのことである。この時、当然彼もこれを見た。彼は私に直接口頭で謝罪し、それ以後もこの点に関して特に私を非難することはまったくなかった。

二〇〇九年春、第二の職場で私は七十歳の定年を迎えた。東京国際大学の最終講義「開港百五十年史—小江戸・大江戸・そして横浜—」の中で、私はこの点に言及した。学部での最終講義では盗用されたことのみを伝え、その盗用者の名前や大学については触れなかったが、大学院生に対する最終講義では、その最終段で学問上の倫理として厳しく「盗用厳禁」を強調し、八年前にリーディングスへの「追記」で既に明かしており、本人から謝罪を受け、かつその後も全く抗議を受けていなかったかつての友人の名に触れた。この最終講義には、東京国際大学の大学院生・教員のほか、東京大学大学院で指導した若い経済史研究者諸君もたくさん来て聴講してくれていた。

しかし、四〇年も前には非常に親しい友人であった前記の人物が、私のこの最終講義での発言ならびに定年後に私が研究の集成として公刊した論文集での記述、さらには先のリーディングスへの「追記」に関してまで、「名誉毀損」にあたるとして「訴状」を送ってきたのである。それが、二〇一三年七月のことであった。

本書はこうして提訴された「謝罪広告等請求事件」に関し、被告としての私が法廷に提出した書類やその他の資料をもとに、私の主張と裁判の経過をまとめたものである。この裁判はやや独特で、一九七五年に発行された著書が「創作」なのか、あるいは私の学会報告などの内容の「盗作」なのか、つまり彼が私の著作権を侵害した加害者なのかどうかを全く問題とせずに、四〇年以上も後の私の大学生活での最後の発言を「名誉毀損」だと主張し、しかも学界での反論や討論を何もせず、ただちに法的措置をとって裁判所に判断を求める、というのが原告のとった行動だった。四四年前に彼によって自分の学問と人生をすっかり変えられてしまった私としては、この裁判は私の学問とも人生とも切り離して考えることはできない。

ここに来て、私の学問史は裁判と一体化してしまったようだ。すでに私の学問はこれまで四十年以上彼によって大きく曲げられてきた上に、最後になって彼は裁判の提訴により私の老後の歳月を何年も奪うだろう。

私の人生は私のもののようであって実はそれのみではない、彼によって翻弄され続けていたことに再び思い至った。裁判は容赦なく私に残された人生の時間を奪い去っていくだろう。私のすべての学問と、この裁判と、人生全体とが、なんと一致することになってしまったのだ。

本書第I部を「学問への私の旅立ち」から書き始めたのは、修業時代の思い出や彼との出会い、彼が誘ってくれた満州史研究会での楽しく親しい共同研究、その頃まで夢中で進めていた私の初期の研究の内容、土地制度史学会の幹事としての仕事、助手仲間の交流などについて語り、この学会の大会共通論題報告を彼と一緒に準備したころを立入って回顧したかったからである。悲しいことに、これらのいくつもの思い出は、非常に長期化した裁判の書類がぐんぐん増えて、充分に本書に組み込むことはできなくなってしまった。

彼の著書発刊以降、私は行動の重点を自己の学問のためというよりも、次世代の研究者の学問のために意識的に移していった。先にふれた二〇〇一年の研究入門論文集に、次世代の大学院生へのメッセージとして、私の論文と彼の著書との関係についての「追記」を書いたのもその一つの表れである。

私は東京国際大学の学部学生への二〇〇九年度の最終講義で「盗用厳禁」を強調し、氏名を挙げずに私の経験を語ったが、それでも教室にはどよめきが起こり、それは誰だ、どの大学か、との声が上がった。同年度の大学院院生への最終講義では、すでに公開し、彼が謝罪していた二〇〇一年の「追記」のコピーに即して、彼の名に触れた。これが二〇一三年になって、今回の裁判の「訴状」となり、三八年前の盗用の「加害者」が、その「被害者」である私を逆に訴えてきたのである。

東京地裁五年八ヵ月の長期審理では、彼に訴えられ、期せずして被告となった以上の経過と、まず原告の「訴状」の内容を仔細に読み、「準備書面」を書いては直し、直しては書き、それぞれ一〇回以上も改訂して裁判所に提出する作業、「陳述書」や「争点対照表」の作成と、「剽窃」の学術的定義についての調査など、訴えられてから押っ取り刀で始めた素人の、あれやこれやの難行苦行、生活の変化も率直に記したかったが、これもごくわずかだけ述べるにとどめた。

本書では、私が裁判所に提出した「陳述書Ⅰ」と「陳述書Ⅱ」の両方の全文を掲載したかったのだが、分量がとても大きく、この小さな本への全文収録は到底できない。これら二つの陳述書は、全体で一六個の被告側「準備書面」と八三の被告側「証拠」および三六項目の「争点対照表」などに基づいているが、それらすべての収録も物理的に不可能である。第Ⅱ部までは私が今回書き下ろした。第Ⅲ部では、「意見書」を執筆して下さったお二人の許可を頂き、全文をそのまま掲載した。私の言葉によってではなく、他の研究者の目から見て、この裁判にどういう意見をもたれたかを正確にお伝えするための全文収録である。松村高夫慶應義塾大学名誉教授と堀和生京都大学大学院経済学研究科教授（現京都大学名誉教授）による四つの「意見書」をお読みいただくのが、この事件と裁判の全貌を把握する早道だと思う。これら意見書のすべては裁判所に提出された正式な裁判記録である。とりわけ、堀「意見書Ⅲ」の第四図（本書二六六―二七七頁）は、この事件の核心を学問的に説明しきったものである。

堀意見書は、歴史学の方法を駆使してそれぞれ三つの視角から原告の盗作行為を究明し、迫力ある論調で原告の著作が盗作部分を含むか否かを判断されたものである。正式な裁判記録としての本書の焦点は、これら四通の意見書に凝縮されている。この裁判の過程で、学術的にいかに歴史上の真実を解明できるか、それもお知り頂くことができると思う。

なお、原告の陳述書が一通、原告側の意見書も二通が法廷に提出されているが、私の側には著作権がないので、本書に収録することができない。両氏がこれらをぜひ公表されるよう期待する。

第Ⅳ部「法廷に立たされて」は、東京地方裁判所で二〇一八年二月五日と一三日に行われた証人尋問・本人尋問の録音記録のうち、堀証人への主尋問と被告原への主尋問を収録した。本来はこれらへの反対尋問と、相手方の証人・原告への主尋問・反対尋問を収録すべきことも十分解っているが、本書に収録するには余りに分量が多いので諦めた。なお、五日の証人尋問は主尋問二五分、反対尋問二五分計五〇分、被告側証人は京都大学名誉教授堀和生氏、原告側証人は早稲田大学名誉教授依田憙家氏、本人尋問は二月一三日、主尋問六〇分、反対尋問八〇分、被告本人は私、原告本人は早稲田大学名誉教授小林英夫氏である。

二月五日の堀証人の主尋問への証言（本書三〇八ページ以下）は、同氏の三つ意見書すべてを二五分という限られた時間に凝縮して述べられたもので、本書の白眉といえよう。それに続く被告本人の主尋問への供述では、複雑難解な内容を含む本裁判の本質を、判りやすく裁判官に伝えようと試みた。

なお、これらの尋問調書に基づき、被告代理人渡辺春己氏が執筆されたＡ４用紙一三〇枚の力作「最終準備書面」なども収録したい所だが、紙幅が許さず掲載を断念した。

「被告本人口頭陳述書」は、二〇一八年五月二二日の、結審当日私が行った短い八分半の口頭陳述の文書版である。ここで私は原告の主張の決定的矛盾を突いて、事の本質につき裁判所の理解を求めた。なお、読者にわかりやすいように、渡辺弁護士が作成され、二月一五日の原告への反対尋問に際し弾劾証拠として提出された、原告陳述書と原告の一図書との対照表（乙第七五号証）を参考のためここに引用した。これに対し原告側は一切発言できなかった。結審の際に判決言渡し日は同年九月三日とされたが、判決期日は以後一一月二八日、一二月一八日、翌年一月二一日と次々に延期通告があり、結局ここで私は驚くべき内容の地裁判決を受けた。

ついで第Ⅴ部はこの驚くべき東京地裁判決のうち、「当裁判所の見解」の全文を収め、これを全面的に批判した堀和生「意見書Ⅳ」と原朗「陳述書Ⅲ」を収録した。本来はこの両者とともに高裁に提出した「控訴理由書」を掲載すべきであるが、これも紙幅の制約上収録を断念し、詳細な目次と概要のみを示し、さらに裁判の過程で解明された原告の最初の論文「元山ゼネスト」が文字数で約四八％、結論部分ではほぼ一〇〇％に近い大規模な剽窃が行われ、さらに二〇一一年にも自己の著書に結論部分を削除して抄録していることを示した堀和生「小林英夫氏盗作行為の起源」の概略を示した。これも「控訴理由書」「意見書Ⅳ」「陳述書Ⅲ」とともに、東京高裁に提出し、正式に受理されている。

六年近くかかった地裁とは対照的に、高裁の審理は一回のみ、わずか五分の初回結審、判決は他の案件と一括して瞬時に申渡されたが、その内容は地裁判決を弥縫し、むしろ改悪した更に驚くべきものであった。第Ⅵ部では、東京高裁の判決から「当裁判所の見解」を収録し、ついで高裁判決への批判を行い、そして最高裁への上告手続きの書類の概要を示し、一応高裁段階までで叙述を打切り、現在なお審理中の最高裁については触れていない。本書全体のむすびとして、学問と裁判との関係および学問の自由と学問の独立についての私の感想を述べた。

以上が本書の構成についての説明である。私は、このような学術上の盗用・剽窃が、自然科学や人文社会科学で再び起こってはならないと考え、自分の大学院での最終講義で発言した。そしてこのような研究不正を根絶することをさらに願って、本書を社会に送り出す。良識ある読者による公共の場での討論を期待し、同時に原告側もその見解を公共の場に提供することを強く希望したい。

最後に、本書出版の願いを受けて下さった同時代社川上隆社長と栗原哲也氏に深く感謝する。

二〇一九年一二月一四日

原　朗

# I

# 回想——三十代前半までの私の研究

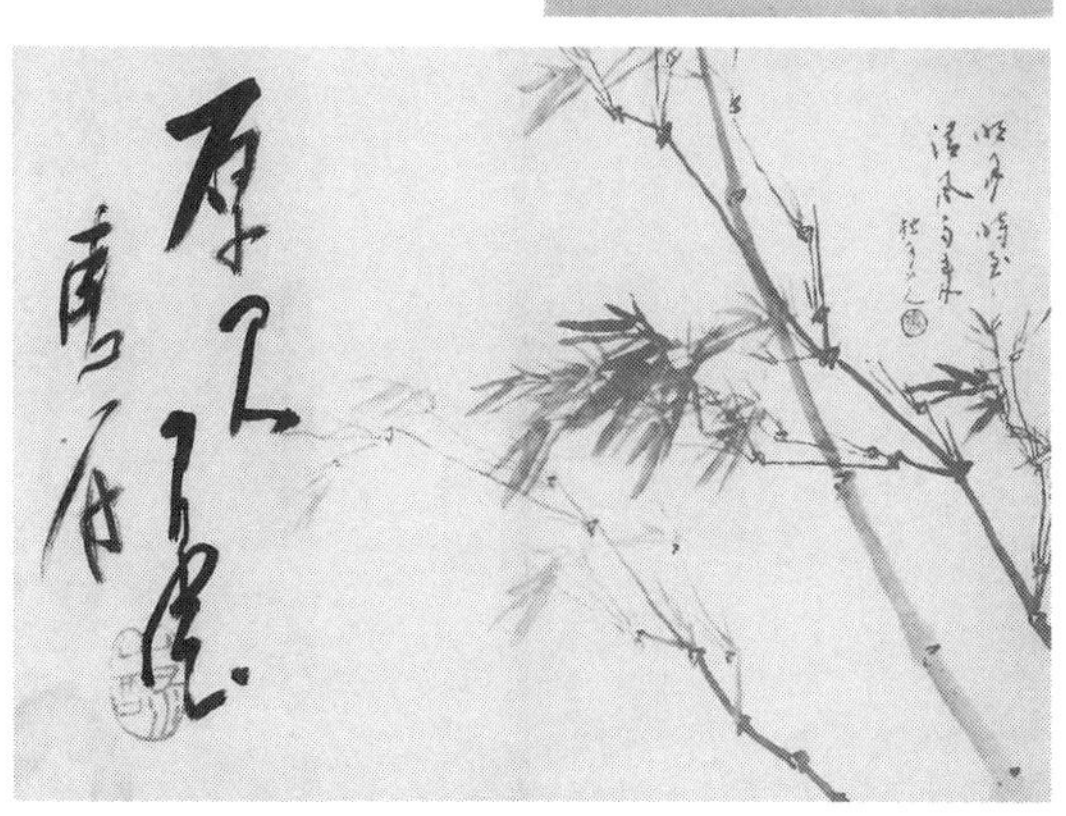

泉山三六より贈られた本と落款

# 一　学問への私の旅立ち

## （一）修士論文の提出まで

すべてはあのときから始まった。

一九六五年六月、恵比寿の泉山三六氏邸の二階で、私は中村隆英（たかふさ）先生と共に大量の現代経済史資料の出現に驚き、ただ立ち尽くしていた。泉山三六氏はもと大蔵大臣で、『トラ大臣になるまで』（東方書院、昭和二八年）という自伝がある。私はそれを神保町の古本屋の店先で見つけ、「伝記があったらどんな知らない人のものでも買って読んでみるものだよ」と中村先生に教わっていたし、価格が一〇〇円だったので、すぐ買って読んでみた。「トラ大臣」とは妙な表題だが、「酔眼朦朧」という節があり、予算が通ったあと国会の大蔵委員会の祝宴で酔い、隣の山下春江女史とコップ酒を二杯飲み、「連れ立って席を立って」「廣い廊下をアベックし」「月と尾花で」「酔眼朦朧、酔歩蹣跚」「すべては槿花一朝の夢」（一九五～二〇五頁）、といういわゆるキス事件で大蔵大臣も議員も辞職したという逸話の持ち主、「大トラ事件、昭和酔虎伝」と騒がれたが、次の参議院選挙では全国の酒呑みの共感を集めてか三九万五千票、三二七人の候補者のうち第七位で当選、という方である。その同じ本の一〇六頁から一二三頁に、とんでもないことが書いてある。まだ戦前、三井銀行の行員だったころの泉山氏に、池田成彬からこういうことを言われた、というのだ。少し引用してみよう。

「今でも忘れない、昭和十二年四月一日であった。就任したばかりの日銀総裁池田（成彬）さんからのお呼びである。…池田さんはいつもの凜然とした中にも、あの時は特別、物柔らかであったように感じた。

「何しろこの時局である。就ては早急に軍需産業五ヶ年計画をうち樹てねばならぬが、どうか私の代理として参加して貰いたい。日満支の三国を一環として充分考えてほしい。この計画は、もちろん軍が中心だが、軍は言い出したら、内閣ではどうすることも出来ない。だから御苦労でも軍内部に入ってしっかりやって貰いたい……」

…池田さんは語をついで、

「御苦労だが何とか引受けて貰いたい。お国の為だ。この話は軍の石原（莞爾）と近衛（文麿）さんと私とが、責任をもってやる仕事である。頼む」と言われる（一〇六～一〇七頁）。

（万代順四郎会長の筋向かいの一室を「泉山特別室」として与えられ）「日銀総裁池田さんからの紹介で、私が訪れたのは、否軍の特使として、宮崎（正義）君という無名の士であった。この宮崎君が、実は林内閣の代理として、池田さんに大蔵大臣兼日銀総裁の大任を持ち込んだ男である。池田さんは大蔵大臣に結城豊太郎氏を推して、御自分は日銀総裁だけを引き受けた。爾來池田さんも宮崎君とは特別の関係にあったが、あの頃、軍を一人で背負って立っていた石原将軍は、どういう譯か、宮崎君を先生々々といっていた。…滿洲國建國綱要を編んだのも、この宮崎君であり、…宮崎君は日滿財政經濟研究會の看板をかけていた」（一一〇～一一一頁）

そして昭和十六年一月二十二日付の万代順四郎会長あての報告書には、昭和十二年から十五年にかけて泉山氏が参画した諸計画の名が具体的に二一個列挙されている（一二〇～一二二頁）。

この人には何か聴いておかなければならない、私はそう思って中村先生にご相談した。先生は本をざっと眺められ、いいとも、一緒に聴きにいこう、と先生は仰って、泉山氏にヒアリングの予約を依頼してくださった。毎朝午前七時から八時の間なら時間が空いているからいつでもよい、とのお返事を頂いて、私は当時まだ相当重かったオープンリールのテープレコーダーを持ち、早朝の泉山邸に何度もお邪魔することになった。

泉山氏は豪放磊落な方で、何回目の時だったか、お前たちはなかなか勉強しているようで気に入った、今度熱海の別荘から資料を取り寄せて見せてやろう、と言われた。そして次の回、二階に上がってごらん、といわれて冒頭に述べたような状況になったのである。

あった、ここにあった。いままで手がかりもつかめなかった現代の経済史の一次資料が現れた。これが中村先生と私の内心の一致した声だった。日満財政経済研究会の資料全部に加えて、企画院が作った物資動員計画や生産力拡充計画、資金計画などの写しが大量にある。大変なことになった、というのがその時の実感だった。その後の聞き書にも力が入った。

それら資料の勉強のために、泉山氏はこころよく全部をわれわれ二人に託してくださり、結局は大学に譲り渡してくださった。お礼のご挨拶に伺おうとしたら、氏は逆に原宿駅前の南国酒家に私たちを招いて、美味しい中華料理と中国酒を振舞ってくださった。真新しい『トラ大臣になるまで』の扉に雄渾な字で「原君　恵存　間窓」と揮毫され、「山酴」と落款をしてたいへん上機嫌で私に下さった。落款の「ロク」の字が示偏ではなく酒の旁、酉であるところも洒落ていた。

大変なことになった、というのは、ちょうどそのとき私は大学院修士課程二年生で、年末までに修士論文を書かなければいけなかったからである。経済学部三年の時、私は大蔵省文庫の資料を見せて貰って「企業再建整備と金融機関再建整備」というゼミ・レポートを指導教官の安藤良雄先生に提出し、四年のときは「昭和初年の銀行集中―『銀行局年報』の分析を中心に―」というレポートを一旦は出したが、安藤先生の「原君、経済史は歴史ですからね」というお言葉が気になって、一年留年して歴史哲学とか時間論とか、歴史学方法論の勉強をしていた。高校三年も二回やり、一年浪人もしていたから、低空飛行で大学院に入ったものの、もう三年も遅れていたので、修士課程だけはどうしても二年で終わらなければならない。

ずっと金融に関心があって、とくに金融機関がどの産業にどれくらい貸しているか、それを知りたかった。中村先生は金融を勉強するんだったら経済学部の書庫にはいっぱい銀行史の本があるから、それを全部見てごらん、とくに日本銀行の『日本金融史資料　明治大正編』第二十二巻「金融情勢特別調査」を一冊まるごと全部読んでから仕事を始めることだね、とこともなげにおっしゃる。そういうものか、と思ってそのようにした。

しかし、一九二七年金融恐慌から銀行法合同期限の一九三二年のデータを使って府県別統計をいじってみたのだが、銀行集中の地域的諸類型など、統計「数字」の海の中から大きな「筋」をつかみ出せるようなものでは全くない。四苦八苦のあげく、このテーマは修士一年のはじめに諦めた。

ついで追ったのは高橋是清の一次資料が柳行李三個分あるとの噂で、生前の高橋の秘書官の上塚司さんにお尋ねしたり、いろいろ探してみたものの、結局その時は一次資料は現れなかった。

そこにきてこの泉山資料の出現である。高橋財政についてずいぶん勉強はしてきたものの、決め手になる資料がなにもない。泉山資料は満州事変よりあとの、二・二六事件から日華事変期にかけての資料である。修士論文提出までの時間はあまりない。考え込んで、決意した。史料がないところでは何の議論も出来ない、日露戦争末期の日本海海戦ではないが、敵前大回頭、研究対象の時期も日華事変期に移し、泉山資料だけでは金融面が弱いので、臨時資金調整法の実務を担当していた日本銀行調査局に日参するほかはない、ここまで考えて、勤務先の日本プラスチック調査所に相談に行った。

学生だったから勤務先というのはおかしいかもしれないが、正規の研究員の身分で勤労学生として受け入れてくれ、所得税も払い、年金の積立もしてくれていた。いま総合開発研究機構ＮＩＲＡというシンク・タンクがあるが、そのパイロット・プラントのようなものを七人（研究員は四人）で立ち上げたときの一人が私だった。最初は週に三日勤務すれば六日分に相当するお手当を頂ける、という夢のような話だったが、毎月出す『調査月報』の原稿を書き、巻末の「業界統計」を仕上げ、石油化学や石炭化学の「マテリアル・フロー表」など特別調査記事をまとめ、毎週届く石油化学関係の海外誌に目を通して「抄録」を作り会員会社に配信する、経済企画庁や通商産業省の若手調査マンと研究会をする、といった仕事量は半端ではなく、残業に次ぐ残業から週四日、週五日となって大学に行って聴講できる日は安藤先生のゼミがある週一日だけになり、その日に必修科目の原書購読も合わせて受けなければいけない、という変な学生生活を続けていたからである。

変な学生生活といえばその前も同じで、家庭教師を週に九回、という暮らしを続けていた。土日をダブルヘッダーにすれば一週間は九日にすることができる。教養学部学生部の西村秀夫先生が心配をしてくださって、授業料免除の上に日本育英会・旭硝子育英会・井上（馨）育英会の三つの奨学金を頂き、良い条件の家庭教師の口があればすぐ回してくださる、というおかげで私の学生生活と家計維持をなんとか続けることが出来ていた。中村先生は家庭教師など、いつまで経っても大学レベルの勉強にはならない、早くやめて、大学生らしいアルバイトをしなさい、といって紹介してくださったのが先の日本プラスチック工業調査所、略称「プラ調」だったのである。

私の事情を知ったプラ調の事務局長本多昭治氏は主任研究員内田星美氏と相談され、特別休暇六ヶ月、しかも有給、という破格のお返事を下さった。私の日銀通いはこうして始まり、内国調査課長石川通達氏の横に小さな丸い机を置いて頂き、朝の九時から午後五時まで、行員の勤務時間と同じ時間、廊下で拍子木が打たれるまで資料の筆写作業を一生懸命進めた。戦時中から残っていた臨時資金調整法関係資料は意外に少なく、厚めの書類綴り三冊だけだった。空襲時に本店の建物が爆撃を受けた時に倒壊しないよう、エレベーターの空間に書類を詰めたからだ、との説明を聞き、あゝ、高橋是清が日銀本店建築事務所にいた時、上の方ほど薄い石材を使えば安く早くできる、といって出世した、という話を思い出した。三綴りとはいえ情報は豊富で、毎日筆写しながらたいへん勉強になった。当時『日本銀行沿革史』第三集は日本銀行以外では読めなかったので、第三集第一七巻「資金調整」を見て筆写しても良い、と仰ってくださったときには非常に有難かった。

こうして、私の修士論文『戦時資金統制と産業金融』は、泉山資料の五ヶ年計画の資金計画、企画院の資金統制計画、日銀所蔵の臨時資金調整法関係施行実績を組み合わせ、なんとか期限内に提出することが出来た。新発見の資料や筆写資料が多いので、本文編と資料編とはやや分厚いものになり、のちに聞くと松田智雄先生は「原君の電話帳」と渾名をつけてくださっていたそうだ。

何とか修士の学位を頂いて博士課程への入学も許され、ほっと一息ついた頃、安藤先生から修士論文をコンパクトに小論文にまとめるようお話があり、「生産力拡充計画の金融的側面」に絞り込んでご覧頂いたところ、助手論文として提出しなさい、と思いがけない話になって驚いた。助手の面接試験では教授会スタッフ約三〇名がたった一人の私を遠くから見つめている。小論文は出来がよくなかったし、すっかり上がってしまって、何を訊かれたか何をお答えしたか、もう全く覚えていない。超低空飛行で何とか助手試験に合格したようだ。

国家公務員になれば職務専念義務があるからプラ調に勤める訳には行かないし、助力したくても中途半端な形で手伝ってはよくないだろうと考えて、永年ずっと履いてきた二足の草鞋はここで脱ぐことにした。プラ調ではなんと仙台近くの作並温泉本館に一泊する送別旅行をしてくれて、私は感動した。

## （二）　初期の論文と学会幹事への任命

助手時代にはいろいろなことがあった。まず修士論文をもとに、きちんとした論文として学会誌に投稿するよう安藤先生からお話があった。相当苦心してまとめようとしたのだが、何しろ統計や図表が多すぎてなかなか学会誌の規定にあう分量まで圧縮することができない。結局「論説」のジャンルではなく「資料分析」のジャンルに移してはどうか、ということで「資金統制と産業金融」（『土地制度史学』第九巻第二号、一九六七年一月）として掲載していただくことができた。泉山資料の紹介はここで行った。ただし、編集の最後の段階で、どうしてもその号全体の分量が二頁ほど超過してしまうことが判り、安良城盛昭先生からの厳命で図表の部分には手をつけず、序論と結論をそれぞれ一頁分削るように、とのお達しがあった。一頁は四〇〇字詰め原稿用紙五枚分に相当するから、序論二〇〇〇字と結論二〇〇〇字を泣く泣く削り、最初の「論文」は中途半端な形で発表することになった。ただ、思わぬ結果として、この「論文」が学会誌に掲載されたことで私は学会に認知されたことになり、ほどなく土地制度史学会の幹事に任命するという知らせが学会の理事会から伝えられてきた。安藤先生のご説明によると、東京大学経済学部と社会科学研究所の経済史関係スタッフは、社会経済史学会、土地制度史学会、経営史学会の三つの学会を分担して支えていく義務があり、きちんと真面目に学会の仕事をするように、と諭された。

助手の務めの一つは経済学部の紀要に書評を書いて発表することだったが、私はその対象に桑野仁先生の『戦時通貨工作史論―日中通貨戦の分析』を選び、拙い書評だったが東京大学経済学会『経済学論集』第三三巻第二号（一九六七年七月）に掲載された。

一九六八年の社会経済史学会の自由論題報告に大分手を入れて発表したのが「日中戦争期の国際収支―外貨不足問題と経済統制―」（『社会経済史学』第三四巻第六号、一九六九年三月号）である。

助教授になって最初の仕事はまず「外国書購読」、ついで論題自由の「特殊講義」である。「外国書購読」のテキストは、古典よりも自分の研究に関係が深いものを選ぶ方が良いと考え、*China and Japan*: Information Department Papers/ Royal Institute of International Affairs; no.21, 1938 130p. とその第二版、2nd ed. rev. and enl. 1939 150p. とを対照しながら読むことにした。「特殊講義」の題目も「日本の戦時経済」とし、第一次世界大戦の国家総力戦的性格から論じ始め、大砲で打った弾がどの戦闘で何発、というような話で、日本が満州事変を始め、日中戦争に拡大し、さらに太平洋戦争の敗戦と講和に至る、というふうな講談調の語りをした。

もう一つの義務は助手終了論文を書き改めて『経済学論集』に連載することだが、これはなかなか大変で、「日中戦争期の外貨決済」（同誌第三八巻一～三号）として公表できたのは一九七二年（四月・

七月・十月）になってからだった。二年ほどかかってしまったことになる。これも助手終了論文の第一部資金面のみで、第二部物資編は充分に含められず、以後に課題を残したことになる。

## （三）　小林英夫氏との出会いと満州史研究会

助手の頃のある日、東京都立大学大学院院生の小林英夫さんという方が私を訪ねてこられた。初対面だったがお話を伺うと、満州史についての研究会をしたいので参加してくれないだろうか、とのことである。浅田喬二先生という、農林省農業総合研究所の方と、慶應義塾大学の松村高夫さんと、小林さんと私、この四人で満州史研究会を作りたい、賛成してくれるならすぐ今月からでも始めよう、というたいへん積極的なお考えである。そのころ私は関心を修士論文で扱った日華事変期の金融問題から、日華事変そのもの直接の前史、具体的には塘沽停戦協定以降の華北非武装地帯（冀東地区）における日本軍の経済謀略に、さらにその前史となる満州（中国東北地区）における日本の経済支配の実態に移しつつあった。

小林さんがなぜ私のところに誘いに来てくれたか、なぜこの四人でやろうと考えたのか、そのあたりは余りはっきりしなかったが、小林さんの熱心さに打たれて、そうですね、ではご一緒に勉強しましょうか、とお答えした。小林さんは喜んで、じゃあ早速始めましょう、場所は浅田先生の研究室がある北区西ヶ原の農林省農業総合研究所にしましょう、とおっしゃり、浅田先生、松村さんにもすぐ連絡して、一九六九年四月からたった四人の満州史研究会が発足した。

ここで私の華北や満州についての関心について少し説明しておいた方が良いかもしれない。日中戦争期の経済の研究をしてみると、問題の焦点はやはり華北にある。満州事変は軍事面で見ると日本軍が中国東北部からさらに南に山海関を越えて華北中心部の天津―北京線まで迫り、一九三三年五月末の塘沽停戦協定によって日本軍が山海関以北まで撤退すると共に、長城線と天津―北京線との間の河北省東部を冀東地区と名付けて非武装地帯とした時までで一段落している。この冀東地区への日本の経済的支配がどのような実態だったのか、これが中村先生と私との共通の関心だった。

二人で文京区駒込の東洋文庫に行って資料を探した時、ちょっと面白い文献目録が出てきた。『満鉄経済調査会の『立案調査書類目録』である。見ると、満鉄経済調査会なる組織が関東軍特務部と協力して満州事変期の経済政策の立案を体系的に行っていたことがよくわかる。ちょっと、これは当たらなければいけないね、そう先生が仰って、私が神保町の古書店に行くと次から次に『立案調査書類』が出てくる、毎日神保町に行って集めまくり、経済学部の書庫の片隅に数十冊のコーナーを作った。これはもう分業しなければいけない、中村先生は華北支配、私は満州支配、そう分けて、時々打ち合わせを続けた。後年の中村先生の名著『戦時日本の華北経済支配』（山川出版社、一九八三年八月）は、すでにこの頃から先生が収集された資料に基づくものである。

そんなこともあったので、私は本来のテーマとして考えていた『日本戦時経済分析』『帝国主義下のアジア』はひとまず措き、まず「満州支配の経済的実態」を徹底的に調べ上げよう、そう思っていたところに小林さんの訪問があり、満州史研究会を始めることになったのである。

この研究会は楽しかった。まずは古典を読もう、と浅田先生がおっしゃり、アヴァリンの『列強対満工作史』を読み進めた。矢内原忠雄『帝国主義下の臺湾』、細川嘉六『植民史』、井上晴丸・宇佐美誠次郎『危機における日本資本主義の構造』、これらはすでに全員が読み上げたことを前提としての討論はとても面白かった。

研究会の日が終わっても、小林さんは熱心だった。私の家にたびたび電話を下さり、二人で長時間の議論を何回もした。自宅まで訪ねてくださって、疲れて休むまで議論をした。アヴァリンを読み上げる直前に、私はこの研究会が、ただの「古典の輪読会」に終ってはならない、と思うようになり、やや固くなってきた雰囲気を変えようと、変な質問を一つした。「みなさん、シベリアお菊をご存じですね」、誰も知らなかった。満州一の馬賊の女親分を、知らないようでは満州の研究はできない、青二才の発言を浅田先生は許してくださって、どうすれば本当の研究になるか、とのお訊ねがあった。私が持ち出したのは、たくさん集めた例の『立案調査書類』など、一次資料を研究会に提供するから分担して分析してみてはどうか、という案である。浅田先生だけでなく、小林さんも松村さんも賛成で、四人それぞれ個性を生かしながら、一つの本を作ってみよう、テーマを決めて、報告をして、原稿を書いて、合宿でそれを検討しよう、ということになった。二五回の研究例会ののち、一九七一年六月に八王子セミナーハウスで二日間の執筆原稿の相互討論をした。

ただ、分担や資料を巡って、やや難しい問題も一つあった。浅田先生はすでに植民地の農業土地問題で大家になられていたから、「土地商租権問題」を書く、ともう決められていた。松村さんは「移民・労働政策」、私は「経済統制政策」と決めたが、肝腎の小林さんのテーマが定まらない。労働運動が小林さんの研究の出発点だったから、あるいは労働問題としたかったのかとも思うが、すでにテーマを定めていた松村さんとぶつかってしまう。それを見かねた私は『立案調査書類』の中に『満州通貨金融方策』があるから、それを使って幣制統一の分析をなさったらどうか、多少は私も金融の勉強をしてきたから、少しは手伝えるかもしれない、といって、『満州通貨金融方策』全三冊を小林さんに提供し、彼のテーマは「金融構造」に落ち着いた。金融と物資交流との関係や、金融関係の術語などについてたびたび小林さんのご質問に答えた。

合宿までに原稿を必ず書くように、という浅田先生の厳命に応えるのは相当苦しかったが、私はなんとか「一九三〇年代における満州経済統制政策の立案・実施過程」という、一九三一年から一九四〇年前後までを一通り扱った四〇〇字詰め五〇〇枚の原稿を書き上げて合宿に提出した。浅田先生や小林さん、松村さんが提出されたのはほぼ二〇〇枚前後だったので、私の原稿が大きすぎることは一目瞭然、浅田先生は一通り私の原稿に目を通してくださった上で、原さん、半分に抑えてください、とおっしゃった。私もはい、立案過程だけにします、と即座に申しあげ、こうして満州史研究会編『日本帝国主義下の満州』（御茶の水書房、一九七二年一月）ができあがった。これらの事情は浅田先生が執筆された同書の「はしがき」と「あとがき」に克明に書いてある。第一章「一九三〇年代の満州経済統制政策」は私、小林さんは第二章「満州金融構造の再編成過程」、松村さんは第三章「満州国成立以降における移民・労働政策の形成と展開」、浅田先生は第四章「満州における土地商租権」を執筆した。小林さんの第二章は、私が提供した資料『満州通貨金融方策』に大きく依拠して執筆され、本文のなかの引用や注の多くはこの資料に拠っていた。

研究成果刊行の祝賀会は、同時に松村さんのイギリス留学への出発の壮行会になった。以後もしばらくは数人のメンバーが加わって研究会を継続したが、結局この本の刊行後まもなく満洲史研究会は解散し、浅田先生と小林さんは満州移民史研究会に力を入れて行かれることになる。

# 二　一九七四年度土地制度史学会大会共通論題報告

## (一)　学会の秋季学術大会共通論題廃止問題

さて、前に云ったように、助手の頃から私は土地制度史学会の幹事という仕事を申しつかっていた。この学会は一九四八年六月に、当時目前で進行中の農地改革に注目し、土地制度の差異が歴史上各国の資本主義の個性の違いを少なからず規定してきたことを意識して、広範な分野の人文社会科学者や農政官僚により創立されたものである。初期の理事・監事には石母田正・大塚久雄・小倉武一・川島武宜・小池基之・小松芳喬・高橋幸八郎・高村象平・田辺勝正・東畑精一・仁井田陞・古島敏雄・宝月圭吾・村川堅太郎・山田盛太郎・我妻栄・和田博雄など、経済理論と現状分析・農政学・西洋経済史・日本経済史・日本古代史・西洋古代史・同中世史・東洋史・憲法・民法・法制史・法社会学さらには農政官僚等々、たいへん広範囲な分野の著名な人びとが参加していた。その後しだいに常務理事の山田盛太郎・大塚久雄・高橋幸八郎・古島敏雄・小池基之各氏を中心とする経済理論と現状分析、農業、西洋経済史、日本経済史の四つの分野にほぼまとまっていった。

五三年一一月から学会は学術大会を再開し、翌年には春季学術大会も開催し、以後毎年春季総合研究会と秋季学術大会が開催され、五八年一〇月からは年四回の学会誌の発行を開始した。学会誌掲載のための投稿論文の審査が非常に厳格だったため、この学会誌に論文が掲載されれば一人前の研究者と認められる、という学会で、理事代表はずっと戦前の古典的名著『日本資本主義分析』の著者山田盛太郎氏であり、この学会は経済学の理論・現状分析のみならず、経済史研究の分野で圧倒的な権威と影響力を持っていた。戦時中の名著『近代欧州経済史序説』の著者である大塚久雄理事を中心とする比較経済史研究の影響力も、学会の権威を強めていた。学会の会員は分野の違いを問わず、多かれ少なかれ学問研究の方法やそれを支える思想に関心を持っており、いわゆる山田理論と大塚史学を意識しつつ年々新しい理論的・歴史的研究を発展させようとしていた。理事会は学会員たちの間で際立って大きな権威を持っており、理事たちの中でも山田・大塚両理事はカリスマ的存在であった。ただし、一九六六年度秋季学術大会共通論題「産業革命の諸類型」をめぐって山田門下と大塚門下の意見の対立から、大塚門下の有力会員の一部は脱会し、大塚理事も理事会からやや距離を置くスタンスに変わられていた。

私が幹事を命じられた頃の学会の理事の構成はすでに大分変わられていたが、理事会は山田理事代表の司会で進められ、それが終了すると直ちに編集会議となり、学会誌『土地制度史學』への掲載の可否が論じられた。論文審査は厳格・厳正をもって知られており、理事会のもとに少数の理事と幹事で構成される学会事務局がおかれていた。

理事代表は山田盛太郎、総務理事が横山正彦、会計理事が安藤良雄、事務局長は大石嘉一郎、事務局理事が保志恂・島崎美代子、総務幹事が一瓶剛男、会計幹事が私、事務局員加来俊子、という事務局メンバーで毎月の理事会・編集会議が開催され、理事会に陪席しての筆記と議事録作成、大会での会務報告、会計報告を作成し監査を受けて大会で会計報告をすること、年四回の学会誌の発送、学会で最も重要な秋季学術大会の運営全般、春季総合研究会の受付事務、等々が事務局と幹事の仕事だった。

私は一九六六年度から幹事となって事務局を担当し、二瓶総務幹事と共に理事会に陪席して毎月の会議の記録をとり、毎年度の会計報告の作成にあたっていた。

この学会では秋季学術大会の共通論題報告が特に重視され、創設以来この学会の代名詞あるいは学会そのものといった意味合いをもつ、学会で最も重要な行事だった。当時の学会を構成していた四つの分野（理論及び現状分析、農業、西洋経済史、日本経済史）が交代して各年度の共通論題を担当し、毎月の理事会で繰り返し共通論題案を審議し、案がまとまると評議員に諮問して賛否を問い、その賛成を得た上で共通論題を確定し、理事が出席した準備研究会を何回も開催するなど、一年をかけて大掛かりな準備が行なわれていた。

ところが一九七三年度大会が終わってから、これまで毎年各分野の交代で実行されてきた共通論題報告を、もはや中止すべき時期にきたのではないかという意見が西洋経済史分野の岡田与好理事から提起され、理事会の中で廃止論が非常に強まってきた。他方で山田盛太郎理事代表をはじめ共通論題を存続すべきだとの主張も強く、理事会の内部で相当緊張した討議が交わされ、一時は一九七四年度の共通論題が廃止になりかねない状況となった。共通論題の存廃をめぐって、一方では山田理事代表とそれに同調される理事のグループと、他方で西洋経済史の理事を中心としたグループとが直接あるいは間接に対立したと言うことは、この学会のみならず広く日本の社会科学の今後の動向にとって深刻な意味を持っていた。

結局、西洋経済史分野が予定されていた一九七四年度のみは、同じ史的分析である日本経済史分野に変更して実行することにし、共通論題の存廃論は次年度以降にしてはどうか、という提案が安藤良雄理事からあり、その提案で理事会の合意が得られて、問題はひとまず先送りで決着した。

## (二)　理事会決定とオーガナイザーへの任命

こうして理事会が終了した直後、安藤理事から共通論題のオーガナイザーとして、まだ事務局の一幹事にすぎない若輩の私が指名された。私はことの成り行きにただ驚き、非常に躊躇した。通例は五〇代の理事が組織者となり、場合によっては山田理事代表自身が実質的な組織者となられるのに、何の経験もないわずか三十五歳の幹事などがオーガナイザーになることなど思いもよらなかったからである。安藤理事の考えは、私が一九三〇年代後半の国際収支問題についてそれまでと異なった視角から小さな論文を書いており、また一九三〇年代全体の日本による中国東北（「満州」）への経済的支配についてやや長めの論文を書き終わっていたことを考慮して、これらを共通論題の発想源にしてはどうかという意向を持たれていたようだが、それにしても当時の私にとって秋季学術大会共通論題の組織者とはたいへん荷が重すぎた。

しかし、私は理事会での対立の厳しさを知悉しており、学会の前途に危機感も抱いていた。通常は考えられないことだが、共通論題の存続のためにはワン・ポイント・リリーフの役も受諾せざるを得ないかと判断し、すでに一応の成果を得ていた満州史研究会のテーマを時間的にも空間的にも拡大して、「一九三〇年代における日本帝国主義の植民地問題」と題する共通論題を組織することを考え、メンバーのうち松村高夫氏はすでに留学中なので、浅田先生に司会を、小林英夫氏に報告をお願いし、もう一人を新鋭の早稲田大学大学院生高橋泰隆氏に、そして私との三報告で共通論題を組む案を立てた。

理事会での議論の経過について配慮されてか、安藤理事も司会者になられ、私は報告者の一員として『大東亜共栄圏』の経済的実態」という基調報告を行った。小林英夫氏には、第二報告として「一九三〇年代植民地『工業化』の諸特徴」を、第三報告者として高橋氏に「日本ファシズムと『満州』農業移民」の報告を依頼し、大会当日の報告順序は高橋―小林―原の順で行うこととした。報告の準備のため、三名は非常に密接に協力して、何回もの準備研究会を集中的に開いた。

## (三) 共通論題の実行と学会誌一括掲載問題

一九七四年一〇月一二日には理事会メンバーも入った最終準備研究会を開き、この研究会のレジュメとして私は大会当日用の報告の目次・統計資料をほぼ完成した形で提出し、これを若干補正して一〇月二七日の当日に報告資料として配付した。

しかし、一二日の最終準備研究会に提出された小林氏の準備報告資料は、B４版の紙五枚にただ数個の図表を並べたのみで、報告内容の目次もなく、ほとんどレジュメとも言いがたいものであった。氏の報告準備が遅れていることは明白で、私は危機感を持って大会までの半月間、小林氏に最大限の努力を要請し、私もできる限り協力した。大会当日の小林氏の配付資料はより充実したものになった。

全体的に報告者三名は、親密な関係を保って互に情報を共有して報告を準備し、大会共通論題は無事終了した。理事代表による講評も、「本日の共通論題報告を契機にして、理論・現状分析の研究者と歴史分析の研究者とが、ともに協力して研究を進めるべきであり、また、それを可能にする条件も存在している」という好意的なものであった。ちなみに、山田理事代表は七五年八月に理事就任を固辞されたので、秋季学術大会共通報告への理事代表としての講評はこれが最後のものとなった。

しかし、問題は共通論題報告の成功の次に控えていた。当時、学会誌『土地制度史学』には共通論題報告を一括掲載する慣行がなかった。共通論題としての一括掲載は学会の理事会・編集会議では直ちには認められず、私は共通論題の組織者として三報告論文の一括掲載を求め理事会・編集会議に粘り強く再三要請を続けた。私は理事ではなく一幹事に過ぎないから、本来は理事会での発言資格はない。理事会から共通論題を特に依頼されたという経緯に依拠して、一括掲載を懇請したのである。多分、大会報告であってもきちんと個別の論文審査に合格しなければ学会誌に掲載してはならない、というのが理事会・編集会議の強い意向だったと思われ、一括掲載の実現には説得に長い時間が必要で、ようやく実現したのは、学会報告から約一年半後の一九七六年四月号となった。七四年度の大会が、共通論題の存続にかかわる理事会からの特段の要請に応えて組織し実行されたという、異例の事態だったため、この時はなんとか私の要請が許容されたものと思われる。

共通論題存続問題と一括掲載承認問題とがいかに機微にわたっていたかは、共通論題の継続を主張した山田盛太郎理事代表と、共通論題の廃止を主張した西洋経済史担当岡田与好理事とが、ともに次期理事選挙に当選したが強く固辞され、一九七五年八月九日の理事会が両理事の辞退を承認した結果、ついに三三年間にわたった山田理事代表が退任された点にも表れている。なお、一九七四年度共通論題がわれわれにより「一時緊急避難」的な形で遂行された後、一九七五年秋季学術大会の共通論題は、継続を主張してきた理論・現状分析分野の担当で行われ、以後も今日に至るまで共通論題は毎年実行されている。また、毎年の共通論題の一括掲載も、その後相当の時期をおいてから編集委員会の決定により行われるようになった。

# 三　小林英夫『「大東亜共栄圏」の形成と崩壊』の出現

## （一）当惑、苦悩、そして決断

大会報告の一括掲載が遅延している最中の一九七五年一二月二〇日に、報告者の一人である小林英夫氏が、私の報告や論文からの盗用・剽窃を大量に含む著書『「大東亜共栄圏」の形成と崩壊』（御茶の水書房、一九七五年）を公刊した。

その内容は私の大会報告とその際の配布資料、報告当日以前に私が彼に詳細に伝えていたさまざまな事項、私の先行研究の内容など、大量の剽窃・盗用を含んでいた。他ならぬ私自身が発見し、学界に報告した史料が、彼により大々的に流用され、他ならぬ私自身が構築した論理が、彼のものとして叙述されている。史料的基礎の面でも論理構成の面にも、私の最も重要だと考えていた点を、余りにも大量に剽窃・盗用したものだった。私が「問題別・時期別・地域別」に展開して具体化し組み立てた論理構成を、彼は「時期別・問題別・地域別」に組み替えて、その著書の編別構成に盗用していることが明白に読みとれる。剽窃・盗用が何回も何回も繰り返され、頁を繰るたびに私は驚きかつ憤りを覚えた。

この著書の発行は、私自身にとって信じがたいほど大きな衝撃であった。これを容認すれば、私の

## 三　小林英夫『「大東亜共栄圏」の形成と崩壊』の出現

研究生活が全く苦境に陥る。小林著書の出現によって、私自身がそれまで約一〇年かけて積み上げてきた一次史料の収集とそれに基づく分析に基づいて執筆してきた論文を集成して単著を刊行する計画は一瞬にして潰え去ってしまった。私の研究構想は、日本戦時経済の対内局面について『日本戦時経済分析』、対外局面について『帝国主義下のアジア』の二冊を構想し、両著の緊密な吻合のため、その重なり合う最も重要な部分として作成したものこそが大会報告（＝学会誌七六年四月号掲載論文）「『大東亜共栄圏』の経済的実態」であった。この部分を彼の著書発行によりすっぽり抜きとられ、かつ学会誌掲載以前に発行されて、私の構想の対内局面・対外局面についての両著と、それを前提に叙述する『現代日本経済史序説』との三部作を構成することも不可能になった。

こうして小林氏による、共同研究の学会誌への公表以前の単著公刊という背信行為により、私の研究者としての前途はほとんど全く暗黒の闇に陥れられてしまったのである。単著を積み重ねて自己の体系を構築していくという、本来の研究者としての私の将来は潰え去った。その結果、私は自ら構想した単著の刊行を、その後約四〇年にわたり心ならずも封印せざるをえなかった。共同研究者の間での研究倫理を無視した小林著書の刊行は、その後も現在までの四〇年間、私の生き方すべてを大きく変更させ、私の研究者人生の全体に対し決定的な打撃を与え続けてきた。その精神的苦痛は極度に大きく、長期にわたる持続的なものだった。

ではなぜそのときに盗用行為を公然と指摘して糾弾しなかったのか、という疑問が当然湧いてくるだろう。その理由は、私が公然と指摘した場合に、学会に与える影響と、小林氏本人に与える影響の二つについて、以下のように考えたからである。

まず学会との関係について。私がそれまで学会理事会・編集会議に対し原・小林・高橋共通論題三報告の一括掲載を強く求め続けてきた立場を翻して、第一報告者の私が第二報告者の小林氏を社会的に糾弾し、小林論文の撤回を求めれば、そのような共通論題の実施を認めた理事会や理事代表の責任が問われ、学会理事会が大混乱に陥ることになろう。

ましてや、強い共通論題廃止論を抑えて異例な形で実行した共通論題であるから、責任追及が厳しくなることは理事会の事情を知るものには当然予想できた。次年度以降の共通論題廃止論が強くなるだけでなく、理事代表や理事の辞任、さらには学会それ自体が解散するという危機的状況すらあり得る状況だったのである。共通論題が一応実行できたとはいえ、理事会としては翌年度以降の共通論題存廃問題を抱えている。幹事として一〇年にわたり学会事務局の構成員となって愛着を抱いていた私にはこれは耐えがたいことだった。

学会の活動の順調な進行のためには、厳正さと大きな権威をもって知られる学会理事会に、しかも学会それ自体の存廃問題に展開しかねないこの盗用問題を、まだ経験不足で発言資格も持たない一幹事に過ぎぬ私がもち出すわけには到底いかない。であるとすれば学会以外の何処にもこの問題を持ち出すわけにはいかなくなる。自分が一人沈黙を守るほか学会を守る方法はない。これが私の決断の一つの大きな要因であった。学会がなくなるということは、大会の共通論題のみならず、会員の研究発表機会である自由論題もなくなることを意味するし、さらに学会誌がなくなることをも意味する。厳格で公正な論文審査をもって知られていた学会誌に投稿することが不可能になれば、若手会員の各大学や研究機関への就職機会をなくしてしまうことをも意味するであろう。

以上を学会レベルの問題として要約すれば、私は土地制度史学会でそれまでに例がない、大会共通論題の一括掲載を要請し続けてきた。私は大会共通論題の組織者であり、第一報告者であった。同じ共通論題の第二報告者である小林氏を非難することが、学会理事会を混乱させ、以後の学会運営に、とりわけ長年重視されていた秋季学術大会共通論題の組織という、学会が最も力点を置いた活動に長期的に深刻な障害をもたらす点を、私はとくに憂慮した。

理論・現状分析ならびに農業部門と、西洋経済史および日本経済史の四部門が協力して学問の進展を図るというこの学会の当時の特色を堅持するためには、入念に準備された大会共通論題の継続が望ましく、折角実現できた大会共通論題報告の学会誌での一括掲載を維持するために、自己の利害よりも学会全体の発展を優先するべきだ、学会を存廃の危機に立たせることはどうしても避けなければならない、というのが、当時の私の苦渋の判断だった。

ついで小林氏との関係について。当時の小林氏は朝鮮史研究会・歴史学研究会・歴史科学協議会・日本史研究会などで活動していたから、これらの学会・研究会への社会的非難が一挙に強まりかねないことにも私は当然配慮した。しかし、深刻な判断を迫られたのは次の点である。

問題の性質上、私が告発すれば、小林氏は著書の絶版のみならず、学位の剥奪、懲戒免職と学界からの追放へと事態が進むことは必然であり、前記のように深い研究交流を通じて本人自身の心理と情緒をよく知っていた私は、実際に彼が自ら命を絶つという取り返しのつかない事態になりかねないという強い懸念を抱いた。学問を志す人間にとって、学問と人命とはどちらが重いか。この難問に私は苦しんだ。これらの配慮のうえで、最終的に告発を控えた理由は、人間一人の生命そのものの重さは、自己の学問的将来よりやはり優越する、と見極めたことによる。

私は、学会誌における小林論文との共通論題報告の一括掲載を拒否し、学界全般にこの剽窃・盗用事件を公表することを一旦は真剣に考えつつも、小林著書の大規模な剽窃を、その時私がなぜ社会的に告発・糾弾せず、小林氏の大会共通論題での報告を学会誌に掲載することを容認したのか、その理由は以上のような考えに基づくものであった。

一人の人命と学問全体との軽重の判断、この問題に懊悩したあげく、辿り着いた結論は、人命はやはり学問より重い、というものであり、そう自らを納得させるほかはなく、こうして私はこの盗用行為の告発を当面行わないことを決断せざるを得なかった。この決断の決め手となったのは、結局、告発した場合に彼が受けるであろう厳しい社会的制裁に耐えかねて、彼が自殺しかねないことを深刻に憂慮したからである。そういう当時の私の判断で、盗用を直ちに告発することを私は控え、告発を徹底的に抑制するという、最終的な決断にいたったのである。言ってみれば、彼の生命とひきかえに、逆に私自身が「学問的自殺」をしたに等しい、あるいは学問的自殺を強いられる結果になった。

こうして一九七五年末の小林著書刊行直後に、私が学術界に対して彼の盗用・剽窃行為を告発することを思いとどまるという苦渋の判断を行った。学会誌からの小林論文の撤回を求めず、ようやく実現した一括掲載に含めることもやむを得ずと判断し、事の真相については私自身が厳しく沈黙を守ることを決意した。学会に対しても一切明言せず、当時の学会が直面していた困難な状況の悪化や、告発した場合に彼が直面する深刻な事態に顧慮し、私は彼の盗用への告発を厳しく抑制した。

しかし、この決断は私にとって極度に重大な態度決定を迫るものだった。彼の盗用行為に対処して、暗黒に突き落とされた自分の研究教育生活の今後の道を必死に探し出さなければならないことを同時に意味していたからである。

一九七五年一二月、かつての「共同研究」者により受けたあの衝撃と憤りを必死に抑え、翌七六年の正月元旦から松の内にかけて、自らが置かれることになってしまった新しい人生の航路の先を見定めようと、主観に走ろうとする心を客観に引き戻し、爆発しそうな頭を無理に冷やして冷静たらんと務め、私は懸命に考え、将来を思い、あるいはかつての自分の経験を想い起こし、情念と感性と理性とが渦を巻く中で、私はこう考えた。

共同報告の学会誌掲載の直前になっていたにもかかわらず、なぜ彼はそれを待たずして個人としての著書の刊行を急いだのか。しかもその著書の内容に、いわば密着して共同研究を永年続けてきた私の研究内容を熟知しつつ、それを自らの著書の内容に大々的に公然と取り込んで平然としていることができるのはなぜか。事前に私には単著発行の計画を全く告げることもせず、単著が公刊されてからそれを持参し、何の申し開きもせず私に手渡すことができる神経はいかなるものか。

私がそのとき見いだせた理由はただ一つ、若き研究者としての彼の功名心のなせる業、翌年四月に学会誌が発行され私の大会報告論文が公表されるよりも少しでも早く、一刻でも早く自分の名で著書を刊行し、私の研究内容をも彼自身の研究成果であるとして学術的な先行性を誇りたいという、「悪しき業績主義」「悪しき個人研究」に彼も毒されてしまったのだ、というのがまず挙げられる素直な答えだろう、というものであった。準備研究会で私が率直に一生懸命彼に語った構想が、あるいはほとんどそのままに、あるいはやや意図的に姿を変えられ、彼の文章の中に見え隠れするのを読むのはなんとも辛いことであった。

原告が著書刊行を急いだのは、学界に蔓延する「悪しき業績主義」の帰結に他ならない。盗用・剽窃、研究不正、これらこそが問題である。「業」とは何か、「績」とは何か、そして「業績」とは何か。「研究」とは何か。「教育」とは何か。また「学問」の、「學」とは何か、「問」とは何か、「学者」とは何か、「研究者」とは何か、「教育者」とは何か。

当時の私が最後まで悩んだのは、「学問」ないし「学術」「学芸」と、「人間」の「生命」、「生」と「命」、あるいは「人生」との重さと軽さの問題だった。

ここまで考えて私はある言葉に思い至り、ようやく結論への一筋の光を見いだした。中国の古典、『礼記』の「学記」にいう君子の学の四次元、「藏」、「脩」、「息」、「游」のうち、それまでの十年間に自分が考えてきたことはせいぜい「藏」と「脩」の次元にとどまる、「息」と「游」の次元には達していない、という自省である。かの盗用者にかぎらず、相当多数の「研究者」も同様であろう、であるとすれば自分はこれから「息」と「游」の次元の学問に到達するよう努力すれば良いのではないか、そして今後の基本的な態度決定としてそう思い定めた。

漢学の先生に叱られるのを承知で我流の解釈を加えれば、学問には多方面の知識を「藏」えることが必要で、「脩」、修行が必要なことも当然だ、しかしその先の普通の解釈、休息しているときも遊んでいるときも学問のことを忘れないように、という理解には私は不満で、勝手に自己流の解釈をすれば、普段普通に「息」を呼吸している時は、いま吸っているとか、いま吐いているとか意識してはいない、それと同じように意識していなくとも、日常普段の思考や行動がそのまま学問になるような境地を目指すこと、同様に「游」は遊、学問をすることが遊ぶように楽しく、また遊んでいることがそのまま学問になっている境地、さらに游は友、友と語らい友と学んで、この「息」と「游」の次元の学問を目指せば、それまでの十年間の自分の研究が一挙に全く奪い去られたとしても、何とか新天地に到達できるだろうと一つの手がかりを見いだしたように感じたのである。

「藏」と「脩」の次元を超えて、「息」と「游」の次元を目指し、自分流のスタイルで「学」に務めること、それが期せずして与えられたこの試練によって自分に与えられた、新たな転機ないし使命なのであろう、そして「息」と「游」の境地で「生涯一学生」を目指すこと、ほぼこのような考えが当時の私がすがりついたただ一本の蜘蛛の糸だったのである。

こう考えて、私の態度は定まった。しかし、研究や学問をどのように続ける方法を見いだすか。十年をかけて継続してきた私の個人研究の、「研究書」という形式での刊行が不可能となったとしても、私が「研究」それ自体を続けることは不可能ではないはずである。私はさらに考えた。「共同研究」と「個人研究」はどんな形で統一するべきか。

私が単著を出せないと決めた以上、この「悪しき業績主義」的な競争とは一線を画し、別の生き方を考えなくてはならない。個人研究の公表を封じられても、「共同研究」であれば、それに積極的に参加し、あるいはそれを組織することによって、研究分担に忠実に従って個々の論文を積み重ね、共同研究の成果を出版することは不可能ではない。また同世代の研究者のみならず、次世代の研究者を共同の史料調査や史料整理や研究会に招いて、これまで研究の主題としてきた現代日本経済史の研究の深度を参加者全員の力によってさらに深める、この形であれば「悪しき業績主義」や独善的で自己中心的な「悪しき個人研究」を厳しく退けつつ、優れた研究を培うことができるはずである。

このように思い至ったとき、私は学生の時にアルバイトで勤めた研究所での共同研究と、共同研究の成果を発表するときに研究員の個人名に拠らず、研究所の名義で発表するという、いわば「匿名の思想」に立った「無署名論文」こそ研究所としての最善の成果であるとする態度を思い起こしていた。民間研究所と大学とはもちろん違うが、学会であればその事務局、図書館であれば司書の人びと、事務部であれば各掛の事務員諸氏、出版社の編集者、このような「匿名」あるいは「無署名」の人たちの支えなくして「署名入りの」「個人の」「業績」は成り立ち得ない。

「研究者」としては「共同研究」に参加し、あるいはそれを組織し、「教育者」としては学部学生への講義で学界の最善の成果をなし得る限り正確に伝え、ゼミナールでは学生一人ひとりの個性を最大限に尊重する。各自に報告テーマを自由に選択させ、毎週の報告者のテーマに即して私自身がゼミの前夜に書庫に入って一通りの予習をし、良き次世代の社会人を育成する。

大学院の演習は次世代の研究者を育てるための極めて重要な機会だから、特に重点を置いて研究報告や論文執筆の指導にあたる。自分の同世代の研究水準よりも彼ら次世代の研究者の研究水準のほうを高めるように、学界の最先端よりもさらに一層先端に出るように、一次資料の発掘の仕方や整理の仕方、着想から論文完成までの各段階で、提供可能な援助をすべておこなう。

ほぼこのような形で、どちらかと言えば「研究者」としての自分よりも「教育者」としての職務により重点を置くこととした。海外とりわけアジアからの留学生に対しては、同じく次世代の学問を国際的に担う人びととして貴重だから、とくにその研究環境を改善するよう意を用いた。

次世代の研究者の育成は、大学院だけではなく学会の運営や学会事務局との密接な交流によっても支えられる。私自身は非力にして土地制度史学会という一つの学会の事務局で幹事などの役回りを何とか務め得ただけだが、学会の会務・会計・春季総合研究会・秋季学術大会の開催準備など、この学会で先輩研究者からのさまざまな教えに学んだことは数知れない。他の学会や研究会以外でも、多忙ではあれ学ぶところも大きい「事務方」のための時間も大事にするようになった。教授会や学内諸委員会でのいわゆる学内行政も、ないがしろにしては学問の自由も大学の自治も全うできないのが当然である。

真の意味での「共同研究」のみに徹して、個別論文の執筆を共同研究の一環としてのみ行う方針をとり、「収集資料の公開」への努力は引き続き堅持し、学部・大学院学生への「教育」に重点を置き、他は「学内行政」と「学会事務」のみに活動を自己限定した。約言すれば、本来の研究者としての人生はここで断念し、教育者ならびに共同研究者、次世代研究者の育成者、学内行政と学会事務の担当者・学術関係情報の提供者として、新たな世界での生き方を模索する覚悟を定めた。

さらに一つ加えるとすれば、歴史学徒の義務としての一次資料の発掘と刊行である。なお、これは後の話になるが、幸いにして次世代の良き共同研究者に恵まれ、私個人では成し遂げられなかった収集資料の整理公刊を果たしえたのみならず、彼がさらに高次の資料収集を遂行し大部の研究書を刊行するに至ったことは、私にとってたいへん喜ばしいことであった。

これ以上詳しく当時の私の脳裏をよぎったことどもを記すことはもはや止めよう。上記のような覚悟を定めた上で、私が取った実務的な最小限の措置は以下のようなものであった。

まず、この件について口外すれば学会の存続にかかわるから、理事会・編集会議でも事務局でも一切発言しないこととした。学会誌に掲載される私の報告論文には、短い前文をつけ、一九七四年一〇月の「報告内容そのまま」であることをまず断り、大会当日と内容の変更がない旨をとくに明記した。あわせて論文末尾の付記で小林氏の著書に触れ、「本稿の主題と関連するところ少なくないので、ついて参照されたい」と読者に比較参照を求め、読者である学会会員に対し、両者の独創性を比較し判断することを婉曲に訴え、いずれ真相が明らかにされるための手掛かりを残した。残念ながら、この前文と付記とに止目され、書評や著書で公に指摘された人は唯一人だった。堀和生氏がその人である。

多くの学会から私に、小林著書への書評依頼があったがすべて断った。

## （二）沈黙二十五年——次の世代のために

前節で述べたように、自らの研究構想を再考せざるを得なかった私は、学部講義の内容の改善に務めると共に、幸い優秀な素質を持つ若手研究者が集まる環境にあった東京大学大学院経済学研究科での院生の指導と彼らの研究者としての自立を速めるために努力を傾注することとした。修士課程における基礎的訓練と、修士論文作成の指導、博士課程に進んでからは院生個々人の自由で個性的な学問の構築への援助に重点を置いた。研究面でも共同研究の呼びかけがあった時には、原則として参加することとしたが、構成メンバーについては充分に注意してから加わることにした。

一種の大型共同研究でもあった大蔵省の『昭和財政史―終戦から講和まで―』全二〇巻の編集・執筆作業には二十名以上の研究者が参加し、私は最年少者としてただ一人の「幹事」役を振り当てられた。安藤先生が監修者の一員で、中村先生も編集委員の一人であったので、この役は避けられなかったが、先輩方の中には遅筆で知られる方もおり、大蔵省財政史室長も個性の強い方だったので、間にたつ私には何かと気苦労も多かった。

私自身が担当した「賠償・終戦処理」の原稿は、大蔵省に余り史料がなく、外務省にも通産省にも見ることができる史料はほとんどない、ということで、日本側の史料をほとんど見ず、アメリカ側の英文資料のみを材料として書くこととなった。当時新次元の研究を切り拓きつつあった初期の占領史研究会の事務局を務めた際、早くに竹前栄治氏や天川晃氏、五十嵐武士氏たちと知り合っていたことが大変役に立った。日本植民地研究会の発足にも関与はしたが、ここでは基本的に会費を払って会誌を読むだけ、というういわゆる「購読会員」の姿勢に終始した。

一九九九年、六〇歳で東京大学を停年退官し、東京国際大学に移ってからは、「歴史学」「経済史」など担当科目の多様化に伴って、最初の二年間は学部での講義案の作成に力を注ぎ、大学院経済学研究科長となった畏友松田芳郎氏や、開発経済学に造詣の深い栗林純夫教授と協力して国際的な制度設計を含む博士課程増設申請のために尽力した。私も着任二年後に経済学部長となり、さらに二〇〇三年からは松田氏とともに日本学術会議会員に選出されたので、日本全体の全学術分野について展望することができ、学術会議自体が早くから盗用剽窃など研究不正問題に厳正な態度を示していることに力を得た。

東京国際大学経済学部長になってからは、理事会に諮られる各種案件に関し一号理事として大学自治の観点から適切な発言をするように務め、教育の基本となるカリキュラムの合理化と、教員の志気を高め、学生諸君の勉学態度をより意欲的に改善すること、大学院で博士課程新設に必要な熟達した教員の確保のため経済学部長として適切に配慮すること、等々を心がけた。

これらの多様な課題を適切に遂行するためには学科長に人を得ることが最も重要であると考え、経済学科長には人格高潔にしてかつ包容力のある田崎由布子教授、国際経済学科長には本学卒業生として愛校心が強く事務的能力も完璧な高橋宏教授（現東京国際大学学長）、続いて国際的視野が広く学生・大学院生から慕われている前述の栗林純夫教授にその任に当たっていただいた。私が学部長の任を全うすることができたのは、すべてこのお三方ならびに竹内宏行教授を初めとする若手教員の積極的な貢献によるものである。

私が勤務先を東京国際大学に移して二年ほどたったころ、私の大会報告論文「『大東亜共栄圏』の経済的実態」は、リーディングス『展望　日本歴史』第二〇巻「帝国主義と植民地」（柳沢遊・岡部牧夫編）（東京堂出版、二〇〇二年二月）に収録されることになった。リーディングスとは、研究者を目指して大学院で専門を定める頃の院生たちが最初にその分野の代表的業績を学びうるように研究史上重要な論文を網羅する形で編集されるもので、主として大学院学生などを読者として想定している。この再録にあたり付け加えたいことがあれば「追記」を書いてもよい、同じ巻に小林英夫氏の論文も載る、との話があった。私は研究史上、私の論文のオリジナリティを確保する必要があるので、ごく控えめに前記の事情の一端を記して小林本人の氏名を明示し、私が小林著書に盗作の心証をもっていることを公表した。この時の「追記」は以下の通りである。

**（学会誌『土地制度史學』一九七六年四月号掲載論文の〔付記〕）**

〔付記〕なお、共同報告者の一人小林英夫氏は、その後著書『「大東亜共栄圏」の形成と崩壊』（御茶の水書房　一九七五年）をあらわされた。本稿の主題と関連するところ少なくないので、ついて参照されたい。

**（リーディングス『展望　日本歴史』第二〇巻、二〇〇一年二月刊所収論文の〔追記〕）**

〔追記〕本文末尾の〔付記〕について若干記しておく。はしがきにも書いたように、本論文は一九七四年十月に行った土地制度史学会共通論題の第一報告そのままであり、資料などの一部を省略したものにすぎない。共通論題の準備に当たって、小林英夫氏の奨めで当時筆者が参加していた満州史研究会の協力を得て、浅田喬二氏に司会を依頼した。満州史研究会で発表した『日本帝国主義下の満州』（一九七二年一月）では、筆者が満鉄経済調査会の立案調査書類を発掘してその全貌の紹介にあたり、小林氏には貨幣金融問題関係立案資料を提供してその検討を託した。両名が緊密に協議して学会共通論題の準備に当たったことというまでもない。報告を掲載する学会誌『土地制度史学』の編集・公表がやや遅れているうちに、小林氏は著書『「大東亜共栄圏」の形成と崩壊』（一九七五年）を公刊され、われわれの学会報告の公表はそれより遅く一九七六年四月になった。小林氏の著書の編別構成が筆者による本稿の論理構成とあまりに酷似しているのに一驚し、当時筆者が考慮していた著書『帝国主義下のアジア―日本帝国主義の国内局面を分析した仮題『日本戦時経済分析』の刊行も見合わせることとした。本稿のはしがきで報告原稿のままである旨を断り、文末の付記で小林氏の著書に言及し「ついて参照されたい」と述べたのは、本論文の論旨と小林氏の著書とを冷静に比較吟味して独創性の有無についての読者の判断を求めたいという、当時の私としてのささやかな抗議の表現のつもりであった。もはや時日も長く経過したから、小林氏にはこの追記を付すことをご海容いただきたい。その他の経緯については省略するが、第三者による評価としては、堀和生氏の『朝鮮工業化の史的分析』（有斐閣、一九九五年）一三～一四頁、一八頁　注22を、小林氏の主張としては「書評　中村哲編『朝鮮近代の経済構造』」（『アジア経済』第三二巻第三号、一九九一年三月）を参照されたい。また、筆者は本論文の序と注2）で、各地域の土地所有の分析に立ちいらない旨をことわり、結論部分で民族独立運動に言及している点にも注意していただきたいと思う（二〇〇一年二月一三日記）。

その年の学会会場で私が会場の廊下を歩いていた時、小林本人は後ろから足早に近づいてきて「先生、ごめんなさい」と小さな声で言い、前の方へ逃げるように走り去っていった。この追記に関してその後も小林本人からクレームは全くなかった。私が東京国際大学で最終講義をした二〇〇九年までの七年間、この実名を挙げた追記の内容につき、本人から私に対して一切苦情の申立てはなかった。私に抗議もしていない。謝罪と云うにはあまりにも簡単すぎて私は少々驚いたが、この問題について本人が非を認めたものと私は受け止めていた。私が最終講義で本人の実名に触れたのは、すでに二〇〇一年に実名をあげ、本人も非を認め、以後全く何の抗議も受けていないというこの経過を踏まえてのことで、彼のこの態度を前提として私は東京国際大学の学部と大学院での都合二回の最終講義を行ったのである。

## (三)　最終講義——大学を去るにあたって

東京国際大学の最終講義での私の発言内容も、小林本人の盗用行為に関し数十年もの忍耐の末に、私の学問的生涯を総括するために不可欠な、しかも非常に重要な事柄であって、根拠なく行ったものでは全くない。

一九九九年三月の東京大学を停年退官する際の最終講義に際しても、自己の学問的生活を総括するために、この事件への言及が不可避かとも考えたが、聴講生の大部分が学部学生である点を考えて、事件には言及しなかった。

私の人生を全く変えた小林著書刊行から三分の一世紀もの時間が経過した二〇〇九年に、私は七〇歳で第二の定年を迎えた。最終的に大学の講壇と別れるこの東京国際大学大学院での最終講義は、聴き手が研究者への道を志し将来は学問的コミュニティに入ろうとする大学院生であり、また私が大学で真実を語れる最後の機会だと考え、最終講義の最後の段で、私は原告が行なった行為の要点に言及し、大学院生に対して研究倫理の厳守を求めたのである。研究倫理の尊重は、学問的営為にとり死活的であって、これを逸脱する、盗用・剽窃などの行為は絶対に許せないこと、かかる行為は研究者として決して行ってはならないことを伝えた。

小林氏が行なったようなかかる悪質な行為を二度と犯す人間が現れないように、自分が身をもって体験した苦い真実を、若い研究者たちに明示することを義務と考え、この件を公表したのである。教授として最後の教壇に立つ自分が、過去の学問生活を自ら点検し総括する際に、これまで真実を語ることを抑制してきたこの事件に関する言及は、どうしても不可避であった。過去の真実と、私の信念に基づく生き方とを、後進の研究者に伝えるのが公的な義務だと考えたからである。

一歴史学者として、具体的事実に基づき、研究倫理の厳守を求めることは、公益に叶うものであり、私は思想及び良心の自由が保証される社会秩序に信頼をおくものとして、かつ真実を告白すべき専門的職務 Profession である教授の職にあった者として、その職を離れる最後の講義に際して発言したのである。

この最終講義の聴衆は、研究者を志望して在籍するものと、私が東京大学勤務中に指導してきた中堅や新鋭の研究者、そして東京国際大学大学院の同僚たちである。最後まで考えて、私は剽窃者の名と所属大学を明らかにすることを決意した。それは彼がリーディングスへの追記について私に謝罪した二〇〇一年以降、今回の提訴に至るまで、一度も私に抗議しなかったことを十分考慮したからであり、私としては彼自身はすでに私に謝罪したものと受け取っていたからである。

研究者を志望する人々に対して、盗用厳禁を伝えることは公益にも叶う私の義務であり、大学院生と研究者に対して歴史的事実を正確に反証可能性を持って示すためには、具体的に盗作者の氏名・所属を明示する必要がある。また私は八年も前に本人の名を挙げ、本人が謝罪をしているのだから、大学院最終講義でそのことを指摘することは、聴講者にとって盗用行為厳禁の趣旨を強く印象づけるためむしろ意義があるだろう、と考えた。

以下、東京国際大学大学院での最終講義の最後の部分を引用しよう。

さて最後にここでもうひとつ申しあげておかなければならないことがございます。私が十分に研究に専念することができなくなった一つの理由として、一九七五年のことですが、私の作品の一つが他の研究者によって剽窃された際、その研究者が学界において果たしていた役割に配慮して、盗用を公然と指摘することをためらったことがあげられます。まだ公刊されていない自分の論文の構成を、ほとんどそのまま他人の著作の編別構成に利用されてしまったのですが、その結果、私は自分の最初の著作を著書として公表することも学位を申請することも断念することになり、以後私は学界における倫理の欠如と売名行為の横行に暗澹たる気分を抱いたまま、一切単著を出版せず、ただ共同研究の編集や資料集の出版のみに終始する態度を維持して現在に至ったのです。学生時代のアルバイトで勤めた研究所で、共同研究を重んずる姿勢、業績主義とは正反対のいわば「匿名の思想」とでも云うべきものを叩き込まれていたことが、共同研究に徹底する態度の維持に強く影響していたのだと思います。

この事件は研究者としての私にとって致命傷となってしまったわけですが、私のその作品が二六年後にあるリーディングス（『展望　日本歴史⑳　帝国と植民地』東京堂出版、二〇〇一年、二一〇～二四九頁）に収録された際、お手許のプリントの最後の二ページ（追記）にその経過について実名を挙げてしるしてあります。現在は早稲田大学の小林英夫という人ですが、私がこの追記を公表してから八年、私はご本人からは何の抗議も受けておらず、口頭で謝罪の意を軽く告げられただけであり、現在もその人は次々に著作を公表し、大活躍中です。盗用、剽窃をすることが学問の正常な発展にとっていかに大きな打撃をあたえるか、その被害を蒙った当事者として、皆さんにはお伝えしておく義務があろうかと思い、恥ずかしさを忍んで今日皆様に申し上げる次第です。「宋襄の仁」という言葉が他人ごとではないことを改めて噛み締めることになりました。（中略）カット・アンド・ペーストをしないように、引用箇所を明確にするように、ウィキペディアを安易に信じないように、と私がくりかえし言うのはこういう背景があったからです。そのような行為は、他の人の一生かけての仕事をも、大きく左右することがあるわけですから。

ちょっと話が暗くなりました。暗くなるなら闇は闇でも夜の闇、夜空にきらめく星の話に変えましょう。天空に輝くシリウスと地球との距離は八・六光年、今夜私たちが見るシリウスは、八・六年前にシリウスが発した光です。私が本学に着任して一年ちょっと、ちょうど「歴史学」の講義案を夢中になって作っていた頃です（中略）白鳥座のデネブは実に一四二四年前の光で隋が中国を統一する四年前と、現代の天文学で用いられている「改訂ヒッパルコス星表」によればそのように特定されています。（中略）今年はガリレオ・ガリレイが天体望遠鏡を用いて観察を行った一六〇九年からちょうど四〇〇年、世界天文年と定められています。その標語は「宇宙―解き明かすのはあなた」、〝THE UNIVERSE: YOURS TO DISCOVER〟、それにならって私の講義も最後はこの言葉、〝THE HISTORY: YOURS TO DISCOVER〟、「歴史―解き明かすのはあなた」、（中略）この言葉をもって、大学生活五〇年に、そしてこの大学の教壇に別れを告げることにい

たします。（以下略）

しかし、一年後に大学院での最終講義が研究科の紀要に掲載された時も小林氏は全く気づかず、松村氏の『三田学会雑誌』論文の注を読んだ人々からの通報でようやく気づき、取り寄せて読んだとのことである。そして一二年前のリーディングスの追記に対する私への謝罪を忘れてか、あるいは隠してか、直ちに法的手段を執る旨の「催告書」と、「訴状」の提出となったのである。

つぎに、私の単著『日本戦時経済研究』（ならびに私家版『満州経済統制研究』）（ともに東京大学出版会、二〇一三年三月）の「あとがき」等で本件に触れた記述は、以下の事情に基づく。

本来、この自著の刊行は、小林著書の刊行によって、一度は著書の形で刊行することを取りやめたものであり、これを刊行するからには、自著の学術的正当性、オリジナリティを明確にすることが著者として当然の責務であり、それゆえにこの件を公表したのである。加えて、永年にわたってなぜ私が単著を書かないのかについて、数多くの学者や学生が不審に思っており、その理由を尋ねられたことも少なくなかったが、私は正面から真実を伝えることを控えていた。

しかし、おそらくは最初で最後になると思われるこの単著の刊行理由を明らかにしない場合、私の学問的生涯は全く誤解されたままになるであろうと考えられた。「序文」や「あとがき」でこの事件に関する過去の真実と、自己の生活信条とを明示的に書かなければ、読者に永久に理解してもらえないことになる。この想いにたって、過去の真実を記す必要があると決断するに至ったのである。上記の公表は、学者としての私にとって研究者倫理上、避けられないことであった。

以上、第Ⅰ部では被告という立場に立たされた私の意見を述べてきた。

# Ⅱ 裁判に明け暮れた七十代後半

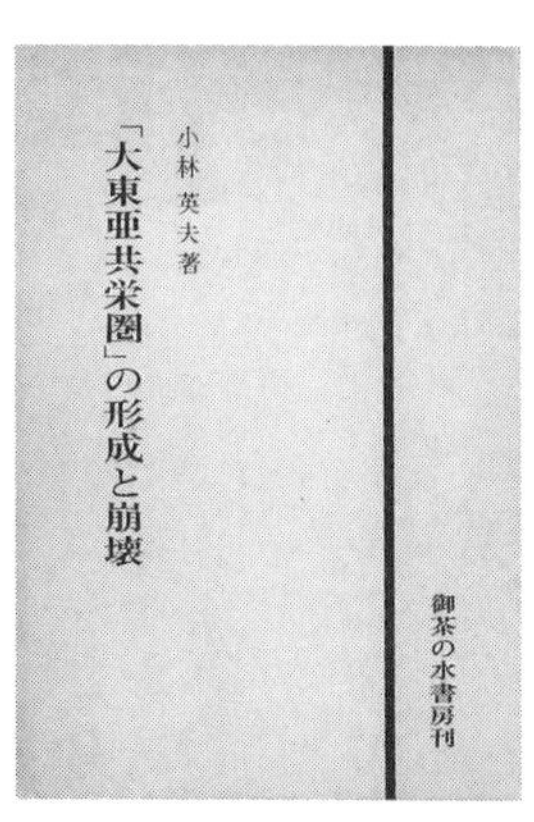


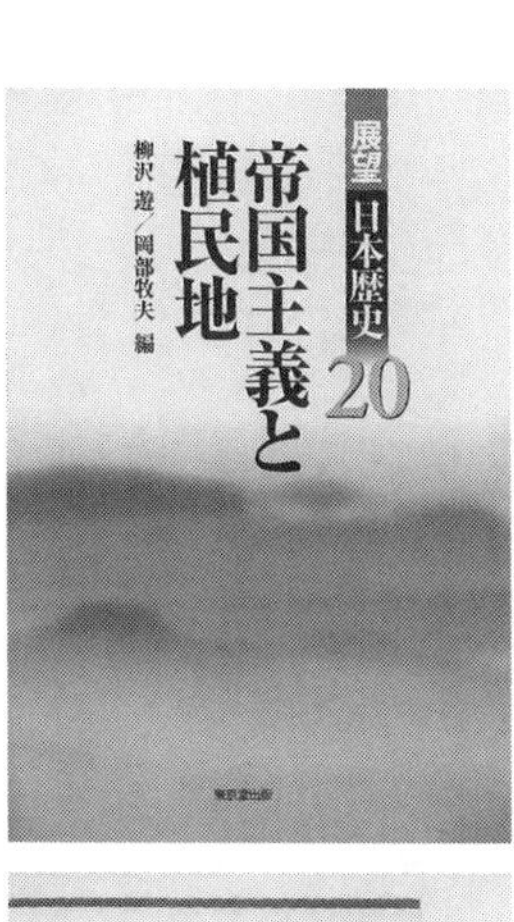


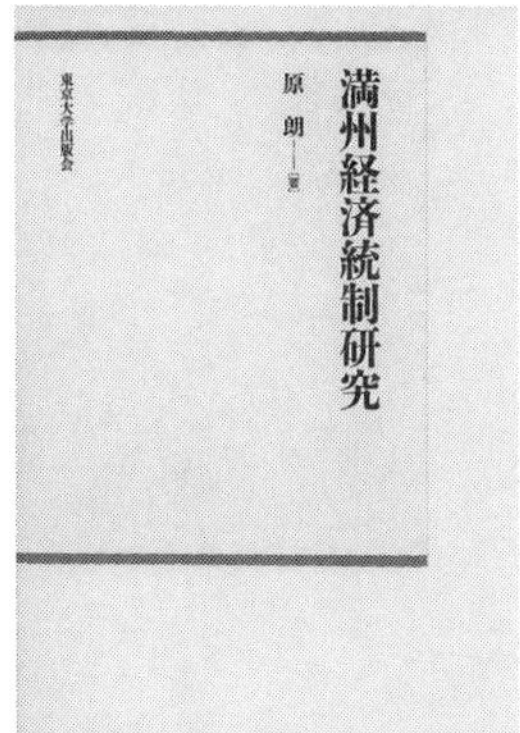


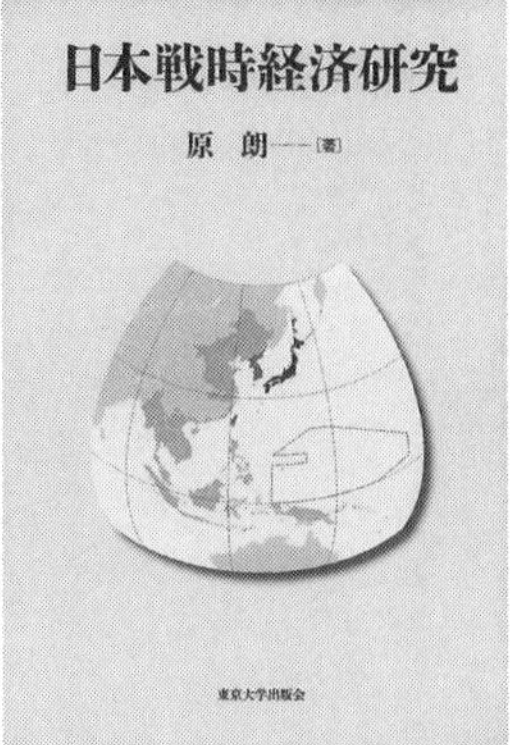


上段右　御茶の水書房刊
上段左　東京堂出版刊
下段左右とも
　東京大学出版会刊

# 一　原告小林英夫「訴状」の内容と争点

## (一)「訴状」の内容(二〇一三年六月二七日)

最初に、この裁判の出発点である「訴状」の要点を見ていこう。訴状全体の著作権は原告小林英夫側にあるが、部分を引用することは著作権法第三十二条で認められているはずである。

二〇一三年六月二七日付けで東京地方裁判所民事部に提出された「訴状」では、「請求の趣旨」が次のように述べられている(署名捺印しているのは原告訴訟代理人弁護士三名、氏名は省略、送達場所は早稲田大学リーガルクリニックとされていた)。

### 1、請求の趣旨

「1　被告は、原告に対し、金二三〇〇万円及びこれに対する平成二五年三月一五日から支払い済みまで年五分の割合による金員を支払え。

2　被告は、原告に対し、別紙1記載の謝罪広告を、朝日新聞、及び、東京国際大学大学院経済学研究科『経済研究』に、同記載の条件でそれぞれ一回掲載せよ」(「訴状」二頁)さらに、「朝日新聞においては、各朝刊全国版社会面広告欄に二段抜きで、見出しについては、一六ポイン

ト・ゴシック活字、本文については、一二ポイント」。(「訴状」一六〜一七頁)

「3　被告は、『満州経済統制研究』を、引き渡した相手方から、同書を回収せよ。

4は、3項が認められない場合に別紙2記載の付箋「注意書き」などを『満州経済統制研究』を引き渡した相手方に送付せよ。

5　訴訟費用は被告の負担とする。

との判決並びに第一項及び第五項について仮執行の宣言を求める。」(「訴状」二頁より)

以上が訴状記載の「請求の趣旨」である。

このあと、「請求の原因」が続く。

「1精神的損害」の内容(「訴状」九〜一二頁)を原告が自ら述べる所をそのまま記すと、

「(1)「原告のこれまでの社会的評価」

原告は、…長年、近現代日本経済史研究を行ってきた、学会では著名な歴史学者、経済学者の一人であり、こうした研究者として積み重ねた研究業績を前提として、早稲田大学教授の地位につき、社会的、経済的に安定した地位を築き、それに相応した社会的評価を獲得してきた。」

「(2)　本件摘示事実が原告の社会的評価に与える影響」

…原告の社会的評価の生命線とも言える、研究業績に対する評価、信用を最も深刻に失墜させるものが、とりもなおさず、他人の研究業績の「剽窃」「盗用」である。こうした行為は、アカデミズムの本質から、学界において最も嫌悪される行為とされ、「剽窃」「盗用」したとの評価を受けた研究者は、過去の研究業績を否定され、その後、他の研究者との共同研究を行えなくなるなど、研究者生命に致命的な悪影響を受けることになる。

したがって、本件摘示事実の摘示は、およそ原告の築いてきた社会的、経済的地位を根こそぎに減殺するに等しい、著しい損害をもたらす深刻な名誉毀損行為と言える。」（訴状一〇頁）
（3）「被告の社会的地位と情報発信力等」（略）
（4）「原告の社会的評価低下の具体例」（略）
（5）「原告の受けた精神的損害」
…原告は、…研究者人生を全否定されるに近い屈辱や恐怖を感じ、耐えがたい精神的苦痛を受けた…その損害は、原告の人生そのものと言って過言ではなく…少なくとも金三〇〇〇万円をくだるものではない」（訴状一二頁）。

## 2、請求原因

「訴状」が問題とする私の最終講義の内容は次の六点である。
①「一九七五年のことですが、私の作品の一つが他の研究者によって剽窃された」
②「盗用を公然と指摘することをためらった」
③「まだ公刊されていない自分の論文の構成を、ほとんどそのまま他人の著作の編別構成に利用されてしまった」
④「その結果、私は自分の最初の著作を著書として公表することも学位を申請することも断念することになり、……一切単著を出版せず、ただ共同研究の編集や資料集の出版のみに終始する態度を維持して現在に至った」
⑤「この事件は研究者としての私にとって致命傷となってしまった」

⑥「現在は早稲田大学教授の小林英夫という人ですが、」

(1)「原告が、被告の著作権を侵害する行為を行った」として「原告が不法行為者であるとの社会的評価を与えた」

(2)「非倫理的人格であるとの社会的評価」「原告は、不法行為者である上、同業者である被告に対して、『最初の著作を著書として出版することも学位を申請することも断念する』に至らせ、『一切単著を出版せず、ただ共同研究の編集や資料集の出版のみに終始する態度を維持』せざるを得なくさせる等の、研究活動を著しく阻害する影響を被告に与えたとされ、これらは、原告が研究者として非道かつ非倫理的な人格との社会的評価を招来する」

(3)「研究者としての地位、信用の失墜」「原告は、共に研究した同業者の損失を省みず、他人の研究を盗用してその研究業績を築いた者との社会的評価を受け」「研究者としての地位、信用を著しく失墜させられた」

「以上により、被告の本件最終講義及び……は、原告の社会的評価を著しく低下させるものであり、名誉毀損を構成する」(「訴状」四～五頁)

しかし、原告の「訴状」は、私の「最終講義録」の記述を全く誤読している。私は最終講義で二〇〇一年の私の「追記」を示し、それに即して、その延長線上で発言しており、原告は当時この「追記」に関し自らの過誤を認め、私に対し「先生、ごめんなさい」と明言して謝罪している。原告は自分の謝罪を原告代理人に対しても隠して訴状を作成させたものかと私は当時推測した。

つぎに、私の論文集『日本戦時経済研究』について、訴状は次の三点を問題とする。

ア「ある契機から私は一九七五年初頭をもって研究発表のスタイルを変え、学会における共同研究や各種の共同研究の発展のために徹することとした」

イ「本論文と小林英夫『「大東亜共栄圏」の形成と崩壊』…との関係については、…追記および…最終講義…を参照されたい」と掲載し、…読者を誘導した」

ウ「追記において、小林氏の著書の編別構成が筆者による本稿の論理構成とあまりに酷似しているのに一驚し、当時筆者が考慮していた著書『帝国主義下のアジア―日本帝国経済圏の形成と崩壊―』の公刊を断念し、あわせてこれと密着に吻合させて戦時日本帝国主義の国内局面を分析した仮題『日本戦時経済分析』の刊行も見合わせることとした。文末の注記で小林氏の著書に言及し『ついて参照されたい』と述べたのは、本論文の論旨と小林氏の著書とを冷静に比較吟味して独創性の有無について読者の判断を求めたいという、当時の私としてのささやかな抗議の表現のつもりであった。…などと掲載した」

「(2)…本件【追記】も、表現方法は変わっているものの、基本的には本件摘示事実と同内容の事実を摘示するものであり、1で述べたと同様、原告の社会的評価を低下させるものであって、名誉毀損を構成する」(「訴状」五~七頁)

以上に引用した「訴状」内容の一部についての私の感想は次の通りである。「訴状」六~七頁は、二〇〇一年三月一三日の上記「追記」をもって原告に対する私の「名誉毀損の成立」を申し立てているが、この「追記」そのものに対して原告は二〇〇一年の時点で明言して私に謝罪し、以後二〇〇九年の私の最終講義が行われるまで、原告は一度たりとも私に抗議したことはない。従って、私が正確な事実経過に基づいて最終講義で真実を明らかにし、学生や研究者に対して研究者自身の盗用厳禁と、人文社会科学における研究倫理の公的な確立を訴えたことは当然のことであり、原告が二〇〇一年から訴状提出時点の二〇一三年まで自ら謝罪していたことを隠して態度を翻したと考える。

さらに『満州経済統制研究』については、以下の九点が問題とされる。

①「私の学問的人生を決定的に変えてしまった以下の事情をお知り頂きたいと思い、あえてここに真実を述べることを決意した」

②「…学会誌が発行される直前に、小林英夫『「大東亜共栄圏」の形成と崩壊』…という著書が発行され、その目次と内容を見て筆者は目を疑った。目次の構成が筆者の大会報告第一報告…の論理構成をそのまま流用したものであることに何よりも驚愕したが、書名自身すら筆者の論文の中の表現がそのまま使われていた」

③「筆者が共通論題一括掲載のために必死になって懇請していたその同じ時期に、当事者の一人がこともあろうに大々的な抜け駆け功名に走ったのである」

④「共通論題の第二報告者が、私の担当した第一報告の基本となる論旨を全面的に編別構成に流用して、一九七六年四月の学会誌刊行を待たず、その間の一九七五年一二月に単著を刊行するとは全く予想もしないことであった」

⑤「私の論理構成をそのまま編別構成に流用していることを、今なお隠蔽しようとしているか、あるいは無恥にも忘却しきっているかのどちらかであろう」

⑥「研究史上の無法な簒奪をこれ以上放置するのも限界に達したと判断し、あえてここに申し

述べた」

⑦「…この事件以降の筆者の研究活動に甚大な影響を与えた。まず予定していた単著の出版をとりやめ、執筆構想は捨てることとした。…単著出版の断念は当然に学位取得の断念と連動する」

⑧「単著は出さない方針に立てば、研究面での基本態度は共同研究を堅持し、その範囲内で研究活動をすることになる」

名誉毀損の成立：「上記の各掲載内容は…原告の社会的評価を著しく低下させるものであって、名誉毀損を構成する」（「訴状」七～九頁）

この「訴状」の指摘も、事実誤認にもとづく。私が最終講義で述べた真実を、誤解して問題としている。謝罪し、抗議しなかったという自らの態度を翻して事実を隠し、さらに歴史的事実と異なる虚偽を述べ立て「訴状」を作成させたのであろう。本来は私の方が逆に著作権侵害として訴えうる立場にあったのであるが。

「訴状」が述べる言葉を借りれば、「最も嫌悪される行為」を原告自身がその「処女作」において犯し、かつ謝罪もしており、その「処女作」（＝原告著書）とそれに基づくいくつもの「研究業績」を前提として、「早稲田大学教授の職につき、社会的、経済的に安定した地位を築」いた。だが、盗用があれば「過去の研究業績を否定」されるのが当然であり、「社会的評価・信用を深刻に失墜」し「致命的な悪影響」を受け「社会的、経済的地位を根こそぎに減殺」され「致命的な悪影響」をうけるのは当然だと考えた。このような行為を廃絶させることは、公共的にみて意味があることであり、公益を図るためでもあると信じていたのである。

以上は原告の二〇一三年六月二七日付の「訴状」の内容のうち、本書にとって欠かせない部分を引用したものである。

## (二)「盗用・剽窃」の学術的定義

この裁判で最も重要な定義を要するのは研究・教育上の「剽窃(盗用)」の定義である。私は二〇一四年五月九日の第五回期日に準備書面4で証拠書類九点を提出した。原告が勤務している早稲田大学それ自体、その他に神戸大学国際協力研究科、日本在宅ケア学会、日本学術会議、文部科学省、OED、ウェブスター両辞典等々である。

### 第五章　学術上の「盗用」の定義

具体的な原告の盗用行為の例を検討するのに先だち、まずこの裁判にとって決定的な重要性をもつ「盗用」(剽窃・盗作をふくむ)に関する学術上の定義を、具体的な例に即し概観する必要がある。学界における「盗用 plagiarism」の定義は、一般社会の常識的観念より非常に厳密に具体的基準が定められている。まず国内各大学・各学術機関等の定義をみよう。

#### 1　「剽窃定義確認書」(早稲田大学大学院経済学研究科)

剽窃・盗用防止は、研究者を育てる大学院生教育においても徹底させることが求められており、その一例として早稲田大学大学院経済学研究科が修士論文提出者に対し提出を義務付けている「剽窃定義確認書」を見れば、「修士論文提出において、剽窃または剽窃と疑われる行為を一切行わないことを誓約」し、「当該行為を行った場合には、厳重な処分（無期停学・当該学期成績無効・修士論文不合格等）を受けること、学位取得後であっても学位取消となることを十分に認識したうえで、論文執筆を進めていくことを誓約する」ことが求められている。この「剽窃定義確認書」の裏面にある「剽窃に関する定義」によれば、「盗用・剽窃行為」について、「文章の出所を…引用や参照のルールにのっとって示し、その部分は自分の書いた文章（あるいは自分で考えたアイディア）ではなくて、誰かから借りたものであることを明らかにする必要がある…他人から借りた文章やアイディアの出所を示さずに、自分で書いたものとして…提出すると、『盗用』または『剽窃』となる」…

「他人の文章を書き写す場合（つまり引用する場合）には、かならずその文章全体を「　」（一重カギカッコ）でくくる…そして著者名、著書（あるいは論文や記事）のタイトル、該当ページ数（および出版社や出版年）がわかるようにする」（傍線は原文のもの）、「文章をそのまま引用したわけでなくても、要約というかたちで利用したもの、アイディアを得るために参考にしたものがあれば、同じように著者名、タイトル、ページ数…を示すのがルールです」…「以上は、『絶対にやってはいけないこと』についての注意です」とされている（二〇一四年四月八日閲覧）。

## 2　「剽窃・盗用防止ガイドライン」（神戸大学国際協力研究科教務委員会）

神戸大学国際協力研究科によれば、「剽窃行為とは何か」の項で、「他人の研究成果を自分のものと偽って提出することが剽窃（盗用）ですが、『研究成果』とは、文章、アイディア、理論、データ、事実関係、図表等、著作物（場合によっては口頭による研究発表）のあらゆる部分が対象になります」。

「学問の世界では、原則として、成果物の全ての部分について、剽窃は認められません」「自分が提出する成果物（場合によっては口頭での研究発表）のあらゆる部分について、他人の文章等を自分のオリジナルであるかのように表現する行為をしてはいけません」とし、さらに「剽窃回避方法」として「出典を明記することは剽窃回避の基本中の基本です。出典を書く際には、著者名、書名・論文題名、出版年、所収書名・雑誌名、出版社が必須情報です」。

「引用の場合：鉤括弧やブロック・クォーテーションで引用部分を明示したうえで、ページ番号（場合によっては行番号）を付す」「パラフレーズ（言い換え）の場合：自分の言葉でまとめて、原点の該当箇所のページや章を明記し、必要なら引用符を用いる」。

「出典情報、該当ページ、引用符の三点セットで、剽窃の危険はほぼ避けられます」としている（以上傍線部はすべて原文による強調部分を示す。同ガイドライン二～三頁）。

3　念のため、さらに学術関係団体等における剽窃・盗用行為に関する規定を概観しておこう。日本学術会議学術と社会常置委員会報告「科学における不正行為とその防止について」（平成一五年六月二四日）は、「不正行為 scientific misconduct」として「捏造（Fabrication：存在しないデータの作成）、改ざん（Falisfication：データの変造、偽造）、盗用（Plagiarism：他人のアイデアやデータや研究成果を適切な引用なしで使用）」の三者を列記している（同報告五頁）。

4　「研究活動における不正行為への対応等に関するガイドライン」（二〇一四年八月二六日文部科学大臣決定）では、「研究活動における不正行為とは、研究者倫理に背馳し、上記一（研究活動）及び二（研究成果の発表）において、その本質ないし本来の趣旨を歪め、科学コミュニティの正常な科学的コミュニケーションを妨げる行為にほかならない。具体的には、得られたデータや結果の捏造、改ざん、および他者の研究成果等の盗用が、不正行為に該当する」と定義している。

5　これらすべての文献が例外なく典型的な不正行為として指摘する「捏造」・「改ざん」・「盗用」のうち、本訴訟にとってとくに問題となるのは「盗用」plagiarismである。さきの日本学術会議の文献で「他人のアイデアやデータや研究成果を適切な引用なしで使用」することと定義された「盗用」が、これまで多用されてきた「剽窃」の語と同義であるものと考えられ、本陳述書ではこの意味で主として「盗用」及びその同義である「剽窃」を合わせ用いることとした。

6　なお、参考のため英米での語義を念のため確認しておくと、英語辞典の代表としてのThe Oxford English Dictionaryでは、他人のアイデアやその表現（文学・芸術・音楽・機械設計などにおいて）を自分のものとして不正に流用あるいは盗用したり、出版したりすること。盗用したアイデア、デザイン、文章、および著作。他人の思想・著作・発明を自分のものとして採用し、使用すること。米語辞典の代表としてWebster's Third New International Dictionaryでは、「〈他人のアイデアや言葉を〉自分のものとして盗用すること。すなわち、創造的成果を出典を示さずに使用すること。」、「著作に関する窃盗を犯すこと。すなわち、現存する出典から引用したアイデアや作品を新規の独創的なものとして示すこと」との定義を与えている。

ここで、両辞典はともにアイデアの盗用を明確に定義していることに注目すべきである。

## (三) 準備書面の往復

「訴状」の日付けは六月二七日だが、私の住所に着いたのは七月一二日で、これは本書冒頭に述べたとおりである。私は七月二三日に「答弁書」を提出し、すべて「争う」立場を示した。一月も経った八月二三日に原告は「訴状訂正」を求めて私の『満州経済統制研究』を訴状に追加し、同時に原告「第一準備書面」を提出した。私は八月に「原告小林の単著と被告原の論文との対照表」を作成し、さらに「被告による説明の要点：原告小林英夫氏と被告原朗との関係に関する覚書」をまとめ、九月二五日に被告「準備書面1」(一四頁)と附表として先の「対照表」(一六頁)、ならびに多数の証拠書類を提出した。こうして、その延々と五年以上も続く手続期日ごとの準備書面と証拠のやりとりが始まった。その内容を一々述べるのは紙幅上不可能だから、重要なポイントだけに絞って東京地裁における審理の実態を示すことにしよう。

原告の「準備書面」についてはその著作権が原告側にあると主張されかねないので、その一部を「引用」する形でしか示せないが、当初の原告の主張では、被告の「頭の中にあるだけのものを剽窃することはできない」、という点が非常に強調されていた。これは「剽窃」の定義が「アイデア」を含まない、という初歩的な誤解に基づくものであるし、また私は既に学会大会で言語をもって口頭で公表し、かつ地図やグラフ、統計など図形も配布し、演述著作権を認められているのだから問題にもならないのだが、原告側は繰返し「頭の中」論を持ち出してきたのである。

私は二〇一三年一一月二六日の「準備書面2」で原告による手の込んだ剽窃が、通常の単純な剽窃事件とは異なること、無断で未公表の他人の論文を引用先の明示もせず盗用していること、私の論文を細かく切り刻んで原告著書の各箇所に嵌めこんでいること、学会報告の学会誌一括掲載以前に自己の単著として公刊したこと、私の論文の「問題別・時期別・地域別」構成を「時期別・問題別・地域別」構成に組み替えていること、論文の内容である投資形態・貨幣制度・満州関係事項に即して体系的に剽窃箇所を指摘し、さらに二〇一四年五月九日の被告「準備書面4」で「剽窃・盗用の定義」について多数の証拠により詳しく解明した。

また、この準備書面4では原告による被告の研究の剽窃・盗用の手法について、全体構想・表題・篇別構成・用語法・時期区分・総括的把握等にわたって追及したが、ここでは省略する。

# 二　被告原朗「陳述書」の内容

## （一）被告原朗「陳述書Ⅰ」（二〇一六年九月一三日）の概要

二〇一六年九月、私は裁判所に「陳述書Ⅰ」を提出した。その目次は以下の通りである。

はじめに：私の履歴と本陳述書の概要
第一章　私の初期の研究
1　「資金統制と産業金融」
2　「日中戦争期の国際収支」
3　華北への関心と満州研究の開始
第二章　原告と私との関係
1　満州史研究会での共同研究
2　草稿の提出と研究成果の刊行
3　「日中戦争期の外貨決済」
第三章　土地制度史学会共通論題報告をめぐって

第一章から第五章までについては簡単ながら本書では既に述べているので、ここでは全体の構成について主に記す。また、第六章と第七章は、のちの陳述書Ⅱの内容と重なることも多いので、あらためてそこで述べることとしよう。盗用等の研究不正は、被害者の人生に決定的打撃を与え、絶対に許せないことを、生涯を通じ痛切に体験した人間として申し述べたい。

私が都合三八年間の沈黙を破って二冊の著書を出版した三か月のち、こともあろうに、盗用・剽窃行為を行った加害者が、被害者である私を名誉毀損で提訴したのである。以下の陳述書は、この事件に対する私の被告としての反論であり、原告の理不尽な行為への告発である。それは単なる私と原告との対決のみならず、盗用・剽窃と言う犯罪行為に対する学術上の厳格な規定を再確認し、人文社会科学における研究倫理の確立を図る提言でもある。

以下、簡単にこの陳述書Ⅰの構成を説明する。まず原告と会う前に私が発表した研究や資料集を概観し（第一章）、次に原告と私の関係につき満州史研究会を中心に振り返り、その後の私の公表論文に触れる（第二章）。さらに学会大会共通論題の準備過程と報告論文の学会誌への掲載が遅延した事情を説明する（第三章）。第四に、原告著書の刊行とその内容が私の研究を盗用している点を述べ、当時私がその告発を控えた理由、以後の私の学問活動を極度に困難にした点を述べた（第四章）。この訴訟で重要な問題となる「盗用（剽窃）」についての学術上の定義を、国内各大学・諸学会等の規定で引証する（第五章）。

以上を前提に、原告著書が私の見解を盗用した事実を、全体構想と総論・時期区分・投資形態・貿易構造・金融構造・不適切な引用の各項に整理して具体的に指摘する（第六章）。ついで原告の訴状と準備書面に批判を加え（第七章）、最後に人文社会科学における研究倫理の確立を訴えて結論とする（第八章）。

## （二）　その後の準備書面の往復

二〇一四年一〇月二九日、私は「準備書面5」で証拠一六点を提出し、私がずっと保管していた手書き学会口頭発表原稿、同手書き清書原稿、「課題」と表記のある原告の手書き原稿、被告の一九七四年一〇月一二日付け大会準備研究会レジュメ、原告の手書き大会準備研究会準備資料・同手書き大会報告資料等々、約四〇年前の原稿類を大量に提出した。

これによって原告側が主張してきた「頭の中」論は完全に崩れ去った。原告側もこれを認めざるを得なかったのであろう、これまでとは主張点を全く変えて、今度は「原告はずっと早くから著書の執筆をしていたから、被告の大会報告など見る必要も無かった」という主張に転換し、繰返し一九七四年初に執筆を開始し、大会報告当時には著書の八〇％は書き上げていた、五四五頁もの大冊を一九七五年一二月までに刊行するには当然それぐらいの長い準備時間が必要だ、という主張に変わってきたのである。この論点については、地裁段階でも高裁段階でも裁判所による原告の主張についての誤った判断が繰り返されていくので、本書では最後に近くなる「高裁判決批判」をお読みになるまでずっと留意をしていただきたい。

以上に述べた「頭の中」論、「早期執筆」論だけではなく、原告側は次から次へと誤謬と虚構に満ちた議論や「証拠」を持ち出してきた。たとえば、私の「満州第二」論文が公刊されたのが一九七六年だから、原告が見ることは「物理的に不可能」だったという、「物理的不可能論」で、これは後述する「争点対照表」の「原告の反論」でも繰返し繰返し主張されている。それに対する反論は簡単で、私が法廷に提出した証拠である一九七四年一〇月二七日大会当日の原告自身が配付した報告資料（乙二七―二）原告自身が数表の注に自筆で二箇所も私の未発表論文を引用していることは、原告が一九七四年一〇月に引用できたものを、一九七六年まで「見ることは物理的に不可能」だと主張することになり、だれがみてもそのようなことは「論理的に不可能」だというに違いない。

もう一つ原告がしがみついているのは「先行研究存在論」とも言うべきもので、私の主張は既に遙か以前に東亜研究所『支那占領地における経済的発展』や、大蔵省管理局『日本人の海外活動に関する調査』、井上晴丸・宇佐美誠次郎『危機における日本資本主義の構造』、大蔵省『昭和財政史』XI国際金融・貿易などで指摘されたのと同一であり、既知のものであるから独創的ではない、と繰返し主張する。前二者は戦時末期と敗戦直後に作成され、共に二次文献で一次史料とはいえず、前者は戦時の検閲下で作成され、後者は監修者自身が「未定稿」にすぎない、大蔵省としては責任を持ち得ない、と信頼性の低いことを自認したものであるにもかかわらず、原告著書は両者を一次史料であるかのように非常に多数の引用を行っている。

井上・宇佐美著書や宇佐美教授執筆の『昭和財政史』では、例えば投資機関の変遷につき概説的に一回か二回ほど軽く触れたに留まるのに対し、私は各投資機関の一次史料に基礎を置き、かつモノグラフとして数十頁の論文を書き、これを踏まえて報告し論文にしたのであって、原告がもはや古くなった両書にしがみついてこれをただ呪文のように繰り返し、その果ては「出所不明」の満州関係史料などを多用するのとは水準が全く異なることを、ほとんど理解できていないのであろう。

一々列挙するのは切りが無いので、もう一つだけ例を挙げるに留めよう。原告第四準備書面三九頁の六で、原告が外務省史料館で撮影したマイクロフィルム五巻を被告に貸与したなどという虚構を持ち出し、私が論文に用いた『南方経済対策（改訂版）』はこのマイクロフィルムに依拠したものだなどと主張した。私はマイクロフィルムを原告から借りたなどという事実は全くなく、指摘された史料は私が独自に米国議会図書館から取り寄せたもので、その英文の書き入れがある表紙は、アジア歴史資料センター所収の外務省史料館に出自する史料の張り紙の剥がし跡がある表紙と全く異なることを直ちに証明した。それに対して何らの反論もできずに最後の陳述書にまでこの虚構を主張し続けている。このほか類似する例は枚挙にいとまがないので、ここでの追及は以上に留める。

二〇一五年秋から裁判手続きも中盤に入り、被告以外の研究者である堀和生・松村高夫両氏からの「意見書」提出や私の「陳述書Ⅰ」の提出、それと並行して「和解」に関する協議も行われた。前者の「意見書」は重要であるから、執筆者両氏の了解を得て第Ⅲ部にその全文を掲げさせていただくこととし、ここでは和解の協議についてまず説明しておこう。

二〇一五年も押し詰まった一二月二五日、被告側代理人（当方の弁護士）は裁判長と和解についての協議を行った。裁判長の打診に対し原告側が翌年五月一三日にいたってようやく示した意向は次のようなものであった。

「双方で等分に執筆した書き物を出す」、「しかしなるべく小規模に」、「原告・被告による陳述書は各四〇〇〇字（原稿用紙一〇枚）、「発行部数は五〇部」、「意見書は入れず、双方の準備書面のいくつかを入れる」、という何とも問題とならない案であり、当方の弁護士は「これでは到底被告の納得は得られない」として即座に拒否し、以後「和解」案は問題とならなかった。

この間、私は二〇一六年二月九日の第一六回期日に対して被告「準備書面8」を提出し、歴史学における「独創性」について解説した。年表の独創性、一覧表やデータの提示方法の独創性、歴史的事実」に関する叙述の独創性、等々についてである。

また、同年五月一一日の「準備書面9」では、被告論文に即して投資形態・貿易構造の特質と、ブロック内各地域で異なる通貨制度を採用し、インフレ進行速度の差から域内各地域の間で物資移動・資金移動を制限せざるを得ず、その結果ブロックとしての内実を欠くこととなり、制約要因としての外貨不足と船舶不足と相俟って「共栄圏」が崩壊しその実態は「共貧圏」となるという論理を私が総合的に解明した点を主張した。

以上の過程を経て、私は同年九月一三日に「陳述書Ⅰ」を提出し、翌二〇一七年四月二八日に「陳述書Ⅱ」を提出した。その内容は次項に要約するが、陳述書Ⅱ提出後の裁判手続きの推移についてもここで述べておこう。

私が「陳述書Ⅱ」を提出したのと同じ四月二八日に、堀和生氏は「意見書Ⅱ」を提出された。ところが原告側は同日の提出を義務づけられていたにもかかわらず原告側「陳述書」を提出し得ず、当方の「陳述書Ⅱ」の内容をみて自分の原稿に修正を加えてから、五月二日付けの原告「陳述書」を五月一〇日に提出し、さらに一八日に依田憙家氏の「陳述書」を提出した。

この二〇一七年四月末以降に、地裁段階での審理は終盤に入ったと認められる。当方は五月一〇日に「準備書面12」で「被告が本件論述の内容を真実であると信ずるにつき相当の理由がある」といういわゆる「相当性」の主張をし、かつ依田憙家氏と堀和生氏を証人として申請し（六月一日）、相手方は当方の相当性の主張に対し「時機に後れた攻撃防御方法却下の申立書」を出し（六月七日）、当方はこれに「反論書」を提出し、裁判所は原告側の申立書に「本件申立は理由がないからこれを却下する」と「決定」した。裁判所は証人申請を留保し、本人尋問のみとする方針を示し（六月二〇日）、当方は「準備書面13」で本件が歴史学上の学問的専門性と深く結合していることを強調した。

ところが七月三一日の第二六回弁論期日でなんと裁判長が再び交代となった。新裁判長は証人採用については現在考慮中として明言を避け、陳述書によって内容の把握は可能だと述べた。その後当方代理人の尽力により九月一四日の第二七回期日で証人採用と公判期日が決定され、必要があれば年末までの意見書提出も認めることとされた。これに応じて堀和生氏の「意見書Ⅲ」が一二月二七日に提出された。

## (三)　被告原朗「陳述書Ⅱ」（二〇一七年四月二八日）の概要

まず、目次を示そう。

**陳　述　書　Ⅱ**

二〇一七年四月二八日

東京地方裁判所　民事第四二部A合は係　御中

被告　原　朗

第１　本陳述書の概要と事件の概略

第２　原告著書が被告の見解を盗用・剽窃した事実

1　総論
（1）課題設定
（2）論理構成
（3）時期区分
2　投資形態
（1）第一期の満州
（2）満鉄改組・満鉄経営の悪化
（3）第二期の満州
3　貿易構造
（1）貿易統制の開始過程
（2）貿易構造の変化
（3）第三国貿易と円ブロック貿易
4　金融構造
（1）第三期の金融構造
（2）円系通貨発行高のグラフ
（3）日本軍占領地と解放区の地図
5　総括
6　「第2」のまとめ

**第3　人文社会科学における研究倫理の確立**

別紙　第一図　原告著書の編別構成（1）
　　　第二図　被告論文の論理構成
　　　第三図　原告著書の編別構成（2）
　　　　　　　被告論文の論理構成

## 第1　本陳述書の概要と事件の概略

### 1　本陳述書の趣旨

本陳述書Ⅱは、被告としての陳述においてとくに強調したい点を示すとともに、先に提出した陳述書Ⅰに対し、論点を少数に絞って、より詳しく具体的に、原告著書が被告の諸論文から盗用を行った事実を解明するためのものである。本訴訟につき原告が名誉毀損を主張する根拠はなく、逆に原告は原告著書（『「大東亜共栄圏」の形成と崩壊』御茶の水書房、一九七五年）において、被告の諸論文からの盗用を広範囲にわたり行っている。

従って本件に関し、原告は被告に対して盗用・剽窃という学術的に重大な違法行為をおこなった加害者であり、被告は被害者なのであって、本件は加害者が被害者を提訴するという顛倒的な性格を持っている。しかもこの事件は、被害者が四〇年もの忍耐をした後に、現役生活から引退する最後の発言の機会に際して、過去の真実をそのまま表明したことに対し、当の加害者の側から提訴が行なわれたという異常な性格を持つ。

以下、本陳述書は長文なのでその構成に沿いながら概要のみを要約して示すこととする。

## 2　原告の著書刊行により被告が受けた影響（略）

## 3　満州史研究会での共同研究（略）

## 4　学会大会共通論題の存続問題（略）

## 5　共通論題の組織と分担報告（略）

## 6　私の大会報告の枠組

大会報告を準備するにあたって、私は「I課題」と「Vむすび」を別にすれば、全体を三篇・各三章の構成とし、「大東亜共栄圏」を主題として、まず編のレベルでは問題別に「II形成過程」「III貿易構造」「IV金融構造」に三分した。このうち「II形成過程」とは「投資形態」（基本構想と投資の中心機関）を扱うものである。

つぎに各篇につき時期別にそれぞれ三章を立て、IIでは第一期の「日満ブロック」→第二期の「日満支ブロック」→第三期の「大東亜共栄圏」の三章を立てた。「III貿易構造」では第一期の「日本資本主義」→第二期の「自給圏」→第三期の「補給圏」を考察し、「IV金融構造」では第一期の満州「幣制統一」→第二期の華北華中の「通貨戦」→第三期の南方占領地の「インフレーション」の三章とした。

この時期別の各章をさらに地域別に日本・満州・華北華中・南方の各節に分けて分析した。

こうした構成は私が大会報告のために新しく独自に構築したものであり、この準備研究会に出席していた小林氏は、この構成について私が説明したにもかかわらず、全く異論を唱えなかった。

## 7　被告論文の要点

この大会報告（「被告論文」）の論理構成の中の要点のみについて短文によりさらに簡潔に述べれば以下の通りになる。

《投資形態》投資の中心機関が満州では満鉄（国策会社）→満州重工業（＝新興財閥日産）、華北・華中では興中公司→北支那開発・中支那振興（既成財閥出資）、南方では直接的企業者指定方式と、次々に独占資本が前面に出ていく。

《貿易構造》貿易では外貨を獲得できない円ブロックへの輸出が次々に制限され、ブロック内各地域間の物資交流が制限されていく。

《金融構造》域内各地域の貨幣制度が異なり、急激なインフレーションの進行が地域間の金融的連関をも分断していく。

《総括》「大東亜共栄圏」の経済的実態は、貿易構造の面でも金融構造の面でも、域内の経済的交流関係をみずから分断せざるを得なくなる、いわば「ブロックならざるブロック」、「共栄圏」ならぬ「共貧圏」であった。（争点対照表2）

以上の要約は、大会報告＝被告論文を極度に圧縮して述べたものであるが、これらの論点の概要はすでに一〇月一二日の準備研究会の時点で各篇各章の副題に明示されている。すなわち、満州産業統制と産業別特殊会社方式、五ヵ年計画と国策的投資会社方式、南方軍政と担当企業者指定方式（以上

第Ⅱ編）、円ブロック貿易、「掠奪資本主義」と域内物資交流遮断、植民地貿易構造と日本帝国主義（以上第Ⅲ編）、日円資金不足問題、華北華中の通貨戦と円元パー原則、臨時軍事費特別会計（以上第Ⅳ編）等（乙二六の目次の副題を参照）。被告論文の論理構成が、準備研究会の時点ですでに確定していたことが明らかである。

以上の具体的論理構成を、泉山三六氏旧蔵の日満財政経済研究会史料・満鉄経済調査会の立案調査書類・十河信二氏寄贈の興中公司関係史料・鮎川義介氏旧蔵の満州重工業関係史料・岡野鑑記氏旧蔵の満州国企画委員会文書等々の広範な一次史料の検討に基づきつつ、これを投資・貿易・金融の三次元につき、時期別・地域別に緊密な連関をもって総合的に組み立て、一つの一貫した論理に貫かれた歴史的具体像として構成し総括した点に私の独創性があるのであって、これらすべての一次史料を仔細に検討して、それら史料が示す論理的連関をつかみ出すことは、私以外の誰も試みてはいなかった。

私は先行する各種の研究に基づいていることを明確に注記しつつ、これら諸研究を総合して一つの明確な歴史像を結ぶため、投資形態・貿易構造・金融構造の三面で時期別に形態が変化したこと、投資構造が各期ごとに変化してその変化が貿易構造の変化に連なり、貿易構造の面では物価上昇と為替決済の必要上、各地域間の物資交流が阻害される結果を生んだこと、金融構造の面では地域別に通貨の発行が分断されているため、「共栄圏」内各地域間で物価上昇の進行速度が異なり、その結果貿易面では各地域間の物資移動を、金融面では各地域間の送金関係を、ともに抑制せざるをえず、これが各地域におけるインフレーションを昂進・破局化させ、物資統制や日本軍の掠奪による物資の極端な不足が各地で抗日勢力を強力にし、「ブロックならざるブロック、『共栄圏』ならぬ『共貧圏』」を解体させるに至る、という全構成を「被告論文」で私が論証したのである。この緊密な論理構成により日本帝国主義崩壊の論理を構築したことが被告論文全体の創見なのである。

## 8　問題設定の枢要点と原告の曲解

ここで重要な点は、私が第一に投資・貿易・金融の三次元を時期別・地域別に緊密な連関をもって問題を設定したことである。私がまず投資構造に注目したのは、占領地支配の上で最初に必要となるのが占領地統治の基本構想・開発計画と密接不可分な投資の中心機関の設計が必ず問題となる点による。

この投資形態・貿易構造・金融構造の三次元の緊密な論理的連関を自覚的に把握し、一次史料に基づきつつ緊密に結合させて総括的に分析する方法の採用それ自体が、私の創見である。これを否定する原告の見解は、古典的研究の持つ意味が、その後の史料発掘によって新史実が提示され、変化していくことを理解していない。

## 9　共通論題報告一括掲載問題と原告著書における被告論文等の盗用

一九七四年一〇月の大会終了後、共通論題報告の三論文の学会誌への一括掲載を私は要請した。しかし学会理事会は当初は前例がないとしてこれを認めなかったため、私は一九七五年に数次にわたって要請を粘り強く繰り返し、一年半後の一九七六年四月になってようやく一括掲載が実現した。

ところが、その直前の一九七五年一二月に、報告者の一人である小林英夫氏が、私の論文からの盗用・剽窃を大量に含む著書『「大東亜共栄圏」の形成と崩壊』（御茶の水書房、一九七五年）を刊行したのである。以後の経過も再説しよう。若干の重複を許されたい。

同書を一読して、私は愕然とした。無断で私の学会共通論題報告や、その報告の前提としていたそれ以前の私の公表論文の内容を、大々的に盗用・剽窃して自らの単著として刊行したのである。私が一九七四年一〇月に大会で報告し、まだ学会誌で公刊されていない「『大東亜共栄圏』の経済的実態」の論文の方がオリジナルな先行研究であるのに、それが一九七六年四月号の学会誌に掲載された時には、一九七五年一二月に刊行された小林氏の単著の方が先行研究だとして受け取られ、私の報告論文は二番煎じだとされることになる。

しかもこの盗用は文章の一部分をそのまま盗用するような単純な形式ではなく、同論文や私のそれまでの他の論文の論旨を原告著書の各所に分散させ、文章表現を多少変化させつつ、地図やグラフを改変し、盗用の事実を隠蔽していた。未公刊の自分の論説の内容が、他人である原告により自説として単著の中に組み込まれて刊行され、その盗用箇所がおびただしく大量であった結果、私が単著を刊行することはほとんど全く不可能になった。

### 10　原告による盗用の告発を控えた事由

原告著書が発行されて上記の多数の盗用行為を知ったとき、私はこの大々的な盗用を糾弾することも一時考慮した。理事会・編集会議に対し一括掲載の提案を取消し、同号の小林論文の撤回を求めることも考えた。

しかし、大会共通論題の組織者で第一報告者の私が、第二報告者の論文の撤回を求めることは、自分自身がすでに一括掲載を強力に要請してきた結果、極めて困難であった。書記役の幹事として理事会・編集会議に陪席していた私は、前記の共通論題設定の背景にある理事会内部の意見対立を知悉していた。私の意思決定如何によっては理事会内部に混乱が生じ、次年度以降の共通論題の継続や、学会誌と学会そのものの存続に影響する重大な危機を招く可能性が大きいと判断せざるを得ない情勢であった。

また、事柄の性質上、もし私がこの盗用を当時の学界に対して公然と摘発すれば、盗用者である原告は、学界のルールを破ったものとしてその著書の絶版を迫られ、懲戒解雇されるばかりか、学位も剥奪されて学界からの追放に至ることが予想された。当時の原告の情緒の状態をよく知っていた私は、あるいは本人自身が事態に対処しきれず自殺に追い込まれる虞もありうると深刻に危惧した。

懊悩した結果、私はこの盗用行為の告発を当面行わないことを決断した。この決断の決め手となったのは、告発した場合に彼が受けるであろう厳しい社会的制裁に耐えかねて彼が自殺しかねないことを深刻に憂慮したからである。一人の人命と学問全体との軽重を判断した場合、当時の私の判断では、やはり人命の方が重いとの結論にいたって、盗用を直ちに告発することを控えたのである。

こうして一九七五年末の原告著書刊行直後に、私が学術界に対して原告の盗用・剽窃行為を告発することを思いとどまり、所属する学会に対しても一切明言せず、当時の学会が直面していた困難な状況の悪化や、告発した場合に原告が直面する深刻な事態に顧慮し、私は原告の盗用への告発を厳しく抑制した。

学会の動揺を避け、円滑な学会運営の永続のため、また他の学会・研究会にも悪影響が及ぼさないための配慮も加えて、次のような最小限の措置をとった。学会誌に掲載される私の報告論文には、短い前文をつけ、大会当日と内容の変更がない旨をとくに明記し、あわせて論文末尾の付記で原告の著書刊行に触れ、その参照を求めることにより、読者である学会会員に対し、両者の独創性を比較し判断することを婉曲に訴え、いずれ真相が明らかにされるための手掛かりを残した。しかし、この付記に注目する研究者は少なく、その時期以後の私の学術的活動は長期にわたり極度に困難な状況に陥れられたのである。

### 11　原告による盗用の結果としての被告の生き方の全面的な変更

私は盗用の糾弾を控えただけではなく、このような盗用・剽窃行為を恥じずに業績競争に明け暮れる原告の如き「研究者」の横行を許すことはできないと考え、単著刊行が不可能になったこの事件を直接の契機として、悪しき業績競争に終始するこれら「研究者」と同じ生き方を良心の次元で拒絶し、全く別の生き方を模索した。

そして探り当てた生き方は、「次の世代の研究者」の育成を目標とし、「教育者」としての性格を強め、研究は共同研究の分担執筆のみに限り、他は収集した史料の編纂、学会の発展のための事務局担当、および学内行政の遂行のみに活動を限定したのである。

### 12　原告著書・論文での被告への謝辞

他方、原告本人は、著書発刊当時に「あとがき」（五四三頁）で次のように述べている。

「本書は…過去一〇年間に発表した諸論文および未発表論文を新たな視角から全面的に再構成しなおしたものである。再構成の際、一九七四年度土地制度史学会秋季学術大会報告（大会報告は『土地制度史学』第七一号、一九七六年四月掲載予定）の準備のため、満州史研究会の原朗氏とおこなった数度の打ち合わせの討議が、本書作成に大いに役立った。かさねて原朗氏に感謝したい」（傍線部は引用者）

この言明は、原告著書の作成に、私との「討議」が「大いに役立った」ことを、その当時に本人自身が認めたものである。さらに、右記の引用に際して傍線を付したところから明らかなように、原告がその著書作成にあたり必要であった原告自身の既発表・未発表論文の「新たな視角」からの「全面的」な「再構成」にあたって、私との討議が「本書作成に大いに役立った」と述べていることは、後段で述べる「全体構想」の盗用・剽窃との関連でとくに重要である。

上記の如く、原告はその著書「あとがき」五四三頁で、私への謝意を述べているが、一九七六年四月にようやく刊行された『土地制度史学』第七一号の原告の報告論文の末尾最終パラグラフ四六頁でも、原告自身が次のように述べている。

「本稿は、一九七四年度土地制度史学会秋季学術大会…での報告に加筆したものである。…本論文および、ここで削除した大会史料、統計類は拙著『「大東亜共栄圏」の形成と崩壊』（御茶の水書房）にそのまま収録されている。あわせ御参照いただければ幸甚である。なお、前掲拙著作成過程で、原朗報告から数多くの指さ（示唆？）をうけている。改めて感謝したい」

原告がいかにこれらの「感謝」を重ねようとも、私にとってこれは「感謝」で済む問題ではなく、以後の私の研究生活を全く絶望的な状況に追い込むものであった。しかし、少なくとも上記の二つの引用から、原告著書が私の大会報告すなわち被告論文に依拠し、かつ私の見解を利用したことを、原告自身がその著書が刊行された一九七五年一二月と学会誌に掲載された一九七六年四月の時点では明白に認めていることを示すものである。

それから三八年もの歳月が経過した二〇一四年一二月二六日付原告「第五準備書面」一三頁などで、原告がいかに強く「被告学会報告を参考にする余地など全くなかった」と言い募ろうとも、本人自身が一九七五年の著書刊行当時に私の寄与を明白に重ねて述べていたという、これらの証拠の存在を否定することはできない。この点は、本件訴訟のもっとも基本的な事実関係の一つであるのであらためて確認しておく。

私が勤務先を東京国際大学に移して間もなく、私の大会報告論文は、リーディングス『展望　日本歴史』第二〇巻「帝国主義と植民地」（東京堂出版、二〇〇一年二月）に収録されることになった。この再録にあたり若干の追記を書く機会を与えられたので、私は研究史上、被告論文のオリジナリティを確保する必要があり、主として研究者ならびに大学院学生を読者層として想定していたこの書物に、ごく控えめに上記の事情の一端を記して原告本人の氏名を明示し、被告が原告著書に盗作の心証をもっていることを公表した。これに対して、原告本人からクレームは全くなく、むしろ口頭で「先生、ごめんなさい」という端的な謝罪の挨拶があった。その後も、私が最終講義をした二〇〇九年までの八年間、この実名を挙げた追記の内容につき、本人から私に対して一切苦情の申立てはなかった（前掲四八―四九頁）。

この挨拶は、この問題について本人が非を認めたものと私は受け止めていた。私が本件最終講義に際して、本人の実名に触れたのは、すでに二〇〇一年に実名をあげ、本人も非を認め、以後全く何の抗議も受けていないという経過を踏まえてのことである。

## 13　最終講義での発言

最終講義における私の発言の内容も、原告の盗用行為に対して数十年にわたり忍耐してきた末に、私の学問的生涯を総括するためにはどうしても必要不可欠な、かつ非常に重要な事柄を述べたものであって、なんら根拠なく行ったものではない。

私が一九九九年三月に東京大学を定年退官する際の最終講義に際しても、それまでの自己の学問的生活を総括するために、この事件への言及が不可避かとも考えたが、聴講生の大部分が主として学部学生であることを考慮し、事件への言及はしなかった。

私の人生を全く変えたあの原告著書の刊行から三三年を超える歳月が経って、二〇〇九年に私は七〇歳の定年を迎えた。最終的に大学の講壇と別れるこの東京国際大学大学院における最終講義は、同僚などを除く大部分の聴き手が研究者への道を志す大学院生であることを考慮し、かつこれが大学院生に対して語ることのできる最後の機会であると考え、最終講義の最後の段で、私は原告が行なった行為の要点に言及した。

将来は研究者への道を進み、学問的コミュニティに入ろうとする研究者志望の大学院生に対し、私は研究倫理の厳守を求めたのである。研究倫理の尊重は、学問的営為にとり死活的であって、これを逸脱する、盗用・剽窃などの行為は絶対に許せないこと、かかる行為は研究者として決して行ってはならないことを伝えた。私はこの最終講義で、原告が行なったようなかかる悪質な行為を二度と犯す人間が現れないように、自分が身をもって体験した苦い真実を、若い研究者たちに明示することを義務と考え、そのために、この件を公表したのである。

教授として最後の教壇に立つ自分が、過去の学問生活を自ら点検し総括する際に、これまで真実を語ることを抑制してきたこの事件に関する言及は、どうしても不可避であった。原告も謝罪している過去の真実と、私の信念に基づく生き方とを、後進の研究者に伝えるのが公的な義務だと考えたからである。

一歴史学者として、具体的事実に基づき、研究倫理の厳守を求めることは、公益に叶うものであり、私は思想及び良心の自由が保証される社会秩序に信頼をおくものとして、かつ「一歩前に出て」「真実を告白」すべき専門的職務 Pro-fess-ion である教授の職にあった者として、その職を離れる最後の講義に際して発言したのである。

## 14　私の著書での記述

私の単著『日本戦時経済研究』（ならびに私家版『満州経済統制研究』）（ともに東京大学出版会、二〇一三年三月）の「あとがき」等で本件に触れた記述は、以下の事情に基づく。本来、この自著の刊行は、原告の著書刊行によって、一度は著書の形で刊行することを取りやめたものであり、これを刊行するからには、自著の学術的正当性、オリジナリティを明確にすることが著者として当然の責務であり、それゆえにこの件を公表した。

おそらくは最初で最後になると思われるこの単著の刊行に際して理由を明らかにしない場合、私の学問的生涯は全く誤解されたままになるであろうと考えられた。「序文」や「あとがき」でこの事件に関する過去の真実と、自己の生活信条とを明示的に書かなければ、読者に永久に理解してもらえないことになる。この想いにたって、過去の真実を記す必要があると決断するに至った公表は、学者としての被告にとって研究者倫理上、不可避だったのである。

## 15　被告論文と関連論文

私は単に過去の自分の一論文に対する原告の盗用行為のみを主張しているのではない。原告は単に私の学会大会報告「『大東亜共栄圏』の経済的実態」（一九七四年一〇月二七日）および学会誌に収録された同一内容の論文（『土地制度史学』第七一号、一九七六年四月）すなわち「被告論文」のみから盗用したただけではない。

原告が著書を発刊した一九七五年一二月より以前に私が公表した諸論文すべて、並びに私が原告と非常に親密であった当時に原告に対して閲覧を許可した草稿ならびに一次資料などから、原告は大々的な盗用行為を実行した。これら諸論文を集成した私の単著『日本戦時経済研究』のⅠ「構造」・Ⅱ「動態」のほとんどすべての論文が原告の盗用行為を蒙っている。

この点は、私が被告として準備書面一（平成二五年九月二五日）を提出した時点から、原告著書全体と被告のそれ以前からの論文全体との関係を問題にし続けてきた。最初に提出した「準備書面一」の附表「原告小林と被告原の論文との対照表」でも、「（関連諸論文の記述を含む）」と表頭に明白に注記してあり、同対照表の具体的な項目ごとの指摘でも、関連論文を含めて一々記述している。この表が「大きすぎる」とされたこと自体、逆に、被告が原告に盗用・剽窃された点があまりにも多かったことを示すものにほかならない。

盗用・剽窃が原告著書の広範な分野にわたり、かつそれが私の諸論文のほとんどすべてに及んでいるというそのこと自体を、被告としての私は裁判所に強く訴えてきたのである。

## 16　原告の学術論争回避と提訴の不当性

本来は、最終講義の内容にせよ、著書の内容にせよ、専門的な学識を有する学術界でその正当性の有無が判断されるべきものである。したがって、原告が批判論文の発表や書評の執筆など学術界で保障されている公正な意見の交換の手続きを踏まぬまま、これを回避してただちに法曹界の判断を求めたことは、学術上の手続きとして正しくないと私は考える。原告は、自己の学術的正当性（オリジナリティ）を主張するのであれば、学術的議論によって応戦すべきであり、法的手段に訴えたことは遺憾である。学術上の争いはあくまでも学術界においてなされるべきものであり、本来的に法的判断になじむものではない性格を持つ。

「虚偽の事実が流布されることは、学術界の健全な発展にとって、全く好ましくない、と確信した」と、原告は主張していたはずである。ではなぜそれを「学術界」の中で議論しないのか。原告は「このことを、当の学界ではなく、法曹界の方々に公正に判断して頂き」「日本のアカデミズムの健全な発展に寄与したい、というのが、本件訴訟に込めた私の思いである」というのが、原告陳述書（甲五〇）二二頁における最後の言葉である。

原告が学術界での判断を何故ことさらに回避し、法曹界の判断に頼った理由について私は理解に苦しむが、原告が提訴した以上、私はこれに応訴するほかはなかった。

## 第2　原告著書が被告の見解を盗用・剽窃した事実

以下では、学術界で確立された盗用・剽窃を禁ずる原則に照らしつつ、本件訴訟で原告がいかに私の学会報告と私の先行研究を盗用・剽窃したかにつき、要点を述べる。なお、行論にあたり「『大東亜共栄圏』の経済的実態」論文（乙一二）を「被告論文」と略称し、その論述の基礎となった「被告論文」以前の私の論文は以下のように略称する。

①「資金統制と産業金融」（乙二　三二九〜三六八頁『土地制度史學』第三四号、一九六七年一月）…「資金統制」論文

②「日中戦争期の国際収支」（乙二　五三〜八七頁『社会経済史学』第三四巻六号、一九六七年四月）…「国際収支」論文

③「日中戦争期の外貨決済」（乙二　一四一〜三〇五頁　東京大学経済学会『経済学論集』第三八巻一・二・三号、一九七二年四・七・一〇月）…「外貨決済」論文

④「一九三〇年代の満州経済統制政策」（乙三　三〜一一四頁　満州史研究会『日本帝国主義下の満州』御茶の水書房、一九七二年一月）…「満州第一」論文

⑤「『満州』における経済統制政策の展開過程」（乙三　二〇九〜二九六頁　安藤良雄編『日本経済政策史論』下巻、東京大学出版会、一九七六年三月【成稿は一九七一年六月】）…「満州第二」論文

これらの論文も、原告著書の各所でおびただしく盗用されており、本件訴訟の全般にわたって必要不可欠な論文である。また、これら先行論文はすべて「被告論文」に凝縮されているからでもある。本件訴訟の焦点は、原告の著書『「大東亜共栄圏」の形成と崩壊』（乙六、御茶の水書房、一九七五年一二月、以下「原告著書」と略称）が、被告論文「『大東亜共栄圏』の経済的実態」（『土地制度史學』第七一号、一九七六年四月）から盗用をなしたか否かであり、同時に原告著書が被告論文の基礎となっている被告のその他上記の五論文などから盗用をなしたか否かである。

### Ⅰ　総論

前提として、真実に基づいて正義を実現すべき法廷に対し、虚偽の事実を申し立てることは許され

ないことを確認する必要がある。まず原告が真実を述べず虚偽を述べている重大な一例を提示する。

原告は争点対照表において、被告論文一三頁注7などの前提となっている「満州第二」論文につき、繰り返し「被告の満州第二論文が公刊されたのは一九七六年三月であり、当時、原告はすでに原告著書を上梓済みであった。したがって、被告の満州第二論文に依拠して原告著書を執筆することは、物理的に不可能である」（「争点対照表」六頁七、八、七頁九における「原告の反論」）と申し立てている。

しかし、これは事実に反する。実際に原告がこの草稿を活字化以前の段階で読んでいた、明白で決定的な証拠が存在する。大会共通論題報告の一九七四年一〇月二七日に原告が提出した手書きの証拠（乙二七―二）がそれである。

証拠（乙二七―二）八頁の第九表「満州国産業開発五ヵ年計画所要資金実績累年比較」の出典として、「経済部金融司『金融情勢参考資料』康徳九年一一月　三一―三七頁（原朗「『満州』における経済統制政策―満鉄改組と満業設立をめぐって―」安藤良雄編『日本経済政策史論』下（未刊）所収論文より引用）」と明記されている。

また、同じ資料の一二頁でも、第二二表「満州炭鉱の主要機器入手状況（一九三八年）」の出典として、（原朗「『満州』における経済統制政策―満鉄改組と満業設立をめぐって―」安藤良雄編『日本経済政策史論』下（未刊）所収論文より引用）と明記されている。

これは共通論題を行った一九七四年一〇月に、原告が「引用」できる形に私の「満州第二」論文の本文や統計表が完成しており、安藤良雄編著への収録も確定していたこと、さらに原告がこれを自由に引用できたことを示すものである。原告が同論文を読むことは「物理的に不可能」だったという主張が、全くの虚偽であることを、当時の原告自身が証明したことに他ならない。

「満州第二」論文の内容を原告が既に読んだことはこの乙二七―二号証により明らかである。この論文を読みながら、その内容につき原告著書ではまだ活字化されていない被告の見解に触れることなく、これをすべて自己の見解として叙述を進めたことは、明白な盗用剽窃行為である。

実際には原告は満鉄改組・満鉄経営の悪化のみでなく、以下で取り上げる「日産の満州移駐」「満業と関係会社の統制」についても、私の草稿に記述されていた内容を、原告はこれを自己の見解として著書に書き込んで盗用・剽窃した。

具体的な議論に入って、まず全体構想の盗用の形式面について見よう。まず被告論文の編別構成は、投資形態・貿易構造・金融構造の三次元につき、私の独自の時期区分である第一期・第二期・第三期に分け、対象地域を日本の支配地域の拡大に応じ満州・中国占領地・南方へと考察していく「問題別・時期別・地域別」構成をとった。この構成を一九七四年一〇月一二日の共通論題準備研究会に提示していたことは既に述べた通りである。

これに対し原告著書の編別構成は、「時期別・問題別・地域別」構成をとり、私の「問題別・時期別」構成を、「時期別・問題別」構成に組替える操作により、私が問題別に構成した論点を時期別に切り離し、意図的に論点を細かく刻み分散させて、個々の論点についての私の論理と実証を盗用しつつ、全体としての私の構想を自らのものとして隠蔽しようと図ったのである。

**課題設定**（争点対照表1）

以下では、平成二八年九月一三日付――実質的には同年二月五日付と同じ、結審より二年三ヵ月も前であることに注意されたい――で被告が提出した「争点対照表」（以下、争点対照表と略記する）の順序に沿いつつ、論点を少数に絞り込んで個々の論点につき説明していく。必要に応じ重要な箇所には傍線を付す。

**ア**　まず全体構想のうち被告の課題設定とその力点の定式化は以下の通りである。

「本稿の課題は、一九三〇年代から敗戦にいたる時期のいわゆる『大東亜共栄圏』の形成過程について、その基本構想および投資形態の変遷をつうじて概括的に把握することであり、さらに『共栄圏』内各地域間の経済的構造連関と諸矛盾の存在形態について、主として貿易構造と金融構造との両面から考察することである」（争点対照表1）

「本稿の力点は、『大東亜共栄圏』の形成と崩壊の全過程を貫くかかる植民地支配方式に内在する諸矛盾の存在形態を、貿易・金融の両側面における圏内各地域間の経済的連携のあり方を通じて把握することにおかれる」（被告論文一頁右四行）

「大東亜共栄圏」の形成と崩壊について、①投資形態の変遷と、②貿易構造と③金融構造の両側面を緊密に連関させて圏内各地域間の経済的連携を総括的に問題とする、という論文の構成の仕方それ自体が私の独創である。

**イ**　被告の課題設定に対し、原告は平成二八年九月一三日時点の「争点対照表」で被告の四倍以上も書き込んだ「原告の反論」において、「被告の創造性は認められない」と主張する。

（ア）　原告があげた証拠はすべて投資形態・貿易構造・金融構造の個々につき古い先行研究で別々に言及があることのみであり、投資形態・貿易構造・金融構造相互の緊密な連関関係を統一的に示した見解は示されていない。被告論文は、これら先行業績を踏まえつつ、私自身が発掘した一次史料に基づいてそれらを再吟味し、解釈しなおした上で、それらの相互連関を組み立て直している。三者のそれぞれについても、また三者の相互連関の把握についても、従来の研究には見られない私独自の独創性を持っていることを無視している。

（イ）　被告の大会報告では、投資形態の変遷について、まず基本構想と投資の中心機関を検討し、経済的支配の実態を満鉄・満州重工業・「満州国」政府・興中公司などの一次史料を自ら発掘して詳しく解明し、これに基づいてこれらの投資形態がさらに貿易構造や金融構造といかなる関連を取り結んだかを解明したのである。

原告は、あたかも私が井上晴丸・宇佐美誠次郎氏らの古典的労作を無視しているかの如き口吻で同書を引照し、私には独創性がないと主張する。しかし被告論文の二頁注2で、私がこの古典を最大限に尊重しつつ、その上でこの古典が採用した叙述の順序とは異なる叙述方法を採用することを明白に言明している点を原告は看過している。私の論文の論理的構成にとって重要な注なので、その全文を引用する。

a　『「民族問題は本質的には農民問題である」との周知の提言をひくまでもなく、植民地問題の考察にあたって農業・土地問題の考察が決定的に重要であることは多言を要しないが、各地域ごとの差異と特殊性が非常に大きい農業土地問題及びこれと密接な連関をもつ各地域の抗日闘争は、それが日本帝国主義崩壊の基本的動因であるからこそ、逆に各地域ごとの実証研究を十分にふまえずして安易に一般化することを許さないと思われる。本稿では、『共栄圏』内各地域間の経済的構造連関の概括的把握を課題とするため、直接にはこの重要な論点にふれていない。なお、金融・貿易を視点とする方法は、当面の主題にかかわる研究史上、むしろ初発のものに属する（日銀調査局『満州事変以降の財政金融史』中の阪谷芳直執筆部分、大蔵省『昭和財政史』中の宇佐美誠次郎執筆部分―Ⅳ臨時軍事費、Ⅺ金融

(下)、XIII国際金融・貿易（後編）等――）井上晴丸・宇佐美誠次郎『危機における日本資本主義の構造』の植民地問題にかかわる叙述の序列（地主・商業資本→産業→金融→貿易）を、本稿では、その課題の性格上、むしろ意識的に逆転させている」。

被告論文が六頁でとくに詳細な略年表Bを自ら作成して記述した、十河信二氏寄贈書などの一次史料（同表に注記した興中公司関係事業「引継調書」等）に基づく、興中公司の活動の全経過の解明は、井上・宇佐美共著ではなされていない。

e　原告が強調する満鉄や満州重工業に関する同書の記述（八六～八七頁）もわずか二頁のみで、私が満鉄については「満州第一」論文において五〇頁を、満州重工業については「満州第二」論文において約七〇頁を費やして詳細に論じたのとは比すべくもない。

原告は、満鉄・興中公司・満州重工業等々、私が投資形態を論じた諸企業についてこの文献などが既に言及している点を指摘して、私の独創性を否定しようとする。

満鉄について、私は満鉄経済調査会の『立案調査書類』を発掘し、これを体系的に満州史研究会編『日本帝国主義下の満州』第一章で叙述し、それを基礎に被告論文の当該箇所を記述した。興中公司についても、私は十河信二氏寄贈書類に含まれる『引継調書』その他の史料を用いて「被告論文」で記述している。満州重工業についても、私は鮎川義介氏邸から新史料を発掘し、日産から満州重工業に移駐する過程を解明してこれを満州史研究会に原稿として提出し、原告にも閲覧させている。

(エ)　さらに、原告がこれらの私の独創性を否定する根拠として繰り返し用いる他の二文献（東亜研究所『支那占領地経済の発展』および大蔵省管理局『日本人の海外活動に関する調査』）の性格についても、ここで論ずれば、これらの文献は「被告論文」では注記に原則として掲げていない。私の史料批判の原則に従い、これらの文献が二次文献であること、とくに前者は言論制約の厳しかった戦時中の発行であることを考慮して、論拠としては用いなかった。

原告が同様に重視して依拠する大蔵省管理局『日本人の海外活動に関する調査』も私は注記していない。これも前者と同様に二次文献であり、かつ敗戦直後の在外財産補償請求回避のための基礎資料のとりまとめという特殊な目的により急遽作成され、精粗に極端な差があることを考慮したのである。同書巻頭の序で編輯委員自身すら「殆ど全部が未定稿である」と述べ、「例言」で「大蔵省当局としても外部に責任を持つまでに監輯を加えていない」と明記している点を原告は無視し、原告著書で無批判にほとんど一次文献に近い扱いで多用している。

（カ）争点対照表「原告の反論」の第二、「『課題設定方法』の『剽窃』は存在しない」という点については、まず「①原告は、一九七四年一〇月の学会報告時点で、原告著書の原稿の八〇％以上を完成させていた」ので、「脱稿直前に報告された被告学会報告に依拠して原告著書を構成することなど、物理的に不可能であった」という。まず、「一九七四年一〇月の学会報告時点で、原告著書の原稿の八〇％以上を完成させていた」という言明には何ら証拠がなく、立証されていない。

（キ）原告は、「本国の機械・熟練労働力と植民地不熟練労働力の直接的生産過程における結合」の論理を自己の独創として何度も誇っているが、この点に関して、原告陳述書（甲五〇）の信憑性に関わる重要な論点がある。原告の「本国の機械・熟練労働力と植民地不熟練労働力の直接的生産過程における結合」の論理なるものについて、原告はその陳述書（甲五〇）でごく早期の論文から自己の論理として一連の「工業化」諸論文において適用したようにくりかえし強調している。

しかし、この論理がきちんと定式化されたのは相当遅くなってからであって、まさに本件大会報告を学会誌掲載論文に仕上げる過程の手書き原稿「乙二五号証」三〇―三一頁と、学会誌に掲載された原告「工業化」論文（甲三二）の三七頁になってからであり、原告の陳述書（甲五〇）は、思い込みに基づいてこの点を早期からの諸論文に適用して陳述書に書き込んでいる。

すなわち、「朝鮮工業化論文」（甲三七、一九六七年一〇月）において「工業化の鍵は、日本からの機械と熟練労働者、朝鮮人不熟練労働者の直接的生産過程での結合如何にあり」（原告陳述書、甲五〇、五頁）という規定は全く存在せず、「満州工業化論文」でも「直接的生産過程での機械、熟練、不熟練労働者の三者の結合過程」（原告陳述書（案）五頁）の規定は見られず、「台湾工業化論文」（甲三八、一九七三年一〇月）でも、「華北工業化論文」（甲一一、一九七四年九月）でも「資金、資材、労働力の不足から直接的生産過程での三者の強固な結合」（原告陳述書、甲五〇　九頁）との規定は存在しない。「直接的生産過程での」「機械」と熟練・非熟練労働力の結合という規定が初めて提示されるのは、前記の如くまさに本件大会報告後、学会誌掲載以前の時期に執筆された原告手書きの「乙二五号証」三〇―三一頁においてであって、これがそのまま学会誌七一号掲載の「植民地工業化論文」（甲三二）の三七頁右欄に定式化されたのである。しかし、原告は学会発表を基礎にするこの論文を待たずに原告著書を公刊したので、学会誌に先立って同書六頁、三六九頁にこの表現が用いられている。

以上に指摘した点は非常に重要である。原告が陳述書（甲五〇）執筆に際し自己の過去の作品の内容を確かめることもなく、記憶違いを含めて単なる思い込みにより陳述書に記入していたことが明らかであり、この陳述書（甲五〇）全体にわたる陳述内容の信憑性を疑わせるものである。

しかも、原告はこのいわゆる「三者結合論」について、「機械・熟練労働力・不熟練労働力」の三者とは論理次元を異にする「資金、資材、労働力」の三者に関しても用いており、原告著書六頁、原告陳述書（甲五〇）九頁、一一頁等々、方法的な次元の差を無自覚に混同している。現に、原告は陳述書（案）において、「「大東亜共栄圏」の形成と崩壊のカギを資金、資材、労働力の三者の直接的生産過程での結合如何」（同一四頁）と記載していた箇所を、原告陳述書（甲五〇）において「「大東亜共栄圏」の形成と崩壊のカギを資金、資材、労働力の分析をふまえ、機械、熟練労働力、不熟練労働力の三者の直接的生産過程での結合如何」（同一六頁）と改変し、上記の被告の批判を回避しようとしている。

このように、原告陳述書（甲五〇）は、これらの点に関し、被告側が期限を守って提出した陳述書Ⅱを参照した上で後から内容の一部を上記のとおり改変しているが、これは、原告の論旨の中核をなす方法概念について重要な変更を、被告陳述書Ⅱの指摘により加えたものである。

本来学会大会報告の分担において、生産過程の検討は原告が行ない、流通過程の検討を被告が行なう分担であった。自らが「五四五頁にも渡る大作」（原告第四準備書面八頁）の著書でその主張を述べたてることは勝手だが、本来流通過程にのみ考察対象を限定し、わずか一八頁に過ぎない被告論文に、生産過程の分析がないと論難するのは、無理な話で問題にならない。

私が台湾・朝鮮に言及しなかったのも、大会報告にあたり双方が合意した分担関係に基づくもので、この点への原告の非難が的外れであることは明白である。念のため学会誌掲載時のまえがきにより、私と原告の分担関係を改めて確認しておく。

「本稿は総括的に『大東亜共栄圏』全域の経済構造につきさしあたり流通過程の側から概観する役割を与えられており、小林報告は『大東亜共栄圏』の中核をなす『日満華北経済ブロック』に限定して生産過程に立入った分析を行なうものとされた。主として日本帝国主義の側から問題点を検討する本稿と、植民地・占領地の側により重点をおいた小林報告との両者をあわせて問題の全体像への接近が試みられる」。

（ク）　また、浅田喬二氏の書評論文（甲七号証および甲四一号証）でこの点が「絶賛」（原告「証拠証明書」四の「立証趣旨」）され、「高く評価された」（陳述書案一一頁、一四頁など）と強調し、繰り返し自己の所論の補強のために用いている。（甲第二準備書面五〜六頁、）しかし、これは全く一面的な主張である。

浅田氏の書評論文の構成は、各論点についてまず前段で原告著書のメリットを指摘すると同時に、すぐそれに続く後段で、原告著書の欠陥につき鋭い批判や欠点の指摘を相当長い行数を費やしておこなっているのであり、原告が準備書面や陳述書（甲五〇）などで誇らしく強調するのは自分にとって都合のよい部分だけを抜き出した片手落ちなものであることに注意すべきである。

実際には浅田書評論文は原告著書の数多くの問題点について欠陥をも鋭く指摘しているのであって、原告が法廷に提示したのは全く独善的・恣意的な読み方に偏ったものである。

原告が法廷に対して自己に有利な部分のみを強調したのは、浅田書評論文の真意を読み誤っているだけでなく、裁判所に対して意図的に誤解を与えようとした点で批判されるべきである。

**論理構成**（争点対照表2）

**ア**　まず被告論文の基本的論理構成を要約しよう。

ここで「論理構成」とは、系統的に順序立てて私が論証し、私独自の手法によって組み立てあげた一つの体系的な歴史叙述を行った場合、その中で重要な構成と論理的連関が、原告によって自己の著書を構成するために援用されたことを「論理構成の剽窃」といったのである。

原告著書の編別構成の特徴は、篇によって章の数が著しく不均衡なことである。第一篇は一章のみ、第二篇は四章、第三篇は九章、第四篇は八章であって、編別構成に内在する一貫した編成原理を見出すことはできないように見える。

しかし、本論後半の第三篇と第四篇には、五つの対応する章が含まれていることが判る。「金融」・「労働」・「物資」・「日本資本の植民地進出」・「日本資本主義の軍事的再編」を主題とした、第三篇第五章～第九章と、第四篇第三章～第七章がそれである。砕いていえば、カネ・ヒト・モノに関する三章と、植民地進出・軍事的再編を扱った二章とが、同じ順序で第三篇と第四篇とで対応している。この点に注意して原告著書の編別構成を一枚の表に要約して提示しよう（「別紙　第一図」）。

罫線で囲った上記の「対応する五章」を軸にその前後を見渡すと、第三篇では「対応する五章」の前に四章がおかれ、第四篇では「対応する五章」の前に二章、後に一章（第八章）がおかれている。この第四篇第八章は、「結語」への導入部分をなしており、「結語一」「結語二」に直結している。

ふりかえって本論前半の構成を見れば、「序論一」「序論二」の後に、第一篇として第一章の一九二〇年代の満州に関する一つだけの章が置かれ、それに続く第二篇は四章で、そのうち第三章は朝鮮に関する章である。

以上の概観を前提として、被告論文との重なり合いや、被告の論理構成と原告著書との関連を検討すると、まず一九二〇年代を論じた第一篇第一章と、朝鮮を論じた第二篇第三章は被告論文の対象に含まれていないので関係はない。第二篇の他の一・二・四章は、序章とともに被告論文と大きく重なり合い、盗用・剽窃が多く行われている。第三篇と第四篇の「対応する五章」の前におかれた各章（第三篇第一～四章と第四篇第一・二章）も同様に被告論文と大きく重なり合い、盗用・剽窃も多い。「対

**別紙　第一図　原告著書の編別構成（1）**

序論
一　課題と方法
二　時期区分

一篇一　1920年代の満州経済の特徴

二篇一　満州国樹立と占領政策展開
二　「満州産業開発五ヵ年計画」
四　華北占領政策の確立

二篇三　「朝鮮北部重工業地帯計画」

三篇一　日中戦争勃発と戦時動員体制確立
二　「幣制統一事業」の展開
三　植民地軍事工業構築の準備過程
四　植民地産業の軍事的再編
五　植民地金融政策の展開とその特徴
六　労働力動員政策の展開とその特徴
七　流通機構の再編・強化政策の展開
八　日本資本の植民地進出の実態
九　日本資本主義の軍事的再編成

四篇一　南方軍政の形成過程
二　太平洋戦争期の占領政策
三　植民地通貨金融政策
四　労働力動員政策の展開
五　物資蒐集機能の鈍化
六　日本資本の植民地進出状況
七　日本資本主義の軍事的再編

四篇八　「大東亜共栄圏」の崩壊

結語一　「大東亜共栄圏」支配の特徴
二　「大東亜共栄圏」崩壊の要因

応する五章」の後におかれた第四篇第八章も、「結語」一・二と同様に被告論文と重なり合い、盗用・剽窃が多い。

このように見ていくと、一見不均衡な原告著書の篇別構成も、「序論」に始まり第二篇全部と第三篇・第四篇の「対応する五章」の前におかれた部分を通り、後におかれた第四篇第八章を介して「結語」に進む流れをくっきりと把握することができる。被告論文の論理構成との関係が大きいこの流れがなければ、「対応する五章」のみで著書を構成することはできなかったのである。

では「対応する五章」は原告独自のものかというと、「対応する五章」の第一の「金融」に関する章と、五章の最後の「日本資本主義の軍事的再編」にあたる章では、被告論文との重なり合いも多く、盗用・剽窃も多い。のこる三章のみで重なり合いはやや少なく盗用・剽窃も少ない。

以上の検討から、原告著書の編別構成のうち、別紙第一図では青色（アミカケ）で示した部分、すなわち、「序論一・二」「第二篇第一、二、四章」「第三篇第一～五、九章」「第四篇一～三、七、八章」「結語一・二」のすべて、これが被告論文と大きく重なり合い、盗用・剽窃が多い部分なのである。

**ウ**　この青色で表示した部分が、被告論文の論理構成を盗用していると同時に、この部分なくしては原告著書の編別構成は完結しないことが重要である。原告著書の編別構成が、序論・第二篇・第三篇と第四篇の前半部分を通じて結語にいたるまで、ほとんどの章で被告論文の論理構成ぬきには存立できなかったことが判明する。

問題は、これらの序論と結語、及びそれらを結びつける役割を果たしている第二篇の三つの章・第三篇と第四篇の前半部分および「対応する五章」の最初と最後の章という、原告著書を著書として成立せしめる編別構成の最も重要な部分において、被告の構築した論理構成が大々的に盗用され、原告著書の編別構成に利用されていることである。

原告著書の目次を見れば、第一篇を除く各篇の第一章すべてが、被告論文と大きく重なる部分に入っている。著書全体の問題設定を示す「序論　課題と方法」も、結論部分である「結語」も、ともに被告論文と内容が大きく重なっており、密接な関連がある。序論・結論と各篇第一章という、論理展開にとって最も緊要な箇所のすべてで密接な関連が見られ、かつそれらの箇所で被告の研究への言及が意識的・徹底的に避けられている点が原告著書による盗用方法の特徴のひとつである。

被告が原告著書の編別構成とその内容を初めて見て、直ちに被告の論理構成が盗用・剽窃されていることを悟ったのは、序論と結語における記述が被告の所論と酷似している点に加えて、上述したように第二篇第一章・第三篇第一章・第四篇第一章と各篇の冒頭の章の記述が酷似していること、さらに原告著書の極度に不均衡な編別構成のうちに、第三篇・第四篇にそれぞれ対応している五個の章が存在していることを見出し、これら「対応する五章」においてもその冒頭と末尾が被告の記述と酷似していることを読み取り、原告著書の編別構成が被告の論理構成の盗用・剽窃であることを看破した。

つまり、原告が既発表・未発表の論稿を「再構成」（原告著書あとがき五四三頁）する際に、被告が構築した論理構成を多く盗用したのが、原告著書の編別構成のうちこれら青色で表示した部分でとくに顕著だったのである。

これら原告著書の全編にわたる箇所で、被告の実証と論理が盗用されている。とくに各篇の第一章に位置する節や、「序論」と「結語」に盗用・剽窃箇所が多いことは、被告の実証的論理的考察抜きには原告著書が成立しえなかったことを示している。

オ　ここで、原告が準備書面等で繰り返し主張している、私の見解が研究史上古くから見られた一般的なものであって私の創見ではない、という論点について更に反論しておく。これは原告の研究史への理解が、誤っていることを明白に示す。研究史上の古典的文献に記述された歴史的事実と、その後になされた一次史料の発掘や分析方法の発展により、改めて把握しなおされた歴史的事実とが異なることはいうまでもない。原告は原告が古典的文献だと思いこんだ文献の指摘を、歴史的事実そのものだと錯覚している。

原告が「先行研究が存在し、被告の創見ではない」と主張するとき、原告は「先行研究」についても「創見」についても大きな誤解を侵している。原告は、ある研究より以前の文献に、ある歴史的事実の指摘、ないし歴史的事実相互の関連についての指摘がみられるとき、これを単純に「先行研究が存在する」ものと主張している。その後の研究で、かかる「先行研究」を前提としつつも、それを乗り越えて、歴史的な因果連関の把握を深めた場合には、それが新しく「創見」となることを、原告は理解していない。研究者としては当然に理解していることの事柄を、原告の「先行研究存在論」は、「先行研究」についての誤った把握の上に立っている。

「先行研究」の発表後、新たな歴史史料を発掘した場合は、それに基づいて先行研究の解釈を深める「創見」がもたらせるし、また先行研究を深く読み込み、論理的な把握をさらに深めて新しい「創見」をつくることもできる。どう課題を設定するか、どういう分析方法を用いるか、どのような叙述方法を採用するか、ある論証と別の論証とをどう組み立てて論文を体系的に構成するか、これらの努力こそが本来の「創見」の内容をなすのである。

この論文の構成方法自体こそ被告が意を用いた最大の点なのであって、過去の文献におけるあれやこれやの断片的な記述の有無が問題なのではない。しかも、原告はこうして構成された被告の論文の重要な論理的・歴史的論証のほとんどの部分を、原告著書において盗用・剽窃している。「争点対照表」における「原告の反論」は些末な言い逃れに終始して、最も重要なこの被告論文を構成する重要命題の盗用問題から目をそらせようと努めている。

ただし、「原告の反論」において繰り返されている、「序論」や「結語」は概括的な記述だから注は不要であるという議論は正しくない。原告自身が原告著書の「序論　課題と方法」において、「一　課題と方法」について九個の注を付し（原告著書八〜九頁）、序論に注は要らないという原告の主張が成立しないことを自ら証明してしまっている。その上、「二　時期区分」について原告はまったく注を付していない。この部分における原告の記述一二〇行のうち、少なく見積もっても五〇行以上が被告の所論と密接に関連し、盗用・剽窃に相当するものである。「一　課題と方法」においては注を付し、「時期区分」において注を付さない理由は明白である。原告が私の所説と重なる部分につき注を意図的につけず、意図的に隠蔽しようとしたからである。盗用・剽窃しておいて「序論」や「結語」に注は不要であると強弁するのは、逆に自ら盗用の隠蔽を図っていることを自白しているに等しい。

「時期区分」（争点対照表5）

ア　被告の時期区分は、被告独自のオリジナルなものであって、一九三一年から一九四五年の全対象期間についてこれを三つの時期に区分し、第一期と第二期を区分する画期を一九三五年一一月の中国幣制改革に、第二期と第三期を区分する画期を一九四一年七月の対日資産凍結とするものである。

これに対し原告は満州事変期・日中戦争期・太平洋戦争期という常識的三区分をとり、これにわざわざ「国際的諸関係を視野に入れた時期区分」を付加して、さらに「小区分」をいれ、ここで上記の私の説を盗用している。

私が第一期と第二期の境界として重視した中国幣制改革と、第二期と第三期の境界として重視した対日資産凍結につき、原告は当初学会誌発表時の草稿（乙二五の四頁）で「現実の占領政策展開過程は、侵略戦争より若干先行することは原（ハラ）論文の時期区分の通りである」と私の時期区分を認めていた。しかし以後の論文・著書ではこの記述は抹消され、「若干先行することはいうまでもない」（学会誌『土地制度史学』七一号、一九頁右列二〇～二二行）、「若干異なる」（原告著書、乙六、九頁）と改変し、私の論文の時期区分に従っていたことを隠蔽した。この点を指摘されると、原告はあるいはこの時期区分を「採用していない」と言い、かつ私のこの区分がごく一般的な区分だと言い逃れる。ごく一般的ならなぜその区分を原告自身が採用しないのかと当然追及されるであろう。

イ　私が時期区分の第一期と第二期との画期として中国幣制改革を選んだ理由は、この一九三五年一一月の中国の幣制改革が、イギリスのリース・ロスの助言で貨幣制度を銀本位から金為替本位に切り替え、日本はこれに直ちに応じて満州中央銀行券を日本円に等価で連結した。共に銀貨圏であった中国関内と中国東北部は、分断されつつ英米と日本との二つの金系通貨圏に組み込まれた。政治面では、日本の華北侵略拠点たる冀東地区（河北省東部）に、日本側傀儡政権の冀東防共自治委員会がこの幣制改革をうけて同じ月に急遽設立された。同地区は満州事変から日中戦争への過程で特に重要だったからである。

幣制改革がごく一般的な区分だと原告が主張する根拠は東亜研究所『支那占領地経済の発展』四八一頁以下である。この文献に当れば自明なように、これは「主要経済部門」八章のうちのわずか一章

「通貨及び金融」の一部に過ぎない区分であって、私が設定したような、対象時期の全一四年間の全分野について、三つに大きく区切るための二つの画期（中国幣制改革・対日資産凍結）の一つという、重要な位置づけを与えられたものではない。

**ウ**　私が第二期と第三期との画期として対日資産凍結を選んだ理由は以下の通りである。日本は中国国民政府軍や共産軍との泥沼の戦争からの脱却を試み、国民党蔣介石政権への英米援助の物資供給ルート（いわゆる援蔣ルート）遮断のため、日本は北部仏印進駐を決行した。しかしこれは成功せず、日本はさらに南部仏印進駐に踏み切る。これに対し米・英・蘭印その他各国は対日資産凍結という強力な対抗措置をとり、その結果、日本は一切の外国貿易と対外決済が不可能になった。円ブロック以外の第三国からの兵器・石油など軍需品の輸入は全く不可能になる。この結果、乏しい外貨を計画的に軍需部門に配分して維持してきた第二期の経済運営は全く困難になった。外貨はもはや無用となり、船舶＝海上輸送力の配分による経済運営が次の制約要因になる。外貨不足を最大の制約要因としていた第二期と、船舶不足を最大の制約要因とする第三期との時期区分との転換点として、私は対日資産凍結を時期区分の画期とした。これらの論点は被告がすでに「国際収支」および「外貨決済」論文の結論部分で論証した日本戦時経済の基本的構造に見合った時期区分なのである。日中戦争期の戦時経済統制強化の過程を詳細に後付けた私の「外貨決済」論文の「むすび」の項は、他ならぬ「在外資産凍結の意義」であった。

**エ**　ここでも原告は前記『支那占領地経済の発展』の時期区分により、資産凍結もごく一般的な区分だと主張する。この文献をみれば一目瞭然、「昭和十二年七月」以降「昭和十八年八月以降」までを細かく六期に区分したその一つで、第五番目の画期が資産凍結であるにすぎない。私が与えた一九三一年から四五年までを大きく三期に区分する第二の画期という重い位置づけは与えられていない。

私の時期区分の根拠は上記の通りである。原告は基本的な時期区分を常識的な満州事変期・日中戦争期・太平洋戦争期の三期とし、しかもこの常識的三時期区分のみではあまりに新味がないと意識し、「国際的諸関係を視野に入れた」時期区分なるものを唐突に持ち出し、私の時期区分を勝手に「小区分」として挿入し、私の論文の未公刊状態に乗じてあらかじめ私の論旨を盗用し、私の見解の独創性の侵害を図ったのである。

## Ⅱ　投資形態

投資形態（全体）（争点対照表6）について、被告論文の主要なポイントである投資機関としての満鉄・満州重工業・興中公司・北支那開発・中支那振興から南方における担当企業者指定方式による諸企業にいたる投資形態の展開につき、原告は被告論文と全く同様な論理で、かつ被告が解明した事実に基づき叙述した。

### 第一期の満州（争点対照表7）

ア　第一期の満州に関する私の記述の要点は以下の通りである。「いわゆる満州第一期経済建設の基本構想は、関東軍特務部と満鉄経済調査会によって三二年後半に立案され、三三年三月の『満州国経済建設綱要』として公表される」（二頁右下から七―四行、「満州第一」論文三〇頁）、「日本からの資本輸出も…投資の安全が保証されている満鉄を経由するルートを選んだ」（三頁左七―一〇行）、「一部資本家による利益の壟断」、（三頁右下から一三行）、「資本家をして利益を壟断するを許さず」」、（「満州第一」論文九頁終りから三行目）、「利潤統制に危惧を抱いて直接の投資を避け、満鉄ルートを通じて投資する道を選んだ」（同四九頁最終行～五〇頁一行）等

**イ**　原告の記述は以下の通りである。

「関東軍は…『満州国経済建設要綱』を制定し、統制経済体制を確立すると同時に、『日満経済ブロック』のスローガンの下に『総力戦体制』に照応する『第一期満州経済建設』を他に先がけて満州で立案、実施していった」（一〇頁七―一〇行）。「『財閥入るべからざる』満州国での利潤統制方針への危惧から、満鉄ルートでの対満投資が圧倒的比重を占めた。先の『第一期満州経済建設』の資金供給ルートが満鉄とされた理由もそこにある」（一一頁）

**ウ**　第一期の満州での投資形態は、現金出資は満鉄（南満州鉄道株式会社）が、現物出資は没収した「敵産」を満州国政府が出資する形で、一産業につき一社の特殊会社・準特殊会社を設立して運営する方式をとった。この方式は私が発掘した満鉄経済調査会の「立案調査書類」が、「満州第一期経済建設」のために各産業につき詳細に設計していた。「満州第一」論文（被告・原告ともに加わった満州史研究会編『日本帝国主義下の満州』の第一章）ですでに詳細に解明していたものである。

第一期経済建設の基本構想は、関東軍特務部と満鉄経済調査会によって三二年後半に立案され（注6）、三三年三月の『満州国経済建設綱要』として公表される」という三行の簡潔な叙述は、「満州第一」論文における一三頁二二〇行もの一次史料の分析・検討に基づいたものであり、「被告論文」が「満州第一」論文を前提とし基礎としていることを示す。

この「満州第一」論文は、被告が発掘した満鉄経済調査会の『調査書類』全一一八件という一次史料の分析などに基づき、満州事変以後の満州における経済統制政策の展開過程を解明したものであ

り、「満州国経済建設綱要」の立案過程のみに限っても、「満州第一」論文において、「通常、満州の経済統制に関する叙述は、三三年三月に満州国政府が発表した『満州経済建設綱要』をもって開始され、これが満州国経済建設の根本方針を確定したものと強調されている。しかし、この『綱要』の発表に至るまでに、約一年間にわたる満鉄経済調査会と関東軍特務部とによる検討が重ねられていたことは、従来明らかにされていない」（「満州第一」論文一九頁一行目）と前置きを述べたうえで、『満州経済統制策要旨』（三二年六月）から『満州経済統制根本方策案』（三二年八月）、『満州経済建設第一期綜合計画案』（三二年一二月）を経て『満州国経済建設綱要』（三三年三月）にいたる政策立案過程を、『満州経済統制方策』（立案調査書類第一篇第一巻）等の一次史料に基づいて、私がはじめて論証したのである。

**イ**　原告はこの「満州国経済建設綱要」の立案過程についても、実際には私が行なった詳しい叙述に依拠している。満州史研究会編『日本帝国主義下の満州』（一九七二年一月）の第一章が私の「満州第一」論文にほかならず、原告自身は同じ本で第二章を執筆しているのであるから、私の上記の「満州国経済建設綱要」の成立過程の論述を知らないことはあり得ない。同書の共同執筆者であった原告は十分にこれを知りつつ、「原告著書」四八頁において意図的に引用せず、「満州国経済建設綱要」だけの引用に終始して、それを糊塗している。

**ウ**　その際に原告が依拠したものは、原告著書四九頁の注2において「発行所・発行年不明であるが、おそらく、満州各庁の決定集の綜合書に類するものと推定される」という、『満州国経済建設ニ関スル史料』なる出自不明の史料のみを引用している。あえてこの出自不明の史料を採用することすら厭わず、すでに熟知している私の「満州第一」論文における実証成果を原告は意図的に指摘せず、しかも引用符を用いず自己の文章として本文中で記述を進め、私の論証を盗用した。

**満鉄改組・満鉄経営の悪化**（争点対照表8）

本陳述書「Ⅰ総論」の冒頭（一五頁）で本訴訟の重大な前提として指摘した、原告による虚偽の発言はこの論点にかかわる。

**ア**　私は南満州鉄道株式会社（満鉄）の組織改正（所謂満鉄改組問題）と満鉄経営の悪化に関し、「満州第二論文」冒頭に「満鉄改組問題の進展」の章を設け、一八頁にわたり、満鉄の軍事的意義、膨大な負担、委託経営、営業成績不振による満鉄経営悪化などの諸問題を、一九三三年の在満機構改革問題や一九三六年の満鉄職制改正問題との関連で分析した（乙三、二一四〜二二九頁）。

**イ**　原告著書は第三篇第三章第二節（一）「対満投資動向と満鉄改組」（一七〇頁）同節（二）「満業設立とその特徴」（一七四頁以下）において私の草稿から盗用・剽窃を行った。

**ウ**　実際の時間的経過に即して説明すれば以下の通りである。

原告は原告著書刊行以前に、「満州第二」論文の内容を私の草稿によって十分に知悉していた。私は「満州第一」論文と「満州第二」論文の双方の内容すべてを含む長大な草稿を、満州史研究会の成果として刊行する予定の『日本帝国主義下の満州』にどの部分を収録するかを検討してもらうため、満州史研究会の八王子セミナーハウスで一九七一年六月に開かれた合宿の際に提出した。

それ以来、原告を含む研究会会員全員が十分に時間をかけて検討した結果、「満州第一」論文にあたる部分のみを『日本帝国主義下の満州』の第一章として収録し、「満州第二」論文にあたる部分はいずれ機会をまって別の時期に公表することが合意された。

私は当時原告に対してなんら包み隠さず研究に関するすべての情報を開示していたから、この草稿についても当然に原告の閲覧を全面的に許可していた。研究会として刊行する書物に、私の長大な草稿のうちどの部分を収録するかを決めるため、原告を含む研究会全員に対し、私の草稿全体を検討に供していたのであるから、原告がこれを知らぬことはあり得ない。

**エ**　この時の草稿の後半部分と、「満州第二」論文（乙三号証二〇九〜二九六頁）の内容が一致していたことは、前記『日本帝国主義下の満州』あとがき（浅田喬二氏執筆、一九七一年一〇月）（乙四号証四〇〇頁）において、後に『日本経済政策史論』下巻（一九七六年三月）に収録された私の「満州第二」論文と正確に一致する内容が、研究会に報告されたが分量が過大なために収録を見合わせた部分として明示している。

念のため、『日本帝国主義下の満州』あとがきの該当部分を引用しておこう。

「研究会に報告された草稿では、実施過程についても政策実施の中心機関に即しつつ、第一期では満鉄と各種特殊会社により実行された満州の『統制』なるものの実態の解明を、とくに立案過程と密接な関連をもつ満鉄改組問題を中心に考察し、第二期については日産の満州移駐による満州重工業株式会社の設立と、その既存特殊会社、ことに満州炭鉱および日満商事との対立を軸として政策実施過程における矛盾の展開が分析されていたが、分量が過大なためにその収録を見合わせた」（同書四〇〇頁）

この記述と、後に公刊した私の「満州第二」論文の構成とを対比してみよう。

一　はしがき

二　満鉄改組問題の進展　（1満鉄改組問題　2在満機構改革問題　3満鉄職制改正　4満鉄経営の悪化）

三　日産の満州移駐（1軍の構想と五ヵ年計画　2日産移駐の経緯　3満業への優遇措置　4日産の二重課税問題）

四　満業と関係会社の統制（1満業と政府・満鉄・関係会社　2日満商事との対立　3満州炭礦との対立　4東辺道開発の失敗）

五　外資導入の失敗

六　満業の改組問題

七　満業の投資実績

見られる如く、原告が盗用・剽窃した部分に関し、『日本帝国主義下の満州』「あとがき」と、私の「満州第二」論文との両者は一致している。

それにもかかわらず、原告は「準備書面」でも「争点対照表」でも繰り返し「満州第二」論文の発表時点が原告著書の発刊時点よりも後であるため、「物理的に読むことが不可能」であったと申し立てを行っているが、それが虚偽であることは、本陳述書「Ⅰ総論」の冒頭一五～一六頁で述べた乙二七―二号証という明白かつ決定的な証拠によって証明されていたのである。

### 第二期の満州

**ア**　第二期の満州に関する基本構想（争点対照表26）

（ア）「被告論文」の記述の本文は次のとおりである。

「第一期経済建設がこのように破綻を示したのち、満州については三五年秋から三六年夏にかけて参謀本部・関東軍と日満財政経済研究会・満鉄経済調査会・満州国政府等の手によって第二期経済建設案が立案され、三六年八月の『満州開発方策綱要』および『満州国第二期経済建設綱要』という二つの文書によってその基本構想が示される。この構想はさらに発展して満州産業開発五ヵ年計画に結実する（注12）」（三頁右欄一二〜一九行目）。注12の内容は以下のとおりである。

「日満財政経済研究会については、拙稿「資金統制と産業金融」（本誌三四号）、中村隆英・原朗編『日満財政経済研究会資料』一〜三（日本近代史料研究会）、満州産業開発五ヵ年計画については前掲拙稿五七〜七九頁参照」

これらのうち、「資金統制と産業金融」は、被告の最初の論文であり、本書冒頭で述べた泉山三六元大蔵大臣邸から新たに発掘した日満財政経済研究会作成の軍需産業拡充諸計画および企画院作成の諸計画や、日本銀行調査局で筆写した臨時資金調整法の施行実績などの諸資料を用いて、日本と満州における経済統制の開始過程を分析したものである。

「陸軍省の決定案…の立案過程においては、さらに以前に日満財政経済研究会によって軍需産業拡充に関する一連の厖大な諸計画案が作成されていたのであって、…生産力拡充計画は、結局その発端をこの日満財政経済研究会の諸計画にもっていると言える…日満財政経済研究会とは、陸軍内部で当時有力であった石原莞爾大佐が、その構想の具体的展開を行う為の機関として設けたものであり、その主要研究業務は…九分野にわたっていた。この内、生産力拡充五ヵ年計画に関する研究がここに取り上げる軍需産業拡充諸計画であって、作成年月日順に列記すればつぎのとおりになる。

1　『昭和十二年度以降五年間歳入及歳出計画附緊急実施国策大綱』…

2　『満州ニ於ケル軍需産業建設拡充計画』…

3　『帝国軍需工業拡充計画』（昭和一一年一一月一一日）

4『日満軍需工業拡充計画』（昭和一二年五月一五日）
5『重要産業五ヶ年計画要綱実施ニ関スル国策大綱（案）…』
また、同研究会の主査であった宮崎正義自身の記述によれば、1の『昭和十二年度以降五年間歳入及歳出計画』が「所謂日満産業五カ年計画の最初の案」であった（乙二　三三二頁末尾から四行目）。石原莞爾が…設置した日満財政経済研究会、いわゆる宮崎機関は、…『昭和十二年以降五年間帝国歳入歳出計画…』を作成し…宮崎機関はさらに『満州ニ於ケル軍需産業建設拡充計画』を完成し…関東軍・満州国・満鉄三者の満州産業五年計画に関する非公式懇談会が開催され…満州側の代表が東京に飛び…関係省庁に対する説明を行った（「満州第一」論文六二頁二行目〜六四頁一五行目参照）。（以上、争点対照表27をも参照）。

（イ）ところが、原告は原告著書において以下のように述べる。

「満州産業開発五ヵ年計画」立案構想は、一九三五年以降「石原構想」なる形で陸軍参謀本部内に存在していたが、…満州に強大な軍事工業を構築するこの計画は、これ以降、各種会議を経て、『満州産業開発五ヵ年計画』に結実していくのである。本節では、以下の叙述に必要な限りでその立案経緯を検討しよう」（原告著書六六頁五〜八行目）。「関東軍の依頼を受けた満鉄経済調査会も三六年四月以降、満州の総合経済『開発』計画作成に着手し、同年八月には『満州産業開発永年計画』を立案していた」（同、六七頁一〇行目）

「三五年以降、石原莞爾の私的調査機関として宮崎正義を中心に設立された日満財政経済研究会も三六年九月『満州ニ於ケル軍需産業建設拡充計画』を立案していた。この計画によれば、…」（六七頁）…この満州ニ於ケル軍需産業建設拡充計画は、三六年八月日満財政経済研究会が立案した『昭和十二年度以降五年間歳入及歳出計画』と密接な関係をもっていた。この「昭和十二年度以降五年間歳入及歳出計画」は…これら、関東軍、満鉄経済調査会、日満財政経済研究会の諸案をもちより、三六年一〇月、関東軍、満州国、満鉄代表が湯崗子で会同し、討議の後、三六年一二月作成されたのが『満州産業開発五ヵ年計画』であった。その後、日本政府側と打ち合わせを行い、その結果をまって、満州国側実施案が決定されたのである」（六七頁一〇行目～六九頁二行目の全二七行）。

（ウ）　日満財政経済研究会資料は、他ならぬ私と中村隆英教授の二人が発見し、学界への第一報を行い、さらに「解題」を付して『日満財政経済研究会資料：泉山三六氏旧蔵』全三巻（日本近代史料研究会、一九七〇年）として公刊したものである。結局、第二期の満州関係に関する原告著書の論述は、すべて被告の「資金統制」論文とこの資料集ならびに被告ら連名の「解題」に依拠している。然るに原告は、上記論述の冒頭の一句に被告の「満州第一」論文の全文一一二頁一九〇〇行相当を一括して注記したのみで、該当箇所の頁数を指示せず、「」カギ括弧も用いずに原告の地の文として記述した。どこまでが被告による論述で、どこからが原告による新しい記述であるかの明確な区別が全くなされず、明瞭区分性を欠いており、学術界では許されない、まったく盗用というべき大量の「引用」である。（争点対照表27、30）

上記のように、第二期の満州における軍需産業建設拡充計画に関する原告の記述も、被告が発見して最初に「資金統制」論文で学界に報告した一次史料「昭和十二年度以降五年間歳入及歳出計画」・「満州ニ於ケル軍需産業建設拡充計画」に基づくものである。原告の「引用」は、明瞭区分性を欠くばかりか、余りに「引用」の分量が多く、かつ被告の記述や被告の発見した史料からの「引用」が主となって、原告の文が全く従となっており、主従が逆転している。

イ　「満州産業開発五ヵ年計画」について（争点対照表33）

（ア）　満州産業開発五ヵ年計画についての被告論文の記述は以下の通り。

「第二期経済建設案が立案され、三六年八月の『満州開発方策綱要』および『満州国第二期経済建設綱要』という二つの文書によってその基本方策が示される。この構想はさらに発展して満州開発五ヵ年計画に結実する（注12）」（「被告論文」三頁一五～一九行）。この注12（一三頁右欄）では、「満州産業開発五ヵ年計画については前掲拙稿五七～七九頁参照」と記され、「被告論文」が「満州第一論文の第三節第一項「（一）満州産業開発五ヵ年計画」の全文に基礎をおいていることを示している。さらに以下の二つの記述も論点に関連する。

「三六年六月にいたって満州産業開発永年計画小委員会を組織し、…この作業がのちの満州産業開発五ヵ年計画の一つの源流となる…」（「満州第一」論文三五頁一四行目～三六頁一行目、六一頁九行目）。

…第一の計画は「其後日満両国に於て国策として喧伝せられたる所謂日満産業五ヶ年計画の最初の案」であって…」（「資金統制」論文、乙二の三三一頁一六～一七行目）。

（イ）　原告の記述は以下の通り。

「これと前後して、関東軍の依頼を受けた…日満財政経済研究会…「満州ニ於ケル軍需産業建設拡充計画」を立案していた。この計画によれば、…国防国策ノ確立ニ資スル目的ヲ以テ本邦ニ」「…この「昭和十二年度以降五年間歳入及歳出計画」は、日・満を包括する軍需工業構築計画であり、…三六年一〇月、関東軍、満州国、満鉄」（以下六九頁）「代表が湯崗子で会同し…満州国側実施案が決定されたのである。…大蔵省は、関東軍に計画の具体性を要求して譲らず、…その実施にふみきる結果となったのである」（六七頁一〇行目～六九頁六行目、七〇頁五～一三行目）

（ウ）　原告は、この二頁をこえる長文の記述を、すべて被告の「資金統制」論文と「満州第一」論文によっているにもかかわらず、自己の文章であるかのように記述し、大量に剽窃している。

原告が論ずる「日満財政経済研究会」の軍需産業拡充諸計画は、被告がはじめて発掘し「資金統制」論文により学会に報告したもので、「昭和十二年度以降五年間歳入及歳出計画」は、これらの諸計画の最初のものとして被告が重視していたものである。

**ウ**　日産の満州移駐と満州重工業開発について（争点対照表9）

（ア）　第二期の満州については、さらに新興財閥・日産の総帥であった鮎川義介の関係資料を被告が最初に発掘して解明した、日産の満州移転と満州重工業開発株式会社の活動状況についての原告による重大な盗用・剽窃を指摘しなければならない。

第一期の産業別特殊会社方式の不調に対処し、産業別特殊会社の上に、新興財閥日産の全資本を満州に移駐させて設立した満州重工業開発株式会社（満業）をおき、満鉄子会社も順次満業の傘下に移した。私はこの点を日産・満業の経営者故鮎川義介氏の鮎川美代夫人および令息鮎川金次郎氏の許可を得て、その邸宅から史料を発掘し、これを詳しく解明した。これに基づいて、被告は満州史研究会に提出した草稿の後半、「満州第二」論文で叙述した。この点は「被告論文」で、新興財閥日産が満州に移駐し満州重工業開発株式会社を設立したこと、その経営者である鮎川義介が手厚い利潤保障と国家的保護を得たことなどを記述した基礎となっている。その点は被告論文一三頁の注7および注13に「拙稿『満州』における経済政策の展開―満鉄改組と満業設立をめぐって―」（安藤良雄編『日本経済政策史論』下巻、一九七六年）との注記があることによって明らかである。私は同じ史料により、満業の経営実態が鮎川や関東軍の予期とは異なって、日満商事や満州炭礦の抵抗と、満州国政府自身の経済統制強化のため、持株会社の機能を発揮できずに終わったことも解明した。（「満業による統一的経営指導も、…満州炭礦や…日満商事は…満州国政府の物資動員計画の割当に従っていたため、満業傘下各社間での原材料の移動にすら親会社たる満業の意志は貫徹しえなかった」）

(イ)　原告は特殊会社・日産・満業・五ヵ年計画・利潤保障などこれらすべての論点につき、当時未発表だった私の草稿の後半、すなわち「満州第二」論文の記述に依拠しつつ、盗用・剽窃した。

具体的には、原告著書一七四〜一七五頁、一七七頁の「(二) 満業の設立とその特徴」は、私の「満州第二」論文草稿（公刊時には「日産移駐の経緯」二三〇〜二三三頁、「満業への優遇措置」二三三〜二三九頁）を抜きにしては、「新興財閥日産と関東軍との密接な結合」、「国家資本・財閥資本合体による植民地経営」、「この合体は…二重、三重の利潤保障をまって始めて展開された」などという原告著書一七五・一七七頁の記述は成り立たない。原告はすでに私の草稿後半部である未刊の部分を読んでおり、それを利用して、この未発表部分を自己の見解として記述し、明白な盗用・剽窃を行った。

(ウ)「争点対照表」の「原告の反論」はここでも「先行研究存在」論と「物理的不可能」論を繰り返しているが、これ以上批判を繰り返す必要はないであろう。

### Ⅲ　貿易構造

### 貿易統制の開始過程

ア　「一号省令」について（争点対照表29摘示(1)）

(ア)　次に、経済統制の開始過程に関する「被告論文」の記述は以下の通り。

「即ち、日本における戦時経済統制の開始は、日中戦争勃発以前の一九三七年初頭における輸入激増に基づく国際収支の危機によってすでに必然化されていたのであり、一月の輸入為替管理令以降、日中戦争期を通じて外貨不足問題は日本戦時経済の最大の制約要因をなしつづけたのである（注4）。三七年九月の輸出入品等臨時措置法は、単に貿易統制のみならず、広汎な物資統制・物価統制の根拠法規となったものであり、臨時資金調整法も、単なる設備投資規制にとどまらず、国際収支の悪化を防止するために、金融面から産業構造の戦時編成への転換をはかる狙いをもっていた（注5）」

以上の記述は、被告の「外貨決済」論文の該当部分のエッセンスを凝縮した形で提示したもので、「拙稿「日中戦争期の外貨決済」（一）～（三）」即ち「外貨決済」論文における以下の叙述に基礎をおくものである。

「昭和一二年一月八日、政府は外国為替管理法に基づく大蔵省令第一号「輸入貨物代金ノ決済及外国為替銀行ノ海外指図ニ依ル支払ノ制限ニ関スル外国為替管理法ニ基ク命令ノ件」を施行した。「一号省令」または「輸入為替管理令」と略称されるものがそれである」（「外貨決済」1　論文・乙二一　四七頁四～七行目）。

「この『一号省令』が、前年末からの輸入激増に対処して緊急にとられた第一の統制措置であり、同時に経済統制の開始をつげるものであった」（同頁一五～一六行目）。

（イ）　原告の記述は次の如くである。

「政府は、まず、三七年一月の大蔵省令第一号「輸入貨物ノ決済及外国為替銀行ノ海外指図ニ依ル支払ノ制限ニ関スル外国為替管理法ニ基ク命令ノ件」（「一号省令」）を皮切りとする貿易為替の管理強化をもってこれに対応した」（一一一頁六～九行目）

（ウ）「一号省令」を経済統制開始過程において特別に重視する見解を最初に提出したのは被告であ

る。原告著書一一一頁は、「第二節　日本経済の軍事的再編の構造」の書き出し部分二行「日中戦争の拡大と持久戦体制への突入は、日本国内経済にどのような影響を与えたであろうか。日中戦争勃発の日本国内経済体制の改変過程をあとづけてみることとしよう」の一文のみが原告の文章であるだけで、これに続く同頁三行目から一二行目までは被告の「外貨決済」論文に完全に依拠している。原告は注記はしているが、特定の頁を示さずに被告の「外貨決済」論文全部（乙二号証の一四一頁から三〇五頁までの一六五頁分、行数にして三三〇〇行分）を一括して注記している。一〇行分の本文への注が他人の論文の三三〇〇行分を指すなどとのこの引用の方法は、本準備書面第一でのべた学問研究における正しい注記の仕方であるとは全く言えない。引用の頁数の下限は指定されておらず、かつ引用部分と原告の地の分とを明確に区分するカギ括弧（「　」）が明記されていないため、どこまでが被告の引用でどこからが原告の地の文章なのか全く分からない。

**イ**　「二大統制立法」について（争点対照表32摘示(3)）

（ア）　被告の記述は以下の通り。

「三七年九月の輸出入品等臨時措置法は、単に貿易統制のみならず、広汎な物資統制・物価統制の根拠法規となったものであり、臨時資金調整法も、単なる設備資金統制にとどまらず、国際収支の悪化を防止するために、金融面から産業構造の戦時編成への転換をはかる狙いをもっていた（注5）」（「被告論文」一五頁右欄一一～一六行）

また、被告の先行研究「外貨決済」論文では、次のように述べられている。

「本格的経済統制は、九月の第七二帝国議会における臨時資金調整法と輸出入品等臨時措置法という二大統制立法をもって開始された」「大正七年に制定されて以来ずっと発動されていなかった軍需工業動員法の適用を定め、戦時経済統制の開始にとって画期的な議会となった」「臨時資金調整法は、設備資金の供給を許可制にして『不急産業』への投資を制限し、『時局産業』への投資に集中させようとする投資規制であり、輸出入品等臨時措置法は、輸入そのものを許可制として『不急産業』の設備・原材料購入を制限し、『時局産業』の設備・原材料に集中させようとする生産手段購入規制であった」（乙二　一六八頁一〇〜一七行目）

（イ）　これに対して、原告は次のように記述している。

「だが、日本の軍事生産力増強が、第三国貿易依存を高める限り、貿易統制強化は不可避であった。三七年九月の第七二臨時帝国議会で貿易、金融統制を目的とした「臨時資金調整法」と「輸出入品等臨時措置法」…が可決を見、「軍需工業動員法」とともに日中戦争拡大にそなえる対策の一応の完成を見たのである。この両立法に共通する点は、…「不急産業」に対する資材・資金を極力おさえ、これを「時局産業」部門に重点的に投入し、該部門の強権的育成を図っていくことに重点があったことである。（原告著書一一一頁九行目〜一一二頁二行目）

（ウ）　結局、大蔵省令第一号以降、臨時資金調整法・輸出入品等臨時措置法の経過に関する一六行にも及ぶ原告の叙述は、すべて被告の「資金統制」論文、「外貨決済」論文で初めて論証した史料ならびに論述に基づき、「被告論文」でも関説したものであるにもかかわらず、原告は被告の論文全体ないし大部分を一括して指摘するのみで、被告による論述と原告による記述の明確な区別が全くなされていない。これも盗用・剽窃に等しい不適切な引用である。とくに、「一号省令」（輸入為替管理令）の経済統制開始過程における画期的重要性を特に強調し、その正式名称を記述に用いて印象を強める叙述方式をとったのは被告にほかならず、この点で原告があたかも自己の文章であるかのように記述して注記も行わないのは盗用・剽窃行為である。

ウ　「財政経済三原則」について（争点対照表29摘示⑵）

「被告論文」における上記の「一号省令」ならびに「二大統制立法」と密接な関連を持つ「財政経済三原則」について、原告はこの三原則について被告の先行研究である「外貨決済」論文の記述からも剽窃している。（争点対照表29摘示⑵）

（ア）　財政経済三原則についての被告の記述は以下の通り。

「一二年六月に登場した近衛内閣は、その経済政策の基調として、『（一）国際収支の適合、（二）生産力の拡充、（三）物資の需給調整』といういわゆる財政経済三原則を発表した」（「外貨決済」論文、『日本戦時経済研究』（乙二　一六〇頁一九～二〇行目）、「のちに日中戦争に入ってから制定された臨時資金調整法や輸出入品等臨時措置法の基本的構想もすでにこの文書（大蔵省『国際収支適合策ニ関スル書類』）の中で明確に示されている」（「外貨決済」論文、乙二　一六五頁一三～一五行目）、

「第一次近衛内閣の経済政策の基調をなす『財政経済三原則』（賀屋・吉野三原則）の各項『生産力拡充、国際収支の均衡、物資需給の適合』相互の関連を示すものに他ならず、…通常、『臨時資金調整法』と『輸出入品等臨時措置法』は、『金』と『物』との両面から経済を規制して日華事変の勃発に対処とする『応急的措置』であると把握されているが、臨時資金調整法の本来の目的は『資金の流れを規制して物の流れを規正する』ことにあったのであり、この金融面からの投資規制と、貿易・物資面の生産手段購入の規制とは、国際収支の問題をその内的連関の結節点として密接に結合していたのであって、しかもこの両法律の結節点をなす国際収支の問題こそ、生産力拡充政策の決定的な制約点として立ち表れている…」（「資金統制」論文）

これらの論点は、「被告論文」の二頁で、「貿易と金融の二契機は特殊に重要な意義」をもつという、課題設定の問題意識を述べた文章への注1や、一五頁右欄の注4～7などに集約的に示されている。

（イ）　原告の記述は以下の通りである。

「これらの法律は、三七年六月発足した第一次近衛内閣が出した「財政経済三原則」（生産力拡充、国際収支均衡、物資需給の適合）実現のかなめをなすものだった。なぜなら、右の三原則を実現するためには、輸出入物資の調整にとどまらず会社の新設、増設を含めた資金活動を規制していかざるを得ず、ために、両法律はワンセットで初めて物資、資金の効果的統制を展開し得たし、国際収支の調節も可能だったからである。ところで、かかる貿易・金融統制は、日中戦争勃発前から準備されていた」（原告著書一一二頁二～六行目）。

（ウ）　財政経済三原則については、「外貨決済」論文で被告が発見した大蔵省『国際収支適合策ニ関スル書類』などの一次史料を用いて詳細に論じた。（『日本戦時経済研究』（乙二））。原告は、九頁一八〇行にも及ぶ被告の論述のうち、全体の脈絡から切り離して、上記の如くごく短い一部分の五行のみに過度に短縮して記述している。財政経済三原則に関する被告の個々の原則について、またそれらの原則の相互の関連について、それらの原則と統制立法との関係についての記述が、被告の論文のどこにあるかも、「一号省令」への指摘と同様に、原告著書の記述からは判明しない。

**貿易構造の変化**（争点対照表15）

**ア**　この点に関する被告論文の記述は以下の通りである。

「外貨不足問題はいよいよ深刻化し、外貨を獲得しない円ブロックへの輸出は次々に制限され、折角ブロックを形成しながら、ブロック内での物資交流は逆に減退していく。

四一年七月の対日資産凍結により、外貨決済を用いる本来の外国貿易は不可能になる。以後の第三期には、日本の対外取引はほぼ円ブロックのみに局限され、もはや外貨不足問題ではなく、円貨や軍票により収奪した各地の物資を日本本国に送り込むための海上輸送力、即ち船舶の不足という問題に還元され、これが太平洋戦争期の日本戦時経済の最大の制約要因となる」（被告論文一五〜一六頁）

「外貨不足に悩む日本の戦時経済が、外貨を獲得しえない円ブロックへの輸出増加を許容しうるわけはなく、この結果円ブロック向けの輸出は次々に制限され…三九年九月には欧州大戦を契機として…関満支向輸出調整令により輸出数量が規制され…日本からの輸出が制限された結果、満州や中国の日本軍占領地では物資が欠乏し、物価騰貴をさらに激化させるという悪循環を生んだ。さらにブロック内の各地域間、満州と華北、華北と華中の間でも、相互に貨幣制度が異なるため、物価騰貴の進行速度の差が著しく、それぞれ相互間の物資移動を制限し、あるいは人為的に遮断せざるをえなくなった。こうして円ブロックは一応構築されたものの、日本と円ブロックとの有機的結合関係は形成されず、ブロック内相互間でも物資交流は遮断され…」（被告論文一六頁）

「太平洋戦争期における日本自体の戦争経済は、船舶の軍隊への大量徴用による民需物資の輸送困難によって制約され…戦局の進行とともに航路が途絶し、海上輸送を次々に圧迫されていった結果、略奪した物資の本国への輸送すらもできず…日本本国の戦争経済は破綻を来したのである。同時に、おなじ海上輸送力の不足が東南アジア全域の民衆の生活水準を極度に押し下げた」（被告論文一九頁）

イ　この点に関する原告著書第四篇第七章第二節「（二）貿易構造の変化」の全文を省略せずにここに掲げよう。

「太平洋戦争期における第三国貿易の途絶と広大な東南アジア経済圏の包摂は、どのような事態を生み出したであろうか。

第一に、第三国貿易遮断にともなう「大東亜共栄圏」なる「ブロック経済」の形成は、民需部門を犠牲に軍事生産を拡張し続けた日本資本主義に対し、対日物資供給を可能にすべく膨大な工業製品を欧米にかわり供給することを義務づけたのである。この課題をなし得ぬままに、極端な物資不足状況と通貨乱発にともなうインフレを、東南アジアを始め日本占領軍地域にもたらしたことはすでに指摘した。このことは、占領地での対日物資確保と経済建設を著しく困難にし、食糧不足と繊維製品不足を激化させた。一九四三年以降、日本帝国主義占領地区で軽工業「育成」方針が打ち出されざるを得ない理由もそこにある。

第二に、この時期の貿易問題で考慮すべき点は、船舶輸送力の不足であった。この点は、後述するように、四二年後半から四三年にかけてガダルカナル島攻防戦を契機とする大量の船舶喪失と関連し、『大東亜共栄圏』相互を連結する紐帯が切断されたのである。

以上述べた二要因が重なる形で、日本帝国主義は、自己の占領地に、機械、繊維製品に代表される工業品を供給する能力を欠落させたままに、物資調達のための通貨乱発を繰り返し、天井知らずのインフレをひきおこし、対日搬出物資の確保を著しく困難にさせる結果をまねいたのである」（原告著書五一六頁八行目〜五一七頁六行目）

**ウ**　ここに示した通り、貿易構造に関する原告の文章は、具体的内容の指摘がほとんどすべて被告の所論を下敷きにしてこれをリライトしたものに過ぎない。「序論」でも「結語」でもないこの部分でも、注記は全くなされていない。すなわち、貿易構造に関する被告の総括的論旨である、第二期には外貨不足が、第三期には船舶不足が「大東亜共栄圏」の貿易構造上の規定要因となること、第二期には「外貨を獲得できない円ブロックへの輸出・物資交流の制限」が重要な要因であること、第三期には船舶不足が「大東亜共栄圏」に組み込まれた東南アジアとの貿易関係の重大な問題点を構成したこと、以上の論旨を原告は全面的に盗用・剽窃している。

**第三国貿易と円ブロック貿易**（争点対照表17）

**ア**　この論点に関する被告論文の記述は以下の通りである。

「第三国貿易における入超を円ブロック貿易の出超で相殺するという、従来からの構造はここに崩壊し、外貨不足問題はいよいよ深刻化することになった。外貨を獲得しない円ブロックへの輸出は次々に制限されてゆき、折角ブロックを形成しながら、ブロック内での物資交流は逆に減退させられていった…」（被告論文一五頁）、

「三九年九月には欧州大戦を契機として…関満支向輸出調整令により輸出数量が規制され、さらに四〇年九月の関満支向貿易調整令は輸出入の価格統制と調整料制度による価格差の調整にまで進んだのである。こうして日本からの輸出が制限された結果、満州や中国の日本軍占領地では物資が欠乏し、物価騰貴をさらに激化させるという悪循環を生んだ」（同一六頁）、

「日本の円ブロック向輸出制限によって、聯銀券の価値を支える日本からの物資供給が激減したことは、聯銀券インフレをますます昂進させた」（同一二二頁）。

**イ**　原告著書の記述は以下の通りである。

「当時の外貨の必要性は、『円ブロック』内貿易を犠牲にする形での第三国貿易の促進を生み、ため

に三九年九月に『関満支向輸出調整令』が公布され、『円ブロック』向輸出は制限された。しかし、この『関満支向輸出調整令』による『円ブロック』向物資供給制限は、折からの華北、華中での占領作戦展開にともなう通貨乱発に物資供給不足が重なり、占領地物資蒐集を著しく困難にする結果をまねいた」(原告著書五三六頁)

ウ　第二期における円ブロック貿易の輸出制限とその第三国貿易との関係につき被告は既に「国際収支」論文(一九六九年三月)で、この関係について定式化しており、この点はすでに学会で定説として認められている(リーディングス『展望　日本歴史一八　近代の経済構造』東京堂出版、二〇〇〇年)に収録)。「被告論文」は、日本の貿易が第三国貿易と円ブロック貿易の二局面に分裂し、その結果日本の貿易構造は大きく変容した点と、その中で対円ブロック輸出制限が持った意味につき論じており、原告著書は被告の見解を、自己の主張として何度も繰り返して述べている。

「原告の反論」では、「先行研究存在論」のほか、「結語」という原告著書の「終結総括部分」であるため注記がないと弁解している。このことは被告の見解を注記すべきことを原告自身が認めているに等しい。「結語」という重要な部分であればこそ、自己の研究と先行研究との研究史上の差異を明確に記述すべきである。原告著書の「結語」における記述が、被告論文及びそれに先行する被告の論文からの盗用・剽窃を大量に含んでいるからこそ、原告著書の「結語」は原告著書の盗用・剽窃を集約的に示すものとなっているのである。

## Ⅳ　金融構造

金融構造の全体、とくに植民地における貨幣制度掌握と中央銀行の役割についての被告の論旨をまず要約する。

植民地・占領地の経済的支配にとって、貨幣制度の掌握は必須である。可能な場合には域内に中央銀行を設立してその銀行券により幣制を統一することが追求される。また、占領した各地域（満州・華北・華中・南方等）ごとに、貨幣制度と占領地中央銀行など金融機構構築方式が異なることにより、地域ごとにインフレの進行速度が異なる結果、物価上昇の急速な地域に利潤を求めて物資が移動し、インフレが地域間で波及することになる。その防止のため域内の各地域間で相互に物資移動や送金関係を分断せざるを得なくなる。この金融構造上の弱点と、先に見た貿易構造上の弱点とが結合し、インフレ波及の激化とともに各地域の経済的交流関係が分断されざるを得ない。以上の貿易構造と金融構造との関係を重視し決定的に強調したのは私である。物価騰貴が激化すればブロック内各地域は物資供給面でも送金関係面でも厳しく分断されていき、戦時の日本帝国主義と「大東亜共栄圏」が崩壊にいたる。一次史料による実証に裏付けられたこの連関の指摘が、被告論文の研究史に対する寄与である。以上を前提として各論点について論ずる。

**第三期の金融構造**（争点対照表22）

**ア**　第三期の金融構造についての私の記述は以下の通りである。

「軍票・南発券の濫発と、前述した海上輸送力欠乏による物資不足によって、南方占領地のインフレーションも短期間のうちに急速に進行した」（「被告論文」一九頁）、「直接軍政下の甲地域では、各地区ごとにそれぞれ現地通貨表示の軍票を、現地通貨と等価で流通させ、…戦費調達と物資収奪を行なった」（同論文二六頁）、「事実上軍票と何ら異なることの無い南発券には、発行限度の制限すらおかれず、第二図左欄に示すように無制限に増発されていった。こうして、貿易関係・送金関係を切断していたにも拘らず、占領地の物価騰貴は臨軍費の総額を増加させ、公債の増発を必至にするという経路を通じて日本本国のインフレーションを加速することになる」（被告論文二六頁）

**イ**　これに対する原告の記述は以下の通りである。

「第三国貿易途絶のなかで、…『大東亜共栄圏』に物資供給をなし得ず、また、占領地での裏付物資なき通貨の濫発は、天井知らずのインフレを占領地域に発生させ、」（原告著書一四頁）、「対日期待物資の供給減少は、事実上、南発券による軍票回収を不可能にし、…とどめを知らぬ南方地域のインフレの進行を生み出すのである。第四―四図を参照していただきたい。この図は、南方地域での南発券のみならず『大東亜共栄圏』全地域での通貨発行量を表示しているが、南方地域での南発券および各地域での現地通貨の流通量は、この太平洋戦争下で急激に増加の一途をたどったのである」（同四四五―四四八頁）「第三期の太平洋戦争期にいたると、何等の裏付物資もないままに、一片の声明により現地通貨と軍票を等価におき、緒戦の勝利という政治的条件と関連して強制力で流通させた。華中におけるがごとき軍配組合による裏付物資での軍票維持政策はもはや放棄されたのである」（同五三五頁）

**ウ**　結局、被告の論文では、「大東亜共栄圏」というブロックが、その域内の各地域間で貨幣制度と占領地中央銀行の発券制度などの金融機構の構築方式が異なることにより、地域ごとのインフレーションの進行速度が異なったことが、円ブロックを崩壊させる重要な要因になった点を最終的に重視した。その結果として、物価上昇が急速に進む地域に対して、利潤を求める物資が殺到し、域内の各地域間の送金関係と商品流通関係を制限せざるを得なくなる。

こうして地域間の金融的連関も貿易的連関も分断され、さらに深刻な船舶不足による海上輸送力の減退が加わって、「大東亜共栄圏」は崩壊への道をころげ落ちていったという、その全体像を一次史料に基づきつつ総合的に解明し、新たな歴史的意義の把握を行ったのである。

また、インフレの進行に関して、原告が第四—四図として掲げたグラフは、大会報告時に作成した私が作成したグラフを利用して悪質な盗用・剽窃を行っている。次頁以下にグラフおよびこれに関連する地図をまず掲げる。

**円系通貨発行高のグラフ**（争点対照表23、24）

ア　私が作成した「円系通貨発行高」のグラフは以下の通りである（被告論文二三頁、第2図）。

イ　1　原告著書における円系通貨発行高のグラフは以下の二図である。

「『大東亜共栄圏』中における通貨発行高」（四四七頁第四—四図①）「円系通貨発行高」

2　「南方諸地域通貨発行高」（四四六頁第四—四図②）

ウ　この原告のグラフの注に、「前掲『大東亜共栄圏』の経済的実態」として、未公刊の私の論文名が典拠として示されている。未公刊の他人の作品はそもそも引用してはならないのに加えて、ここでは私の氏名も表示されていない。「前掲」とあるので頁を前に手繰ると、ほとんどの読者がその探索を諦めるであろう三三七頁も前の一〇九頁にいたってようやく現われる。それも私の地図を全く改変した地図の多数の典拠の最後に、「原朗「『大東亜共栄圏』の経済的実態」（『土地制度史学』第七一号、一九七六年四月予定）、より作成」と表記されているのである。

原告のグラフは私のグラフとほとんど全く同一の印象を与えるが、細かく見ると私の月別データを

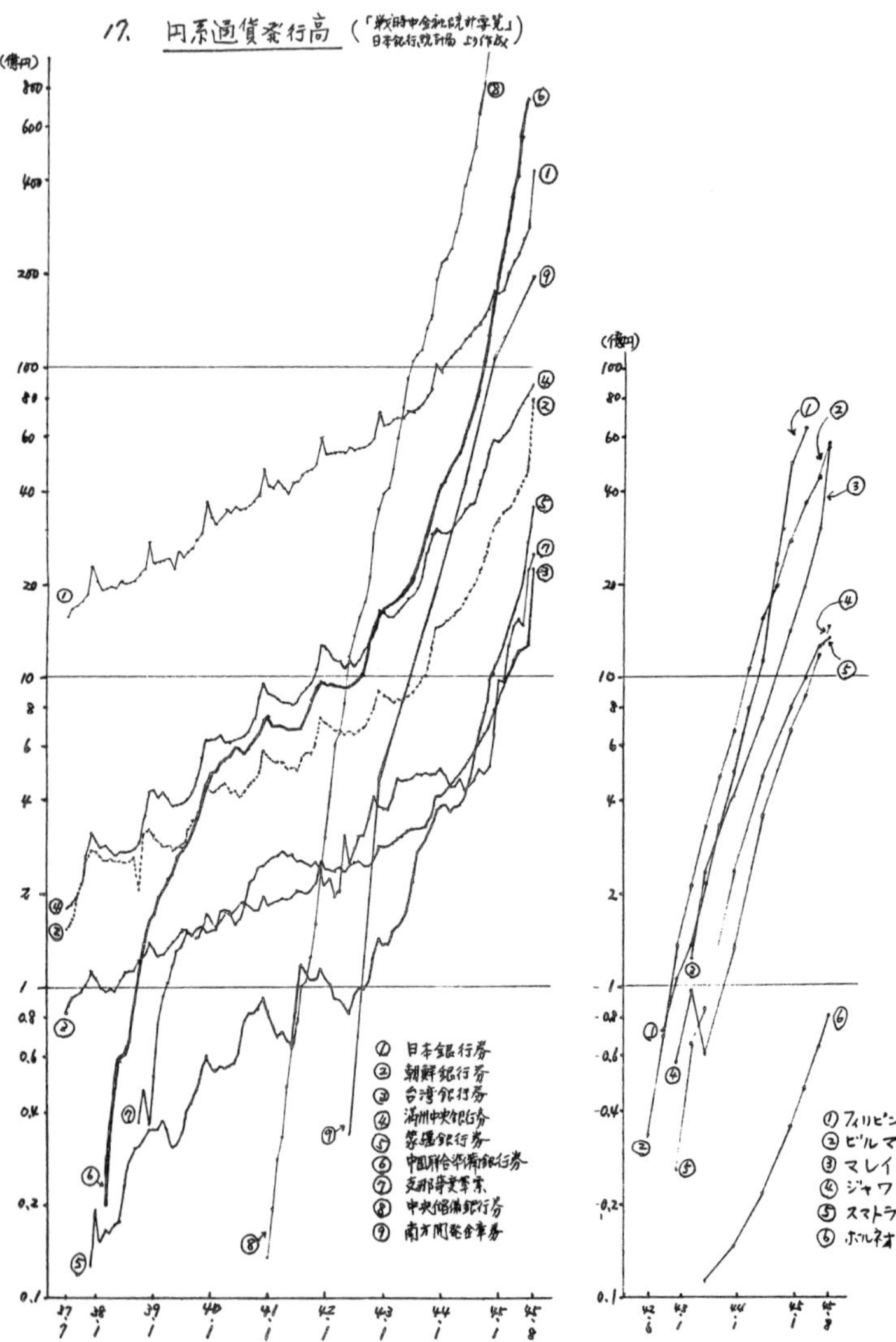
17. 円系通貨発行高
（「戦時中金融統計要覧」日本銀行統計局 より作成）
（億円）
① 日本銀行券
② 朝鮮銀行券
③ 台湾銀行券
④ 満州中央銀行券
⑤ 蒙疆銀行券
⑥ 中国聯合準備銀行券
⑦ 支那事変軍票
⑧ 中央儲備銀行券
⑨ 南方開発金庫券
① フィリピン
② ビルマ
③ マレイ
④ ジャワ
⑤ スマトラ
⑥ ボルネオ

第4－4図　「大東亜共栄圏」中における通貨発行高

①円系通貨発行高（単位，円）

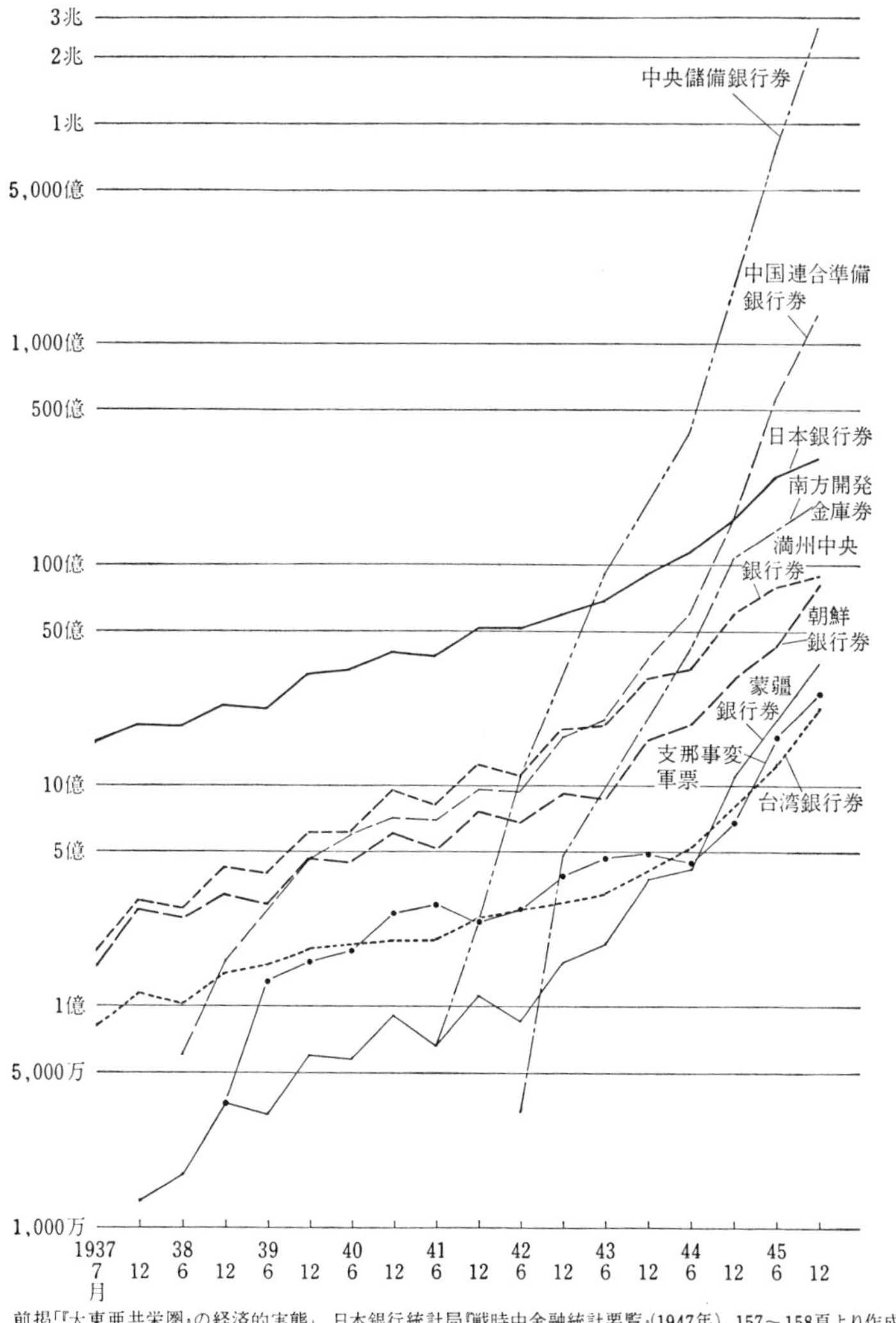


前掲「『大東亜共栄圏』の経済的実態」 日本銀行統計局『戦時中金融統計要覧』(1947年)，157～158頁より作成

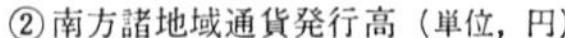

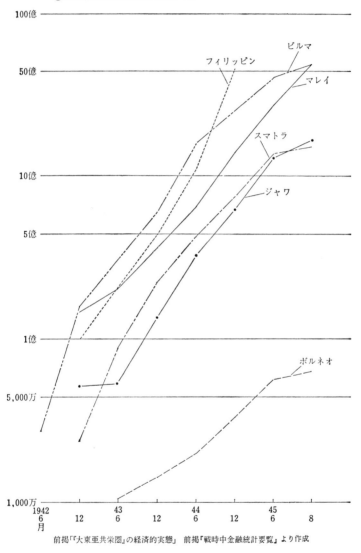


前掲「『大東亜共栄圏』の経済的実態」　前掲『戦時中金融統計要覧』より作成

半期別データとし、私が記号で示した通貨名を図の中に記入するなど姑息な改変を加えている。注記を「前掲『大東亜共栄圏』の経済的実態」日本銀行統計局『戦時中金融統計要覧』一五七～一五八頁より作成」として、私がグラフ作成に用いた史料と全く同じ史料名を引き、頁数まで記入している。この見開き二頁のグラフをみた時、私は驚くほかはなかった。このグラフのイメージを『戦時中金融統計要覧』により「作成」したのは他ならぬ私であり、原告はこれを一部改変しつつ盗用・剽窃したのであって、私が作成したグラフを「大東亜共栄圏」全体と南方地域のみの二つのグラフに分割し、これを見開き二頁にわたり大々的に盗用したのである。私が用いた原史料に戻ってわざわざ頁数まで記入し、自らその史料から「作成」したかのように見せかけるのは原告の常套手段である。

**日本軍占領地と解放区の地図**（争点対照表25）

**ア**　私が作成した地図は以下の通りである。

「第一図　中国における日本軍占領地と解放区」（一四四頁）

**イ**　原告による地図は一四五頁の形状のものである。

原告「第3―一図　日中戦争展開と解放区

**ウ**　原告は、私が作成した地図を含む複数の史料を挙げ、それら「より作成」したものとして、あたかも複数の原史料から地図を作成し、私が作成した地図もその一つとして記載している。ここで原告の盗用・剽窃の手法の一つの例を見ることができる。解放区に注目して地図を作成し学会大会報告で配布したのは私である。そのとき私はまず人民出版社『抗日時期解放区概況』を主とし、これに防衛庁防衛研修所戦史室『北支の治安戦』〈1〉と同『昭和二十年の支那派遣軍』（1）の付図を用いて作

**第1図　中国における日本軍占領地と解放区**

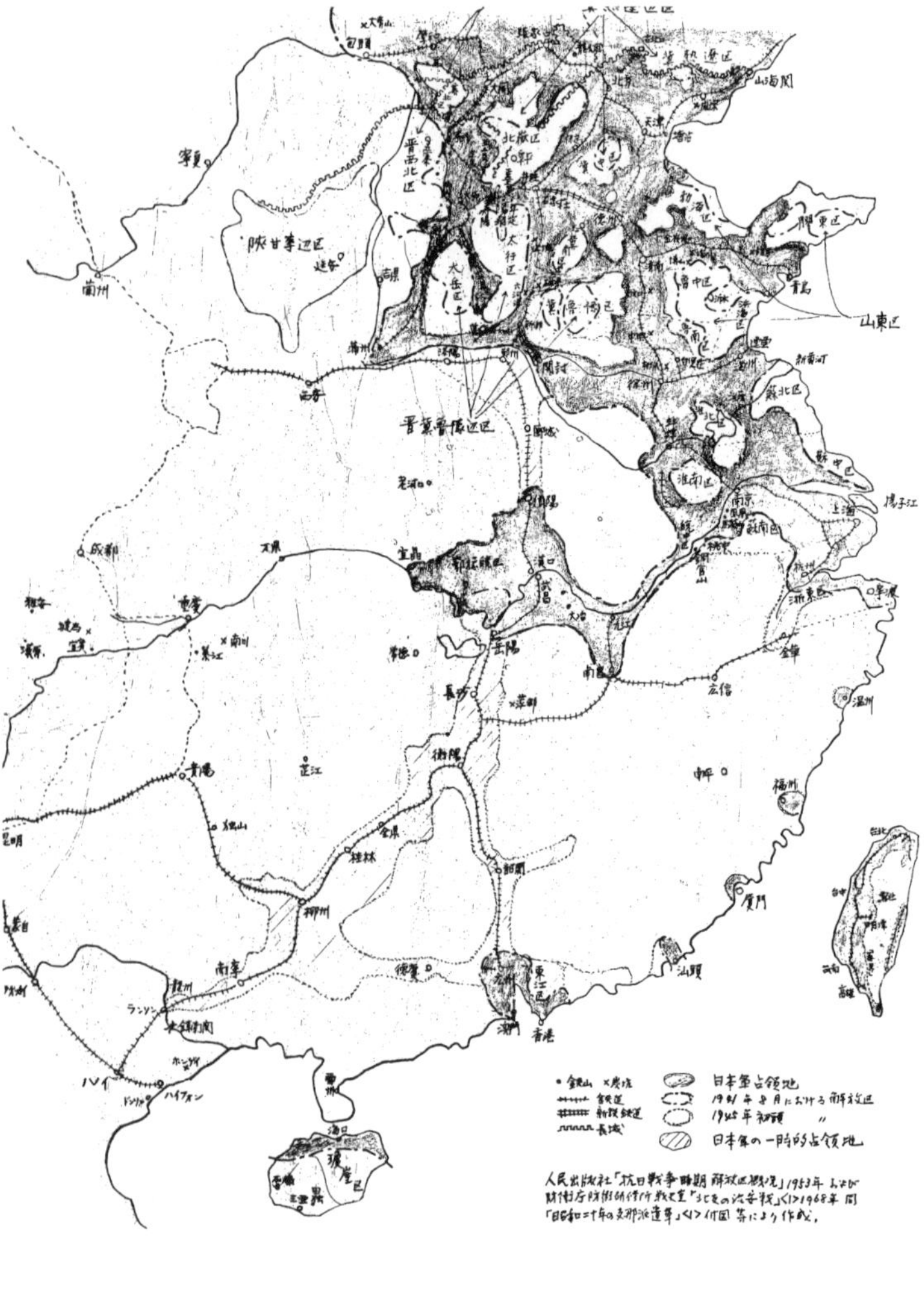

人民出版社「抗日戦争時期 解放区概況」1953年 および 防衛庁防衛研修所戦史室「北支の治安戦」<1>1968年 同「昭和二十年の支那派遣軍」<1>付図 等により作成。

第3-1図　日中戦争展開と解放区

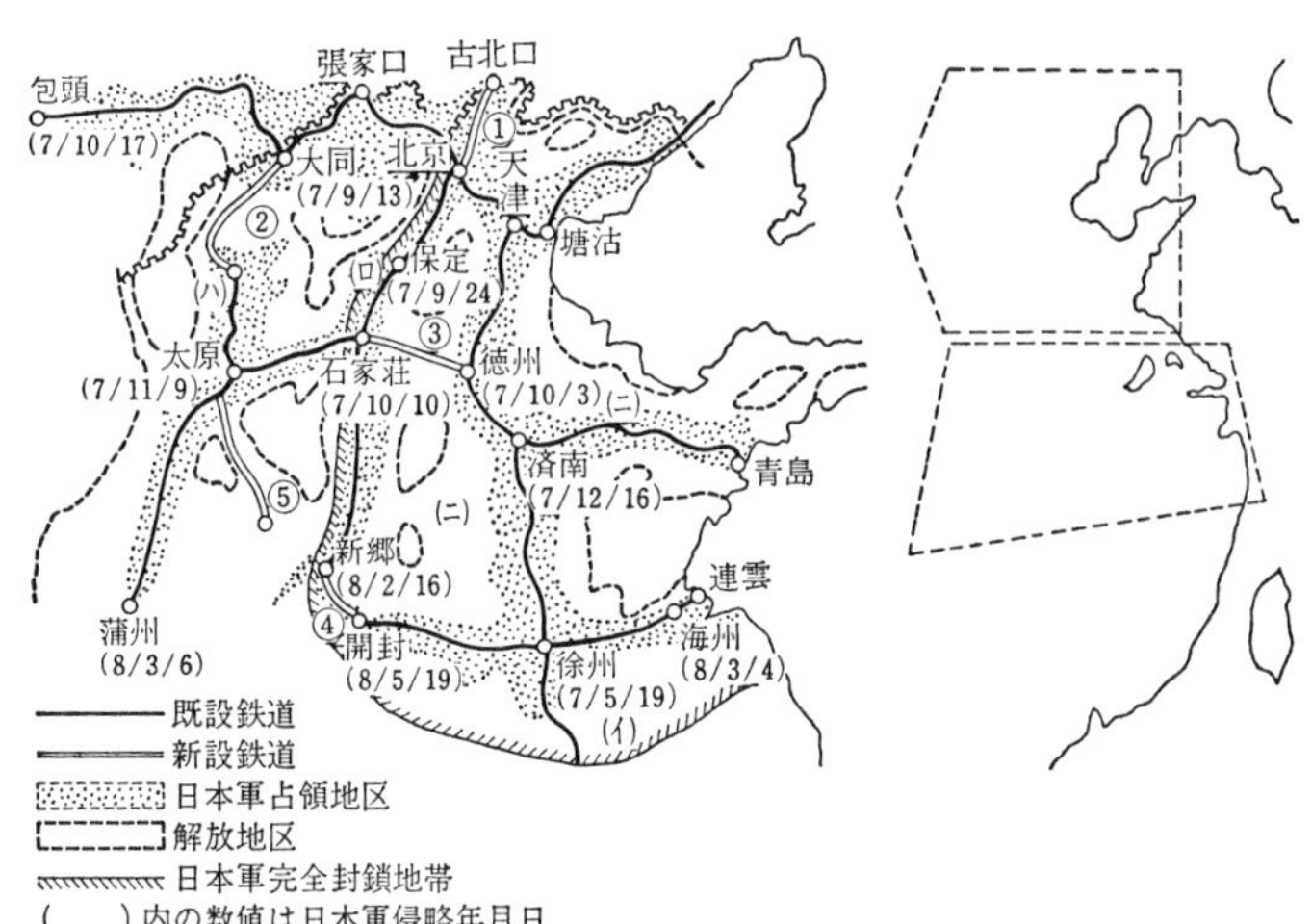


(　　) 内の数値は日本軍侵略年月日
(イ) 解放区側が主として第三国製品に依存していた「上海・天津ルート」完全封鎖地帯
(ロ) 対大行山脈解放区に対する完全封鎖地帯
(ハ) 山西地区に対する封鎖地帯
(ニ) 解放区側が主としてこの地区の工産物資に依存していた地帯（彼我治安抗戦力及び経済封鎖対策において成否の鍵を握る地区）

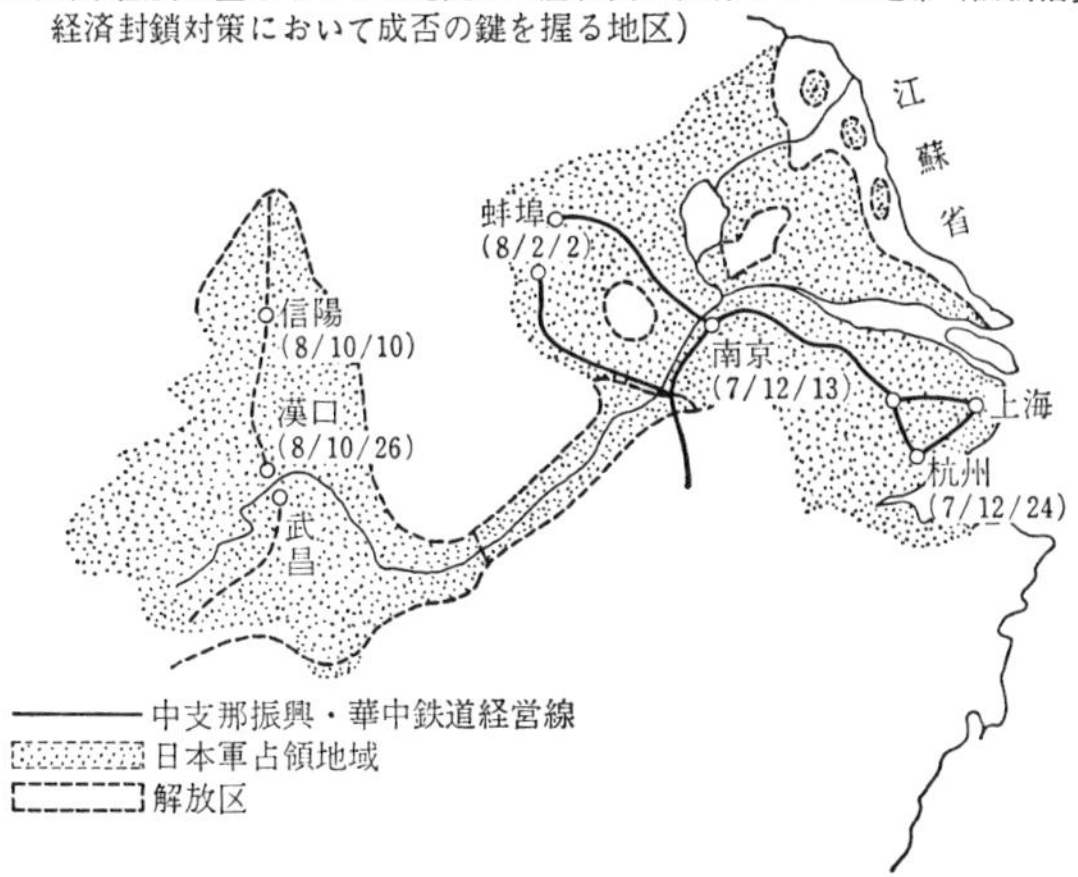


佐野公館研究所「中国共産党ノ経済政策」(発行年不明)，防衛庁防衛研究所『昭和十七・八年の支那派遣軍』(1972年)附表，同『北支の治安戦』(1)(1968年)附表，人民出版社『抗日戦争時期解放区概況』(1953年)，原朗「『大東亜共栄圏』の経済的実態」(『土地制度史学』第71号，1976年4月予定)，より作成

成した。著作権法上、「引用」する際には改変することは許されていない。それにも拘わらず、原告は地図全体を華北と華中とに分けて、各種の記号を図に書き込んで一見原告が「作成」したようにみせる。被告の地図は中国東北地区（「満州」）のみを除き、華北・華中・華南の全域を含んでいたのに対し、原告は華北と華中を分離し、華南を無視している。

華中地域については私が作成した地図を同一性の侵害にあたるほど改変して「引用」する。私が重視した共産軍解放区（辺区）の境界は全く記入されていない。華北部分についても、華中部分についても、私が作成した地図を「引用」したと称しながら、全く異なる印象を与える地図に改変し、その典拠の一部としてまだ公表されていない被告論文を指示している。地図の形状は大きく改変され、同一性の侵害は最大限に達している。原告の手法はアイディアの盗用から史料源の盗用、論旨の盗用と果てしがない。

先のグラフについても、この地図についても、原告は私に未発表論文の引用の許可を求めたこともなく、私が許諾した事実もない。この改変は、私の作成した地図のもつ意味を少なくとも二つの重大な点で欠落させる結果を生んでいる。

その第一は、華北において共産軍の解放区が持った意味を過小評価させ、第二に原告「作成」の地図では華南の占める広大な大地の奥深さが全く無視され、戦時末期に日本軍が行なった大陸打通作戦の歴史的意義が全く読み取れなくなる。実際には私の地図の形状を全く改変して「引用」しており、著作権法上の同一性の侵害にほかならない。私が作成した地図を利用しながら、全く異なる印象を与える地図に改変し、その典拠の一部として未公表の被告論文を指示している。

## Ｖ　総括（争点対照表35）

ア　被告の総括的記述は次の通り。

「植民地・占領地の各地域において日本帝国主義が試みたいわゆる経済開発の方式は、一貫して軍需物資の掠奪を基調としつつも、各時期・各地域ごとにその基本構想と中心機構の形態を変化させており、また各地域ごとに異なった形態の貨幣制度を採用せざるを得なかったこと、この結果、共栄圏内の各地域間の経済的連繋も、物資交流と送金関係の両面において分断されていったことが明らかであろう。貿易構造と金融構造のみから見ても、『大東亜共栄圏』ないし円ブロックの経済的実態は、ブロックとしての実質的な内容を全く欠き、ポンド・ブロックなど他のブロックがそれなりに持ちえたようなブロックとしての統一性を欠いており、いわばブロックならざるブロック、「共栄圏」ならぬ「共貧圏」であったことは明白である」（二八頁左本文一〜一四行）。

イ　原告の記述は次の通り。

「『大東亜共栄圏』相互の紐帯が船舶輸送力の不足により切断され、『共栄圏』ならぬ『共貧圏』が形成されてきたことはすでに述べた」（五二四頁）

「ところで、第三期、太平洋戦争期に入ると、右に述べた日本帝国主義の脆弱性は、船舶輸送能力減退と日本からの物資、熟練労働力供給不足と関連し、流通機構掌握を益々困難ならしめ、労働力調達は銃剣がなければ成功しないという状況においこめられた。そして、第二期に現れた経済的敗退過程は、第三期に、軍事的敗退をともなう形で、急激に「大東亜共栄圏」は崩壊していく結果となったのである」（五四一頁二〜五行）

ウ　「共栄圏ならぬ共貧圏」との概念規定は「大東亜共栄圏」の本質を規定するために「ブロックな

らざるブロック」の規定とともに被告が初めて学術的に用いた概念であるが、原告はこれを自己の独創であるかのように記述し、剽窃している。

以上を総括すれば、原告は、「結語」の「『大東亜共栄圏』の支配の特徴」において、私の論理と全く酷似する論理で、被告論文「『大東亜共栄圏』の経済的実態」が解明した占領地支配の構造的特質と同じ特徴を結論としている（別表1　15）。

「争点対照表」一七頁（35）における「原告の反論」への反駁は簡単である。

原告は「共貧圏」の語が読売新聞に一回だけ戦後の極東国際裁判の証言の記述に関し使用された例があることをもってこれを「一般語」であると強弁するが、朝日新聞にはこの語は明治・大正・昭和・平成期を通じて全く登場せず、毎日新聞にも同期間について全く登場しない。この語を「一般語」だとする根拠は全くない。

先行研究の史実の指摘をそのまま鵜呑みにするのではなく、そのもつ内在的な因果連関を十分に尊重し、新たな水準の一次資料発掘に基づいて先行研究の示す方向性をさらに発展させるのが歴史研究の本筋であって、原告の如く「先行研究」に単なる事実の指摘が存在することのみをもって足れりとするような単純な「先行研究存在論」は、本来の歴史研究のとるべき方法論から足を踏み外したものというほかはない。

## Ⅵ　「第2」のまとめ

全体として原告著書のうち多くの部分に、被告論文の全体構想・課題設定・論理構成を組み込んで改変し、しかも多くの場合これを地の本文で利用している。その具体的な例を挙げれば時期区分に関する記述、「日本経済の軍事的再編の方向」に関する記述、「貿易構造の変化」に関する記述、「南方行政の転換」に関する記述、「『大東亜共栄圏』支配の特徴」に関する記述など、枚挙にいとまがない。
にもかかわらず、原告はこれを注にきちんと明記せず、カギ括弧（「　」）などで引用部分と原告自身の文章とを明確に区分していない。多くの場合被告の氏名を明示したくないために、氏名にかえて「前掲」との表記を繰り返すか、私が用いた日満財政経済研究会や満鉄経済調査会の立案調査資料など、私が公表した史料名の頁数のみを記して本来の私の本文には言及しない。

原告著書の特徴の一つは、私がある論文で原告には未知の史料を引用すると、原告はその史料にさかのぼって、原告著書ではその史料名、あるいはそれと類似の別な史料の原文と史料名のみを引用し、そしてもとの私の論文の本文は引用しない、という操作が繰り返されていることである。私の研究に甚だしく依存していることを極力隠したいという心理により、私の指摘した史料に依拠しながら、自己が直接その史料からの引用を着想したかのように見せかけようとしていることは明らかである。

さらに原告の準備書面は、被告の反論にあって次々に立論の基礎を変え、全く信用できない。初期の準備書面で原告は「被告の『頭の中』にあるものは剽窃できない」と主張し続けていたが、準備書面五で被告が手書き原稿の存在を示すと、俄かに主張を変え、「ずっと以前から原告著書原稿は完成していた」、「被告の報告を見る必要は毛頭なかった」として、最近時の準備書面ならびに陳述書（甲五〇）に至るまで、誰にも確認することが不可能な架空の「原稿の完成」時点を列挙している。一言にすればこれは原告の架空の「作り話」であって、本来法廷に提出できる性格のものではない。

原告準備書面の信頼性は限りなく低い。私が研究史を重んじつつ一次史料を用いて実証した独創性の否定に汲々としている。

付言すれば、私が立論の基礎として選んだのは、原告が多用した『支那占領地経済の研究』や『日本人の海外活動に関する調査』のような二次史料である過去の「研究」ではなく、これら過去の研究を参考としつつも、自ら発見した一次史料に基づいて立論したのであって、この点が私の創見を支えている。原告が重視する井上・宇佐美著書の「叙述の序列」を、「意識的に逆転させて」叙述するという新しい方法の採用を私が明言していた点も明確に知りながら、意図的にこれを隠蔽し、原告自らの論理構築による史料操作を行っているかのように叙述を進めている点は、内容上私の論述の盗用に他ならない。

また、原告は「満州工業化論文」「華北論文」の公表時期が被告論文より早い点を強調するが、両論文の末尾には私への謝辞がある。論理展開や史料提供の両面で私の寄与を得ていたことを原告は忘却している。原告が両論文を作成した時期には、私は善意で協力を惜しまず、原告も当時はこれに対して素直に謝辞を述べていたのである。

そもそも原告著書の発刊時点の一九七五年一二月に、原告は「あとがき」で明確に私への深い「感謝」を表明した。四〇年以上の時日が経過した二〇一六年になって原告が準備書面等でいくら私の寄与を否定しても、原告著書発刊に直近の時点である一九七五年一二月の表明の方に真実性を認めるのが常識である。（以上抄録）

## 第3　人文社会科学における研究倫理の確立（全文）

以上の陳述により、原告が私の最初の論文から大会共通論題報告に至るすべての研究成果から盗用・剽窃を行い、これを原告著書の相当部分にわたり利用したことは明白に証明されたと考える。この大量の盗用・剽窃こそ、私のその後の人生に対し決定的・持続的な障害となった。裁かれるべきものは、この原告の盗用・剽窃である。まえがきでも述べたように、私が教育者生活の最後となる最終講義で、大学院生に対しこの事実を述べ、これから研究者になる人々に、研究倫理の尊重を真剣に訴えたことは、学界全体の公益に叶うことである。本来は加害者である原告が、私を「名誉毀損」として提訴し、私は二重の意味で被害者となった。

しかしこれは単に私個人のみの問題ではない。自然科学分野では捏造・改竄・盗用などの研究不正は近年厳しく告発されているが、人文社会科学分野では不正行為への厳格な対処があまり具体的になされてこなかった。盗用の被害に遭った私のような例は少なくないが、公然と告発したケースはごく少ない。この訴訟における原告の行為も、マイクロフィルムの貸与などという虚構の事実を平気で述べたててその「証拠」なるものを法廷に提出し、各準備書面においてもその主張の重点を次々に変えていくなど、まったく不誠実な態度に終始している。かかる行為は学問的正義の名の下に裁かれなければならない。

本来の学者が社会から求められることとは、日常の学習努力を基礎に、研究成果を社会に公表し、研究の最善の成果を講義に反映させて学生の自発的学習能力を喚起し、大学行政により大学の自治に尽力し、学会運営に参加して学問領域の発展に努め、社会的要請に応えて適切に発言することであると私は考える。

冒頭で述べたように、最終講義に際して、私は専門的職務 Pro-fess-ion に従事する者として真実を告白する義務を厳しく意識していた。公共的価値をもつ学問の世界に新たに入る大学院学生に対し、自己の経験に忠実に従いつつ、具体的で明確な事実に基づく真実性と説得力を備えた真摯な言明により、高い倫理性の厳守を訴えたのである。

被告準備書面四および陳述書Ⅰで述べてきた、盗用・剽窃を禁ずる学術上の厳格な慣行を貴裁判所が尊重され、人文社会科学における研究倫理の向上のため有意義な法的判断を下されることを切望する。

以上

# 三　「争点対照表」作成とその問題点

## （一）最初の対照表（「原告小林の単著と被告原の論文との対照表」）（二〇一三年八月三〇日）

前述したように、「訴状」が送りつけられた七月一二日から、私の生活はまたもや小林氏によって大きく変えられた。ほとんどの時間をこの裁判のために費やさざるを得なくなったからである。二〇一三年夏、私は二人の関係につき小林氏と私しか知らない事実を第三者に理解してもらうための文書「被告による説明の要点：原告小林英夫氏と被告原朗との関係に関する覚書」（二〇一三年八月）を記す一方、「原告小林の単著と被告原の論文との対照表」を作成した。この表は、私がどのような点を原告著書によって大規模に剽窃されたと考えているかを最初に一覧表の形で示したものであって、今回の裁判で重要な意味を持つことになる「争点対照表」の最初の形であり、「準備書面1」の本体一四枚より多い一六枚に及ぶものだったが、裁判長はその表の大きさに驚き、これでは争点が多すぎるから絞り込むように、と述べたという。私にとっては、表が大きいこと自体、原告による剽窃箇所が原告著書の全般にわたっているという深刻さを示したものであって、仮に当時この表をもって当時の土地制度史学会理事会か、あるいは当時原告が勤務していた駒沢大学に訴え出て告発すれば、学会なり大学なり、およそ学術機関であればかならず原告の剽窃行為が糾弾されていたであろう。実際には本書の第Ⅰ部（三）で述べたように、私はそういう行動を取らず、沈黙を守り続けていたのであるが。この「対照表」のもつ深刻な意義を裁判長は把握できなかったのであろう、内容も吟味せず形式だけをみてその場で拒絶反応を示されたのは、以後の裁判の経過にとって、とくに裁判官による判決の執筆過程にたいへん重大な悪影響をもたらすことになるのである。

## （二）被告側作成の「争点対照表」の形式と「被告の主張」（二〇一六年九月一三日）

次に私が「論点対照一覧表」を完成したのは、二〇一五年四月二〇日のことであり、原告側は六月二四日の第一二回期日で「争点対照表への反論」を提出してきた。九月七日に被告側「争点対照表」を出したが、九月九日に裁判長が交代してしまった。その数日前の九月一日、私を支援する方々二一名が集まられて「公正な裁判を要請する要望書」を裁判所に提出するその日の裁判長交代だったので、私ばかりでなく支援してくださった方々もたいそう驚かれたことであろう。

京都大学大学院経済学研究科教授堀和生氏が「意見書」を提出された一〇月一日の翌二日、私は新方式の「争点対照表」を考案し、「被告の主張」を同月一一日に完成させ、一二月二日に再改訂した。これに対して原告側は翌二〇一六年二月五日と九月一三日、二〇一七年五月一〇日に「原告の反論」を書き加えた。この五月一〇日の「原告の反論」が、実際の地裁判決に用いられたのである。この「争点対照表」の「被告の主張」は、二〇一六年九月一三日の対照表と同一内容のものであった（二〇一七年六月九日「第二二回弁論準備手続調書」別紙）。

この間、被告側は、「原告の反論」に対し「被告の再反論」の記入を求めたのに対し、裁判所はそれを許さず、実際の裁判で判決理由に用いられた「争点対照表」は、被告側が「対照表」として求められる簡潔さを遵守して最小限の分量に留めたのに対し、原告側は被告側に比して四倍もの分量を書き込み、しかも既に準備書面の往復で被告側に反論もできなかった虚偽の事項をなおも繰返し主張するものであった。裁判所が被告の再反論を許さず、かつこの不当きわまる「原告の反論」を、地裁判決の「理由」において逆に数多く採用したことが、この裁判の帰趨を大きく左右したのである。

私が設計した対照表の表頭は「被告論文等の記述」「原告著書の記述」「被告の主張」「原告の反論」の四項目（私が要求した「被告の再反論」は認められなかったことは前述）、表側の「争点」は以下の通りである。

第1　全体構想　1　課題設定　2　論理構成

第2　表題・用語法　3　表題　4　用語法

第3　時期区分　5　総論　摘示(1)　摘示(2)

第4　投資形態　6　全体　7　第一期の満州経済建設要綱　8　満鉄改組問題

9　第二期の満州　10　華北・華中経済進出　11　興中公司

12　中支那振興株式会社　13　第三期の南方担当企業者指定方式

第5　貿易構造　15　全体　16　第二期円ブロック　17　第二期円ブロック輸出制限

18　第三期東南アジア

第6　金融構造　19　全体　20　第二期華北　21　第二期華中　22　第三期インフレ

23　円系通貨発行高のグラフ　24　同南方部分　25中国占領地地図

第7　被告論文の基礎となる被告の論稿からの剽窃　26　満州国経済建設要綱

27　日満財政経済研究会作成案　28　満州物資動員計画

29　一号省令と二大統制立法・財政経済三原則
30　日満財政経済研究会作成案と関係者
31　ドイツのフランス制圧と日本の南進政策
32　第二期に関する総括的叙述　摘示(1)～(8)
33　満州産業開発五ヶ年計画　34　生産力拡充計画の制約要因
35　ブロックならざるブロック、「共栄圏」ならざる「共貧圏」
36　「大東亜共栄圏」崩壊の経済的実態

第8　総括

別表1　論理構成の剽窃に関する対照表（表頭：被告論文等、原告著書）

1「満鉄」　2「満州重工業」（＝新興財閥日産）　3「興中公司」　4「北支那開発」　5「中支那振興」　6「既成財閥」出資　7「南方では直接的な企業者指定方式」　8「独占資本が全面に」　9 貿易構造（円ブロック貿易と第三国貿易）　10「外貨を獲得できない円ブロックへの輸出・物資交流の制限」　11 華北の貨幣制度　12 華中の貨幣制度　13 南方インフレ　14「各地域の貨幣制度が異なりインフレが進行　15 結論「『共栄圏』ならぬ『共貧圏』」

（以上、地裁判決添付別紙「争点対照表」41～64頁、平成29（2017）年5月10日付）

## （三）原告側作成の「争点対照表」の内容と「原告の反論」（二〇一七年五月一〇日）

以上の二項では、煩瑣になるのを控えて争点対照の内容に触れてこなかった。この項では、「争点対照表」の各項目をまず列挙し、ついで原告が主張し裁判所が認めることになる「争点対照表」における「原告の反論」が如何に虚構に満ちているかを内容に立ち入って明らかにしよう。

まず、この争点のすべてを収録することは不可能なので、表頭と表側のみを示したが、原告の剽窃が非常に多岐にわたっていることは、私が表側として設定した上記の「争点」が、いかに広範囲に及ぶことからも明らかであろう。私は自分の論文からの引用部分や、原告著書における剽窃箇所の指摘にあたって、なるべく簡潔に、5行から10行を目途として記入したが、原告側はこれを全く無視して野放図に長文の「原告の反論」をすべての項目について記入してきた。例えば表の冒頭、第1の「課題設定」の項を例にとると、私は第1欄（自分の論文）では六行、第2欄（剽窃された箇所）では九行、第3欄（「被告の主張」）でも一三行程度の記入に留めたのに対し、「原告の反論」はなんと一項目で六一行以上である。次の第2項でも七七行、全体を見ても私が記入した欄のほぼ四倍もの分量が「原告の反論」として記入されている。これでは余りに不均衡かつ不公平な情報量の法廷への提示となるので、私は代理人を通じて「被告の再反論」の項を設けて同一分量の記述をすることを求めたが、裁判長は「エンドレスになる」との一言でこれを斥けたそうである。結果的にはこれが地裁判決にとって決定的な判断になったのである。つまり、「原告の反論」が記入された時点が二〇一七年五月一〇日であるのに対し、「被告の主張」の記入時点は二〇一五年一二月二日と二〇一六年九月一三日記入が基準になっており、原告側がいかに「争点対照表」への記入を延引させ提出を遅らせたかが明らかであろう。二〇一八年五月二二日の結審の時点と、被告側の記入時点とが二年半も異なる「争点対照表」は、被告側がその後に準備書面や証拠展開した論証を全く取り入れていない点で、形式的にも不当なものである。

「争点対照表」で原告側がいかに虚偽を平然と述べたかについて、なお二、三の例を挙げておこう。いたずらに冗長な「被告の反論」各項目の内容を点検すれば、そこにあるのは例の誤った「先行研究存在論」と古い二次文献を例に挙げての被告の「創造性欠如論」、根拠を明示しない「剽窃不存在論」、例の準備書面で完璧に論破された原告による被告論著参照の「物理的不可能論」等々であって、一々取り上げれば切りがない。さらにくわえれば、被告側が上げた被告自身の先行研究に関する剽窃箇所にかかわる論点26～34の九項目については「反論」を全く避け、意識的に争点の回避をおこなっている。

このような性格の「争点対照表」が、のちに地裁判決の「論拠」として多用されたのである。

# Ⅲ　四つの「意見書」

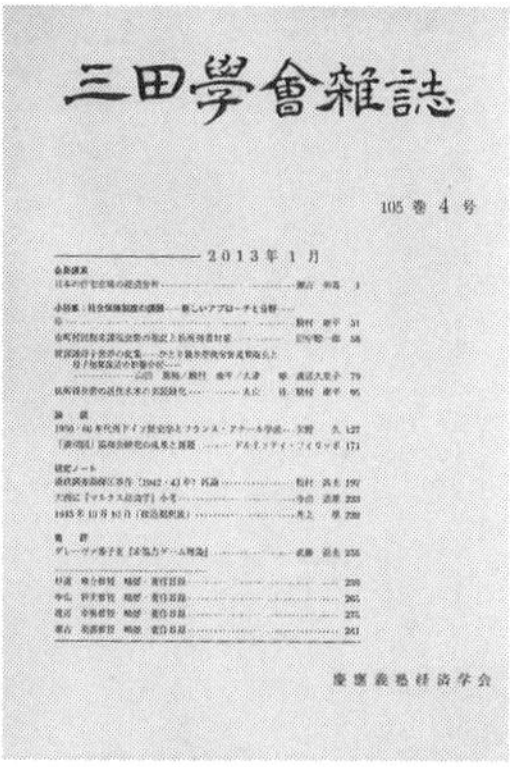

「歴史学研究」No.922（2014年）

「三田学会雑誌」105巻４号（2013年）

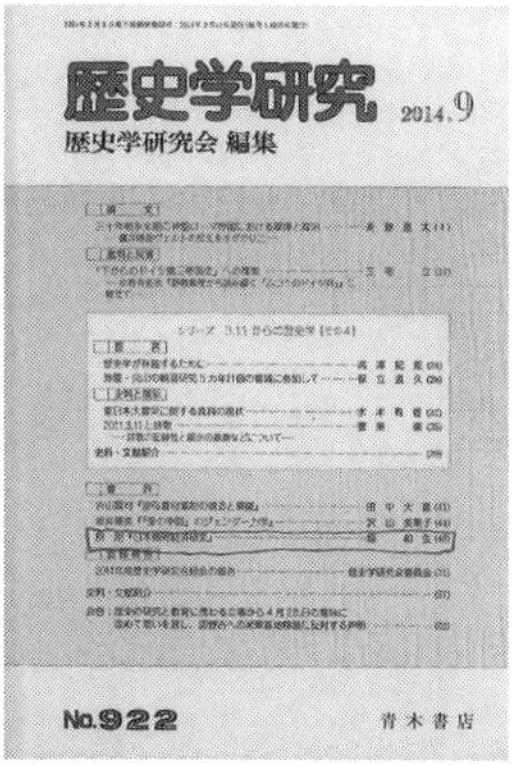

準備書面の往復の間に、被告側からはいくつかの「意見書」を提出した。松村高夫慶應義塾大学名誉教授による「意見書」一通、堀和生京都大学大学院教授（京都大学名誉教授）による「意見書」三通の合計四通である。ここでは両氏の承諾を頂いて、全文をそのまま収録させて頂くこととした。本書の第Ⅰ部・第Ⅱ部は被告本人である私が記述してきたが、第Ⅲ部はこれと異なり、被告本人とは別の研究者が、この裁判をどう見ているかが示されることになろう。

要約ではなく全文をそのまま、次の第Ⅲ部として公開させていただくこととする。ここ第Ⅱ部までは私が裁判経過の概要を振り返ってきたが、第Ⅲ部は私の言葉によってではなく、正式に法廷に提出され受理された「意見書」そのままで、なんら削除加筆は行われていない。

なお続く第Ⅳ部「公判に立たされて」でも、被告側の証人として立たれた堀和生氏の証言と、被告本人である私の供述（ともに主尋問）の「調書」に、法廷で録音された発言をそのまま収録してあることを付言する。本来は堀証人と私への原告側代理人による反対尋問や、原告側証人の依田憙家氏の証言と原告小林氏の供述に対する主尋問および被告側代理人による反対尋問も掲載すべきであろうが、あまりにも紙幅を要するので割愛せざるを得なかった。ご諒恕を乞う。

# 一　松村高夫氏「意見書」全文（二〇一六年二月九日）

平成二五年（ワ）第一六九二五号　謝罪広告等請求事件

**意　見　書**

平成二八年二月九日

東京地方裁判所民事第四二部A合は係　御中

慶應義塾大学名誉教授　松村　高夫

## I　訴訟の開始とその後の推移に関して

1　原告・小林英夫、被告・原朗とする「謝罪広告等請求事件」（平成二五年（ワ）第一六九二五号）の争点は、小林英夫著『「大東亜共栄圏」の形成と崩壊』（御茶の水書房、一九七五年一二月）（以下、『形成と崩壊』（一九七五年）と略す）が、原朗（以下、敬称を略す。他の者も同様）の一九七四年一〇月二七日に開かれた土地制度史学会秋季学術大会における共通論題基調報告である「『大東亜共栄圏』の経済的実態」（後に『土地制度史学』第七一号（一九七六年四月）に掲載、以下、「経済的実態」（一九七四年）と略す）をはじめとする原朗の先行研究から剽窃・盗用した部分を含んでいるか否か、という一点にある。

小林英夫が最初に原朗を名誉毀損で訴えようとしたのは、私・松村高夫が「満鉄調査部弾圧事件（一九四二・四三年）再論」『三田学会雑誌』一〇五巻四号（二〇一三年一月）のなかで、小林『形成と崩壊』（一九七五年）は原の先行研究を盗用・剽窃したものであることを脚注を付して指摘したこと（二〇二頁、脚注（一二））に端を発する。その脚注では、原朗が二〇〇九年の東京国際大学における最終講義の終わり近くで、小林により原の論稿が剽窃・盗用され、その結果、以後単著を刊行することを断念したことを語った部分を、講義録「最終講義：開港百五十年史―小江戸・大江戸・そして横浜」（東京国際大学大学院経済学研究科『経済研究』第一二号、二〇一〇年三月、二九頁）から引用した。原が最終講義で早稲田大学教授小林英夫により剽窃・盗用されたと述べたのは、「盗用・剽窃をすることが学問の正常な発展にとっていかに大きな打撃をあたえるか、その被害を蒙った当事者として、研究者への道を歩む皆さんにはお伝えしておく義務があろうかと思い」語ったのであって、後に小林側が準備書面のなかで、原が四〇年も経って最終講義で名前を挙げて盗作されたことを言い出すのは、小林に対する「嫉妬、敵意、あるいはそれによって醸成された『私怨』を晴らすための『個人攻撃』であるとするのは全く的を外れている。

小林が松村の『三田学会雑誌』前掲論文の脚注から原の最終講義の内容を知ったことは、原に対する名誉毀損の訴訟を起こしたのが、前掲『経済研究』第一二号が発刊された二〇一〇年三月直後ではなく、松村の論文が掲載された『三田学会雑誌』が刊行された二〇一三年一月後だったことから明らかである。私と小林は満鉄調査部事件をめぐり論争していた。論争点の一つは、小林の関東憲兵隊の取調べの下で書かれた供述書の評価に関わっている。小林は満鉄調査部員がコミンテルンに内通しており、関東憲兵隊司令部爆破事件も企てたとする著作（小林英夫・福井紳一『満鉄調査部事件の真相』小学館、二〇〇四年）で、満鉄調査部部員小泉吉雄の関東憲兵隊の取調べの下での供述書を唯一の典拠としてコミンテルンとの内通などを主張したのに対し、私はその主張の誤りを史料批判も含めて批判した。それに対し小林（と福井）は、早稲田大学アジア太平洋研究センター『アジア太平洋討究』第一一～一二、一四～一六号、二〇〇八～二〇一一年で批判し、それを『論戦「満州国」・満鉄調査部事件─学問的深まりを期して』（彩流社、二〇一一年）として刊行した。それに対し、史料批判も含めて、徹底的に批判を加えたのが、松村の上記論文「満鉄調査部弾圧事件（一九四二・四三年）再論」である。小林はそれに学問的に答えようとはせず、ないしは、答えることができず、私の同論文の脚注の指摘を使って、原を名誉毀損で法廷に訴えようとしたのである。先の満鉄調査部部員がコミンテルンと内通していたとする小林説は、私だけでなく、渡部富哉や江田憲治によっても批判されている（渡部富哉・江田憲治「『尾崎秀実の関東軍司令部爆破計画』は実在したか─小林英夫・福井紳一説の批判的検討」『社会システム研究』一五号、二〇一二年三月）。小林はそれに対しても答えていない。また、江田憲治・伊藤一彦・柳沢遊「学問的論争と歴史認識─小林英夫・福井紳一氏の『批判』によせて」『社会システム研究』一七号、二〇一四年三月にも今もって小林は答えようとしていない。学術的に答えないで、裁判に訴えているのである。

小林側は、原に対し二〇一三年五月八日付け「催告書」を送付し、原の最終講義、それを載せた『経済研究』第一二号、および原朗『日本戦時経済研究』（東大出版会、二〇一三年三月）の三点を挙げ、それをもって小林に対する名誉毀損行為とした。『日本戦時経済研究』は原の「経済的実態」が二〇〇一年にリーディングス『展望　日本歴史』第二〇巻　岡部牧夫・柳沢遊編『帝国主義と植民地』（東京堂出版、二〇〇一年）に再録された際に付した、小林による剽窃・盗用を指摘している「追記」がそのまま載っているものである（この「追記」については後述）。

だが、「催告書」の出された五月八日の時点では、原が二〇一三年三月に刊行したもう一冊の本『満州経済統制研究』（東大出版会、二〇一三年）を小林は未だ読んでいなかったと思われる。「催告書」にはその本の言及が全くないからである。原の『日本戦時経済研究』と『満州経済統制研究』の二冊は、原が小林に盗作されたことにより自身の単著の執筆を断念した時よりも以前に書いていた旧稿を、加除添削せずにそのまま出版したものである。

そして、二〇一三年六月二七日の本訴になったのだが、その際小林側が困惑したと思われるのが、『満州経済統制研究』の「あとがき」における、一九七〇年代前半に原が小林により理論的枠組とおびただしい箇所を盗作されたその経緯の詳しい記述であった（二〇九～二一二頁）。「催告書」を送付した後、それを見た小林（側）は、原に対し正式な謝罪に踏み切るべきであった。しかし、それとは反対に本訴に踏み切ったのは、私には何とも理解しがたいことである。かくして盗作された者が被告（原朗）となり、盗作した者が原告（小林英夫）であるという、いわば「転倒した」裁判がスタートした。「訴状」（二〇一三年六月二七日）の「証拠方法」は、原朗の前記二点に『満州経済統制研究』が加えられ、松村の前掲論文『三田学会雑誌』一〇五巻四号の計四点となった。

2　訴訟が開始され、準備書面がやり取りされるなかで、原朗作成（二〇一三年八月）の「原告小林の単著と被告原の論文との対照表」（これについては後述する）をはじめ、小林が盗作した具体的事実が次々と明らかになったのは当然の推移であった。盗作は、一九七四年一〇月二七日の土地制度史学会の共通論題における原の報告「経済的実態」が、学会誌『土地制度史学』一九七六年四月号に掲載される半年ほど前に、小林『形成と崩壊』（一九七五年一二月）が刊行され、しかも原は事前にその著書の刊行について小林から全く告げられなかった、という俄かには信じがたい経緯のなかでなされた。それ故、当初小林側は小林の盗作を否定するために、準備書面のなかで「他人の頭の中にあるもの、研究者同士の討論や意見交換の中で出てきたもの」は剽窃、盗用の対象たりえないと主張し、「未刊行の論文もまたその対象たりえない」と主張した。だが、原朗の学会報告「経済的実態」が学会報告当日、「頭のなかにある」アイディアではなく文章化されていることが原側から明らかにされると、小林側は論点を変え、原の学会報告（一九七四年）と『土地制度史学』に活字化された原の論文（一九七六年）とが同一であるという保証はないという、実証主義を否定するポストモダニスト顔負けの主張をした。それに対し、原側は原が保存していた当日報告した口頭原稿を提出し、さらに大会以前に数回行なわれた報告者たちの準備会において相互に交換された報告試案、レジュメ、資料・図表も提出した。原が保存していて提出されたこれらの資料は、小林側は四〇年経っているのでよもや原の手元に残っているとは思わなかったにちがいない。かくして「頭の中にある」アイディアや「討論・意見交換のなかで出てきたもの」は盗作の対象にはならないという小林側の主張が、提出された証拠によって崩壊した。すると、今度は論点を変え、土地制度史学会の報告時には小林の『形成と崩壊』（一九七五年）の原稿は八〇％できていた、そうでなければ一九七五年一二月に著書『形成と崩壊』が刊行できるはずがない。だから原の土地制度史学会での報告に依拠する必要などなかった、といいだした。それも批判されると、小林側の主張はさらにエスカレートし、全く証拠をあげることなしに、『形成と崩壊』の刊行と原がその刊行以降の単著の執筆を断念したこととの間には何の関係もない、といい始め、それまで小林側が主張したことのない原の「隠された動機」なるものを主張するに至った。それは、原が小林の『形成と崩壊』が高い学問的評価を得たことに対する「嫉妬心や敵意」から、四〇年も経って東京国際大学における最終講義や二〇一三年の二冊の本で盗作されたといいだしたのだという主張である。即ち、小林側の第六準備書面（二〇一五年三月二日）で、原が小林の盗作を言い出したのは、原が長年にわたる小林への「嫉妬心から」とし、「その背景には……原告とのイデオロギー対立と、それにもとづく激しい葛藤があったのであり、本件名誉毀損の『隠された動機』は、被告の原告に対する嫉妬、敵意、あるいはそれによって醸成された『私怨』を晴らすための『個人攻撃』であり、かつ、被告の研究生活への言い訳（「私利」）であると考えるのが合理的……」（一二頁）とし、「原告と被告とは、研究関心が重なる研究者同士であったが、一九七四年の本件学会前後から、被告は、原告に対し、権力的に接するようになった。そして、一九七五年の原告著書の出版によって、原告著書の評価が高かったことも手伝って、被告は、極めて筋違いながら、原告に対する嫉妬心や逆恨みとも言える私怨を醸成していったと考えられる」（一三頁）としたのである。また、一九九〇年代になると原は「自己の歴史観、イデオロギーを背景に、原告を集団的に批判し始めるようになった。つまり、被告は原告の学問・研究の発展と蓄積を政治的『変節』とみなし、それに強い怒りと敵意を高めていったのである」（一四頁）とし、さらに、「松村高夫氏、堀和生氏といった被告と立場が近い研究者たちは、これに与するかたちで、学問論争を通じて、原告への根拠なき誹謗中傷を強めていった。例えば、被告の盟友で、慶應義塾大学名誉教授である松村高夫氏は、……」と私が小林への「人格攻撃」を行なったとし、堀も「ほぼ同様の趣旨で書評を書いている」（一四頁）とするに至ったのである。「本件名誉毀損」の「本質」は、原の小林に対する「嫉妬、怨嗟にもとづく『意趣返し』であり、被告を含む研究者グループによる『制裁』とも言いうる、原告への壮絶な『個人攻撃』であった」（一六頁）との論旨を繰り返して主張する。このように小林にとっては、原の小林に対する盗作の指摘も、堀や松村の小林に対する批判も、全て政治的、イデオロギーに起因する個人攻撃だとされるのである。このような小林側の全く理不尽な主張が準備書面に書かれるに至ったのは、小林側の主張が原側により批判される度に論点を変え、それが繰り返された後、遂に行き詰まったからに他ならない。と同時に、堀、松村もともに小林の個人攻撃をしていると非難中傷して、堀と松村の「意見書」を読む裁判官に予断を与えようとしたことも「隠された動機」としてあるといわざるをえない。

私は訴状の最初にも氏名と論文名をだされ、最近の準備書面（二〇一五年三月二日）でも小林に対し原、堀と一緒に集団的に「個人攻撃」をし「制裁」を加えているとして氏名がだされている者として、また、訴訟が開始されて以降、小林側の論点ずらしによって、論点が本来の論点からずれてきていることに危惧の念を抱いている者として、「意見書」を提出するのが義務であると考えるものである。

## Ⅱ　一九七二年から七五年に至る研究状況

1　私は小林英夫の『形成と崩壊』（一九七五年）が原朗の「経済的実態」（一九七四年）をはじめとする先行研究を、理論的枠組の点でも具体的歴史的分析の点でも盗作したと判断していることを予め述べておきたい。以下、私が小林英夫と知り合ってから一九七二年に満州史研究会編『日本帝国主義下の満州――「満州国」成立前後の経済研究』御茶の水書房（以下、『満州』と略す）（一九七二年）まで（これをⅠ期とする）と、それ以降小林『形成と展開』（一九七五年）刊行されるまで（これをⅡ期とする）を一応分けて述べていきたい。Ⅰ期については「満州史研究会」で小林と共同で研究していた時なので、いわば「内から」の見解であり、Ⅱ期は私が日本を不在にしていたため、小林との研究上の関係はなく、いわば「外から」の見解である。

## (1)　一九七二年までの時期

私は慶応義塾大学大学院経済学研究科の修士課程において朝鮮人、中国人の強制連行・強制労働について研究し、そのテーマで修士論文を提出した。一九六五年三月修士号を取得し、四月から博士課程に進むと同時に同大学経済学部助手として雇用され、翌一九六六年に修士論文を加筆修正して「日本帝国主義下における植民地労働者―在日朝鮮人・中国人労働者を中心にして―」、慶應義塾経済学会『経済学年報』第一〇号として発表した。当時、東京都立大学大学院修士課程に在学中で朝鮮史を研究していた小林英夫が私のその論文を読み、慶應大学三田キャンパスの私の研究室に訪ねてきたのが小林との最初の出会いであった。その後小林の提案により原朗（当時、東京大学経済学部助手）と浅田喬二（当時、農業総合研究所主任研究官）と松村高夫との四人から成る「満州史研究会」が一九六九年四月に発足した。以後、平均毎月一回の割合で研究会が農業総合研究所で開かれた。まず、ヴェ・アヴァリン『列強対満工作史』上・下巻（ナウカ社　一九三四年）を輪読し、それを終えると、原より、満鉄経済調査会の『立案調査書類』という膨大な一次資料を入手したので、それを基礎資料として各自テーマを決め、研究してはどうかとの提案がなされ、以後各自がテーマを決め、順次報告し討論するというかたちで研究会は進んでいった。当時の満州史研究会の四人は人間的にも信頼しあう良い研究仲間であり、共同研究はかなり順調に進んでいった。やがて各自の研究成果を著書として刊行することになり、七一年六月の原稿執筆まで二五回の研究会を開き、七一年六月の二日間の合宿で執筆原稿を相互討論し、七月初旬に脱稿した。これが一九七二年一月に刊行された『満州』（一九七二年）である。同書の内容は、第一章「一九三〇年代の満州経済統制政策」（原朗執筆）、第二章「満州金融構造の再編過程―一九三〇年代前半期を中心として―」（小林英夫執筆）、第三章「満州国成立以降における移民・労働政策の形成と展開」（松村高夫執筆）、第四章「満州における土地商租権問題―日本帝国主義の植民地的土地収奪と抗日民族運動の一側面―」（浅田喬二執筆）の四章から成っており、同書は、満州の歴史研究をする者が一〇名を越えていなかった当時の日本では、一次資料にもとづく実証的で先駆的な研究と評価された。

第一章の原論文は満州の統制政策立案過程を対象としており、その時までに成稿を見ていた統制政策実施過程の論稿は、スペースの関係で本書には収録されず、後日、小林『形成と崩壊』（一九七五年）刊行後に、安藤良雄編『日本経済政策史論』下巻（東京大学出版会、一九七六年）に収録されることになる。その原稿は一九七二年には成稿となっており、浅田、小林、松村の三人は見ることができた。小林は、『形成と崩壊』（一九七五年）の第三章第二節『満鉄改組と満州重工業開発株式会社（満業）の創立』のなかで、満鉄改組問題、満州重工業の設立、満州炭鉱、日満商事についてその原の原稿からも盗作しているので（具体的には後述する）、『満州』（一九七二年）の浅田が纏めた「あとがき」に、次のように書かれていることに注視する必要がある。即ち、「研究会に報告された草稿では、実施過程についても政策実施の中心機関に即しつつ、第一期では満鉄と各種特殊会社により実行された満州の『経済統制』なるものの実態の解明を、とくに立案過程と密接な関連をもつ満鉄改組問題を軸に考察し、第二期については日産の満州移駐による満州重工業開発株式会社の設立と、その既存特殊会社、ことに満州炭鉱および日満商事との対立を軸として政策実施過程における矛盾の展開が分析されていたが、分量が過大なためにその収録を見合わせた」（四〇〇頁）。この原の実施過程の論稿は、原の『満州統制経済研究』（二〇一三年）に、「第二論文『満州』における経済統制政策の展開―満鉄改組と満業設立をめぐって―」として、二〇九～二九六頁に再録されているので、今では、誰でもその原の「第二論文」と小林『形成と崩壊』（一九七四年）とを比較するのは容易であり、小林がどのように原の「第二論文」から盗作したかを知ることができるが、盗作の具体的事例は後述する。

満州史研究会の日常的活動と定例的会合は、浅田、原の両氏が松村、小林を史料の渉猟も含めてあらゆる点で指導していたというのが実態であった。浅田は既に『日本帝国主義と旧植民地地主制』（一九六八年）の大著を刊行しており、満州をはじめ台湾、朝鮮などの植民地の、特に土地問題・地主制に関する知識が豊富で、植民地全般の史料にも詳しかった。また、満州についての原の知見も際立っていた。原は、すでに「資金統制と産業金融―日華事変期における生産力拡充政策の金融的側面―」『土地制度史学』九巻二号、一九六七年一月：「日中戦争期の国際収支―外貨不足問題と経済統制」『社会経済史学』三四巻六号、一九六九年三月：『「金融事項参考書」解説』（勉誠社、一九六九年）：中村隆英と共編『現代史資料　第四三巻　国家総動員（一）　経済』（みすず書房、一九七〇年二月、これは原朗が発見した泉山三六文書を公刊したもの）：中村隆英と共編『日満財政経済研究会資料』全三巻（日本近代史研究会、一九七〇年、これも原が発見した泉山文書を公刊したもの）などを刊行しており、また、「日中戦争期の外国為替基金」（松田智雄教授還暦記念『市民社会の経済構造』、有斐閣、一九七二年九月）：「日中戦争期の外貨決済」（一）（二）（三）（東京大学経済学会『経済学論集』三八巻一号、一九七二年四月、第二号、同年七月、第三号、同年一〇月）を執筆準備中というように、満州だけでなく台湾、朝鮮、樺太、南洋諸島などの植民地も含めた日本帝国全体の歴史的研究を推進し蓄積中であった。原の回想によれば、『日本戦時経済分析』と『日本帝国主義下のアジア』という対になる研究を併行して進めており、事実、日本帝国全体の形成から崩壊までを扱いつつあった。一九七二年に書き終わっていた統制政策立案過程（「第一論文」）とその実施過程の研究（「第二論文」）（両者を再録したのが原の『満州経済統制研究』（二〇一三年）である）、および、一九七四年の土地制度史学会の報告「経済的実態」は、原の日本帝国全体の研究の到達点であった。

一方、小林は研究を朝鮮史研究から始め、一九六六年七月に「元山ゼネスト―一九二九年朝鮮人民のたたかい」『労働運動史研究』四四号を発表し、一九七二年までに「朝鮮産金奨励政策について」『歴史学研究』三二一、一九六七年二月：「一九三〇年代朝鮮『工業化』政策の展開過程」『朝鮮史研究会論文集』三集　一九六九年七月：「一九三〇年代前半期の朝鮮労働運動について」『朝鮮史研究会論文集』六集、一九六九年七月：「一九二〇年代初頭の朝鮮労働者階級の闘争」『歴史評論』二四八号　一九七一年三月：「一九一〇年代後半期の朝鮮社会経済状態」『日本史研究』一一八号　一九七一年四月といった注目すべき論文を精力的に発表しており、満州に関しては「一九三〇年代『満州工業化』政策の展開過程：『満州産業開発五ヵ年計画』実施過程を中心に」『土地制度史学』一一（四）、一九六九年七月の一本を発表していた。松村は前出の朝鮮人・中国人の強制連行・強制労働の論文一本しかなく、満州に関する知識は極めて限られていた。換言すれば、満州史研究会四名のなかで、満州についての知見に関していえば、浅田、原の両氏と小林・松村の間には雲泥の差があったのである。だから「満州史研究会」の定例会では、原、浅田の両氏の前で小林・松村は、指導教授の前で教わる大学院生のような関係というのが実態であった。『満州』（一九七二年）の執筆でも、小林と松村が各担当の章を書き終えることができたのは、とにもかくにも浅田、原の両氏が、持てる知識と史料を惜しげもなく小林、松村に与えてくれたからである。『満州』（一九七二年）の第二章では、小林は原にテーマの選定から史料の借用まで多くを負うている。原が提供した『満州通貨金融方策』（立案調査書類二五編第一巻第一号）なしには小林は論文が書けなかったことは、その引用頻度からみても明らかであろう。松村も「立案調査書類」を原から借用した。定例会以外でも、小林は日常不断に原から多くの史料を借用し、不明な問題があれば原の自宅へ行ったり、電話をかけて訊くということを行なっていた。小林からの電話は長時間に及ぶので原の家人が困惑したという話も伝わっていた。つまり、原は自身の研究構想も関連史料も全て小林に開示していたのである。学問研究のためには史料をためこむことなく、誰にでも史料を貸与する、持っている知識と情報は全て与えるという原の姿勢をみるにつけ、私は研究者とはかくあらねばと尊敬の念を抱いたことを想い出す。だからこそ、原は退職後の現在でも多数の中堅・若年研究者から慕われ、依然リーダーとして共同研究プロジェクトを推進しえているのである。にもかかわらず、小林は準備書面のなかで、史料は原から借りていないとか、借りたのは原の方だとか、主張した。当然そうした主張は、原側の準備書面に付された証拠により崩されたけれども、当時満州史研究会の実態を知っている私としては、小林がなぜ史料を借りていないなどというのか、俄かには理解できない。『形成と崩壊』のなかの文章や図表の脚注で史料の典拠を示すべきところで、原の先行研究に拠ること、および、原の発見した史料であることを明示しなかったことを言い繕うとしたとしか、私には考えつかないのである。

## （2）　一九七二年から一九七六年まで

1　私は一九七二年八月、『満州』（一九七二年）が出版されて間もなく、イギリス留学のため日本を離れ、私の送別会が出版を四人で内輪で祝う会になった。私が四年間のイギリス留学を終えて一九七六年一〇月に帰国するまで、私はその間の満州史研究会のことも、一九七四年度土地制度史学会秋季学術大会において、共通論題「一九三〇年代における日本帝国主義の植民地問題」を設定して、原、小林、高橋泰隆（当時、早稲田大学大学院生）の三氏でセッションを組んだことも知らなかった。それは、私はイギリス滞在中は一九世紀イギリス労働史上の労働貴族というテーマでＰｈ．Ｄ．論文作成のために全力を傾けていたため、日本の満州史研究会のその後のことは関心の領域外にあったことによる。一九七六年一〇月に帰国したが、小林『形成と崩壊』（一九七五年一二月）はすでに高い評価を得ていた。ちなみに慶應義塾大学経済学部は、小林『形成と崩壊』（一九七五年）に藤林敬三賞を与える決定をしていた。藤林はすでに故人であったが、同経済学部の社会政策・労働問題の教授や中労委会長を務めた著名な学者である。藤林賞の審査には私はイギリスにおり日本不在だったので関わっていなかったが、同経済学部の社会政策・労働問題の教員の五名（中鉢正美、黒川俊雄、飯田鼎、小松隆二、島田晴雄）が審査し、藤林賞を小林に与える決定をしていたのである。もちろん五名の審査員は『形成と崩壊』（一九七五年）の盗作の事実を知っていたら、授賞しなかっただろうが、審査員たちには盗作のことは分からなかった。

帰国した直後、私は大急ぎで『形成と崩壊』（一九七五年）を読み、その授与式に参列した。『形成と崩壊』（一九七五年）を読んだとき、大東亜共栄圏全体を扱った力作だとの印象をもったが、同時に、七二年時点で小林が研究していなかった領域（＝原がやっていた資本・貿易・金融の領域）が埋められていることにも気づいた。だが、同書の刊行には原がヘルプしたものと思っており、まさか原の「経済的実態」などを盗作したものとは思わなかった。小林の労働の部分の叙述は、私の『満州』（一九七二年）の第三章の何箇所を要約したものであるとの印象をもったが、図表のいくつかが盗作されていたことには気づかなかった（この点も後述する）。

ここで改めて確認するならば、「経済的実態」は一九七四年一〇月、専修大学における一九七四年度秋季学術大会の共通論題「一九三〇年代における日本帝国主義の植民地問題」で原が報告したものである。この共通論題の組織者は原であり、当日の司会者は浅田喬二、第一報告者が原、第二報告者が小林、第三報告者が高橋であった。この報告が決定した七四年の春頃から三人の準備会が数回開かれており、報告レジュメ、資料、図表を提示し、交換もしている。『土地制度史学』はそれまで大会報告の学会誌への一括掲載が無く、この一括掲載が最初の事例になるため、決定までにやや時間がかかり、大会の約一年半後、一九七六年四月に大会報告がそのまま学会誌『土地制度史学』（一九七六年四月、七一号）に一括掲載されたのである。だが、それが一括掲載される雑誌が発行される半年ほど前に、『形成と崩壊』（一九七五年）が刊行され、それが「経済的実態」の論理構成をそのまま盗作したものだった。それだけでなく原の先行研究の多くが盗作された。原によれば、『形成と崩壊』（一九七五年）の刊行は原には告げられなかったという。告げれば盗作にはならないということではもちろんないのであるが。

盗作の具体例は後述するが、その前に検討すべき重要な点は、一九七二年〜七五年の期間の小林および原の研究状況からして、小林が原から盗作することなしに『形成と崩壊』（一九七五年）を刊行できたか否かを検討することにある。小林が『満州』（一九七二年）の第二章「満州金融構造の再編過程」を執筆してから、小林『形成と崩壊』（一九七五年）までの間に発表した論文は、「一九三〇年代後半期以降の台湾『工業化』政策について」『土地制度史学』六一号　一九七三年一〇月：「一九三〇年代日本窒素肥料株式会社の朝鮮への進出について」山田秀雄編『植民地経済史の諸問題』アジア経済研

究所　一九七三年三月：「朝鮮総督府の労働力政策について」都立大学『経済と経済学』三四号　一九七四年二月：「日本帝国主義の華北占領政策―その展開を中心に」『日本史研究』一四六、一九七四年一〇月：「日本企業の東南アジア進出と労働問題」『社会政策学会年報』一九号　一九七五年六月というように依然として多作であるけれども、問題の『形成と崩壊』（一九七五年）が包摂した領域の研究とそれまでの小林の研究領域との間には大きな空白があったという点が極めて重要である。主題としては、一九三〇年代満州工業化政策（一九六九年）と台湾工業化政策（一九七三年）と華北占領政策（一九七四年）の三本を書いているが、この三本から空白を埋めて『形成と崩壊』全体を書き上げるには相当な時間が必要なはずである。

小林側の第一回準備書面（二〇一三年八月二三日）に「3……原告著書の内容・篇別構成は、被告の学会発表前に、上記一二本の論文の中でほとんど発表している内容であり、当然の帰結として、被告の学会発表に依拠したものではない。』」（二頁）としたのは、全くの誤りである。『形成と崩壊』（一九七五年）の内容は、「上記一二本の論文の中でほとんど発表している内容」ではないからである。

小林側第五準備書面（二〇一四年一二月二六日）でも、「原告著書の執筆、脱稿時期について、一九七四年一〇月の本件学会当時、そのほとんどの執筆を終えていたこと」の証拠として「本件学会以前の学会報告、原告論文等の実績を、以下に列挙する」（七頁）として、「原告学会報告」と「原告論文」を列記している（八〜九頁）が、その論文の点数ではなく内容をみるならば、すでに前述したように、それまでの小林の論文の領域と『形成と崩壊』（一九九五年）の領域の間の空白は埋められていないのである。したがって、小林側準備書面が、『形成と崩壊』の企画は一九七三年で、「編別構成をはじめとする構成等は、学会以前は無論のこと、その前年の一九七三年の企画段階で既に完了しており、被告学会報告や被告論文に接してその構想を取り入れることなど、到底不可能であった」（一三頁）との主張も、「原告著書は、一九七五年の一月頃には脱稿しており、原告著書がかように大部であることを考えるなら、一九七四年一〇月の学会当時には、原告著書は、ほぼ完成していた」（一二頁）との主張も、盗作したことを否定できるものではない。

2　いうまでもなく、歴史学方法論として実証的歴史研究においては自明のことであるが、論文作成のためには、まず理論的仮説のもとに、一次史料を発見し収集する。その史料を史料批判をしながら分析し、その実証の結果と理論を検証し、矛盾があれば理論を修正する。その実証と理論との往復運動を何回も経て、初めて独創的な論文が執筆される。この作業には相当長い時間が必要である。小林が一九七二年までに執筆していた論文、それ以後に発表していた上記の論文からして、その空白を二・三年間というような短時間に埋めることは、いかなる優秀な研究者でも歴史研究においては絶対に不可能なことである。その不可能性は、実証史学の研究者には自明なことである。小林の場合、一九七四年までに独自の発想と独自の理論的枠組みで十分史料を発掘し収集し、分析し、その空白を埋めたということはありえないのである。

では、何故一九七五年一二月に『形成と崩壊』は刊行できたのか。それは原の学会報告などからの盗作以外にはありえない。他の研究者の著作・論文などから、例えば要約して使用するなどの方法で盗作するのであれば、「論文」ははるかに短期間で作成可能である。ただしその場合は先行研究には依拠することをしていないと思わせるために、先行研究の脚注を除去するなどさまざまなやり方で隠さねばならなくなる。小林の場合は、原から理論的枠組みを盗用し、具体的歴史的事実の記述も原のものから様々な偽装方法を用いて盗作したことを、以下、具体的事例の検討を通して明らかにしよう。

## Ⅲ　小林英夫の盗作の具体的事例とやり方

1　盗作がどのようになされたかを、具体的に検討してみよう。

原朗作成（二〇一三年八月）の「原告小林の単著と被告原の論文との対照表」は、『形成と崩壊』（一九七五年）の頁と行を示しながら、どの部分の文章が、原の先行研究のどの部分から盗用したものであるか、また、どの図表がどのように盗用されているのかを詳細に示した表である（『形成と崩壊』が盗用した箇所の合計は、少なく見積もって『形成と崩壊』の三一二行に及んでいる）。当請求事件の盗作は、ある頁をそのまま一字一句盗用しているケースではなく、より複雑で巧妙な方法を用いた盗作であるから、盗作か否かの判断には細心の注意が必要とされる性質のものである。『形成と崩壊』（一九七五年）のなかの小林の盗作のやり方は、原の先行研究のある部分の文章は要約して使用したり、原のある部分の文章は分割して小林の本の多くの箇所に分散させて使用しているので、綿密な対照表が必要になるのである。また、図表のばあいも、ある図表はそのまま原の作成によることを記さずに自ら作成したようにしてそのまま載せたり、ある場合には、図表の一部を加除して変更したり、表をグラフにしたり、グラフも加工したりして原作者が分からないようにしている。脚注も一部は先行研究者のものであることを記しても、残りの脚注は先行研究者のものであることを記さない、というやり方をしているので、どこまでが原作者からの引用・参照なのか分からない。

2　まず序論「課題と方法」（三〜一六頁）であるが、これは『形成と崩壊』全体の理論的枠組みと方法論を示すものであり、一　課題と方法と　二　時期区分から成っている。一で、「四つの視点」を挙げた後、「本書で採用した構成は、『一五年戦争』期の日本帝国主義の植民地支配政策の形成と崩壊の過程を『総力戦体制』構築との関連で、歴史的に跡付けながら、（一）被占領地の占領前の経済的特徴、（二）軍事占領と植民地統治機構の構築、（三）既存の金融機構の再編（『幣制統一』から植民地中央銀行の設立）、（四）日本軍事工業を補完する資源収奪を基底においた軍事基礎工業構築、（五）その課題を達成するに鍵をなす、（イ）熟練・技術労働者および不熟練労働力調達、（ロ）資金調達、（ハ）物資収奪（＝既存の流通機構の改編）および貿易の分析とした。つまり、この（五）の課題の成否如何を軸に、日本資本主義との内的関連を意識しつつ、『一五年戦争』期を三期に分けて、日本帝国主義の植民地支配の歴史的展開過程とその特徴を植民地全体を視野に入れて展望すること、そこに本書の力点がおかれている」（七〜八頁）と書かれている。原の学会報告「経済的実態」（一九七四年）以前に日本資本主義についての包括的な論文を書いてはいなかった小林は、『形成と崩壊』の理論的枠組みと歴史的事実を全て原の「経済的実態」などの先行研究に依拠している。にもかかわらず、「一　課題と方法」には原の氏名はでていない。「二　時期区分」においても、全く同様に、原のものであるが、原の氏名はでていない。より細かくみていくなら、「四つの視点」のなかの第一点にでてくる「日本帝国主義の支配の実態を、その全体においてえがくこと」（五頁）。第二点にでてくる「幣制統一事業」の重視、「通貨戦」という形をとった「物資争奪戦」―植民地における資金、資材、労働の争奪戦。第三点にでてくる一九三八年以降の日本本国と植民地全体の経済活動を規定した「生産力拡充計画」、「物資動員計画」。第四点にでてくる満鉄改組と満州重工業、北支那開発、中支那振興の設立、太平洋戦争勃発後の東南アジアでの経済「開発」政策。これら全てが原の研究業績からの盗作である。二　時期区分も、原の研究から出てきた帰結であるが、そこにも原の名前はない。これは他の研究者も使っている時期区分という次元の問題ではなく、原が歴史的事実を究明し、その意味を包含している原の時期区分を小林が盗用している、という点が問題なのである。さらに『形成と崩壊』の結語（五三四〜五四一頁）も、原の業績に起因する理論的枠組みと具体的史実を要約したものにならざるをえなくなっているが、それを小林独自の独創的見解のようにみせるため、原の名前は一切挙げていない。このように理論的枠組みも歴史的事実と分析結果も要約する形で盗作するならば、短期間でも空白を埋め、出版することは可能となるのである。

３　次に本文中から、一箇所だけ例にとり、具体的にどのように盗作がなされたかを、見てみたい。

（１）小林『形成と崩壊』第三編第三章「植民地軍事工業構築の準備過程」の、第一節「『満州国修正五ヵ年計画』の立案とその特徴」（一六七〜一六九頁）および第二節「満鉄改組と満州重工業開発株式会社（満業）の創立」（一七〇〜一七七頁）を例にとりあげるが、全文が、原の『満州』（一九七二年）および「『満州』における経済統制政策の展開─満鉄改組問題と満業設立をめぐって─」からの盗作である。前述したように、この後者の論稿は一九七二年に成稿を見た「第二論文」の一部であり、「第二論文」は分量の関係で『満州』（一九七二年）に収録できなかったもので、一九七六年に安藤良雄編『前掲書』に収録されることになったものである。再度確認するならば、浅田、小林、私の「満州史研究会」の三人は一九七二年にすでに原のその原稿を読むことのできる立場にあった。同論稿は、『満州経済統制研究』（二〇一三年三月）に「第二論文」として収録されたことも、前述したとおりである。それ故、現在ではその「第二論文」と『形成と崩壊』の当該箇所は容易に比較しうる。

まず、第一節「『満州国修正五ヵ年計画』の立案とその特徴」（一六七〜一六九頁）の文章は、『満州』（一九七二年）の第一章原論文を要約したものであるが、注１で、『満州』（一九七二年）の第一章原論文を参照したことは記されているが、注２〜４は原のものであることの注記はない。第三─一六表

「対日供給量」（一六八頁）は原のものであるが、その注記はない。

（2）　次に第二節「満鉄改組と満州重工業開発株式会社（満業）の成立」（一七〇～一七七頁）を、より細かくみれば、「満鉄改組事件」一七二～一七三頁については、原「第二論文」二一一～二一七頁を要約したものであり、満州重工業に関する部分一七四～一七七頁は、原「第二論文」の二二八～二四八頁を要約したものである。小林は「満業の創立と活動の開始は、いかなる意味を有していたか」として「第一に、三〇年代初頭の満州での「財閥入るべからざる」というスローガンが名実ともにおろされ、新興財閥日産と関東軍との密接な結合が個々にみられた点である。つまり、従来の国策会社満鉄主軸による植民地進出が、三〇年後半に入り、国家資本、財閥資本合体による植民地経営という形態に移行したことを如実に示していた」（一七五頁）という重要な下りに脚注は付されていないが、これは、原が鮎川義介邸から一次史料を借覧して執筆した「第二論文」で最初に執筆し発表したものである。小林論文では、原論文を参照にしたことさえ記されていない（第三節は朝鮮に関する部分なのでここでは省略する）。

（3）　つづいて第四節「北支那開発、中支那振興株式会社の成立」（一八〇～一九一頁）も、原のものを全文要約して盗作したものである。即ち、（一）「興中公司の設立と活動」（一八〇～一八四頁）では、まず興中公司に関して最初に発表したのは原であり、小林ではないことは、原の大会報告「経済的実態」の表B「興中公司関係略年表」および「関係事業」を見れば一目瞭然である。また、小林の本の一八一頁の第三・一九表a「興中公司担当事業一覧」（一九三九年四月）は、「委任管理」の欄を改変し、出典を示していないが、この表は原の「大会報告資料」三頁の第五表から無断使用しているものである。さらに（二）「北支那開発、中支那振興株式会社の成立」（一八四～一九一頁）も原の全文を要約して盗作したものである。一八六頁の第三―二一表「炭鉱開発案」の史料出所は、「満鉄調査部『北支那産業開発計画資料（総括の部）』一一〇頁、その他より作成」となっているが、その史料は原がライブラリー・オヴ・コングレスより入手した写真版の史料である。そのことを示していないだけでなく、追及されると早稲田から借りたと言い出したが、現在までそれを明らかにする証拠は小林側から提出されていない。この史料は一八五頁の随所で使用されている（一九一頁の注2、3をみよ）。さらに、表についていえば、一八七頁の第三―二二表「北支那開発株式会社傘下企業一覧」（一九四〇年現在）および、一八八頁の第三―二三表「中支那振興株式会社傘下企業一覧（一九四一年二月末現在）」は、それぞれ原の「大会報告資料」四頁の七、四頁の八であるが、原の原表であることは消えている。二枚の表には原が作成者であることを示す注は記されていないのである。原からの盗作を偽装するためにか、表中の設立年月日の欄の日付だけを削除したり、設立年月だけにしたりしている。また、表中の会社名を加除したり、「払込資本金」を「公称資本金」に変更したり、引用文献を代えたりと手の込んだことをしている。その結果、第三―三表では消し忘れて「設立年月日」となっていたり、同じ二三表の注の典拠の史料名を原のものから代えたりしたため、一九四一年二月現在の表の数値の典拠が一九四〇年のものになっていたりする。一九七四年の原の「大会報告資料」から、急いで『形成と崩壊』（一九七五年）の脱稿に間に合わせようとしたために、このような無断盗用をする際にミスも犯しているものと推定される。何故小林は、原の土地制度史学会での報告資料の付属資料の表から転載であることを明記して使用しなかったのだろうか。そうすれば、何ら問題はないはずだった。しかしそれでは小林の著書の独創性は無くなると考えたからにちがいない。

4　このように盗作の例証を記していたら、この「意見書」は一〇〇頁あっても終わらないだろう。

それ故他の箇所は省略せざるを得ないが、小林『形成と崩壊』は資本・生産・貿易・金融に関する部分を原の先行研究から盗作しただけでなく、労働に関する部分は私・松村の論文から盗用しているので、私は被告ではないけれども、その点だけ付け加えることをお許し願いたい。

『満州』（一九七二年）の私の第三章の論文「「満州国成立以降における移民・労働政策の形成と展開」は、小林『形成と崩壊』の労働に関する部分の叙述の際に盗作されている。『形成と崩壊』（一九七五年）の第三篇、第六章、第二節「満州、華北での労働力動員政策の展開」のなかの満州労工協会の記述（二八五～二八七頁）は、松村稿の二七〇～二七八頁の要約である。華北からの労働移動等を扱った『形成と崩壊』の部分（二八七～二九一頁）も松村稿の二九四～二九九頁の要約である。小林の第三―一二図（二八八頁）のグラフは出典として「満州鉱工技術員協会編『満州鉱工年鑑』（一九四二年版）、七九、八五頁より作成」となっているが、これは松村稿二九七頁の第三―二三表『入満離満中国人月別表』（一九四〇年度）をグラフにしたものである。そこには松村の表からグラフ化したとの記述はなく、小林自身で『満州鉱工年鑑』（一九四二年版）を見てグラフを作成した形になっている。一層直接的な盗作は、『形成と崩壊』の二八七頁の第三―六一表「対満労働者の華北送金に伴う国際収支上の諸勘定（一九四〇年度）」は、松村稿第三―二二表「対満労働者移動の華北送金に伴う国際収支上の諸勘定」（二九六頁）のそのままの盗用である。その際、「北支側」を「華北側」に変えたり、数値の単位を万から千に変えたりしているが、備考欄の「1．満鉄北支経済調査所調（一九四〇年九月）による」は削除し、「二．満州重工業開発株式会社『労務対策研究』（上）、（一九四二年）、八九頁より」はそのまま転記している。松村の名の記載はないので、小林が『労務対策研究』（上）を見て、表を作成した形になっている。小林は表の流用のときに、語句を変えたり、順番を変えたり、一部削除したり、単位を変えたりして偽装しているが、その偽装例がここにもみられるのである。私は当時それらをもって小林を盗作したと批判することは考えなかった。先行研究の関連する部分を「要約」して使うという方法は、小林が研究者として出発した時点から彼の執筆スタイルであることを知っていたからである。

## Ⅳ　盗作の告発に関して——一九七六年以降現在まで

1　原は小林による盗作を当時明白には告発しなかった。共通論題報告が活字化された『土地制度史学』（一九七六年四月号）の末尾に［付記］として「尚、共同報告者の一人小林英夫氏はその後著書『大東亜共栄圏」の形成と崩壊」（御茶の水書房　一九七五年）を著された。本稿の主題と関連するところ少なくないので、ついて参照されたい」と読者が参照すれば盗作されたことが分かることを含意する付記を印したが、その婉曲な表現は多くの読者に盗作を意味していることを理解させえなかった。もし原が明白に告発していれば、小林の研究者としての生命は終わり、当時の勤務校駒澤大学からの解雇、『形成と崩壊』の絶版という事態が生じていただろう。原が小林を当時告発しなかったのは、『土地制度史学』に共通論題の論文が一括掲載されなくなることにより、土地制度史学会に生ずる混乱を回避するためもあったが、小林が活躍していた朝鮮史学会や歴史学研究会自体が攻撃の的になることを回避するためでもあった。また、原の個人的感情として、小林が学問の世界から追放されることを忍びなく思ったこと、さらに盗作を明らかにすることにより小林が自殺するのではないかと危惧したこともあった。そこで原が決意したのは、盗用の指摘はしない。だが、満州・華北・華中から「大東亜共栄圏」全域にかけての研究を断念するということであった。当該テーマで単著を出版することを断念し、史料編纂などの共同研究に自らを制限する道をとることにしたのである。

小林側は第六準備書面で、原が最終講義で小林に盗作されたことを述べ単著の出版を断念したことを述べたことに関し、「被告自身の研究生活への影響に繰り返し言及する『表現方法』を採ったことに照らすなら、被告は、長年の原告への嫉妬心から、自身の研究生活への言い訳に原告をスケープゴートに仕立て挙げた、と考えるのが合理的である」（一一～一二頁）とか、「被告の研究生活への言い訳（『私利』）であると考えるのが合理的」（一二頁）とか主張しているが、そもそも何故原に研究生活の言い訳をする必要があるというのか。原の研究に関する学界での高い評価は確立していることを小林が知らないはずはない。そのような為にする議論をする小林側には、原の単著刊行の断念という研究者としての計り知れない苦痛は到底理解できないことだろう。

また、同「準備書面は、「学生たちに研究者としての姿勢を説くために、四〇年も以前の原告著書のことを引き合いにだすことは学生たちを却って混乱に陥れるもので、摘示する例としては極めて不適切極まりない」（一一頁）ともいっているが、最終講義まで四〇年間、原は盗作されたことについて沈黙をつづけていたのではない。この「意見書」の冒頭近くで述べたように、小林側は「催告書」（二〇一三年五月八日付け）で、『日本戦時経済研究』に収録された「経済的実態」の「付記」を名誉毀損の対象としたのであるから、この「付記」のことを熟知しているのだが、準備書面のなかでは、以下のことは触れようとしない。

2　原の論文「経済的実態」（一九七四年）が、二〇〇一年にリーディングス『展望　日本歴史』第二〇巻　岡部牧夫・柳沢遊編『帝国主義と植民地』に採録されたとき、原は次のようなかなり長い付記

を書き、小林により盗作されたことを明示した。即ち、

……本論文は一九七四年一〇月に行った土地制度史学会共通論題の第一報告そのものであり、資料などの一部を省略したものにすぎない。共通論題の準備に当たって、小林英夫氏の奨めで当時筆者が参加していた満州史研究会の協力を得て、浅田喬二氏に司会を依頼した。満州史研究会で発表した『日本帝国主義の満州』（一九七二年一月）では、筆者が満鉄経済調査会の立案調査書類を発掘してその全貌の紹介にあたり、小林氏には貨幣金融問題関係立案資料を提供してその検討を託した。両名が緊密に協議して学会共通論題の準備に当たったことはいうまでもない。報告を掲載する学会誌『土地制度史学』の編集・公表がやや遅れているうちに、小林氏は著書『「大東亜共栄圏」の形成と崩壊』（一〇七五年）を公刊され、われわれの学会報告の公表はそれより遅く、一九七六年四月になった。小林氏の著書の編別構成が筆者（原）による本稿の論理構成とあまりに酷似しているのに一驚し、当時筆者が考慮していた著書『帝国主義下のアジア―日本帝国経済圏の形成と崩壊―』の公刊を断念し、あわせてこれと密接に吻合させて戦時日本帝国主義の国内局面を分析した仮題『日本戦時経済分析』の刊行も見合わせることとした。本稿のはしがきで報告原稿のままである旨を断り、文末の付記で小林氏の著書に言及し『ついて参照されたい』と述べたのは、本論文の論旨と小林氏の著書とを冷静に比較吟味して独創性の有無について読者の判断を求めたいという、当時の私としてのささやかな抗議の表現のつもりであった。もはや時日も長く経過したから、小林氏にはこの追記を付すことをご海容いただきたい。

それに対し、当時小林は原に反論や抗議をしていない。この二〇〇一年の原の「付記」のある論文がリーディングス『展望　日本歴史』第二〇巻に再録された直後、小林から私の自宅に電話が入り、

かなり狼狽していた様子で、「原さんに書かれてしまった。どうしたらよいか」といったので、私は「(盗作)してしまったのだから謝るほかはないでしょう」と答えたことを記憶している。原によると、その後まもなく学会で小林とすれちがったとき、小林は原に口頭で「先生ごめんなさい」とだけいったそうである。だが、小林はほとぼりも冷めたと思ったのか、原の追記での盗用の指摘を全く無視して、『形成と崩壊』を絶版にするどころか二〇〇六年三月にその増補版をだした。増補版では小林自身の業績のみを列挙している。堀和生(京都大学)は小林『形成と崩壊』(一九七五年)に対する書評で、同書が原論文に依拠していることを指摘していたが、小林はその増補版を出すまえに堀に以前のような「書評は書かないで欲しい」と口止めを懇願する電話をしているので、小林のなかに盗作したとの後ろめたさは多少は残っていたのだろう。原は同上「追記」で小林の盗作を指摘したにもかかわらず、小林増補版(二〇〇五年)の刊行により無視されたことで、東京国際大学での最終講義での盗用の指摘となり、さらに「研究史上の無法な簒奪をこれ以上放置するのも限界に達したと判断し」(二一二頁)、原朗『満州経済統制研究』(二〇一三年三月)の「あとがき」で小林に盗用された経過および自身が当該テーマの研究を断念したこと、単著の刊行を断念したことをも二〇八〜二一三頁にわたって詳述したのである。これが小林が名誉毀損で訴えた対象となったことは、この「意見書」の冒頭で指摘したとおりである。

以上述べてきたことが、盗作した者が原告となり、盗作された者が被告となる、という「転倒した裁判」に至る経過である。裁判長におかれましては、小林側の訴状および準備書面が、「無残な矛盾の主張」であることを洞察され喝破されて、日本の学界および学会における公正な学術研究の進展のために、公正なる判決が下されることを私は切望するものであります。

# 二　堀和生氏「意見書」全文

## （一）　堀和生「意見書」全文（二〇一五年一〇月一日）

意見書

二〇一五年一〇月一日

京都大学大学院経済学研究科教授　堀　和生

### 第一部　原朗と小林英夫の研究について

この部においては、学術的な観点から、二人の初期の研究業績について検討する。

#### 第一節　一九七〇年代半ばにおける日本植民地史研究

日本の植民地史研究の歴史において、一九七〇年代半ばは一つの画期をなす時期であった。それは、なによりも一九六〇年代後半から七〇年代初頭にかけて、戦後世代の新しい研究者が登場してきたことによっている。それまでも日本の植民地史の重要性を強調する研究者はいたが、彼らはもっぱら戦前の研究に依拠し、それらがなお読み継がれていた。例を挙げると、矢内原忠雄著『帝国主義下の台湾』（岩波書店　一九二九年）、矢内原忠雄『帝国主義研究』（白日書院　一九四八年）、細川嘉六『植民史』（東洋経済新報社　一九四一年）、ヴェ・アヴァリン『列強対満工作史』上・下巻（ナウカ社　一九三四年）等の著作がなお研究の共通の基盤であった。この時期に生まれてきた研究潮流は、研究者の世代交代だけではなく、研究自体に新しい特徴を持っていた。

第一は、一次資料を発掘活用して事実に基づいて研究するという研究姿勢である。それまでの研究は、先に挙げた戦前期の研究内容を繰り返すか、二次資料について既存の理論で解説する水準にとどまっていた。それに対して、六〇年代後半から始まった植民地研究は、根拠となる一次資料を見つけ出し、そこから抽出できる事実を基に、論を組み立てるという点で、際だった新しさがあった。植民地史研究において日本帝国の罪悪糾弾という観点にとどまらず、科学として歴史を捉える作業が格段に進んだといえる。この時期に登場してくる研究者は、以前の研究者と異なり朝鮮語や中国語という対象地域の言語を習得し、戦後の当該地域の文献・研究を習得していることも共通している。人数は決して多くはなかったが、若い研究者がそれぞれ専門領域をもち、開拓者として次々と成果を出していった。この時期に生まれた代表的な研究成果として次の研究書をあげることができる。

満州史研究会編『日本帝国主義下の満州：「満州国」成立前後の経済研究』御茶の水書房、一九七二年
朴慶植著『日本帝国主義の朝鮮支配』上・下巻　青木書店、一九七三年
涂照彦著『日本帝国主義下の台湾』東京大学出版会、一九七五年

皆、それぞれの地域の研究水準を格段に高めたもので、後の研究に大きな影響を与えた。このように、一次資料に基づく実証研究の進展が一つの特徴であった。原と小林もこのような新しい実証研究

にとりくんでいた研究者であった。

第二は、植民地経済史を総合的動態的に捉えようとする研究の登場であった。この領域を開拓したのは、原朗であった。先に挙げたこの時期の諸研究は、皆植民地史を専門とする研究者による成果であった。原は、研究業績を見て明らかなように、植民地経済史から研究を始めたのではない。原の研究関心は、植民地を含んだ日本資本主義・日本帝国主義の形成から解体までを、全体として把握しようというスケールの大きな研究である。後発資本主義国であった日本が、その構造的な後進性や脆弱性を克服するために、植民地をもつ帝国主義をめざしていったこと、その帝国主義的な膨張こそが、世界経済の中における日本の選択肢をさらにせばめ、日本帝国を解体に追い込んでいったこと、それらの過程を物資（生産・貿易）と金融の両面から総合的に解明しようとした。この領域の研究は原の独壇場であった。明確な問題意識と緻密な実証作業は傑出した成果を上げ、個人の力量で新しい研究の地平を切り開いていった。これら原が構築した歴史認識は現在もなお原朗理論とよばれ、学界で広く受け入れられている。近年この時期の原の論文集が編集刊行されたが、研究史における古典として高く評価されている。この時期の原の研究成果に対する学術的な総括については、堀和生「書評　原朗著『日本戦時経済研究』」（歴史学研究会『歴史学研究』九二二号　二〇一四年九月）を参照されたい。

先に述べた各植民地における個別実証研究の進展と、原によって切り拓かれた日本帝国の総合的な把握という視点をまとめたもの、その一つの到達点こそ一九七四年土地制度史学会大会における共通論題、「一九三〇年代における日本帝国主義の植民地問題」であったといえる。この共通論題において、研究上の当然の流れとして、原は組織者として「大東亜共栄圏」全域の経済構造について総括報告をおこない、各地域の実証研究で実績をあげていた小林は「日満華北経済ブロック」の生産過程についての個別報告をおこなった。この時点で、日本帝国の構造全般について、形成から崩壊までを論じられる研究者は原をおいてはおらず、原のリードなくしては、この共通論題は成立しないものであった。この共通論題において分担を逆にして、小林が総括報告をおこない、原が各論にまわることは、研究史を踏まえれば考えることさえできない。

ところが、『「大東亜共栄圏」の形成と崩壊』という「大著」は原によってではなく、この大会直後に小林によって書かれることになった。これは何故であろうか。

## 第二節　原・小林の研究と『「大東亜共栄圏」の形成と崩壊』

この訴訟では、学術研究におけるオリジナリティが争われている。第三者としては、二人の間でどのようなやりとりがあったかはうかがい知ることができない。『「大東亜共栄圏」の形成と崩壊』という書名の考案者が誰であるかはわからない。しかし、学術研究においては、書かれたものを比較検討することによって、かなりの程度、事実関係を客観的に明らかにすることが可能である。

先に、一九七〇年代半ばにおける植民地史研究における二人の位置について述べた。ここではさらに踏み込んで、二人が書いた論文・著書を具体的に検討しよう。次の文献一覧は、原・小林が自ら作成した研究業績から一九七六年までを抽出して、便宜のために私が番号を付したものである。

**【原朗の業績】**

① 原朗★「資金統制と産業金融」（『土地制度史学』第九巻第二号、一九六七年一月）

② 原朗「書評：桑野仁著『戦時通貨工作史論―日中通貨戦の分析』（東京大学『経済学論集』第

三三巻第二号、一九六七年七月）
③　原朗★「日中戦争期の国際収支―外貨不足問題と経済統制」（『社会経済史学』第三四巻第六号、一九六九年三月）
④　原朗『「金融事項参考書」解説』（一―七八頁、勉誠社、一九六九年）
⑤　中村隆英・原朗編★『現代史資料　第四三巻　国家総動員（一）経済』（みすず書房、一九七〇年二月）
⑥　中村隆英・原朗編★『日満財政経済研究会資料』全三巻（日本近代史料研究会、一九七〇年）
中村隆英・伊藤隆・原朗編『現代史を創る人びと』全四巻（毎日新聞社、一九七一年三月―七二年八月）
⑦　原朗★「一九三〇年代の満州経済統制政策」（満州史研究会編『日本帝国主義下の満州』、御茶の水書房、一九七二年一月）
⑧　原朗★「日中戦争期の外国為替基金」（松田智雄教授還暦記念『市民社会の経済構造』、有斐閣、一九七二年九月）
⑨　原朗★「日中戦争期の外貨決済」（一）（二）（三）（東京大学経済学会『経済学論集』第三八巻第一号一七―四八頁、一九七二年四月、第二号一―六六頁、同年七月、第三号二八―六四頁、同年一〇月）
⑩　Akira Hara, L'Economie Japonaise pendent la deuxième guerre mondiale, in. *Revue d'histoire de la deuxième guerre mondiale*, No.89, Presse Universitaires de France, Janvier 1973.
⑪　中村隆英・原朗「経済新体制」（日本政治学会年報『「近衛新体制」の研究』、七一―一三三頁、岩波書店、一九七三年三月）

⑫ 原朗「書評：小山弘健『日本軍事工業の史的分析』一九七二年、御茶の水書房刊（『土地制度史学』第一六巻第一号、一九七三年一〇月）

⑬ 高橋亀吉・安藤良雄・原朗「社会科学五〇年の証言」一～三一（『エコノミスト』第五二巻第一〇号、～一九七四年三月）

⑭ 河原弘・藤井昭三編『日中関係史の基礎知識：現代中国を知るために』（項目執筆）（有斐閣、一九七四年七月）

⑮ 田中申一著・原朗校訂『日本戦争経済秘史：十五年戦争下における物資動員計画の概要』（同刊行会、一九七四年一二月、コンピューター・エージ社、一九七五年一月）

⑯ 大石嘉一郎・宮本憲一編『日本資本主義発達史の基礎知識』（項目執筆）（有斐閣、一九七五年一一月）「戦時経済統制の開始」「戦時貿易問題と円ブロック」「経済新体制」「統制会と軍需会社」「戦時経済の崩壊」

⑰ 原朗★「『満州』における経済統制政策の展開」（安藤良雄編『日本経済政策史論』下巻、東京大学出版会、一九七六年三月

⑱ 原朗★「戦時統制経済の開始」（岩波講座『日本歴史』第二〇巻近代七、岩波書店、一九七六年七月）

⑲ 原朗★「『大東亜共栄圏』の経済的実態」（『土地制度史学』第一八巻三号、一九七六年四月）

⑳ 舘龍一郎・加藤三郎・浜田宏一・原朗共編『コンファレンス日本経済』（東京大学出版会、一九七六年九月）

㉑ 有澤廣巳監修・安藤良雄・伊牟田敏充・金森久雄・向坂正男・篠原三代平・竹中一雄・中村

隆英・原朗共編『昭和経済史』（日本経済新聞社、一九七六年一一月）

**【小林英夫の業績】**

①「元山ゼネスト――一九二九年朝鮮人民のたたかい」（『労働運動史研究』四四号　一九六六年七月）
②★「朝鮮産金奨励政策について」（『歴史学研究』（三二一）、一〇―二四、一九六七年二月）
③★「一九三〇年代朝鮮「工業化」政策の展開過程」（『朝鮮史研究会論文集』（三）、一四一―一七四、一九六七年一〇月）
④「一九三〇年代前半期の朝鮮労働運動について」（『朝鮮史研究会論文集』六集　一九六九年七月）
⑤★「一九三〇年代「満洲工業化」政策の展開過程：「満洲産業開発五ヵ年計画」実施過程を中心に」（『土地制度史学』一一（四）、一九―四三、一九六九年七月）
⑥「一九二〇年代初頭の朝鮮労働者階級の闘争」（『歴史評論』二四八号　一九七一年三月）
⑦「一九一〇年代後半期の朝鮮社会経済状態」（『日本史研究』一一八号　一九七一年四月）
⑧★「満洲金融構造の再編成過程―一九三〇年代前半を中心として―」（満州史研究会編『日本帝国主義下の満州』御茶の水書房　一九七二年）
⑨★「一九三〇年代後半期以降の台湾「工業化」政策について」（『土地制度史学』一六（一）、二一―四二、一九七三年一〇月）
⑩★「一九三〇年代朝鮮窒素株式会社の朝鮮進出について」（山田秀雄編『植民地経済史の諸問題』アジア経済研究所　一九七三年）
⑪★「朝鮮総督府の労働力政策について」（都立大学『経済と経済学』（三四）、五五―七九、一九

七四年二月）

⑫　★「日本帝国主義の華北占領政策―その展開を中心に」（『日本史研究』（一四六）、一一―三一、一九七四年一〇月）

⑬　「日本企業の東南アジア進出と労働問題」（『社会政策学会年報』一九号　一九七五年六月）

⑭　★『「大東亜共栄圏」の形成と崩壊』御茶の水書房、一九七五年一二月

⑮　★「一九三〇年代植民地「工業化」の諸特徴」（『土地制度史学』一八（三）、二九―四六、一九七六年四月）

以上のうち、共著、書評、時代と対象が本訴訟の取り扱っているテーマから離れているものを除いて、原では①③⑤⑥⑦⑧⑨⑰⑱⑲の一〇点（★印）を、小林では②③⑤⑧⑨⑩⑪⑫⑭⑮の一〇点（同様）をとりあげる。次の表は、私が両者の研究のなかで重要だと考える領域が、どの論文で扱われているかを示したものである。

これ（次頁の表）は、テーマ領域の設定自体が主観的なものであるし、さらに研究の精度や深さの違いを示すことができないので、おおまかな概観用の材料にすぎない。しかし、それでも次のことはわかる。両者は、一〇年足らずの間に精力的に研究に取り組んできており、ともにきわめて意欲的な研究者である。二人の研究者としての歩みは、かなり違ったものであった。表を見て明らかなように、原は日本経済史から研究にはいり、日本戦時期経済と世界経済との関係、戦争の推移と軍需生産や戦時動員（生産力拡充政策・物資動員政策）の探究を深めるなかで、しだいに植民地を含めた日本帝国の

研究に関心を広げていった。特に、満州の経済統制や工業生産拡大と日本の軍需生産とが関わる領域を開拓し、やがて華北・華中・南方（東南アジア）まで対象を広げていた。原の回想によれば、『日本戦時経済分析』と『日本帝国主義下のアジア』という対になる研究を並行して進めていた（原朗『満州経済統制研究』東京大学出版会　二〇一三年、「あとがき」）。その原による研究のある時点での到達点を示すものが、一九七四年一〇月の土地制度史学会における大会報告「『大東亜共栄圏』の経済的実態」（原⑲論文）であった。そこでは、研究対象とする領域が華北のみでなく華中や南方まで拡大されており、文字どおり日本帝国の形成から崩壊まで、「大東亜共栄圏の形成と崩壊」全体が扱われていることが重要である。

小林は、朝鮮史の研究者として出発したが、その後に研究対象地域を満州、台湾、華北と拡大していき、一九七五年末に『「大東亜共栄圏」の形成と崩壊』の刊行に至る。より詳細に見ると、小林の研究では、植民地の工業化と労働問題に圧倒的な重点が置かれている。小林で取り上げた文献一〇点中八点（取り上げなかった五点中四点）はこの工業化と労働問題に関する領域の研究である。そうでない論文は、⑧の一九三〇年代満州の金融と⑫の華北支配政策の二本だけである。さらに、原と比較して特徴なのは、小林はもっぱら植民地を研究としており、日本国内を専門に分析した論文はまったくない。その点から、原は日本資本主義全体・日本帝国主義史の研究者であるといえるが、小林の論文ではそのように見るのは無理であり、植民地経済史の研究者であるとみられる。一九七四年と七五年の二年間の文献を除けば、小林の研究領域は、朝鮮と台湾にきわめて偏っていた。

これが、論文を外形的に見たときの二人の特徴である。ところが、一九七五年前後の到達点においてみると、二人の研究は実によく似ている。カバーする領域で異なるのは、原に朝鮮と台湾について

| | | | 小林英夫 | | | | | | | | | |
|---|---|---|---|---|---|---|---|---|---|---|---|---|
| ⑰ | ⑱ | ⑲ | ② | ③ | ⑤ | ⑧ | ⑨ | ⑩ | ⑪ | ⑫ | ⑮ | ⑭ |
| 七六年三月 | 七六年七月 | 七六年四月 | 六七年二月 | 六七年一〇月 | 六九年七月 | 七二年一月 | 七三年一〇月 | 七三年三月 | 七四年二月 | 七四年一〇月 | 七六年四月 | 七五年一二月 |
| ● | ● | ● | | | | | | | | | | ● |
| ● | ● | ● | | | | | | | | ● | | ● |
| ● | ● | ● | | | | | | | | ● | | ● |
| ● | ● | ● | | | | | | | | | ● | ● |
| ● | ● | ● | | | | | | | | | ● | ● |
| ● | ● | ● | | | | | | | | | ● | ● |
| ● | ● | | | | | | | | | | ● | ● |
| ● | ● | ● | | | ● | ● | | | | | ● | ● |
| ● | ● | ● | | | ● | ● | | | | | ● | ● |
| ● | | ● | | | | | | | | | ● | ● |
| ● | | ● | | | ● | | | | | | ● | ● |
| ● | | ● | | | ● | | | | | | ● | ● |
| ● | | | | | ● | | | | | | ● | ● |
| | | | | ● | | | | | | | | ● |
| | | | ● | ● | | | ● | ● | ● | | ● | ● |
| | | | | | | | ● | ● | ● | | ● | ● |
| | | | | | | | ● | | ● | | ● | ● |
| | | | | ● | | | ● | ● | ● | | ● | ● |
| | | | | ● | | | ● | ● | ● | | ● | ● |
| | ● | ● | | | | | | | | | | ● |
| ● | | ● | ● | | | | | | | | | ● |
| | | ● | | | | | | | | ● | ● | ● |
| | | ● | | | | | | | | | | ● |

## 二　堀和生氏「意見書」全文（2015年10月1日）

**原朗と小林英夫の研究業績の領域**

| | 原朗 | | | | | | |
|---|---|---|---|---|---|---|---|
| | ① | ③ | ⑤ | ⑥ | ⑦ | ⑧ | ⑨ |
| | 六七年一月 | 六九年三月 | 七〇年二月 | 七〇年一月～五月 | 七二年一月 | 七二年九月 | ～一〇月 |
| 日本国際収支・外貨決済 | ● | ● | ● | ● | ● | ● | ● |
| 日本貿易構造・ブロック | ● | ● | ● | ● | ● | ● | ● |
| 日本・日本帝国の投資・金融統制 | ● | ● | ● | ● | ● | ● | ● |
| 日本の生産力拡充政策 | ● | | ● | ● | | | ● |
| 日本物資動員計画・動員政策 | ● | | ● | ● | ● | ● | ● |
| 日本の工業化 | | | ● | ● | ● | ● | ● |
| 日本労働力統制 | | | ● | ● | ● | | ● |
| 満州の金融統制 | ● | | ● | ● | | ● | ● |
| 満州経済建設計画 | ● | | ● | ● | ● | ● | ● |
| 満州物資動員計画・動員政策 | ● | | ● | ● | | ● | ● |
| 満州の工業化 | ● | | ● | ● | | ● | |
| 満州の生産力拡充 | ● | | ● | ● | ● | ● | |
| 満州の労働力統制 | | | | ● | | | |
| 朝鮮台湾の金融統制 | | | ● | | | | |
| 朝鮮台湾の工業化 | | | ● | | | | |
| 朝鮮台湾の生産力拡充政策 | | | ● | ● | | | |
| 朝鮮台湾物資動員計画・動員政策 | | | ● | ● | | | |
| 朝鮮台湾の工業化 | | | ● | ● | | | |
| 朝鮮台湾の労働力統制 | | | | ● | | | |
| 南方経済・南方支配 | | | ● | ● | | | ● |
| 産金政策 | | | ● | | | | ● |
| 北支開発・華北支配 | | | ● | ● | | | |
| 中支振興・華中支配 | | | | ● | | | |

出典　両者の上記★の文献から作成

の領域がないのみで、それ以外ではほぼ重複する似た研究成果となっている。つまり、一九七四・七五年時点で小林の研究領域が突然に拡大している。ここに、研究のオリジナリティをめぐって、両者に争いが生じる要因があった。

研究者間でよくあるオリジナリティをめぐる論争とくらべて、このケースの特徴は、原・小林が個人的に極めて親しく密接な関係にあったことである。この場合、両者の研究上の繋がりが深くなるにつれて、成熟過程にあるアイディアや構想まで相互に知る機会が多々あった。このことが問題を複雑にしている。

しかしながら、両者の人間関係が親密であったことが、与え合う影響が相互に均等であるとか、両者の間にはオリジナリティの問題が生じないということを意味しない。小さな知識・情報やアイディアの相互供与は当然にあるであろうが、大きな研究成果はどちらによって明らかにされたかは判別が可能である。とくに、この場合に問題になるのは原が①③⑦⑧⑨⑰⑱⑲の八本の論文によって、体系的に創り上げられていた一つの理論体系をすでに構築していることである。前節でも触れたが、その要点を再度要約すれば、次のようなものである。原の研究は、日本資本主義を内地のみでとらえるのではなく、植民地を含んだ領域である帝国という次元でとらえ、それらを物資の生産・流通と資金の循環の両面から分析することによって、その変化を広い視野で把握する内容であった。そして日本帝国主義（「大東亜共栄圏」）の形成、展開、崩壊の過程を動態的に解明したことによって、戦前の講座派や名和統一の学説、戦後の井上晴丸・宇佐美誠次郎の学説等を大きく乗り越えた研究を、まさに完成しつつあった。一九七四年以前の小林の研究には、日本経済全般にわたる包括的な研究業績は存在していなかった。

一九七〇年代半ばまでの研究状況がそうであったから、小林は植民地を包括した日本帝国全体の戦時経済体制に関しては、当然に先行研究である原の研究をつかっている。小林の⑤論文（二八頁注1）では、石原莞爾構想の五箇年計画への発展過程について原の①論文を引用している。小林⑨論文においては、「戦時期の統制経済の破綻に関しては」（一四頁注26）原の①論文と⑨論文を、日本国内の「臨時資金調整法」の運用の実態については三〇頁と四一頁（注39、注40）で原の①論文に依拠している。小林⑮論文においては、日中戦争勃発後に日本において「生産力拡充計画」「物資動員計画」が実施され、「国家総動員法」によるあらゆる統制が強化され、「日本、植民地を規定する総力戦計画に発展していくことになった」（三二～三六頁）と叙述して、「この詳細な展開過程については」（三八頁　注2、注4、注6）と注釈して、原の①論文と⑨論文を先行研究としてあげ、全面的に依拠して記述している。また、原が中村隆英とともに編纂した原⑤と原⑥の資料集も、小林の多くの研究に使われている。

小林は、誰よりも原の研究成果をよく承知していた。さらに重要なことは、一九七四年春に土地制度史学会大会で共通論題を開催することが決定した後、数度開催された準備会において、原は日本帝国の形成と崩壊を描くための自己の構想を全部披露し、その典拠となる資料を参加者に配布している。小林はその準備会に参加していた。つまり、小林が『「大東亜共栄圏」の形成と崩壊』を執筆していたという一九七四年において、原は学会共通論題を主導するなかで、自己の研究を体系化しつつあった。そして、その全プロセスを小林に開示していたのである。

本訴訟において、原告小林側は、「第一回準備書面（平成二五年八月二三日）」において「②被告が自らの独創と主張する内容のほとんどが、他の多くの学者の先行研究に係るものである。いずれも、歴史学会内ではよく知られた内容であり、原告には、そもそも、被告の論文に依拠する必

要性すらまったくなかったのである」（二頁）

「③……原告著書の内容・編別構成は、被告の学会発表前に、上記一二本の論文の中でほとんど発表している内容であり、当然の帰結として、被告の学会発表に依拠したものではない」（二頁）と述べている。

しかし、以上に明らかにしたように、それは事実ではない。一九七四年時点で「大東亜共栄圏」の形成と崩壊に関する最も包括的な研究を進めていたのは原であり、かつ原はその体系化に取り組んでおりその最終段階にあった。小林はすでに原が公表した多くの研究に依拠していたうえに、原が自己の研究を体系化する内的な研究過程を、つぶさに横で見ている立場にあった。

当時、小林にはとり得る二つの選択があった。一つは、原が体系化しつつある構想を全面的にうけいれて、それに基づいて自己の研究をまとめる道である。いまひとつは、いかに小さい点でも原朗説との違いを見いだし、その違いを徹底的に押し広げることによって、自己のオリジナリティを創り出すことである。しかし、小林は、このいずれも選択しなかった。小林は、目前にある原の研究に一切触れずに、それを我が物として発表する道を選択した。

そのことの証明は難しいことではない。まず、小林は自著『「大東亜共栄圏」の形成と崩壊』の冒頭、既存の研究を整理して自己の研究方法を論じる「課題と方法」（三頁〜一八頁）において、原の研究にただの一言も触れていない。これは、不注意というようなものではなく、意図的な隠蔽である。なぜなら、方法と課題中の多くの部分が、実際には直接に原の研究成果に基づいているからである。

（1）時代区分を含めた全体の構想は、原の一九七四年土地制度史学会大会共通論題の総括報告、および交換したその手書き原稿、原⑲論文と重複している。

（2）満州国の経済統制と産業開発計画については、原①論文、⑦論文、⑰論文
（3）「輸出入品等臨時措置法」「臨時資金調整法」等の貿易・資金統制については、原①論文
（4）日本の生産力拡充計画・物資動員計画については、原①論文、⑨論文、⑲論文
（5）第三国貿易と円ブロックの峻別については、原③論文
（6）外貨決済の行き詰まりと経済統制の拡大強化の過程については、原③論文、⑨論文
（7）南方支配の矛盾とインフレーションについては、原大会総括報告（原⑲論文）

等に依拠している。この「課題と方法」においては、むしろ原の業績以外の内容を見いだすことさえ難しい。そして、上記のように、小林はかつての論文では自分の研究の多くが原の研究成果であることを認めていた。また、そうするしかなかった。にもかかわらず、この著作では原の名前を一度たりとも出していない。これら原の先行研究の存在をすべて無視して、小林自身の研究であると主張することは、ルールの逸脱を通り越して明確に盗作に当たる。

本論部分については次節で扱う。結語（五三四頁〜五四一頁）においても、小林は原の研究に一切言及していない。

1、全体の主張は、原の一九七四年土地制度史学会大会共通論題の総括報告、および交換したその手書き原稿、原⑲論文と重複
2、「生産力拡充四箇年計画」と対日資産凍結問題については、原⑨論文
3、植民地投資類型の変化と国家統制の変遷、企業進出の形態変化については、原の大会総括報告、手書き原稿、原⑲論文と重複
4、戦争推移の過程で日本、国民政府、共産党の三つ巴の物資争奪戦については、原の大会共通論題

の総括報告、その手書き原稿、原⑲論文と重複

このように、結語部分は多く原の大会報告・同論文と重複している。小林は、自己の『「大東亜共栄圏」の形成と崩壊』の執筆過程で、何度も原の準備報告と大会の総括報告を聞き、その典拠資料を入手しており、大会後にはその手書き原稿と資料を原から受け取っている。小林の叙述と多くが重複する原による研究の体系化の過程について、小林は熟知しているにもかかわらず何ら言及せず、一度も名前さえ出していない。これは、小林が研究形成のプロセスにおいて、原の構想を全面的に盗用したことを示している。

## 第三節　先行研究の尊重の原則と依拠・引用のルール

小林の『「大東亜共栄圏」の形成と崩壊』の冒頭の「序章　課題と方法」および末尾の「結語」については、私の見解はすでに述べた。ここでは、本文部分における問題点を提示する。これについては、すでに被告原朗が、「準備書面1」（平成二五年九月二五日）において、「原告小林の単著と被告原の論文との対照表」を作成し、詳細な比較を提示している。そこでは、原の研究論文名を明示しないで、原の見解を小林が資料に基づいて研究した成果として扱っている箇所が、膨大な箇所にわたって指摘されている。この証拠のみで、学術的には小林による研究成果の盗作は十分に証明されている。

ここでは、学問の世界において後進の研究は、先行研究をどのように扱わなければいけないのか、という点と、その原則・ルールに照らした場合における小林の著作の問題点を明らかにする。

第一に、小林が先行研究からの引用を明示している場合における問題点である。例えば、小林⑭著作の満州開発五箇年計画に関する部分（六六～六九頁）を取り上げよう。ここでは、冒頭の注1で、

この問題については原の⑦論文によると明示されている。しかし、その引用箇所がどこまでを指すのか、下限が示されていない。そして、本文部分の文章において、注2から注3まで典拠となる資料を引用しつつ、小林が事態の展開について叙述している。これでは、どこまでが先行研究である原の研究成果なのか、どこからが小林のオリジナルな分析の成果であるのかが、一般読者には区別がつかない。ちなみに、この場合は最後まですべて原の研究成果によるものであるが、小林の引用方法ではそのことを判断する根拠がなく、原の元の論文を読み直さない限りそのことはわからない。これも、限りなく盗作に近い、学術的には批判される行為である。

これは、小林が先行研究の成果を曖昧にして、自己の研究成果であるかのように装うときに使う方法である。本書のなかでその被害に遭っているのは、もっぱら原の研究成果である。同様の例としては、小林著作の「日本経済の軍事的再編成の方向」（一一一～一一五頁）においても、同様に冒頭の注1で原⑨論文名をあげている。しかし、その後は資料によって注3から注10まで、典拠となる資料名を引用しており、あたかも自分の研究成果のように論じている。ここも、実際にはすべて原の研究成果である。このたぐいは実に多い。

第二は、私的に入手した他人の未発表論文を勝手に利用して、自己の研究とする問題である。原と小林は一九六九年四月から満州史研究会のメンバーとして、密接な共同研究をおこなった。結成から一九七一年六月までに二五回の研究会を開催し、成果論文のとりまとめに合宿研究会を開催し、原稿を相互に交換して輪読し理解を深めていた（『日本帝国主義下の満州』御茶の水書房　一九七二年「あとがき」）。その第一次の成果が同会編の『日本帝国主義下の満州』であり、原・小林ともに論文を掲載している（原⑦論文、小林⑧論文）。同会では、引き続き続編を企画し、原の回想によれば七一年六月には原の満州に関する第Ⅱ論文（原⑰論文）は成稿し、これも相互に交換したという（原朗著『満州経済統制研究』東京大学出版会　二〇一三年、「あとがき」）。この原稿は、事情によって刊行が非常に遅延して、結局実際に刊行されたのは一九七六年三月となった（原朗「満州における経済統制政策の展開―満鉄改組と満業の成立―」（安藤良雄編『日本経済政策史論』下巻、東京大学出版会、一九七六年三月　原⑰論文）。

重要なことは、この原の⑰論文が早くに原稿化され、小林はそれを受け取っていた事実である。このことは、今回被告によって提出された小林による手書きの大会報告発表原稿によって明らかになった。小林の発表原稿、付属資料（乙第二七号証の二）八頁第九表と一二頁第一二表の注に次のように書かれている。

「原朗「満州における経済統制政策の展開」安藤良雄編『日本経済政策史論』下巻（未刊）所収　より引用）。

原の回想にあるように、原の満州に関する第Ⅱ論文はある時期にすでに成稿しており、小林はそれを入手活用していた。ところが、小林の著書『「大東亜共栄圏」の形成と崩壊』の「対満投資動向と満鉄改組」「満業の設立とその特徴」（一七〇頁～一七七頁）において、この原の「満州における経済統制政策の展開―満鉄改組と満業の成立―」（原⑰）を読んでいたにもかかわらず、その内容を自分のものとして発表している。原の論文は全く引用されていない。これは、完全な盗作の動かぬ証拠である。当該箇所では、原の⑦論文七四頁表一Ｂ四が小林著作一六八頁表三―一六として、そのまま使われている。

第三は、小林が他の研究者（この場合　原）が発掘した一次資料について、出典を明示しないで使い、その研究者の資料発掘の功績を掲示しないことである。

太平洋戦争期については、一九七四年時点で原もまだ活字化した論文を発表しておらず、まさに研究を進めている状態にあった。この時点で原が発掘した資料や加工したデータは、まだ限られた範囲でしか知られていないものが多かった。しかし、原と共同研究を行っている小林は、それらの資料や加工したデータを見ていた。

例えば、小林の大会報告手書き資料（乙第二七号証の二）一三頁〜一四頁の第六図（普通銑鉄、普通鋼鋼材、鉄鉱石、石炭、硫安、アルミニウムの生産推移）のデータ出典は、企画院第二部「第二次生産力拡充計画生産要綱（案）」（原朗所蔵資料）と記されていた。つまり、小林は原が発掘して所蔵していた一次資料の提供を受けて論文を書いていた。ところが、『「大東亜共栄圏」の形成と崩壊』において同資料を掲載したときには、五一一頁から五一三頁のように、その出典の情報はきれいに削除されている。原から好意で未使用資料の提供を受けた事実は意図的に隠された。

第四に、先行研究において、資料を示した上で加工した図表データを公表している場合についての問題である。この分野で先行研究の多い原の研究論文において、すでに図表として掲載しているデータを、あたかも小林が出典資料から抽出加工して作成したかのような提示のしかたをしている。

例えば、

（1）原⑦論文　七三頁　表一。三「満州産業開発五年計画鉱工業部門　計画並実績」→小林手書き資料　原論文⑦を使う→小林⑭著作　七五頁　第二―七表「満州産業開発五ヶ年計画表」

（2）原⑦論文　七四頁　第一B四表「修正計画対日供給目標」→小林⑭著作　一六八頁　第三―一六表「対日供給量」

（3）原⑲論文　八頁　第六表「中支那振興関係会社」→小林⑭著作　一八八頁　第三―二三「中支那振興株式会社傘下会社一覧」

（4）原⑲論文　二一頁「中国における日本軍占領地域と解放区」→小林⑭著作　一〇九頁　第三・一図「日中戦争展開と解放区」

（5）原⑲論文　二三頁　第二図「日系通貨発行高」→小林⑭著作　四四六〜四四七頁　第4―4図「大東亜共栄圏」中における通貨発行高」

（1）（2）の場合、小林の研究と密接に関連する原の先行研究であり、小林がよく引用している論文である。そこで提示された全く同じ表を、原資料名のみを典拠としており、先行研究である原の仕事を無視している。

（4）（5）の場合は、原の原論文名が提示されているとはいえ、原資料と並行して記載されているために、この図の作成者が原であることが明示されていない。（3）については次で述べる。

第五は、準備会や学会で報告を聞き、そのレジュメや原稿を受け取ったときに、そこで発表されたオリジナリティを尊重すべきルールの問題がある。これは先行研究者が現在進行形で研究を進めている状況において、後進の研究者が守るべき態度のことである。

この問題に関しては、二つの研究対象が特に問題になる。それは、まだ学界において先行研究がほとんど存在しない状況のもと、原が大会報告で最初に取り扱った領域である。具体的には、日本による華中地域と南方（東南アジア）地域の支配についての研究である。例えば、一九七四年時点で、小林には華北地域についての研究論文があったとはいえ、華中地域についての研究実績はなかった。とすれば、小林は、原の学会報告の準備会と当日の報告・レジュメおよび交換した報告原稿のオリジナリティを尊重しなければならないルールがある。ところが、小林は著書のなかで、先の（3）に示したように、原⑲論文の第六表「中支那振興関係会社」（八頁）と全く同じ原資料を使って、第三―二三「中支那振興株式会社傘下会社一覧」（小林⑭著作　一八八頁）を掲げ、自分の見解として中支那振興株式会社について論じている。これは、明確な著作権の侵害である。口頭発表の原稿にも著作権は存在する。

戦時南方地域の日本支配の問題は、まさに一九七〇年代に研究が始まった状態にあった。この点でも、原の大会報告は画期的な問題提起をしていた。日満北支地域の通貨システムと比較して、南方地域での通貨発行システムとインフレーションの特徴を解明した。また、日本経済史研究において、戦時経済運営の要が外貨による「輸入力」から、一九四〇年日本の資産凍結以後に「海上輸送力」に転換したことの意義を強調したのは、原の③論文であり、定式化したのは原の⑨論文であった。原の大会報告はそれらの基礎の上に立ち、さらに具体的に南方経済圏のあり方について解明を深めていた。小林は、これらの研究成果を、学会報告の準備会と当日の報告・レジュメおよび交換した報告によって、熟知していた。にもかかわらず、小林は、⑭の著書において原の研究に一切言及することなく、すべてみずから資料によって解明した見解として発表している（「原告第二準備書面」平成二三年一月二一日　一二一〜一二三頁）。ここでも、口頭発表の原稿に著作権が存在することを、繰り返し強調せざるを得ない。

このように、小林の行為は、様々な次元と形態で学界における先行研究のオリジナリティを尊重するルールから逸脱している。

## 結論

「原告第二準備書面」（平成二三年一月二一日）四頁によれば、原告側は「学会上の常識や倫理上批判を受ける、いかなる行為も行っていない」と述べている。

しかし、私の意見では、次の三点でそうではない。

第一に、小林は原が一〇年近くの歳月を使って作り上げたオリジナルな日本帝国主義のとらえ方を、小林説だと主張している。

第二に、原による数々の研究成果を、注なしにあるいは曖昧に引用しており、その点で原の研究成果、オリジナリティを侵害している。

第三に、活字化されていない原の学会報告の発表原稿をつかって自己の著作を完成させている。

この三点の行為は、研究者のオリジナリティの創造を最も尊重する学界においては、盗作だと見なされる。

最後に、倫理的な観点から一言述べておく。原と小林は一九六九年の満州史研究会結成の時から、ほぼ六年間、同学研究者としてきわめて親密な関係にあった。時に小林は原の自宅に泊まって議論することさえあったという。当然に学術上の交流もきわめて緊密であったことは、小林による発表論文末尾の献辞において、頻繁に原への感謝の言葉が書かれていることから、第三者もうかがい知ることができる。今回訴訟になっているのは、その二人が、それぞれそれまでの研鑽を集大成して自分の研究をまとめる時期でのことである。かつ、一九七四年土地制度史学会において、原がリードして共通論題を組織し、小林はその共同報告者として参加していた。直前に頻繁に行われた研究会において資料材料を出し合って議論して、共通成果を出そうとしていた過程のことである。

　このとき、小林はこの準備会と大会に参加して議論をかさねつつ、一方でそれと内容的に多くが重なる単著を執筆していた。原告側は「本件学会発表の前に、原告著書の主要な章節は既に完成していた。……当然の帰結として被告の学会発表に依拠したものはない」（原告側「第二準備書面」平成二五年一月二一日　二頁）と述べている。しかし、小林がすでに原稿を書いていたと主張することと、原が学会において体系的な構想を発表したこととは無関係であり、学術の世界では後者のみが意味を持っている。学界においては、公表された成果のみが価値を認められる。しかも、小林は、この共通論題と全く同じテーマの著書を書いていることを、共同研究に取り組んでいる他のメンバーに一切話していない。これは、学界における共同研究というものを根底から突き崩す行為である。共同研究の成果を一人で独占することはできない。共同研究の成果は、すべて共同の成果とするか、あるいはその貢献の度合いに応じて分割するかのいずれかでなくてはならない。他のメンバーとその問題について何も相談することなく、自分独断で単著を出して、後は知らないという小林の態度は、学界において到底許容されない。冒頭に引用した「学会上の常識や倫理上批判を受ける、いかなる行為も行っていない」ということはあり得ない。小林がとった行動は、共同研究における倫理を甚だしく逸脱した行為であり、学術の世界で厳しく批判されるものである。共同研究は研究者にとってオリジナリティを育む場であり、現在も多くの学問分野でおこなわれている。信頼関係をもとにした共同研究が、この事件や裁判の影響で停滞するようなことがあれば、広い意味で学問全般にわたる損失となる。これからも共同研究を推進し学問の発展を期すために、研究倫理とオリジナリティ尊重のルールが強固になるように、本裁判が判断することがきわめて重要であると考える。

## 付論　なぜ当時問題にならなかったのか

『「大東亜共栄圏」の形成と崩壊』が刊行された時、学界における評価は非常に高かった。多くの研究者がこの著作のすばらしさを賞賛し、小林は植民地経済史の分野における代表的な研究者として広く認められた。小林の名声は極めて高く、彼を天才だとまで持ち上げる研究者も少なくなかったほどであった。

本論で明らかにしたように小林の『「大東亜共栄圏」の形成と崩壊』は、共同研究のモラルに反し、全体の構想と多くの部分を盗用した著作であった。では、なぜそれが当時問題にならなかったのであろうか。それは、最近ＳＴＡＰ細胞問題で頻繁に論じられたように、学問の世界が性善説で成り立っており、極めて悪質な行為はそもそも想定されていないからである。

第一に、研究書は単独の研究成果として読まれるので、その基となった当該著者の過去の研究や論文と、刊行された研究書を比較照合して読むような者はほとんどいない。研究書のインパクトは絶大であり、その研究の成立過程は現実的に問題にならなくなる。その意味では、研究書は先に出した方が圧倒的に有利な立場に立つことになる。

第二に、研究のオリジナリティの盗作はいわば親告罪の性格を持っており、研究成果を奪われた被害者による告訴・告発がなければ、現実的に問題にならない。一九七四年の土地制度史学会の大会報告を聞いた研究者、および原・小林の研究をトレースした研究者の中には、『「大東亜共栄圏」の形成と崩壊』に盗作の疑いを持った者はいた。しかし、被害者に当たる原自身が何も発言していない状況の中で、あえて声を上げそれに介入して、問題を提起する者が出なかったということである。

第三に、今回被告が本裁判の準備書面一（平成二五年九月二五日）で提出した「原告小林の単著と被告原の論文との対照表」を添えて、当時土地制度史学会の理事会、あるいは駒沢大学当局に問題を訴えたとすれば、事態は全く変わっていたはずである。学術的な事実関係は明確であるので、その時点で調査すればすぐに結論はでたであろう。小林の不正は断罪され、おそらく小林は職だけでなく学会における地位・名声も失い、著作は絶版にせざるを得なくなったと思われる。そして、土地制度史学会は掲載した共通論題論文の掲載取り消しを巡って大混乱に陥ったであろう。では、何故そうならなかったのか。それは被害者原が、そのような告訴・告発の行動を取らなかったからにほかならない。

## 第二部　原朗氏・小林英夫氏の研究と私

この部では、二人の研究業績について、私個人の立場から論評をする。私の私的な研究のあゆみのなかで、二人の研究をどのように受けとめてきたのかを明らかにすることで、二人の研究についての理解をより深めることができると考える。私はこの二人の研究業績を評価するのに適任である。なぜならば、当時の二人の研究をすべてよく読み、その内容を熟知しているからである。また、原告・被告ともに私の過去の発言に言及しているので、自分で自身の意見を明らかにする必要がある。

### 一、輝く双璧

私は龍谷大学文学部（東洋史専攻）において朝鮮史の勉強を始めた。小林英夫氏については朝鮮経済史では先駆的な研究者として、早くから知っていた。私が持っている小林氏の初期の論文（小林目録　一～四）は、まだ乾式複写機が出る以前の湿式複写機によるコピーで、学部生時代からよく読んでいたことを示している。ただこの時点では、小林氏はまだ参照すべき論文の著者の一人であった。

私は、研究者になることを目指して、一九七七年四月に京都大学大学院文学研究科（日本史専攻）に入学した。私は、近代日本とアジアの経済関係の歴史を研究しようと考えていたが、最初に直面した研究こそが、その直前に刊行された小林氏の『「大東亜共栄圏」の形成と崩壊』および原朗氏の「『大東亜共栄圏』の経済的実態」（原⑲論文）であった。このそびえ立つ巨壁のような二つの研究業績に接したときの衝撃は忘れることができない。歴史を巨視的に把握する雄大な構想力と細部におよぶ緻密な実証を兼ね備えた大きな研究成果に、正直圧倒されてしまった。優れた研究がもつ理解の深さに感動して、二人の著者に対しては憧憬ともよべるほどの敬意をいだいた。そして、これほどの研究をされる方々のおられる世界で、自分がはたして研究者としてやっていけるかという不安さえ覚えた。このように、研究の道に足を踏み入れた時期には、とにかく二人の研究の輝かしさに圧倒されている状態であった。

この時期には、私は原氏と小林氏の研究について全く区別はしていなかった。ほぼ同時に同じような研究を発表されており、土地制度史学会の大会では共通論題でともに発表している。当然に、この二人は同じテーマを協力して研究している共同研究者であると理解していた。両者の主張がほとんど同じなので、よっぽど緊密に共同作業に取り組んでいるのだと思った。ちょっと古風な言い方では、マルクスとエンゲルスのような、一心同体の協力関係なのだと受け止めていた。

## 二、二人の研究内容の識別

私は修士論文では「朝鮮併合」前の朝鮮財政を扱ったので、二人の研究に本格的に向かい合ったのは、博士課程に進学し、一九三〇―四〇年代の東アジア経済史の研究にとりくむようになってからのことである。二人の研究業績は私の目標であるとともに、導きの糸となった。研究の到達点を理解する文献サーベイの一環として、また研究手法を習得するために、二人の過去の研究を懸命に読み込んだ。研究者を目指して苦闘している院生による評価の目は何時も厳しい。私は二人の文献を読んでいるなかで、当初はまったく気がつかなかった次のことを見いだした。

第一は、小林氏と原氏の研究に精度の差があることに気がついた。小林氏は若い頃から非常に多作なことで有名であるが、仕事の粗っぽさが目につくようになった。小林氏の文献に引用されている資料をよく読むと内容を誤読していることが多く、中にはまったく反対に取っていることさえあった。ごく一例を挙げると、『「大東亜共栄圏」の形成と崩壊』のなかで、朝鮮の三八度線以南地域の人口を朝鮮全体の人口と勘違いしたために、ある時期に人口が劇的に減少したなどというとてつもない論点を出していた（堀和生「日本帝国主義の植民地支配史試論」（『日本史研究』二八一号　一九八六年一月）一〇一頁）。また、小林氏の代表的な仕事である朝鮮会社令の研究では、自己の主張の最も重要な根拠である朝鮮人による会社設立申請に対する政府の認可率八二・二％をなんと一〇分の一の八・二％にとりちがえて立論していた。しかも、自分の次の論文でその根拠の数値を注釈なしに一〇倍に訂正しながら、論文の主張はまったく変更しないという驚くべき態度をとっていることも知った（堀和生「小林英夫編『植民地への企業進出―朝鮮会社令の分析―』（歴史科学協議会『歴史評論』五七五号　一九九八年三月）一三七～一四二頁）。当初小林氏の研究に感じたまぶしさは、次第になくなっていった。それに対して、原氏の研究はそのような粗雑さはまったくなかったのみでなく、その資料の整理と解釈にはきわめて慎重な姿勢を保持しており、教えられることが実に多かった。また、私の研究が進んでくると、研究史上における原氏の仕事の意義を理解できるようになり、そのスケールの広さに改めて深い感銘を受けるようになった。私のこのような原氏の初期の研究に対する理解と高い評価は、その後高まることはあっても全く変わることはなかった（この原朗学説に対する私の高い評価に関しては、前掲書評「原朗著『日本戦時経済研究』」を参照されたい）。このように、私にとって当初はまったく同じような偉大な業績とうけとめた二人の研究について、すこしずつ違いがあることを認識するようになった。

第二に、このような二人の研究者に個性の違いがあるにも拘わらず、小林の著書と原の⑲論文の構成は実によく似ていた。小林氏の『「大東亜共栄圏」の形成と崩壊』と原朗氏の「実態」論文は、論の構成がそっくりであるだけでなく、あまりに内容が重なっており、まったく同じ叙述がきわめて多いことにも気がついた。別の人格である二人による研究でありながら、これほどの近似性は尋常ではない。これは、どのように理解したら良いのであろうか。

手がかりは『土地制度史学』七一号に掲載されている原氏の「実態」論文冒頭にある説明書きである。それによれば、原論文は一九七四年一〇月大会当日の発表論文のままのものであるという。とすれば、それは一九七五年一二月に刊行された『「大東亜共栄圏」の形成と崩壊』よりも、先行する研究成果であることはまちがいない。そうすると、二人の論の骨子、オリジナリティは原氏が先行して、小林氏がそれを踏襲したということになる。この二つの研究に至るまでの原氏と小林氏の研究の足跡をふまえれば、第一部で詳述したように、この研究を切り開いてきたのが原氏であることは明白である。このようなことを理解した私は、研究上における二人の関係を次のように把握した。土地制度史学会大会報告の構図と同じく、つまり、全体の理論の創始者が原氏であり、その理論に依拠して各論として実証を担当した緊密な協力者が小林氏であると。

私は、自分の研究論文において、そのような視点で研究整理を公表した。「日本帝国主義・資本主義研究において、この時期の植民地経済史を組み込んだ理論的枠組みを提起したのは原朗氏であり、またその理論を各植民地で詳細に実証したのは小林英夫氏である」（堀和生「一九三〇年代朝鮮工業化の再生産条件」（中村哲・梶村秀樹・安秉直・李大根編『朝鮮近代の経済構造』日本評論社　一九九〇年五月　所収　二六九頁））。

この時点で、私は原氏が理論の創始者であり、小林氏はその実証の協力者という認識であった。

## 三、盗作の確信

ところが、私のこのような研究整理について、小林氏はすぐに反論を発表した。小林は『朝鮮近代の経済構造』の書評のなかで、筆者の論文をとりあげ、次のように書いている。

「私の研究史について堀氏は本書二六九〜二七〇ページにおいて、戦前の日本帝国主義の矛盾と崩壊のメカニズムを原朗氏の理論に依拠したがゆえに戦後東アジアとの内的関連性を私がもたなかったように述べているが、その内容は正確ではない。この問題に関する私の原点は「一九三〇年代朝鮮『工業化』政策の展開過程」（『朝鮮史研究会論文集』第三集　一九六七年一〇月）にある。そこに主要な論点は提示されている。さらにそれを「一九三〇年代『満州工業化』政策の展開過程」（『土地制度史学』第四四号　一九六九年七月）で「満州」に拡大し、「一九三〇年代後半以降の台湾『工業化』政策」（『土地制度史学』第六一号一九七三年一〇月）で台湾に拡大し全体をまとめあげた。まとめる際、公私ともに原先生に大変お世話になったことは著書のはしがきに書いたとおりであり、いまでも学会でお世話になりっぱなしであるが、堀氏がいうような原・総論、小林・各論担当のもとで、「この原理論に依拠した小林英夫氏の植民地史研究が、同氏自身の戦後東アジア史研究とまったく何らの内的関連性をもっていなかった」（二七〇頁）という指摘は、原先生に失礼であるだけでなく、また事実に合致しない。「大東共栄圏」の崩壊以降を跡づけるのに、とりあえず断絶面を強調するのは前述した理由から当然だからである」（『アジア経済』三二巻三号、一九九一年三月　一一五頁……傍線は堀）。

小林氏のこの反駁によって、私が長い間抱いていた疑問は氷解した。小林氏の「一九三〇年代朝鮮『工業化』政策の展開過程」に、『「大東亜共栄圏」の形成と崩壊』で展開されているような日本帝国の構造的な矛盾を動態的に把握する視点など全くない。小林氏が、第一部で明らかにした研究史における原氏の功績を否定して、それを自分の功績というのならば、私はそれは学術上の盗作だと評価するほかない。小林氏は原氏の緊密な協力者であったのではなく、原氏の仕事を盗作したのであった。

私は、この小林氏の反駁について、再度自分の見解をこのように公表した。

「筆者のこのような評価に対して、小林は『「大東亜共栄圏」の形成と崩壊』は一九六七年からの自己の研究成果に基づくものであり、原理論への依存という事実認識が不正確であると反論している（出典省略……堀）。しかし、筆者の理解では、一九三〇年代日本資本主義の国際収支の矛盾を貿易と金融の両面から動態的に解明して、欧米諸国と植民地・円ブロック地域への依存関係のドラスティクな転換のなかで、日本帝国主義の崩壊過程までを理論化した研究史上の功績は原朗にあると考えている」（堀和生『朝鮮工業化の史的分析』有斐閣　一九九六年　一八頁）

なお、以上の経緯については、本裁判において被告原告の双方が言及しているので、私の立場を明らかにしておく。原告側は第三準備書面（二〇一四年一月二一日）において、次のように述べている（五～六頁）。

「堀氏は、被告の引用する著書においても、被告自身がまさにそう述べているように（被告準備書面三、五頁―一七行）、せいぜい〝『日本帝国主義の崩壊過程』に至る経緯についての理論的成果〟の功績が被告にあると論じているに過ぎない。……学問研究において、先駆者の理論的成果を土台として研究を重ねることは通常のことであって、そのことは、法律上はもちろん倫理上も全く問題のない、学術界において一般に認められた行為である。したがって、その上で、当該理論の『成果』や『功績』が誰にあるかという議論がなされたとしても、それはあくまでも学問的評価の議論にとどまるものである。しかしながら、既に述べたように、被告が本件最終講義等で主張したのは、自らの理論の先駆性といった学問的評価にとどまるものでは決してなく、原告が不法行為すら構成しうるような行為に及んだという事実の摘示なのである。従って、被告は、堀氏が論じようとしたことと比較すれば、はるかに重大で具体性のある事実を、自己の経験と認識にもとづき、自ら摘示したに他ならない」（第三準備書面　五～六頁）

私の見解は明確である。『「大東亜共栄圏」の形成と崩壊』をまとめた理論の骨子は原朗氏が創り上げたものであり、小林氏は理論と構想の両面において全面的にその原氏の研究に依存している。小林氏は上記（『アジア経済』の書評）のようにその事実を否定して、すべて自分の研究成果であると主張しているのであるから、学術的にみてそれは盗作である。そして、学術界では到底許されるものではない。

## 四、特異な接触

私と二人の著作のオリジナリティを巡る関わりは以上で終わったと考えていた。ところが、そうではなかった。二〇〇五年一二月一四日、小林氏から突然に郵便が送られてきた。

内容は、校正用原稿ゲラ刷りのコピー二枚（一二月六日付け）と小林氏のメモであった。

堀様

初校のゲラを送ります（当該頁のみ）。これを引用して論争再燃はやめましょう。これで終わりにした方がそろそろ私も引退を考える年になってきました。小林

（傍線部は斜線で削除……堀）

同封されたゲラ刷りのコピーによれば、小林氏が『「大東亜共栄圏」の形成と崩壊』の増補版を出す予定であるということはわかったが、彼がそれを私に送ってきた理由は理解できなかった。しかし、それはすぐにわかることになる。

その郵便を受け取った直後の日曜日、一二月一七日か一二月二四日に、私は自宅で小林氏から電話を受け取った。その電話の内容は三点あった。①私（小林）は君（堀）の研究を高く評価している。②君（堀）の私（小林）の研究についての批判は十分に受け入れている。③だから、近く『「大東亜共栄圏」の形成と崩壊』の増補版を刊行するが、ぜひ書評はしないで欲しい。

話は①②もあったが、もっぱら繰り返したのは③であった。もう自分は引退する時期になったので、最初の著作についてもめたくない、とにかく書評をしないと約束してくれと懇願された。私と小林氏の間には、『「大東亜共栄圏」の形成と崩壊』中の研究のオリジナリティをめぐるやりとりがあったので、彼の意図はすぐにわかった。私は自分の学術的な見解は既に公表しており、それから一〇年も経っているので、あえていまさら同じことを繰り返す気持ちもなかった。それで、小林氏には書評はしませんと述べて、話はおわった。

私は、研究領域が多岐にわたるために学会誌の書評執筆を頼まれることが多い。この一年をとってみても、政治経済学・経済史学会『歴史と経済』二二一号（二〇一三年一〇月）、経営史学会『経営史学』四八巻六号（二〇一四年三月）、歴史学研究会『歴史学研究』九二二号（二〇一一年九月）、『社会経済史学』第八〇巻第三号（二〇一四年一一月）のように、代表的な四つの歴史学会誌に書評を書いている。書評の執筆は多くの場合、学会編集委員会の依頼によるものであるが、まれに著者・編者から直接に書評をして欲しいと頼まれることもある。しかしながら、私は未だかつて、著者から書評をしないで欲しいと頼まれたことはない。それほど小林氏の依頼は特異なものであり、彼にとって切実であったのであろう。私はこれまで小林氏から手紙をもらったことと電話を受けたことは、ともにこれ一度だけである。

小林氏の増補版のあとがきには、私の過去の発言に触れて次のように書いている。

「『「大東亜共栄圏」の形成と崩壊』刊行の経緯に関するさまざまな「誤解」も、当時の本書作成の経緯を綴った「あとがき」の部分を一切修正を加えずに出版することで回答にかえさせていただく」

私がその増補版について書評をしなかったことは、私が小林氏の弁解を承認したことを意味するものではない。小林氏の『「大東亜共栄圏」の形成と崩壊』は全面的に原氏の研究と理論に依拠したものであるという私の認識は、何ら変わっていない。

増補版の刊行から、かなり時間が経ってから、小林氏は突然に堀の一九九〇年代の研究について批判を始めた。小林英夫・李光宰『朝鮮・韓国工業化と電力事業』（つげ書房新社　二〇一一年五月）は、堀和生の研究を批判するために書いたと明記しており、全編にわたって私の昔の研究を批判している。また、小林英夫「東アジア工業化の起点―堀和生氏の著作をめぐって―」（早稲田大学『アジア太平洋討究』一九号　二〇一三年一月）は、わざわざ論文表題に私の名前を掲げて、全面的に私の学説批判を展開している。私は、真摯で学術的な次元であるかぎり、たとえ誰であろうと、二〇年前の古い研究であろうとも、検討・批判の対象として取り上げてくれることを大いに歓迎する。ただし、小林氏がこれほど私を批判する必要があると考えているのであれば、先の二〇〇五年一二月の電話の用件、①と②はまったく嘘であったことになる。本当の用件は、原・小林間のオリジナリティについて、私への口止め工作であったというほかかない。

## 五、堀の意見

意見書の最後に、今回の裁判に対する私の見解を述べる。研究者にとって、二〇歳代から三〇歳代にかけての一〇年あまりの期間は、特別な意味があり極めて重要である。それは、若手研究者が研究者になることができるか、いいかえれば自分なりのオリジナリティを創ることができるか否か、という試練の時期である。若手研究者は日々の作業の中で、新しいオリジナリティの「着想」や「発見」に興奮するが、それが既に先行研究で扱われていることを知り失望するといったことを繰り返すことになる。そして、その長い精進を通じて、ようやくオリジナリティを備えた自立した研究者に成長していくのである。その試練に耐えきれなかった者や、運悪くテーマや資料に恵まれなかった者は、この進路から退場しなければならないこともある。これほど若い時期の研究者にとって、オリジナリティの獲得と陶冶は決定的に重要である。研究者にとり三〇歳代に取り組む最初の著作は、そのように渾身の力を出し切ったものとなるので、第二冊目以降の著作とはまったく性格が異なっている。

一九七〇年代半ば、原氏も小林氏も、若手研究者として切磋琢磨してこのオリジナリティを創り出す作業に必死で取り組んでいたと考えられる。そして、専攻を同じくする者が協力して研究している場合には、自分のオリジナリティを作りあげるのと同時に、共同研究者のオリジナリティを最大限に尊重することが厳格に求められる。問題となっている事件において、小林氏にはこのモラルを尊重の姿勢が皆無であった。この『「大東亜共栄圏」の形成と崩壊』を刊行したことによって、小林氏は学界の名声と社会的な地位を手にした。他方、原氏は自身が一〇年近く培ってきた研究、オリジナリティを自分の成果として発表する機会を喪失してしまったのである。

このことは、社会科学の研究史において非常に重要な事件であった。身を削るような厳しい鍛錬のなかでオリジナリティの創造に取り組んでいる若手研究者にたいして、極めて大きな影響を与える。長い精進の成果である他の研究者の研究成果を、悪意によって盗むことが許されてはならない。学問の世界において、オリジナリティを尊重する倫理を確立することは、今日において切実な課題である。

今回の訴訟は、加害者が被害者を告発するという極めて特異な内容になっている。本来であれば事件発生直後に土地制度史学会の理事担当者が、ただちに裁くべき重大な案件であったにもかかわらず、それは実現しなかった。事件発生後四〇年という長い時間が経ってしまったが、この裁判において正義の判断が下されることを、切に希望する。

## (二)　堀和生「意見書Ⅱ」全文(二〇一七年四月二八日)

**意見書　Ⅱ**

二〇一七年四月二八日

京都大学名誉教授　堀　和生

筆者は、原朗氏と小林英夫氏との研究成果の関係について、二〇一五年一〇月一日に意見書を提出した。しかし、この裁判の重要性に照らして、訴訟審理の進展が遅いことを大変憂慮している。そこで、この裁判で焦点となっている盗作・剽窃について、学術的な視点から更に踏み込んだ意見書を提出する。

### はじめに――学術論争とりわけ独創性のプライオリティ争点の特徴

本裁判で争われている案件は、提訴時から約四〇年前に起こったことである。通常の社会的な事件では、これだけ長い時間が経つと、関係者の記憶全般が薄れ各自頭のなかで思いこみだけが「事実」として固着しがちで、事実関係を客観的に復元することは困難なことが多い。ところが、学術研究の世界はまったく事情が異なる。研究の探究プロセスの多くは個別に取り組まれ、そのほとんどは研究者の頭の中の思考活動である。ところが、研究の成果となれば、必ず社会・学界に公表して、その評価を受けなければならない。つまり、公表・公開されなければ学術研究の成果としては認められない。このために、学術研究活動の足跡は、多様な媒体による成果公表という過程をともない、必然的に非常に多くの記録が残されることになる。であるから、残された学術資料を分析することによって、過去にあった研究に関わる客観的な事実を復元・確定することは困難ではない。とりわけ、先端の研究における独創性およびそのプライオリティは、関連資料を収集して比較検討し、考証を突き詰めることによって、必ず客観的に確定することが可能である。学術の世界においては、独創性に関するプライオリティの争いが曖昧なままに並存する余地はなく、四〇年経とうが五〇年過ぎようとも必ず決着をつけることが可能なのである。本件も例外ではない。

## 第一部　関連研究成果の客観的な存在状況

### 一、一九七〇年代半ばにおける原朗の研究成果

小林英夫は一九七五年一二月に『「大東亜共栄圏」の形成と崩壊』を刊行した。この裁判では、この著作が、それ以前における原朗の研究成果を盗作したのかどうかが争われている。

本訴訟において、小林英夫側は、「第二回準備書面（平成二六年一月二一日）」において「②被告が自らの独創と主張する内容のほとんどが、他の多くの学者の先行研究に係るものである。いずれも、歴史学会内ではよく知られた内容であり、原告には、そもそも、被告の論文に依拠する必要性すらまったくなかったのである」（二頁）

「③……原告著書の内容・編別構成は、被告の学会発表前に、上記一二本の論文の中でほとんど発表している内容であり、当然の帰結として、被告の学会発表に依拠したものではない」（二頁）と述べている。この係争の出発点は、まずこの小林の主張の正否から検討しなければならない。

他方、原朗は土地制度史学会秋季学術大会（一九七四年一〇月）において共通論題「一九三〇年代における日本帝国主義の植民地問題」を組織するとともに、自ら総論「『大東亜共栄圏』の経済的実態」を発表した。これは、原朗の一〇年に及ぶ研究活動の成果を集大成するものであった。

原朗と小林の一九七〇年以前の研究業績は文末にリストを添付している。原朗の手による資料発掘と資料集（『現代史資料四三　国家総動員』リスト⑤、『日満財政経済研究会資料』全三巻　リスト⑥）をのぞくと、原本人によれば主要な論文は次の五点である（原朗「陳述書Ⅱ」二〇一七年四月二八日一三頁）。

・「資金統制と産業金融」（本人略称「資金統制」論文　以下同）（『土地制度史学』第九巻第二号、一九六七年一月）リスト①
・「日中戦争期の国際収支—外貨不足問題と経済統制」（「国際収支」論文）（『社会経済史学』第三四巻第六号、一九六九年三月）リスト③
・「日中戦争期の外貨決済」（一）（二）（三）（「外貨決済」論文）（東京大学経済学会『経済学論集』第三八巻第一号一七—四八頁、一九七二年四月、第二号四四—六六頁、同年七月、第三号二八—六四頁、同年一〇月）リスト⑨
・「一九三〇年代の満州経済統制政策」（「満州第一」論文」（満州史研究会編『日本帝国主義下の満州』、御茶の水書房、一九七二年一月）リスト⑦
・「『満州』における経済統制政策の展開」（満州第二」論文）（安藤良雄編『日本経済政策史論』下巻、東京大学出版会、一九七六年三月）リスト⑰

まず検討されるべきは、一九七五年の学界において原朗の研究はありふれたもので、引用する必要もないものであったという小林の主張の妥当性である。

この原朗の五本の論文が、専門研究者にどのように評価されたのかについて、直接論文を評価した文献を収集して検討しよう。恣意性を排除するために、『史学雑誌』の「回顧と展望」号、および国立情報研究所の学術論文検索サイト（CiNii Article）でヒットしたものが対象である。このような抽出なので、これは当該論文を論じた悉皆データではない。全部で九点を発見できたので、その主要部分を次に掲げよう。

**「資金統制」論文と「国際収支」論文について**

**竹山護夫**（当時　山梨大学講師）「この時期の日本の戦時経済に就いては特徴ある二つの研究が公表された。原朗氏による「日中戦争期の国際収支―外貨不足問題と経済統制―」（『社会経済史学』三四―六）及び、水沼知一氏による資料紹介「R：S『日中戦争下の日本経済』（『経済と経済学』二五）である。原論文は、先に氏が「資金統制と産業金融―日華事変期における生産力拡充政策の金融的側面―」によって金融の側面から経済統制を照明したのに引き続き、今度はその展開過程を貿易の側面から追究しようとするものである。即ち、先ず日本の日中戦争期における経済統制の開始と展開過程において、国際収支の危機が最も強く意識されたという事実、及びこの戦時経済運営の中核であった物資動員計画の最重要課題は結局輸入力、外貨配分の問題に帰せられること、が前提とされた上で、貿易収支と貿易外収支の分析が行なわれる。同氏は、ここで国際収支全体と戦時経済統制の関係に関する考察は一先ず留保し、右の両収支の追究のみに専念しているのであるが、円ブロックの形成による対外経済関係の変容を強調し、それを意識して複雑化した対外収支考察の手続きを取り込みつつ行なう分析は緻密にして鋭利である」（傍線は引用者、以下同じ）。「一九六九年の歴史学界　回顧と展望」『史学雑誌』第七九巻六号　一九七〇年六月　一六九―一七〇頁。

## 「外貨決済」論文について[1]

**山崎志郎**（現首都大学東京教授）第Ⅵ章論文（「日中戦争期の外貨決済」）では外貨危機に対応し、重要な役割をもった横浜正金銀行の外貨手当を追ったもので、正金の為替持ち高の推移や、金地金の現送や、一九三七年一月の大蔵省一号省令に始まる為替統制の強化を、『日本銀行沿革史』第三集のほか、正金銀行内部資料、賀屋興宣蔵相期の大蔵省内部資料を駆使して詳細に追っている。外貨統制を起点に、輸出入リンク制度や物資動員計画が発足し、さらに第二次世界大戦を機に、経済統制の全面化が一九四一年までに一挙に進むことを指摘した。………従来の研究では法令レベルで捉えられていた統制経済を、行政や統制機関の内部資料を使って計画立案過程や統制実態を詳細に分析したもので、資金統制を通じた産業全般への統制の連鎖を解明し、戦時経済研究の実証水準を一挙に高めたものであった。一九六〇年代末から内政史研究会・日本近代史料研究会の聞き取り調査に参画して多くの一次史料を発掘し、横浜正金銀行や日本銀行の内部資料を渉猟し、原資料を読み解き、そこから歴史像を構築しようとした精力的な研究成果である」（「書評　原朗『日本戦時経済研究』」〈東京大学『経済学論集』第八一巻第一号、二〇一六年一二月　六一―六二頁〉）。

## 「満州第二」論文について

**尾形洋一**（当時　早稲田大学大学院）「第1章「一九三〇年代の満州経済統制政策」（原氏担当）は、ファシズム運動のなかで形成された理念としての統制――計画経済が、「満州事変」後、状況と現実とによっていかに立案・修正されていったのかを、綿密に跡づけたものである。「満州国」経済における目標と成果との乖離は、すでに石川滋氏の論文「終戦にいたるまでの満州経済開発――その目的と成果――」で詳細に分析され、また、状況の変化によって動揺する「満州」経済政策は、当時にあっても、その大要は捉えられていた。しかし満鉄経済調査会による『立案調査書類』をはじめとする、「満州」統制経済の各段階における、政策遂行側の基礎資料を駆使していることは、この論文の第一の特徴で、推論を説得力のあるものにしている」（「書評『日本帝国主義下の満州』」〈『社会経済史学』三八巻四号　一九七二年二号〉一一五―一一六頁）。

**鈴木隆史**（桃山学院大学）「本書の総論ともいうべき第一章「一九三〇年代の満州経済統制政策」では、満州における経済統制政策の立案過程を日本自体の同政策の立案過程との関連において実証的に解明することが課題とされ、この時期の満州経済統制政策の立案過程が豊富な資料を駆使して克明に叙述されており、実証的分析に主眼をおく本書の特色がもっともよくあらわれている。本章の分析によって、「満州国」における政策立案に軍部（関東軍）が一貫して主導的役割を果たしたことが具体的に明らかにされ、またそれを通じて「満州国」のかいらい性も浮き彫りにされている」（「書評『日本帝国主義下の満州』」〈『歴史学研究』第三八七号　一九七二年八月〉五八頁）。

**平野絢子**（慶応大学教授）「第一章一九三〇年代の満州経済統制政策は原朗氏の執筆による。「一九三一年の満州事変後いちはやく軍部が政治経済の全面に亘って主導権を握った満州では初発から強力な国家統制が意図され、日本における経済統制の展開に先だって、むしろそれを先導する形で統制政策が実行に移された」。そこで、本稿は満州事変期の経済統制政策、日中戦争期の経済統制政策——満州産業開発五ヵ年計画、満州物資動員計画、徹底的重点主義への転換——の検討を通じて、①満州における経済統制政策の立案過程をなしうる限り実証的に追求し、②この満州における経済統制政策の立案過程が、日本自体における経済統制政策の立案過程と如何なる関連もって進められていったのかを明らかにすること」がこころみられている。………数多い裏（ママ）資料も駆使して解明される。そのよって立つ資料*に、本稿の大きな特色が鮮明に見出されるのである………。

＊　三つの系統の文書。その一・満州事変勃発当時満鉄理事として満鉄が関東軍に積極的に協力するためのリーダーシップをとり、ついで満鉄経済調査会委員長として満州における経済統制政策全般の立案にあたり、さらに日本の華北への経済進出の初期の中心機関であった興中公司の社長を歴任した十河信二氏の旧蔵文書。その二・建国大学教授であり、関東軍嘱託として日中戦争期の満州経済統制の中心となった企画委員会の幹事をつとめ、関東軍参謀部第四課臨時調査室で軍限りの特別調査に従事した岡野鑑記氏の旧蔵文書。その三・三井銀行員として池田成彬の命により参謀本部石原莞爾大佐の私設調査機関日満財政経済研究会で軍需産業拡充計画の立案に関与した泉山三六氏の旧蔵文書」（「書評『日本帝国主義下の満州』」〈『三田学会雑誌』第六五巻第五号　一九七二年五月〉七七〜七八頁）。

## 「満州第二」論文について

**原田三喜雄**（当時　西南学院大学教授）「『満州』における経済統制政策の展開——満鉄と満業設立をめぐって——」（第一〇章・原朗）は、「満州」における経済建設の実施過程を、その中枢的機関をなす満州重工業を中心に取り上げ、日産の満州移駐によるその設立事情とその後の不首尾に終わる経過について検討している。新資料を駆使した新しい領域における意欲的な研究だといえよう。……わが国における国家独占資本主義の形成と確立、中国大陸への帝国主義的進出といった問題を、単に概念的理解に終わらずに実体的に把握するのに役立つ」（「書評　安藤良雄編『日本経済政策史論』上下」〈『社会経済史学』第四二巻第六号　一九七七年三月〉七七頁）。

小林正彬（当時　関東学院大学教授）「原朗氏によって――満鉄改組と満業設立をめぐって――と副題のつけられたボリュームのある一章。従来、未開拓の分野であったが、最近資料の発掘もあり、旧財閥と新興財閥（鮎川）、軍部・関東軍など入り乱れる日本現代史だけでなく日本経営史に及ぶ格好のテーマとなった。ここで満業（満州重工業開発株式会社）が徹底的に分析されている。まず、関東軍の満鉄改組について日本商工会議所の反対でつぶれたことが紹介される（のち満業の成立で、重工業関係から満鉄は一切手をひく）。こうして鮎川日産への優遇措置により同社の満州移駐が実現するが、日産が日本から脱出しなければならない理由（金融機関を持たぬ点等）も検討される。結局は外資導入も失敗し鮎川の総裁辞職となるが、満業が石炭・鉄鋼・金属等基礎資材開発に重点を置く存在であったことが示される」（「書評　安藤良雄編『日本経済政策史論』上下」〈『史学雑誌』第八五巻第一〇号　一九七六年一〇号〉六八頁）。

加藤幸三郎（当時　専修大学教授）「第一〇章は、満鉄と満州重工業という両特殊会社を対象に、傀儡国家「満州国」での経済統制政策、ならびに日本国内における総力戦体制との関連を究明されている。昭和六年の満鉄改組方針には、結局在満機構改革の実行が前提されねばならず、それは満州事変勃発当時の日本の出先機関たる関東軍・関東庁・奉天総領事館・満鉄の四者併立＝「四頭政治」の単一化の要望でもあった。この在満機構改革問題は、岡田啓介内閣が直面した最大の政治問題でもあったが、結局は陸軍が制度的かつ実質的にも対満政策の実権を握ることに成功する。対する満鉄側にも改組案を受入れざるをえない経済的事情があり、新鉄道建設の負担増加、経営不振、資金調達難がそれであった。ところで満州産業開発五ヵ年計画と関連して具体化された日産の満州移駐は、一九三五年以降の「第二期建設」検討の中での、軍需工業拡充諸計画の立案に遡ることができる。当時の陸軍と参謀本部は、一方で軍備増強のため自動車工業と航空機工業の急速な育成を急務とみなし、他方で鮎川義介の経営手腕と外資導入に期待して、鮎川の満州乗出しを要請することになる。終局的には、鮎川起用・日産移駐・綜合開発という内容を中心に、一九三七年秋に『満州重工業確立要綱』の閣議決定、ついで満州国政府の決定をみ、同年末には満州重工業開発株式会社が発足し、ここに、満鉄改組も決着した。かかる、満州重工業設立と並行して、日産自体も「二重課税」問題と、金融機関をもたない新興財閥としての資金調達の限界から、前述したように満州に脱出・延命をはかろうとしたのである。しかし、満業と政府・満鉄ならびに関係会社との関係は、円滑にはゆかず、昭和製鋼所・日満商事・満州炭礦との関係もその例外ではなかった。さらに、満業設立の最大重要条件として重視された「外資導入」問題も失敗に終り、結局満業改組・鮎川の総裁辞任に追い込まれてゆく。かくて満州「第二期経済建設」実行の中心機関として位置づけられた満州重工業開発株式会社の役割の総括として、日中戦争期における日本の対満州投資の中での満業の位置、満州産業開発五ヵ年計画における満業の実績を検討されて結びとされている」（「書評　安藤良雄編『日本経済政策史論』上下」〈『土地制度史学』第八二号　一九七九年四月〉七三頁）。

**高村直助**（当時　東京大学助教授）「満州重工業開発会社を素材に、「満州」での統制実施過程における特殊会社の役割変化が検討される。「満州事変」を画期に関東軍にとっての位置づけが変化したことから、満鉄・財界の抵抗で曲折を辿りつつも、陸軍の目的の大半を実現する方向で満鉄は改組された。すでに一九三六年秋に形成された「軍財抱合」の下で、自動車・航空機工業建設という軍の期待を担って、重税負担に悩んでいた日産の移駐によって満業が成立する（一九三七年）。しかし、もと満鉄傘下の子会社の統轄困難、「満州国」・関東軍・本国政府による統制、外資導入の失敗などを直接の理由として、当初の目論見は無残な失敗に終わる。それは大局的には、「日本帝国主義の軍事的要請と、他方におけるその全く貧弱な物的基盤の乖離」（二一〇頁）に基づくものであったといえよう。鮎川義介関係文書などを駆使した満業分析はまさに圧巻であり、満業の研究は画期的に深化したといえよう」（「書評『日本経済政策史』上下」〈東京大学『経済学論集』第四三巻第二号、一九七七年七月〉一〇二頁）。

以上九点の論文評から、何が明らかになるであろうか。自己のコメントを加えずに、内容の要約だけの加藤幸三郎(2)を除くと、その他は原論文を一様に高く評価しているといえよう。評者によって焦点の当て方は異なるが、共通の指摘が多いのは、新資料の発掘である。ほぼ一様に新資料の発掘とそれによる新しい領域の開拓を成果としてあげている。満鉄経済調査会の満鉄調査立案書類、十河信二文書、岡野鑑記文書、泉山三六文書、鮎川義介文書等、短い論文評中において、一様に一次文献発掘の功績があげられている。ちなみに、このことについては、「陳述書Ⅱ」（二〇一七年四月二八日）四～五頁で原朗自身が述べている。そして、各論文評では、それらの一次資料の詳細な分析によって、日本政府や満鉄・軍部・新旧財閥等の間の抗争・葛藤の過程が詳細に明らかにされたことが紹介されている。さらに、「資金統制」論文、「国際収支」論文、「外貨決済」論文では、国際収支の行き詰まりについて金融と貿易の両面から分析し、その矛盾が植民地を含めた経済統制と戦時動員を拡大していくという論理が創られていることが紹介されている。高村直助のように、画期的な研究成果だとまで賞賛しているものもある。

さて、この様な一九七五年以前の原朗主要論文に対する学界の高い評価と、冒頭に掲げた小林の「被告が自らの独創と主張する内容のほとんどが、他の多くの学者の先行研究に係るものである。歴史学会内ではよく知られた内容であり、原告には、そもそも、被告の論文に依拠する必要性すらまったくなかったのである」という主張とは両立しない。なぜならば、原朗の研究成果と小林の単著の中の叙述内容は、客観的にほとんどが重複しているからである。学術的創意のプライオリティを主唱するためには、それを証拠・記録によって証明しなければならない。原朗は、一九六七年から一九七四年土地制度史学会大会報告（「経済的実態」論文と略する　文末リスト⑲）までに五つの論文を発表し、それらは上記の諸論文評に見られるような学界の評価を得ていた。そして、原朗の研究成果は当該分野の専門家には知られていた。であるから、小林が原の研究成果への依存を否定しようとするのならば、自分の主張の正しさを客観的に証明しなければならない。

小林の著作の骨格を形づくる歴史的事実と理解の枠組みが、原朗の上記五論文によって出されていることは客観的な事実として認定される。小林がこの事実を覆すことは困難である。既に存在する原の研究成果と専門研究者によるその評価を、小林が恣意的に消し去ることはできないからである。もちろん、個々の論文については、研究者によって様々な評価がありえるので、原朗論文を高く評価している上記の諸見解に、小林がかならずしも同意する必要はない。しかし、一九七五年時点で、日本帝国の膨張と解体を、国際的な制約の下における資金と貿易の矛盾関係の中で把握しようとしていた原朗による先行研究が厳然と存在していたことは否定することができない。小林が大東亜経済圏研究に関する自己のプライオリティをあくまで主張するのならば、この原朗の五本の研究成果の存在と意義を否定しなければならない。もちろん、事実に反するそのようなことは不可能である。小林は裁判の中において、自分が原朗の研究成果に依拠したことはなかったと繰り返すだけで、そのことを何ら客観的に証明できていない。学術論争において最も重要な記録による証明義務を、小林は何も果たしていない。

## 二、学界におけるその後の評価

一九七五年一二月小林が著作を刊行したことによって、二人の関係と二人をとりまく学問的な環境は一変した。小林はこの著作によって、一挙に「日本帝国主義史研究の第一人者」としての名声を獲得し、学界において指導的な地位を確立した。小林の著作には、慶應義塾大学経済学部から藤林敬三賞が与えられた。以後、小林は植民地史・アジア史の領域で膨大な著作を重ね、著名な学者としての道を駆け上がった。他方、この事件で衝撃を受けた原朗は、苦悩のすえに、それまでの自分の成果をまとめて単著とすることを断念し、関連分野の研究から完全に撤退した。小林の盗作事件に声を上げる者はいなかったが、若手のトップランナーとして新しい領域を精力的に開拓しつつあった原朗が、それまでの研究を突然に止めたことは多くの研究者が注目し、それに関してさまざまな憶測がとびかった。事実だけのべれば、原朗は何も語らず沈黙を守った。

公表された学術研究の成果は著者の手を離れてゆき、いかなる人の思惑とも別に学界の共有財産となる。小林の著作刊行によって、本人の手によって単著にまとめられることのなかった原朗の五本の論文と「実態」論文の行方を追おう。まず、原朗が一九七五年時点で到達していた独創的な経済史の理論と歴史像について、筆者の「意見書」（二〇一五年一〇月一日）によって再度説明しておこう。

「植民地を含んだ日本資本主義・日本帝国主義の形成から解体までを、全体として把握しようというスケールの大きな研究である。後発資本主義国であった日本が、その構造的な後進性や脆弱性を克服するために、植民地をもつ帝国主義をめざしていったこと、その帝国主義的な膨張こそが、世界経済の中における日本の選択肢をさらにせばめ、日本帝国を解体に追い込んでいったこと、それらの過程を物資（生産・貿易）と金融の両面から総合的に解明しようとした。この領域の研究は原の独壇場であった。明確な問題意識と緻密な実証作業は傑出した成果を上げ、個人の力量で新しい研究の地平を切り開いていった」（一～二頁）

一九七五年以後、原朗はそれら原稿に加筆や改稿は一切しなかった。にもかかわらず、それらの論文は時間の闇に消えてしまうことはなかった。著者原朗がそれらの内容を発展させることがなかったにもかかわらず、それらの論文はみずからの価値で光りつづけた。

後続の多くの研究に、一九三〇年代の世界史的な制約下において日本と日本帝国の経済を物資（生産・貿易）と金融の両面から把握して、その形成から崩壊までを理論化するという原朗の研究成果は継承された。それは、関連分野の専門研究論文における原朗の五論文＋「実態」論文の引用状況によって客観的に証明できる。個別研究ではそれこそ無数になるので、最新研究を反映する研究書、研究の到達点として講座・シリーズをとりあげよう。

（1）　計量経済史を代表する岩波書店「日本経済史」では、第七巻「『「計画化」と「民主化」』（一九八九年）の中村隆英「概説　一九三七―五四年」で、「日中戦争期については、内地、植民地および華北を含めた「円ブロック」の問題を、それに南方占領地を含めた「大東亜共栄圏」の問題をともにとりあげ」として、原朗の「実態」論文に依拠して展開している（二三頁、六六頁）。

（２）伝統的な経済史家を結集した一九九〇年代「日本帝国主義史」の第三巻『第二次大戦期』で、大石嘉一郎「第二次世界大戦と日本資本主義―問題の所在―」において、「戦時経済の歴史研究をリードしたのは中村隆英と原朗である」（八頁）としたうえで、原朗の「外貨決済」論文、「実態」論文、リスト⑪、⑱をあげている（三五頁）。

同　石井寛治「国際関係」では「日中戦争期の対外貿易全体の特徴と問題点については」、として、原朗の「国際収支」論文と「外貨決済」論文があげられている（五〇、六九頁）。

同　伊藤正直「財政・金融」でも原朗のリスト⑦論文や原朗「戦時経済統制の一考察」（『日本資本主義　展開と論理』東京大学出版会　一九七八年をつかっている（一一五頁、一四九頁）。

（３）最新の講座である東京大学出版会「日本経済史」の第四巻『戦時・戦後期』（二〇〇七）で山崎志郎「戦時経済総動員と造船業」では、文末原朗リスト⑤、同リスト⑱等の文献が利用されている（一二頁、二二頁、四七頁、五〇頁）。

もちろん、個別の著作、論文では到底フォローできないほど多い。あらかじめ断っておくと、一九七五年から膨大な著作をかさねた小林英夫の論文書作が多数引用されていることは言うまでもない。ところが、小林が一九七五年時点で引用する価値さえないと貶めている原朗論文が、著者がその後バージョン・アップしていないのにもかかわらず、利用され続けている。さらに重要なことは、その利用のされ方である。

日本帝国を拡大と解体の過程を物資（生産・貿易）と金融の両面から総合的に解明することに関して、一九七五年以後のすべての後続研究者は原朗の主要五論文＋「実態」論文を引用している。そして、この領域に関する先行研究として、管見の限り小林の著作を引用する者はいない。さらにいえば、一九七五年までに創られた戦時期日本経済の捉え方は、今日の学界では原朗理論と呼ぶことが習慣になっている。これを小林英夫理論と呼ぶ者は誰もいない。原朗の初期の論文は、四〇年経った今なお学術的生命をもちつづけており、「古典」[3]として尊重されている。そのような事情があったが故に、初期の主要五論文＋「実態論文」が約四〇年もの時間を経た後で、そのままの形で刊行されるという奇跡的なことがおこったのである。（『日本戦時経済研究』東京大学出版会　二〇一三年刊行）

武田晴人（東京大学名誉教授）は、原朗の研究を評して、「そのベースになっているような大きな戦時経済の枠組み、マクロ的な捉え方については、原さんの議論をひっくり返すような新しい問題提起は、まだ出てきていない。ある意味では、三〇年代から四〇年代前半にかけても、マクロ的な統制政策の展開のプロセスを明らかにした研究としては、まだ空前であり、絶後かどうかはわかりませんが……。」ときわめて高く評価している。（武田晴人「コラム　日本経済史・経営史：研究者のひろば」第一一回戦時経済論（http://www.ebhj.agora.ssoj.info/column/column_j1_1.html）

筆者もまったく同意見である。長い時間というフィルターをへていまなお輝きを失っていない一九七五年時点の原朗の研究諸業績を、何ら根拠を示すことなく「引用にさえ値しない無価値なもの」とおとしめ、自己の盗作行為を隠蔽することは許されない。学問の世界の客観主義、証拠主義は、小林のかかる主張を根拠なき嘘だと判断する。

## 第二部　小林英夫の著作執筆過程における問題点

ある行為が不正であるか否かを判断するのは、それぞれ個別の事例に則して判断するほかない。そこで、ここでは小林の『「大東亜共栄圏」の形成と崩壊』執筆過程における事実関係について、学術研究における倫理の観点から具体的に明らかにしていく。小林は「第二準備書面」（平成二六年一月二一日）において、著作執筆に当たって、「学会上の常識や倫理上批判を受けうる、いかなる行為もおこなっていない」（四頁）と述べている。果たして、そうであろうか。

### 一、共同研究のルール

裁判で交わされた双方の陳述書にあるように、原告小林と被告原朗は久しいあいだ、緊密な研究の同伴者であった。原朗によれは、それは一九六九年四月にはじまり、一九七五年一二月小林の著作刊行まで続いた。長期にわたる小林の原朗への依存については後述する。ここでは、土地制度史学会大会共通論題の準備活動と小林の著作執筆との関係に絞る。原朗「陳述書Ⅱ」（二〇一七年四月二八日）二―三頁によれば、原朗を組織者として共通論題をもつことが決まったのは一九七四年初頭であった。テーマを「一九三〇年代における日本帝国主義と植民地問題」に定め、原朗自身が「『大東亜共栄圏』の経済的実態」という総括報告を、小林英夫が「一九三〇年代植民地『工業化』の諸特徴」という各論の一つを担当することになった。それまでの二人の歩みと関係からみれば、これはごく自然なことであった。それから同年一〇月二七日の大会当日まで、準備研究会が頻繁に開催され、二人が参加する共同研究が進められた。

この時、それとは無関係に、小林は著書執筆をはじめたという。小林の提出文書ではいろいろな表現を変えているが、「第二準備書面」（平成二六年一月二一日）で、「一九七四年一〇月二七日の被告の学会発表以前に、原告は、その著書の主要部分を既に学会誌等への一二本の論文を通じて発表し（甲五）、本件学会発表の前に、原告著作の主要な章節は既に完成していた」（二頁）と述べている。別の場所では、著書の原稿の八〇％以上を完成させていたとも述べている。未発表の研究や原稿は、研究成果としてまったく認められない。小林が大会報告準備期間中に、自己の原稿を一〇％書いていようが、八〇％書いていようが、まったく書いていまいが、誰も関心を持たない。重要なことは、一方の共同研究の準備研究会で、原朗による「『大東亜共栄圏』の経済的実態」の報告を聞きながら、他方個人で『「大東亜共栄圏」の形成と崩壊』の原稿を書いていた、と認めていることである。テーマの共通性から、その内容が重複することは容易に予想されることであり、後に著作が刊行されてその通りであったことが明らかになる。さらに重要なことは、小林は同書執筆の事実を原朗に告げておらず、原朗は小林の執筆について何も知らされていなかったことである。毎回の準備研究会において、原朗は共通論題成功のために「大東亜共栄圏」の捉え方や資料を示しつつ、自己の見解を全面的に開示していた。しかし、小林は自分が執筆している「大東亜共栄圏」に関する執筆構想の内容を求められることもなく、むろん公開することもなかった。そのことは、一九七四年一〇月一二日の最終準備研究会に、原朗がほとんど完成したレジュメを提出したのに対して、小林はレジュメの目次さえ提出できず、少数の図表しか提出しなかったことによく表れている。このように小林は原朗の報告内容を完全に把握し、研究内容の情報は原朗から小林に一方的に流れた。ここに、共同研究を破壊する甚だしいモラルハザードが存在する。

現在学界では共同研究の推進が強く推奨されているが、他方でその成果のシェアについてはきわめてセンシティブで、厳格な運用が求められている。共同研究ではその研究成果について、参加者の貢献度の明示が求められる。論文にも明記され、それが記載されていない場合は、問い合わせがあれば開示することが社会的義務だと理解されている。翻って、本件における小林の行動はどうであろうか。一方で原朗から「大東亜経済圏」に関する研究成果を恒常的に取り入れ、小林はその事実を伏せたまま、他方でせっせと「大東亜共栄圏」にかんする著書の原稿を書いている。小林自身の「陳述書」からこのような事実が浮かび上がる。原朗の考えを小林はすべて聞くことができるが、原朗は小林が「大東亜経済圏」研究をやっていることさえまったく知らない。この情報の極度のアンバランスによる不平等は深刻である。このような状況の中で、原朗が日々創り出す研究のオリジナリティは、いったいどのように保全されるのであろうか。

この危惧はすぐに現実化した。小林は原の研究構想をそっくり自分の単著に書き写した。そして、原朗の大会報告論文（「経済的実態」論文）の公表より先に刊行してしまった。小林は原朗のオリジナリティを尊重して、独創性の帰属について原朗と相談することさえしなかった。久しく共同研究としてて協力してきた原朗による研究の営みを一切無視して、「大東亜共栄圏」に関する研究成果をすべて己が成果だとして発表してしまった。小林の著名な著作は、このようにして世にでたのである。

小林が「学会上の常識や倫理上批判を受けうる、いかなる行為もおこなっていない」という自己弁明は、以上のような事実関係に照らしてまったく説得力を持たない。小林の行為は、学術の世界で最も批判されるべき悪質な盗作であることは明白である。

## 二、先行研究尊重のルール

いかなる研究も先行する研究を基礎として進められるのであるから、各研究はその冒頭において先行研究の成果と自己の研究活動との関係を明確にしなければならない。あらゆる論文や著作において、名称は様々であるが、必ず最初に研究史整理の部分がおかれるのはこのためである。小林の著作においては、序章「課題と方法」がそれにあたる。この序章での研究整理は、一九七五年時点での関係領域における研究の実態と比べると異様である。

「課題と方法」に全部で九つある注の中で、最新の植民地研究者として、朴慶植、許世楷、涂照彦、浅田喬二、戴国煇があげられ、総力戦体制研究に関しては、佐々木隆爾、鈴木隆史、芳井研一の名前が挙げられている。ところが、同書執筆時に小林と共同研究にとり組み、しかもまったく同じ「大東亜共栄圏」を研究している原朗の名前が一度もでてこない。まず、この奇異さにおどろかされる。しばしば繰り返して指摘したように、一九七五年時点で原朗は、日本帝国研究においてまぎれもなく傑出したリーダーであった。精力的な資料発掘と研究成果の発表によって、新しい領域を次々と開拓していた。その実績があったからこそ、三五歳にして学会共通論題の組織者に任命されたのである。ここに名を上げられた方が皆気鋭の研究者であることに同意するが、「大東亜共栄圏」を書名に掲げる同書の研究整理において、原朗の名前をおとすことは到底理解しがたい。さらに、「課題と方法」で述べられている同書の構成を検討すると、驚きを通り越して後に述べるある確信を得るに至る。そこに書かれている実に多くのことが、原朗の大会報告＝「経済的実態」論文およびその前提となる原朗の研究成果だからである。

ここに、「同書の構成と原朗の研究の重なりについて示すと、以下の通りである。

1、時代区分を含めた全体の構想は、原朗が「陳述書」で指摘したように、原朗の一九七四年土地制度史学会大会共通論題の総括報告（「経済的実態」論文）、および小林に報告前に見せ報告後に渡した原稿と多くが重複している。

2、満州国の経済統制と産業開発計画は、原朗「経済統制」論文、原朗「満州第一」論文、原朗「満州第二」論文等が解明してきた、いわば原朗の独壇場の成果である。

3、「輸出入品等臨時措置法」「臨時資金調整法」等の貿易・資金統制は、はやく原朗「資金統制」論文が解明し、学界に広く知られた内容であった。

4、日本の生産力拡充計画・物資動員計画は、原朗「資金統制」論文、原朗「外貨決済」論文、原朗「経済的実態」論文等が解明し、既に通説を形づくっていた。

5、第三国貿易と円ブロックの峻別については、原朗「国際収支」論文が明らかにした、いわば古典的命題である。

6、外貨決済の行き詰まりと経済統制の拡大強化の過程は、原朗「国際収支」と原朗「外貨決済」論文が明らかにした命題で、現在に至るまで通説として教科書に引用されている。

7、南方支配の矛盾とインフレーションは、原朗が一九七四年の大会報告＝「経済的実態」論文によってまさに開拓しつつあった新領域であり、ここではその研究成果をそのままに取り込んでいる。

これが、同書の「課題と方法」で書かれていることであり、短い文書なので誰が要約しても同じ内容になる。小林が自分で切り拓くとして、著作の「課題と方法」で掲げた内容とは、第１部の検討で明らかにしたように、まぎれもなく原朗の主要五論文＋「経済的実態」論文の成果そのものである。

小林が著書の冒頭でおこなった研究整理は、当該分野の専門研究者は到底認めることのできない荒唐無稽なフィクションである。

小林のやったことは、原朗の研究成果を見るも無惨なほど切り刻んで改編し[4]、その研究オリジナリティの追跡を困難にしたことである。小林がこのような研究整理をおこない自著のプライオリティを主張することは、学術探究の道において山のように聳えている巨大な研究成果を存在しないというのに等しい。この「課題と方法」において、原朗の名前と研究がまったく引用されていないのは、決してうっかり書き漏らしたのではない。これは非常に意図的に、あたかも先行研究がないように操作するためにそうしたのである。これが筆者の確信である。

## 三、「研究の論理構成」を剽窃するとはなにか

本訴訟は、原朗が自らの最終講義において、小林が原朗の未発表の論文の構成を盗作したと発言したことから始まった。そして裁判の過程では、論文の編別構成、研究の論理構成というものが盗作の対象になるのか、という点も争われている。

研究の論理構成と、それを論文に落とし込んだ編別構成とは一体のものである。そして、研究視角、資料、分析手法、結論がまとまったものが研究の論理構成をかたちづくるのであり、論文の編別構成になる。原朗の「経済的実態」論文は、一〇年に及ぶ原朗の研究成果を集大成したものであり、研究視角、資料、分析手法、結論のいずれも、オリジナリティに満ちあふれ、まったく画期的独創的なものであった。

ひるがえって、小林の著作はどうであろうか。先に、小林の著作の「課題と方法」で見たように、

自ら掲げる研究の問いかけと分析手法は、原朗が創り上げたものをほとんどそのまま踏襲している。それはそのはずである。先に述べたように、小林が「課題と方法」で掲げた、満州国の経済統制と産業開発計画、「輸出入品等臨時措置法」「臨時資金調整法」等の貿易・資金統制、日本の生産力拡充計画・物資動員計画、第三国貿易と円ブロックの峻別、外貨決済の行き詰まりと経済統制の拡大強化の過程、南方支配の矛盾とインフレーション等に関して、自らは研究したことも成果をだしたこともなかったからである。

小林は、「大東亜共栄圏」の著作は自分の既発表一二本の成果であると繰り返し主張しているが、そのいずれの論文においても、上記の領域について彼が独自に分析した箇所はない。そうであるから、小林は植民地を包括した日本帝国全体の戦時経済体制に関する領域に関して、すべて先行した原朗の研究の論理構成、すなわち研究視角、資料、分析手法、結論に依存せざるを得なかった。

たとえば、小林の「一九三〇年代『満州工業化』政策の展開過程」（小林論文リスト⑤）では、その基調である石原莞爾構想の五箇年計画への発展過程について、原朗の「資金統制」論文に全面的に依存している（二八頁注1）。

小林「一九三〇年代後半期以降の台湾『工業化』政策について」（小林論文リスト⑨）においては、「戦時期の統制経済の破綻」に関しては、原朗「資金統制」論文と原朗「外貨決済論」に依存しており（一四頁注26）、日本国内の「臨時資金調整法」の運用の実態については原朗「資金統制」論文に依拠している（三〇頁と四一頁、注3、注40）。

小林「一九三〇年代植民地「工業化」の諸特徴」（小林論文リスト⑮）では、日中戦争勃発後日本において「生産力拡充計画」「物資動員計画」が実施され、「国家総動員法」によるあらゆる統制が強化され、「日本、植民地を規定する総力戦計画に発展していくことになった」（三三一〜三六頁）と叙述して、「この詳細な展開過程については」（三八頁　注2、注4、注6）と注釈して、原朗の「資金統制」論文と「外貨決済」論文を先行研究としてあげ、全面的に依拠して記述している。

また、小林は原朗が中村隆英とともに編纂した『現代史資料　第四三巻　国家総動員』（原朗論文リスト⑤）と同『日満財政経済研究会資料』全三巻（原朗論文リスト⑥）等の資料集を頻繁に使っている

そして、極めつきに、これらすべてをとりまとめるための論理として使われたのが、原自身が研究の体系化を目指して創り上げた「経済的実態」論文であった。つまり、小林の著作が剽窃したものは、原論文中の個々の文章や歴史的ファクトではない。研究視角、資料、分析手法、結論を総合化した研究の論理構成そのものであった。七年の長い交流を通じて、小林は、誰よりも原の研究成果をよく承知していた。小林は、原朗の主要五論文＋大会報告＝「経済的実態」論文を縦横につかって自己の著作を書き上げた。序章でも結語でも、原朗の名前を一度でも出すことなくである。

一九七〇年代半ば、小林が急速に進んでいる植民地経済史分野における意欲的な研究者の一人であったことは間違いない。彼が、自分の到達点として単著をまとめたいと希望することも当然である。しかし、そのことは小林が大規模な盗作行為を犯したことの合理化にはならない。

一九七〇年代半ば、原朗の研究の論理構成の枠組みからほとんど出ることができなかった小林には、単著をまとめるうえで幾つか選択肢があった。

一つは、原朗の日本帝国論の枠組みのなかで、自己の研究を各論的に位置づける道である。いま一つは、日本帝国という大きな枠組みはひとまず脇において、小林自身の実証研究の成果によって、オ

リジナリティを主張できる範囲内のテーマでまとめることである。たとえば、最も相応しいと思われるのは、「日本植民地工業化と労働政策」あるいは、より広く取って「日本植民地支配政策の展開」などではなかったろうか。

ところが小林が選択したのはいずれでもなく、原朗が取り組んでいた本国・植民地・南方占領地まで含めた「大東亜共栄圏」の形成と崩壊という研究内容を剽窃し、すべて自分の研究成果だとすりかえてしまうことであった。このようにして、小林の功名心による野心が学術の世界における世紀の大盗作事件を引き起こした。それは一人の被害者の人生を大きく狂わせ、長い間埋もれたままに時間がすぎていった。

## おわりに

「原朗先生はあれほどの論文を書かれながら何故単著がないのですか？」、「何故、原朗先生は帝国主義研究をやめられたのですか？」と、筆者は同輩や後輩、院生から、このように問われることがたびたびあった。憶測でものをいってはいけないと考え、筆者はかなりの期間自分の意見を述べることを自制していた。ところが、一九九一年小林英夫が「『大東亜共栄圏』の形成と崩壊』は原朗の研究とは関係ない、全部自分の研究成果だ」（堀和生「意見書」二〇一五年一〇月一日　一四頁）と虚言を弄するのに接して、筆者は彼の盗作行為を確信した。それでもなお、その盗作事件の内実を知ることはなかった。今回、はからずも小林英夫が原朗を提訴したことから、裁判文書を読み、初めて事件の全貌を知ることができた。きわめて優れた三七歳の若手研究者が、悪意による盗作のために絶望して、完成目前の研究のとりまとめを断念し研究の場から去ったことは、学問と学界にとって取り返しのつかない大きな損失であった。いま、四〇年の時を経て、ようやく事件の全容があきらかになった。
　この訴訟のおかげで、多くの研究者がこの盗作事件のことを知ることになり、彼らは裁判の行方に注目している。この裁判の決着の仕方は、自然科学分野におけるSTAP細胞事件に匹敵する、社会科学分野における大不正事件として長く歴史に残るであろう。裁判官は、本件がもつ以上のような重みをご勘案くださり、ぜひ明快な正義の判決をくださることを強く希望するものであります。

注

（1）この「外貨決済」は原の代表的論文中で、引用が多い文献であるが、全九二頁もある重厚な専門論文であるためか、論文自体を論評した当時の文献は発見できなかった。ここに掲げた論文評価は、この論文が原朗『日本戦時経済研究』二〇一三年に再録された時のものである。
（2）論文の内容紹介に徹した加藤幸三郎の文章も有益である。その原論文の要約は、小林英夫著作の満鉄改組問題の部分（一七〇〜一七七頁）とうり二つで、両者が同じ文書からきていることを示している。
（3）沢井実「書評　原朗『日本戦時経済研究』」『社会経済史学』第八〇巻第二号　一四〇頁、堀和生「書評　原朗『日本戦時経済研究』」（『歴史学研究』第九二二号　四九頁。
（4）筆者は、小林の著作の編別構成が、時代別地域別もテーマ別にあまりに細分化されており、通読して歴史的に理解するのに苦しんだ経験がある。この特異な編別構成にはそのような目的もあったと、筆者は推測している。

## （三）　堀和生「意見書Ⅲ」全文（二〇一七年一二月二七日）

意見書Ⅲ

二〇一七年一二月二七日

堀　和生

### はじめに

筆者は、意見書（二〇一五年一〇日一日　乙第三七号証の一　以後、「意見書Ⅰ」と略す）で、一九七〇年代半ばの日本歴史学界における日本帝国史の研究情況と、そこにおける原朗と小林英夫の研究業績について説明し、原朗の研究成果を小林が如何に我が物として扱っているかを証明したうえで、この訴訟に関わる研究全般についての意見を明らかにした。つづいて、「意見書Ⅱ」（二〇一七年四月二八日　乙第四四号証）で、一九七〇年代半ばにおける原朗による当該分野の研究成果についての学界の評価と、それがその後の研究史に与えた影響について説明し、原朗の研究成果を否定する小林の主張が如何に荒唐無稽であるかを明らかにした。

この「意見書Ⅲ」の課題は次のことである。訴訟の核心的な争点は、小林が著した『「大東亜共栄圏」の形成と崩壊』一九七五年（以後、小林著書と略す）が、原朗の研究成果を盗作しているか否かである。筆者は、今から二七年前にあたる一九九〇年に、小林著書が原朗の研究成果に依拠しているとの評価を、すでに論文で発表した。それに対して小林は、小林著書は一九六七年の論文から一九七四年までの自身の論文によってまとめ上げたものであると反駁した。（この経過については、意見書Ⅰ、一三〜一五頁参照）。また、本訴訟の原告側第二準備書面（西暦二〇一四年一月二一日、二頁）において「一九七四年一〇月二七日の被告の学会発表以前に、原告は、その著作の主要部分を既に学会誌等への一二本の論文を通じて発表し（甲五）、本件学会発表の前に、原告著書の主要な章節は既に完成していた。原告著書の内容・編別構成は、被告の学会発表前に、上記一二本の論文中でほとんど発表している内容であり、当然の帰結として、被告の学会発表に依拠したものではない」と述べ、その後も同様の発言を繰り返している。そこで、この「意見書Ⅲ」の課題は、小林著書を対象にして、それと小林の既発表一二本の論文、および原朗の既発表論文や学会発表等がどのような関係にあるのかを具体的に明らかにすることによって、盗作に関する争いについて客観的な証拠を提示し、考証の次元で決着をつけるものである。

## Ⅰ　考証の方法と検討文献

検討の対象となる文献を示しておくと、次の第1表である。これは、本人の作成した研究業績リスト（甲第五号証）から、一九七六年四月までのものを抽出しており、文献の順に番号をふっている。最初の⑫番までが、小林のいう既発表一二本の論文である。小林については、この一九七五年以前に刊行された論文の他に、一九七四年一〇月二七日「土地制度史学会秋季学術大会共通論題」（以後大会と略す）の小林報告資料（乙第二七号証の二）とそれに先行する同年一〇月一二日「共通論題準備研究会」の小林報告資料（乙第二七号証の一）を、照合の対象に含める。

**第1表　小林英夫の研究業績（一九七六年四月以前）**

【論文】

①「元山ゼネスト―一九二九年朝鮮人民のたたかい―」（『労働運動史研究』四四号　一九六六年七月）
②「朝鮮産金奨励政策について」（『歴史学研究』（三二一）、一〇―二四、一九六七年二月）
③「一九三〇年代朝鮮『工業化』政策の展開過程」（『朝鮮史研究会論文集』（三）、一四一―一七四、一九六七年一〇月）
④「一九三〇年代前半期の朝鮮労働運動について」（『朝鮮史研究会論文集』六集　一九六九年七月）
⑤「一九三〇年代満洲『工業化』政策の展開過程：「満洲産業開発五ヵ年計画」実施過程を中心に」（『土地制度史学』一一（四）、一九―四三、一九六九年七月）
⑥「一九二〇年代初頭の朝鮮労働者階級の闘争」（『歴史評論』二四八号　一九七一年三月）
⑦「一九一〇年代後半期の朝鮮社会経済状態」（『日本史研究』一一八号　一九七一年四月）
⑧「満洲金融構造の再編成過程―一九三〇年代前半を中心として―」（満洲史研究会編『日本帝国主義下の満洲』御茶の水書房　一九七二年）
⑨「一九三〇年代朝鮮窒素株式会社の朝鮮進出について」（山田秀雄編『植民地経済史の諸問題』アジア経済研究所　一九七三年三月）
⑩「一九三〇年代後半期以降の台湾『工業化』政策について」（『土地制度史学』一六（一）、二一―四二、一九七三年一〇月）

⑪「朝鮮総督府の労働力政策について」（都立大学『経済と経済学』（三四）、五五—七九頁、一九七四年二月）
⑫「日本帝国主義の華北占領政策—その展開を中心に」（『日本史研究』（一四六）、一—三二、一九七四年一〇月）
⑬「日本企業の東南アジア進出と労働問題」（『社会政策学会年報』一九号　一九七五年六月）
⑭『「大東亜共栄圏」の形成と崩壊』御茶の水書房、一九七五年一二月
⑮「一九三〇年代植民地『工業化』の諸特徴」（『土地制度史学』一八（三）、二九—四六、一九七六年四月）

【大会報告関係】
一九七四年一〇月一二日土地制度史学会準備研究会の「小林報告資料」（乙第二七号証の一）
一九七四年一〇月二七日土地制度史学会秋季学術大会の「小林報告資料」（乙第二七号証の二）

ついで、原朗の検討対象の文献は、次の第2表である。同じく、本人の業績リスト（乙第三〇号証）から一九七六年四月までのものを抽出して作成した。原朗についても先の小林の場合と同じく、一九七四年大会の総括報告の資料原稿（乙第二二号証）と一〇月一二日の準備会原朗報告資料（乙第二六号証）を照合の検討対象に含める。

小林著書のオリジナリティの検討にあたって、一般的な関係文献以外に、本意見書では、特に次の文献をとりあげる。それは、松村高夫「満州国成立以降における移民・労働政策の形成と展開」（満州史研究会編『日本帝国主義下の満州』御茶の水書房　一九七二年所収、以後松村論文と略す）と石川滋「終

戦に至るまでの満洲経済開発―その目的と成果―」（日本外交学会編『太平洋戦争終結論』東京大学出版会　一九五八年所収、以後石川論文と略す）の二論文である。小林著書のテーマに関わる関係文献をすべて照合検討することは不可能である。しかし、この二点の文献は主題に関わる当時の代表的な文献であり、実際に広く参照されていた。松村は満州史研究会のメンバーであり、小林とともに先の論文集を編んだ仲であった。後に明らかになるように、この二つの論文とともに小林著書の内容と密接な関係があるので、特に照合の対象に含めることにする。

**第2表　原朗の研究業績（一九七六年四月以前）**

①　原朗★「資金統制と産業金融」（『土地制度史学』第九巻第二号、一九六七年一月）
②　原朗「書評：桑野仁著『戦時通貨工作史論―日中通貨戦の分析』（東京大学『経済学論集』第三三巻第二号、一九六七年七月）
③　原朗★「日中戦争期の国際収支―外貨不足問題と経済統制」（『社会経済史学』第三四巻第六号、一九六九年三月）
④　原朗『「金融事項参考書」解説』（一―七八頁、勉誠社、一九六九年）
⑤　中村隆英・原朗編★『現代史資料　第四三巻　国家総動員（一）経済』（みすず書房、一九七〇年二月）
⑥　中村隆英・原朗編★『日満財政経済研究会資料』全三巻（日本近代史料研究会、一九七〇年）
⑦　原朗★「一九三〇年代の満州経済統制政策」（満州史研究会編『日本帝国主義下の満州』、御茶

の水書房、一九七二年一月）

⑧　原朗「日中戦争期の外国為替基金」（松田智雄教授還暦記念『市民社会の経済構造』、有斐閣、一九七二年九月）

⑨　原朗★「日中戦争期の外貨決済」（一）（二）（三）（東京大学経済学会『経済学論集』第三八巻第一号一七―四八頁、一九七二年四月、第二号一―六六頁、同年七月、第三号二八―六四頁、同年一〇月）

⑩　Akira Hara, L'Economie Japonaise pendent la deuxième guerre mondiale, in. *Revue d'histoire de la deuxième guerre mondiale*, No.89, Presse Universitaires de France, Janvier 1973.

⑪　中村隆英・原朗「経済新体制」（日本政治学会年報『「近衛新体制」の研究』、七一―一三三頁、岩波書店、一九七三年三月）

⑫　原朗「書評：小山弘健『日本軍事工業の史的分析』一九七二年、御茶の水書房刊（『土地制度史学』第一六巻第一号、一九七三年一〇月）

⑬　高橋亀吉・安藤良雄・原朗「社会科学五〇年の証言」一～三一（『エコノミスト』第五二巻第一〇号、～一九七四年三月）

⑭　河原弘・藤井昭三編『日中関係史の基礎知識：現代中国を知るために』（項目執筆）（有斐閣、一九七四年七月）

⑮　田中申一著・原朗校訂『日本戦争経済秘史：十五年戦争下における物資動員計画の概要』（同刊行会、一九七四年一二月、コンピューター・エージ社、一九七五年一月）

⑯　大石嘉一郎・宮本憲一編『日本資本主義発達史の基礎知識』（項目執筆）（有斐閣、一九七五年

一一月）「戦時経済統制の開始」「戦時貿易問題と円ブロック」「経済新体制」「統制会と軍需会社」「戦時経済の崩壊」

⑰ 原朗★「『満州』における経済統制政策の展開」（安藤良雄編『日本経済政策史論』下巻、東京大学出版会、一九七六年三月

⑱ 原朗★「『大東亜共栄圏』の経済的実態」（『土地制度史学』第一八巻三号、一九七六年四月）

【大会関係】

一九七四年一〇月一二日土地制度史学会準備研究会の原朗報告資料（乙第二六号証）

一九七四年一〇月二七日土地制度史学会秋季学術大会の原朗の総括口頭報告原稿（乙二三号証）

一九七四年一〇月二七日土地制度史学会秋季学術大会の原朗の総括報告資料（乙第二二号証）

同　学会誌『土地制度史学』掲載以前の原朗の手書き清書原稿（乙第二四号証）

注：★印は本稿で言及する重要文献

以上に述べた、一九七五年以前の小林と原朗の研究論文と大会関連の報告資料、および松村論文と石川論文をとりあげ、それらの内容を比較検討して先後関係を考証することによって、小林著書におけるオリジナリティの起源を追究する。

なお、小林は「陳述書」（平成二九年五月二日）において筆者の「意見書Ⅰ」について、次のように述べている。「堀氏は、一九七四年当時、龍谷大学の学部学生であり、本件著書やその前後の私や原氏の研究業績の情況について、直に知りうる立場になかった。従って、堀氏は、私が原氏の『理論的

枠組みを踏襲した』などという決めつけができるような立場にもなかった。……中略……『小林は、……何度も原の準備報告と大会の総括報告を聞き、その典拠資料を入手しており、大会後にはその手書き原稿と資料を原から受け取っている』（同、七頁一七行目）などといった記載があるが、堀氏がこうした事実を直接に見聞きできなかったことは、当時の堀氏の立場からも明白であると言うべきである」（一八頁）。

そもそも、文献考証においては考証者（この場合には筆者）の年齢や社会的地位、ましてや考証者が当事者であったか否か等は、考証の内容とは一切無関係であり、それが科学の原則である。準備報告・大会報告と小林著書との関係、それらの資料が当事者間で実際に交換されたか否か等については、以後の文献考証によって具体的に明らかにする。

## Ⅱ　外形的な照合結果

まず一二本の論文を小林著書と照合した結果が、別に添付した表3（本書二五六〜二六一頁）と表4（本書二六七〜二七七頁）である。

この両表をみると、次の三つの点が明らかになる。第一に、先述のように、小林は陳述書のなかで何度も自己の一二本の論文をまとめて扱っているが、それら一二本の論文すべてが小林著書の本文に使われているわけではない。朝鮮の労働運動を扱った①、④、⑥論文と一九一〇年代の朝鮮経済を分析した⑦論文は、著書本文にはまったく使われていない。故に、これら四本を除いた八本を以後の詳細検討の対象とする。第二に、小林著書のなかで、小林は自己の既発表論文を実に細かく分けて使っている。小林著書自体の本文は五四一頁であり、篇章節項の項目数は全部で一三六箇である。このうち、標題のみで文章がないのものと、数行だけのごく簡単な説明文の部分を除いても、一〇五箇に細分されている。そして、このように細分化されている小林著書の本文と、既発表論文八本との関係が実に独特である。研究者が学術論文集を編む場合に、著者はその所収論文の「初出一覧」を載せる場合が多いが、それはその論文集と既発表論文のとの関係を明示するためである。しかし、そのような学術図書の一般的な慣例とは異なり、小林は一九六七年から一九七四年にかけて発表した論文を細分し、それらを混用して著書の篇章節項を編集している。表3の「小林著書での使用箇所」と表4の「小林論文の使用箇所」を照合すれば明らかなように、朝鮮産金政策に関する小林②論文が一つの節（第三篇第五章第四節、以後三―五―四のように略す。項についても同じ）（小林著書二五二―二七四頁）で一括して使用されている場合を除いて、既発表論文が一つの章節のなかだけに収まっている例はなく、各論文は細分されたうえで、小林著書のなかに分散されている。例えば、③論文は小林著書の八箇所、⑤論文は六箇所、⑧論文は一〇箇所、⑩論文は八箇所にそれぞれ分けて使われている。もちろん、自己の論文であるので、如何に再編集しようとも、それは著者の自由であり、批判されるいわれはない。第三に、このように既発表論文を細分し徹底的に再編集しているなかで、各論文中の文章自体はまったく加筆・改稿されることなく、そのまま使われている点である。接続詞やつなぎの語句は換えられているが、それぞれの文章自体は発表時とまったく同じであることがほとんどである。そうであるので、このように細分再編集していても、既発表論文中の文章と小林著書中の文章との関係を確定することは容易である。この特徴によって、結果的に表四の「小林論文の使用箇所」の欄に見るように、小林著書において既発表論文八本による部分とそうではない部分とが明確に判別できたのである。第

**表3　小林英夫の発表論文（1974年以前）**

| 論文名 | 小林著書での使用箇所 | 章　節　項 |
|---|---|---|
| ①元山ゼネスト——1929年朝鮮人民のたたかい（1966・7） | | |
| | | 元山ゼネストの位置 |
| | | 元山労運の結成と運動の高揚 |
| | | たたかいのはじまり |
| | | 元山労連の決起 |
| | | ゼネストへの発展 |
| | | 資本家と官憲の弾圧・スト破り |
| | | 元山経済の破たんと争議調停の失敗 |
| | | 国内・国際労働者の支援の拡大 |
| | | 日本労働者階級の支援 |
| | | 最後の決戦——終息——12・18 |
| | | 元山ゼネストの経験と教訓 |
| ②朝鮮産金奨励政策について（1967・2） | | |
| | | はじめに |
| | | 1．第1期朝鮮産金奨励政策 |
| | 253-257、258-265 | 2．第2期朝鮮産金奨励政策 |
| | 266-267 | 3．朝鮮産金奨励政策の終焉 |
| | 267-274 | 4．産金奨励政策の結果 |
| | | 5．むすび |
| ③1930年代朝鮮「工業化」政策の展開過程（1967・10） | | |

| 論文名　章　節　項 | 小林著書での使用箇所 |
|---|---|
| 3．満洲産業開発5ヵ年計画の実施過程 | |
| （1）金融（金融統制・資金調達） | 233－234 |
| （2）労働力（移動・確保・養成） | |
| （3）全機構的経済統制 | 308－310 |
| （4）修正計画と満洲産業構造上の変化 | |
| 4．日本資本の対「満」進出企業状況 | 300－302、329－330 |
| 5．当該計画の終了と一層の拡大 | |
| 6．結語 | |
| ⑥1920年代初頭の朝鮮労働者階級の闘争―釜山埠頭労働者の闘争を中心に―（1971・3） | |
| 序文 | |
| 1．釜山埠頭労働者の闘争の歴史的位置 | |
| 2．ストライキ勃発の前提 | |
| 3．釜山埠頭労働者の闘争 | |
| 4．釜山労働者の闘争分析 | |
| 1　釜山埠頭労働者の組織体分析 | |
| 2　マルクスレーニン主義の伝播―労働夜学校教師を軸に― | |
| 3　当該争議の持つ意義 | |
| 結語 | |
| ⑦1910年代後半期朝鮮社会経済状態（1971・4） | |
| 序文 | |
| 1．1910年代の朝鮮社会経済状態 | |

| 論文名 | 章 | 節 | 項 | 小林著書での使用箇所 |
|---|---|---|---|---|
| | | 3 | 満州興業銀行の設立 | 234–234 |
| | 5 | 結語 | | |
| ⑨1930年代日本窒素肥料株式会社の朝鮮進出について（1973・3） | | | | |
| | はじめに | | | |
| | 1 | 1930年代朝鮮の全般的情況と朝鮮窒素肥料工場 | | 206–209 |
| | 2 | 日本窒素肥料株式会社発展史——朝鮮を中心に | | 86–91、205–206 |
| | 3 | 朝鮮窒素肥料株式会社経営状態 | | 304–305、347–352、354–357、461–464 |
| ⑩1930年代後半期以降の台湾「工業化」政策について（1973・10） | | | | |
| | 序 | | | |
| | （1） | 1930年代台湾産業構造の全般的特徴 | | |
| | （2） | 「臨時台湾経済審議会」と台湾「工業化」 | | 381–384 |
| | （3） | 台湾「工業化」政策実施過程 | | |
| | | （Ⅰ） | 奨励産業部門の具体的建設進行状況 | 426–439 |
| | | （Ⅱ） | 金融策の諸特徴 | 243–252 |
| | | （Ⅲ） | 労働政策の展開過程 | 292–299、473–477 |
| | | （Ⅳ） | 全般的な物資・物価統制政策の展開 | 325–328 |
| | | （Ⅴ） | 日本企業の具体的分析 | 357–360 |
| | （4） | 日本資本の台湾進出の全般的特徴 | | 338–341 |
| | 結語 | | | |
| ⑪朝鮮総督府の労働力政策について（1974・2） | | | | |

278、280-281、455-460

2．１９３０年代後半期の朝鮮における総督府の労働力政策

あとがき

⑫日本帝国主義の華北占領政策—その展開を中心に—（１９７４・10）

序文

1．日本帝国主義の対華北占領政策の形成

（1）日本帝国主義の対華北侵略の開始と華北政治経済状況

（2）日本帝国主義の対華北占領政策の形成

99-104　①②③の順序を入れ替え　92-99

2．日本帝国主義の華北占領政策の展開

（1）幣制統一政策の展開

119-126　184-186、189-190、213-221

（2）華北経済建設の進行と問題点

3．矛盾の拡大——結びにかえて——

【参考】１９３０年代植民地「工業化」の諸特徴（１９７６・６）

課題

1　満州占領政策の特徴と「満州産業開発五ヵ年計画」の立案、実施

2　日中戦争期の日本帝国主義の植民地政策の展開とその特徴—「工業化」政策を中心に—

3　日本帝国主義の侵略と既存の植民地産業構造の再編—日中戦争期の流通機構改編を中心に—

4　太平洋戦争期の日本帝国主義の植民地「工業化」政策の展開とその特徴

結語

四に、既発表八本のうち、朝鮮を対象とした②論文、③論文、⑨論文、⑪論文、および台湾を対象とした⑩論文の都合五本は、ほぼ文章全部が小林著書のなかで使い尽くされたといってよい。つまり、朝鮮と台湾に関しては、既発表論文と小林著書との間に差違がないことになる。

表4のなかで、本比較考証によって既発表八本で書かれていたことを確認できた章節項の部分を緑に色づけした。この合計三二箇所は、ほぼ間違いなく小林の著作によっている。この表3を、原朗が作成した「重複個所一覧表」（二〇一七年七月二五日）（乙第六七号証）と照合すると興味深い。表三の小林既発表論文部分（緑色）と原の「重複個所一覧表」中の「被告分担範囲外」とはほとんどが重複している。完全に重複しているのは朝鮮と台湾の論文だけであり、前者に後者が含まれないのは華北に関する四箇所である。小林は小林著書のほとんどは既発表一二本の論文によって書いたと繰り返し強調してきたが、第三者として考証してみると、その主張には容易に同意できない。この緑部分を除いた七三箇の項目については、すでに小林の既発表論文で書かれたものとは判断できないので、盗作の有無について詳細に考証する必要がある。

## Ⅲ　詳細照合と考証

小林著書と原朗の研究成果を比較するに先だって、まず二つの重要な事実を明らかにしておく必要がある。それは、小林著書における原朗の二つの研究成果の取扱いについてである。

第一は、原朗⑰論文「『満州』における経済統制政策の展開」である。これは満州史研究会の成果論文集『日本帝国主義下の満州』（一九七二年刊）の「あとがき」で、編者浅田喬二は、「第一章（原朗⑦論文――引用者）では、叙述が政策の立案過程のみに限定され、その実施過程に立入っていない。その結果、政策の実施にともなう経済的矛盾の発生・それを解決するための対策の立案・新たな矛盾の展開という相互関連には間接的にしか言及しえず、そのことが立案過程の分析自体にも不十分さを残している。研究会に報告された草稿では、実施過程についても政策実施の中心機関に即しつつ、」として、その草稿の内容を簡潔に紹介した後で、「政策実施過程における矛盾の展開が分析されていたが、分量が過大なためにその収録を見合わせた。このため本書全体の構成に相当の不備を残すことになった点を読者にお詫びしたい」（同書四〇〇頁）と、原朗論文の後半部分を同書に収録できなかった事情を説明している。この満州史研究会は、浅田喬二、原朗、小林英夫、松村高夫の四人で構成され、一九六九年四月の発足から七一年六月の同論文集執筆まで、二五回の研究例会をもって報告討論を積み重ねてきた。さらに、執筆にあたっては二日間の合宿討論をへたうえで、各自が論文をまとめた（同書　三九九頁）。このような経過を踏まえれば、小林はこの原朗による満州の経済政策とその実施過程に関する原朗の研究内容を熟知しており、一九七一年六月の合宿研究会に持ち寄られた原朗の論文を受け取っていたことになる。つまり、小林は、一九七一年六月に原朗⑦論文（満州第一）と⑰論文（満州第二）をともに入手し、時間をかけて読む機会を得ていた。ところが、小林は、裁判の最初から「被告の満州第二論文が公刊されたのは一九七六年三月であり、当時、原告はすでに原告著書を上梓済みであった。したがって、被告の満州第二論文に依拠して原告著書を執筆することは、物理的に不可能である」（原告第二準備書面　二〇一四年一月二一日　一九頁）と主張した。

ところが、原朗が保管していた一九七四年一〇月二七日土地制度史学会大会における小林自身の報告資料（乙二七―二）には、次のような記述がある。

八頁の第9表の出典に、「経済部金融司『金融情勢参考資料』康徳九年一一月　三一―三七頁（原朗「『満州』における経済統制政策―満鉄改組と満業設立をめぐって―」安藤良雄編『日本経済政策史論』下（未刊）所収論文より引用）」と書かれている（傍線は筆者堀）。

おなじく、一二頁の第22表の出典にも、（原朗「『満州』における経済統制政策―満鉄改組と満業設立をめぐって―」安藤良雄編『日本経済政策史論』下（未刊）所収論文より引用）（傍線は筆者堀）と明記されている。この手書きの発表レジュメは当日配布のものであることは、小林自身が認めている（小林「陳述書」二〇一七年五月二日　一四頁）。

筆者はこの事実を指摘して、小林が小林著書の執筆以前に、原朗の⑰論文（満州第二）を読んでいないという主張が虚偽であることを明らかにした（「堀意見書Ⅰ」、八頁）。原朗も、この事実をもって、小林がこの論文を読んでいないという主張がなりたたないと繰り返し主張している（被告「陳述書Ⅱ」一四―一五頁、三七―八頁、四三―四四頁、乙準備書面二の一六頁、乙準備書面一一―一六頁）。ところが、この客観的な事実をつきつけられても、小林はそれに関して今日まで何ら釈明をすることなく、「原氏は、この時期、八王子セミナーハウスで開催された合宿について言及するが、そのような集まりで、「満州第一」「満州第二」論文原稿本文を、私が受け取ったということはなかった」（小林「陳述書」二〇一七年五月二日　七頁）と、はぐらかしている。問題の焦点は、一九七二年六月にその原稿を受け取ったか否かという、第三者が確認することが困難な事実ではない。一九七四年一〇月の大会報告当時、すなわち小林著書の刊行以前に、小林が原⑰論文（「満州第二」）の未発表原稿を確実に所持していたことを、資料で確認できるという事実こそが決定的に重要なのである。

後に明らかになるように、この⑰論文（満州第二）の内容は、小林著書の中で頻繁に使われている。

オリジナリティ創出の時間的前後を争っているなかで、小林が原朗の未発表原稿を入手していたという自己の主張に不都合な事実を突きつけられているのにもかかわらず、小林が何ら反論もコメントもせずにただ無視をきめこんでいることは、裁判はもちろんのこと学問の世界でも、それは自らの主張が虚偽であることを認めたことになる。

第二は、小林著書中における、この訴訟の契機となった原朗の一九七四年土地制度史学会大会報告、原朗⑱論文（実態論文）の扱いである。本訴訟の過程で、小林は原朗の大会報告について、「被告の頭の中にあったにすぎないもの」（原告「第四準備書面」二〇一四年八月二〇日　五、一三、一九頁）と述べたうえで、さらには「被告の論文に依拠する必要性すら全くなかった」（原告「第二回準備書面」二〇一四年一月二一日　二頁）と言いおとしめている。

ところが、小林著書の「あとがき」には、「本書は、右の課題に沿って過去一〇年間に発表した諸論文および未発表論文を新たな視角から全面的に再構成しなおしたものである。再構成の際、一九七四年度土地制度史学会秋季学術大会報告（大会報告は『土地制度史学』第七一号、一九七六年四月掲載予定）の準備のため、満州史研究会の原朗氏とおこなった数度の打合せの討議が、本書作成に大いに役立った。かさねて原朗氏に感謝いたしたい」（五四三頁）と述べ、『土地制度史学』第七一号（一九七六年四月刊）掲載の小林大会報告論文の末尾には、「前掲拙著作成過程で、原朗報告から数多くの指さ（ママ）をうけている。改めて感謝したい」（四六頁）と書いていた。複数の研究者にではなく、ただ一人原朗の名前を挙げて、小林著書の作成への協力と示唆について謝辞を呈していた。ところが、小林著書と同じ「『大東亜共栄圏』の経済的実態」の研究に取り組んだ原朗の大会報告は、小林著書において先行研究としては扱われていない。小林著書のなかにおいて、学説整理をおこなう冒頭の「課題と方

| 有無 | 堀評価 | 小林論文の使用箇所 | 原朗成果の使用箇所 | コメント |
|---|---|---|---|---|
| | － | | | 非研究 |
| － | － | 文章なし | | |
| | 盗作 | | | 本文参照 |
| | 盗作 | | | 本文参照 |
| － | － | 文章なし | | |
| | 問題なし | | | |
| | 問題なし | | | |
| ◎ | 問題なし | 25-33＝小林⑧＝120-121、126-130 | | |
| ◎ | 問題なし | 33-37＝小林⑧＝130-140 | | |
| ◎ | 問題なし | 38-44＝小林⑧141-150 | | |
| | 問題なし | | | |
| － | － | 文章なし | | |
| － | － | 文章なし | | |
| | | | | |
| | 盗作 | 49-53の一部＝小林⑤20-22 | 49-52原⑦＝44-56 | 原に言及無し、表2-1は原の表Ⅴ |
| 一部 | | 53-63 l ＝小林⑧＝168-184、201-207 | | |
| － | － | 文章なし | | |
| | 盗作 | | 66-69＝原⑦57-71 | |
| | 盗作 | | 66-73＝原⑦57-71 | |
| | 盗作 | 一部 74-76＝小林⑤25-27 小林には初年度実績研究は無い | 73-78＝原⑦71-77 | 石川論文749-772の完全盗作、小林には初年度研究がない |
| | 問題なし | | | |
| ◎ | 問題なし | 80-84＝小林③143-146 | | |
| ◎ | 問題なし | 84-85＝小林③146-157 | | |
| ◎ | 問題なし | 86-91＝小林⑨149-169 | | |
| － | － | ５行のみ | | |
| ◎ | 問題なし | 92-99＝小林⑫6-9 | | |
| ◎ | 問題なし | 99-104＝小林⑫2-5 ①②③の順序を入れ替え | | |
| － | － | 文章なし | | |
| － | － | 文章なし | | |

**表４　小林著作の内容考証（表の見方は276—277頁の注を参照）**

| 篇 | 章 | 節 | 項 | 頁数 | 題目名（長いものは末尾削除） | 地域 | 原朗 |
|---|---|---|---|---|---|---|---|
| はしがき | | | | 0 | はしがき | − | |
| 序論 | | | | 3 | 課題と方法 | − | |
| 序論 | 1 | | | 3 | 課題と方法 | 総論 | |
| 序論 | 2 | | | 9 | 時期区分 | 総論 | |
| 1 | | | | 17 | 満州事変への道—経済的侵略過程を中心に— | − | 範囲外 |
| 1 | 1 | | | 19 | 1920年代の満洲経済の特徴 | 満洲 | 範囲外 |
| 1 | 1 | 1 | | 20 | 日本帝国主義の対満侵略 | 満洲 | 範囲外 |
| 1 | 1 | 2 | | 25 | 奉天軍閥の経済的基礎とその特徴 | 満洲 | 範囲外 |
| 1 | 1 | 3 | | 33 | 奉天軍閥の経済的基礎の崩壊過程 | 満洲 | 範囲外 |
| 1 | 1 | 4 | | 38 | 奉天軍閥の経済的基礎の再編工作 | 満洲 | 範囲外 |
| 1 | 1 | 5 | | 42 | 石原莞爾の対満占領構想 | 満洲 | 範囲外 |
| 2 | | | | 45 | 満州事変後の占領政策の展開 | − | |
| 2 | 1 | | | 47 | 満洲国樹立と占領政策の展開 | − | |
| 2 | 1 | 1 | | 47 | 満州占領と満洲国政府の樹立 | 満洲 | |
| 2 | 1 | 2 | | 49 | 特殊、準特殊会社の設立 | 満洲 | |
| 2 | 1 | 3 | | 53 | 「幣制統一事業」と既存の流通機構改編政策の展開 | 満洲 | |
| 2 | 2 | | | 66 | 「満洲産業開発五ヵ年計画」の立案過程 | − | |
| 2 | 2 | 1 | | 66 | 立案経緯 | 満洲 | |
| 2 | 2 | 2 | | 69 | 立案契機 | 満洲 | |
| 2 | 2 | 3 | | 73 | 「満洲産業開発五ヵ年計画」の内容と第１次年度実績 | 満洲 | |
| 2 | 3 | | | 79 | 「朝鮮北部重工業地帯建設計画」の進展 | 外・朝鮮 | 範囲外 |
| 2 | 3 | 1 | | 80 | 「朝鮮北部重工業地帯建設計画」 | 外・朝鮮 | 範囲外 |
| 2 | 3 | 2 | | 84 | 「重要産業統制法」の改正 | 外・朝鮮 | 範囲外 |
| 2 | 3 | 3 | | 86 | 日本窒素肥料株式会社の興南への進出 | 外・朝鮮 | 範囲外 |
| 2 | 3 | | | 92 | 華北占領政策の確立 | 華北 | |
| 2 | 4 | 1 | | 92 | 華北占領政策の形成 | 華北 | |
| 2 | 4 | 2 | | 99 | 華北経済の特徴—浙江財閥の華北支配の実情と関連して | 華北 | |
| 3 | | | | 105 | 日中戦争下の占領政策の展開 | − | |
| 3 | 1 | | | 107 | 日中戦争の勃発と戦時動員体制の確立 | − | |

| 有無 | 堀評価 | 小林論文の使用箇所 | 原朗成果の使用箇所 | コメント |
|---|---|---|---|---|
| | 盗作 | | 109図と原⑱「実態」論文21との関係 | |
| | 盗作 | | 原朗①論文（資金統制）52頁～66頁、原朗⑤資料・資料解説ｘｘｘiii－ｘｘｘix | |
| | 盗作 | | 原朗①論文60-66頁 | |
| － | － | ４行のみ | | |
| ◎ | 問題なし | 119-126＝小林⑫12-15 | | |
| | 引用不適切 | | 原⑱実態論文21-26無視 | |
| | 引用不適切 | | 同上 | |
| | 引用不適切 | | 同上 | |
| | 引用不適切 | | 同上 | 109図と原実態論文21との関係 |
| | 引用不適切 | | とりわけ、446-447＝原⑱実態論文26頁を無視 | |
| | 引用不適切 | | 原⑱実態論文21-26無視 | |
| － | － | ５行のみ | | |
| | 盗作 | ごく一部　小林⑦＝72-80 | 167-169＝原⑦71-80 | 石川論文751、775-773の盗作 |
| － | － | 文章なし | | |
| | 盗作 | | 170-174＝原⑦211-228 | |
| | 盗作 | | 175-177＝原⑦230-269 | |
| ◎ | 問題なし | 178-179＝小林③147-148 | | |
| － | － | 文章なし | | |
| | 盗作 | 小林⑫論文になし。小林⑫15名前のみ | 180-184＝原朗⑱論文4-14 | 原がはるかに詳細、原朗大会報告資料から３点盗作 |
| | 盗作 | 184-191＝小林⑫16-18　華北と華中が入れ子状態 | 興中公司186-189＝原⑱実態論文8-9、14 | 表3-23は原朗⑱論文からの盗作 |
| － | － | ３行のみ | | |
| | 盗作、第三者研究無視 | | 原朗⑦論文71-80、193の第3-26表＝原⑦113第1.15表、194-195の石炭・東辺道開発の失敗については、原⑰＝252-280 | 194-199＝石川論文、小林198-199第3-7図は石川754第１図　同じ資料で同じ手法　石川754、262-263、772-778 |

二　堀和生氏「意見書Ⅲ」全文（2017年12月27日）

| 篇 | 章 | 節 | 項 | 頁数 | 題目名（長いものは末尾削除） | 地域 | 原朗 |
|---|---|---|---|---|---|---|---|
| 3 | 1 | 1 | | 107 | 日中戦争の展開 | 華北華中 | |
| 3 | 1 | 2 | | 111 | 日本経済の軍事的再編の方向 | 日本帝国 | |
| 3 | 1 | 3 | | 115 | 「生産力拡充四ヵ年計画」の内容と特徴 | 日本帝国 | |
| 3 | 2 | | | 119 | 「幣制統一事業」の展開 | | |
| 3 | 2 | 1 | | 119 | 華北「幣制統一事業」の展開と特徴 | 華北 | |
| 3 | 2 | 2 | | 126 | 華中通貨政策とその特徴 | 華中 | |
| 3 | 2 | 2 | 1 | 126 | (1)軍票流通政策の展開 | 華中 | |
| 3 | 2 | 2 | 2 | 135 | (2)華興商業銀行の成立 | 華中 | |
| 3 | 2 | 2 | 3 | 138 | (3)中央儲備銀行の設立 | 華中 | |
| 3 | 2 | 2 | 4 | 142 | (4)儲備銀行券による「幣制統一事業の展開 | 華中 | |
| 3 | 2 | 2 | 5 | 148 | (5)日中戦争下華北、華中解放区での通貨金融政策の展開とその特徴 | 華北華中 | |
| 3 | 3 | | | 167 | 植民地軍事工業構築の準備過程 | | |
| 3 | 3 | 1 | | 167 | 「満州国修正五ヵ年計画」の立案とその特徴 | 満洲 | |
| 3 | 3 | 2 | | 170 | 満鉄改組と満州重工業開発株式会社(満業)の創立 | 満洲 | |
| 3 | 3 | 2 | 1 | 170 | (1)対満投資動向と満鉄改組 | 満洲 | |
| 3 | 3 | 2 | 2 | 174 | (2)満業の設立とその特徴 | 満洲 | |
| 3 | 3 | 3 | | 178 | 朝鮮の「時局対策調査会」の開催 | 外・朝鮮 | 範囲外 |
| 3 | 3 | 4 | | 180 | 北支那開発、中支那振興株式会社の成立 | － | |
| 3 | 3 | 4 | 1 | 180 | (1)興中公司の設立と活動 | 華北 | |
| 3 | 3 | 4 | 2 | 184 | (2)北支那開発、中支那振興株式会社の設立 | 華北 | |
| 3 | 4 | | | 192 | 日中戦争期の植民地産業の軍事的再編 | | |
| 3 | 4 | 1 | | 192 | 満州経済再編の進行 | 満洲 | |

| 無 | 堀評価 | 小林論文の使用箇所 | 原朗成果の使用箇所 | コメント |
|---|---|---|---|---|
| | 問題なし | 202-204・206-212＝小林③149-150・151-253、205-209＝小林⑨145-149・156-159 | | |
| 部は | | 213-214＝⑫15、20-21。華中は別 | | |
| 一部<br>不明 | 問題なし | 215-219＝⑫18-23 219-221＝⑫24-26 | | |
| | | | 原朗⑱論文8-14 | 小林に先行研究なし |
| | | | 231原①論文を引用 | |
| | 盗作、第三者研究無視 | 一部 233-234＝⑤30、234-237＝⑧207-209 | 原朗⑦論文（4-50、71-80頁）、282＝原⑱実態論文20p、満鉄中心⇒満業・満洲興業銀行へ＝原⑰291-295 | 石川論文の資料774。原・石川が半分小林が半分 |
| ) | 問題なし | 237-242＝小林③153-156 表3-47。48（238。239）追加 | | |
| ) | 問題なし | 243-252＝小林⑩29-32 | | |
| | 問題なし | | 252-253＝原⑨論文23-28 | |
| ) | 問題なし | 253-257＝小林②15-16 | | |
| ) | 問題なし | 258-265小林②16-20 | | |
| ) | 問題なし | 256-257＝小林②20-21 | | |
| ) | 問題なし | 267-274＝小林②21-24 | | |
| - | － | １頁のみ | | |
| ) | 問題なし | 276-283＝小林③156-159、277-278、280-281＝小林⑪68-69、75-76 | | |
| | 第三者研究無視 | ごく一部 284＝小林⑫27 第５図のみ | | 285-291＝松村論文270-278、287-291。注記は291頁一回のみ、大会報告資料では松村を明示、著作で消す |
| ) | 問題なし | 292-299＝小林⑩32-35 | | |
| ) | 問題なし | 299-302＝小林⑤41-42、304-305＝小林⑨179-180 | | |
| - | － | ３行のみ | | |

| 篇 | 章 | 節 | 項 | 頁数 | 題目名（長いものは末尾削除） | 地域 | 原朗 |
|---|---|---|---|---|---|---|---|
| 3 | 4 | 2 | | 201 | 朝鮮経済再編の進行 | 外・朝鮮 | 範囲 |
| 3 | 4 | 3 | | 213 | 華北・華中占領政策の展開 | 華北 | |
| 3 | 4 | 3 | 1 | 214 | (1)北支那開発株式会社の活動 | 華北 | |
| 3 | 4 | 3 | 2 | 214 | (2)中支那振興株式会社の活動 | 華中 | |
| 3 | 5 | | | 231 | 日中戦争期の植民地金融政策の展開とその特徴 | 日本帝国 | |
| 3 | 5 | 1 | | 232 | 満州における資金動員政策の展開 | 満洲 | |
| 3 | 5 | 2 | | 237 | 朝鮮における資金動員政策の展開 | 外・朝鮮 | 範囲外 |
| 3 | 5 | 3 | | 243 | 台湾における資金動員政策の展開 | 外・台湾 | 範囲外 |
| 3 | 5 | 4 | | 252 | 植民地での産金奨励政策の展開—金確保と金現送— | 日本帝国 | 範囲外 |
| 3 | 5 | 4 | 1 | 253 | (1)産金奨励政策の全体的位置づけ | 外・朝鮮 | 範囲外 |
| 3 | 5 | 4 | 2 | 257 | (2)朝鮮産金奨励政策の展開過程 | 外・朝鮮 | 範囲外 |
| 3 | 5 | 4 | 3 | 266 | (3)朝鮮産金奨励政策の終焉 | 外・朝鮮 | 範囲外 |
| 3 | 5 | 4 | 4 | 267 | (4)産金奨励政策の結果 | 外・朝鮮 | 範囲外 |
| 3 | 6 | | | 275 | 日中戦争期の植民地労働力動員政策の展開とその特徴 | 日本帝国 | 範囲外 |
| 3 | 6 | 1 | | 276 | 朝鮮での労働力動員政策の展開 | 外・朝鮮 | 範囲外 |
| 3 | 6 | 2 | | 283 | 満州、華北での労働力動員政策の展開 | 満洲華北 | 範囲外 |
| 3 | 6 | 3 | | 292 | 台湾での労働力動員政策の展開 | 外・台湾 | 範囲外 |
| 3 | 6 | 4 | | 299 | 植民地労働者の就業構造の特殊性 | 日本帝国 | 範囲外 |
| 3 | 7 | | | 307 | 植民地流通機構の再編・強化政策の展開 | | |

| 無 | 堀評価 | 小林論文の使用箇所 | 原朗成果の使用箇所 | コメント |
|---|---|---|---|---|
|  | － | 文章なし |  |  |
|  | 盗作 | 一部 308-310＝小林⑤33-34 | 307-309＝原⑦74-84、原⑰253-257 | 小林は鉄鋼を銑鉄と間違う！ |
|  |  |  |  |  |
| ◎ | 問題なし | 318-320＝小林③160-161 |  |  |
|  | － | 文章なし |  |  |
|  |  |  |  |  |
|  |  |  |  |  |
| ◎ | 問題なし | 325-328＝小林⑩36-37 |  |  |
| － | － | ２行のみ |  |  |
|  | 盗作 | ごく一部 329-330＝小林⑤38-40 | 332-334＝原⑰286-291 |  |
| ◎ | 問題なし | 334-338＝小林③161-164 |  |  |
| ◎ | 問題なし | 338-341＝小林⑩39-40 |  |  |
| － | － | ２行のみ |  |  |
| － | － | 文章なし |  |  |
|  |  |  | 344-34第3-78表、第3-18表 原提供資料（小林大会報告5頁3-A. B.C.D、原⑤資料解説XXXVIII | 343-347＝石川論文748-757、760-766、767-769。小林にオリジナリティなし |
| ◎ | 問題なし | 347-352、354-357＝小林⑨170-172 |  |  |
| 一部小林、一部不明 |  | 354-357＝小林⑨172-173、357-360＝１小林⑩37-39、硫安、アルミは別 | 硫安、アルミはは原提供資料（小林大会報告７頁第7-1表 |  |
| － | － | 二行のみ |  |  |
|  |  |  |  |  |
|  |  |  |  |  |
|  |  |  |  |  |
|  |  |  |  |  |
| － | － | 文章なし |  |  |
| － | － | 文章なし |  |  |
|  | 叙述不適切 |  | 373-381＝原⑤資料159-160、172-176、および同「資料解説」 |  |
| ◎ | 問題なし | 381-384＝小林⑩22-23 |  |  |

二　堀和生氏「意見書Ⅲ」全文（2017年12月27日）

| 篇 | 章 | 節 | 項 | 頁数 | 題目名（長いものは末尾削除） | 地域 | 原朗 |
|---|---|---|---|---|---|---|---|
| 3 | 7 | 1 | | 307 | 満州での物資統制政策 | − | |
| 3 | 7 | 1 | 1 | 307 | (1)配給機構の整備 | 満洲 | |
| 3 | 7 | 1 | 2 | 310 | (2)糧桟機構の再編政策の展開と失敗 | 満洲 | |
| 3 | 7 | 2 | | 318 | 朝鮮での物資統制政策 | 外・朝鮮 | 範囲外 |
| 3 | 7 | 3 | | 320 | 中国占領地区での物資統制政策 | 華北華中 | |
| 3 | 7 | 3 | 1 | 320 | (1)配給機構の整備 | 華北華中 | |
| 3 | 7 | 3 | 2 | 321 | (2)既存流通機構の再編政策の失敗 | 華北華中 | |
| 3 | 7 | 4 | | 325 | 台湾での物資統制政策 | 外・台湾 | 範囲外 |
| 3 | 8 | | | 329 | 日本資本の植民地進出の実態とその特徴 | | |
| 3 | 8 | 1 | | 329 | 日本資本の満州進出の状況と特徴 | 満洲 | |
| 3 | 8 | 2 | | 334 | 日本資本の朝鮮進出の状況と特徴 | 外・朝鮮 | 範囲外 |
| 3 | 8 | 3 | | 338 | 日本資本の台湾進出の状況と特徴 | 外・台湾 | 範囲外 |
| 3 | 9 | | | | 日中戦争期における日本資本主義の軍事的再編成 | | |
| 3 | 9 | 1 | | 342 | 重要奨励対象部門の再編過程 | 日本帝国 | |
| 3 | 9 | 1 | 1 | 342 | (1)鉄鋼業 | 日本帝国 | |
| 3 | 9 | 1 | 2 | 347 | (2)水力電気事業 | 日本帝国 | |
| 3 | 9 | 1 | 3 | 353 | (3)電気化学工業—硫安と軽金属— | 日本帝国 | |
| 3 | 9 | 2 | | 360 | 「生産力拡充計画」の生産実績分析 | 日本帝国 | |
| 3 | 9 | 2 | 1 | 362 | (1)日本資本の植民地進出の諸特徴 | 日本帝国 | |
| 3 | 9 | 2 | 2 | 362 | (2)貿易構造の変化 | 日本帝国 | |
| 3 | 9 | 2 | 3 | 366 | (3)労働力供給状況 | 日本帝国 | |
| 3 | 9 | 2 | 4 | 369 | (4)総括 | 日本帝国 | |
| 4 | | | | 371 | 太平洋戦争下の占領政策の展開 | − | |
| 4 | 1 | | | 373 | 南方軍政の形成過程 | 南方 | |
| 4 | 1 | 1 | | 373 | 南方軍政の立案過程 | 南方 | |
| 4 | 1 | 2 | | 381 | 「臨時台湾経済審議会」の開催 | 外・台湾 | 範囲外 |

| 無 | 堀評価 | 小林論文の使用箇所 | 原朗成果の使用箇所 | コメント |
|---|---|---|---|---|
| | 引用不誠実 | | 385-387＝原朗①論文61-63、385図4-1表は原提供資料と明示 | 原朗の見解をそのまま解説 |
| | | | | |
| | | | | |
| | | | | |
| | | | | |
| | 盗作 | 一部 414-416(化学・機械)のみ小林 | 412-414＝原⑰論文260-264、280-284 | 413-414＝石川論文755、753-771 |
| | | | | 既発表論文なし |
| | | | | |
| ◯ | 問題なし | 426-439＝小林⑩23-28 | | |
| - | − | 4行のみ | | |
| | 盗作 | | 441-448＝原⑱実態論文23-26 | アヘンを除く |
| | 盗作 | | 448-453 一部を除き原朗⑱実態論文20-28 | |
| | | | | |
| - | − | 文章なし | | |
| ◯ | 問題なし | 454-460＝小林⑪70-75 | | |
| ◯ | 問題なし | 3＝166-169＝⑨179-189<br>後者の順序入替 | | |
| | 第三者研究無視 | | | 465-468＝松村306-314 |
| ◯ | 問題なし | 473-474、474-477＝小林⑩34-35、35-36 | | |
| - | − | 文章なし | | |
| | | | | |
| | | | | |
| - | − | 3行のみ | | |
| | | | | |
| | | | | |
| | | | | |
| | | | | |
| - | − | 文章なし | | |

## 二　堀和生氏「意見書Ⅲ」全文（2017年12月27日）

| 篇 | 章 | 節 | 項 | 頁数 | 題目名（長いものは末尾削除） | 地域 | 原朗 |
|---|---|---|---|---|---|---|---|
| 4 | 1 | 3 | | 385 | 「第二次生産力拡充計画」の立案 | 日本帝国 | |
| 4 | 2 | | | 388 | 太平洋戦争期の占領政策の展開 | 日本帝国 | |
| 4 | 2 | 1 | | 388 | 南方軍政の展開 | 南方 | |
| 4 | 2 | 1 | 1 | 389 | (1)南方軍政機構の確立 | 南方 | |
| 4 | 2 | 1 | 2 | 394 | (2)南方軍政の展開 | 南方 | |
| 4 | 2 | 2 | | 412 | 満州経済の軍事的再編 | 満洲 | |
| 4 | 2 | 3 | | 417 | 朝鮮経済の軍事的再編 | 外・朝鮮 | 範囲外 |
| 4 | 2 | 4 | | 421 | 華北占領区の経済再編工作 | 華北 | |
| 4 | 2 | 5 | | 426 | 台湾経済の軍事的再編 | 外・台湾 | 範囲外 |
| 4 | 3 | | | 441 | 太平洋戦争下の植民地通貨金融政策 | 日本帝国 | |
| 4 | 3 | 1 | | 441 | 南方における通貨金融政策の特徴 | 南方 | |
| 4 | 3 | 2 | | 448 | 「大東亜共栄圏」内の通貨金融政策の展開とその特徴 | 日本帝国 | |
| 4 | 4 | | | 454 | 太平洋戦争下の占領政策の展開植民地労働力動員政策の展開とその特徴 | 日本帝国 | |
| 4 | 4 | 1 | | 454 | 朝鮮での労働力動員政策の展開 | | 範囲外 |
| 4 | 4 | 2 | 1 | 454 | (1)労働力動員政策の展開 | 外・朝鮮 | 範囲外 |
| 4 | 4 | 2 | 2 | 461 | (2)朝鮮窒素肥料興南工場での労働者状態 | 外・朝鮮 | 範囲外 |
| 4 | 4 | 2 | | 465 | 満州、華北、華中での労働力動員政策の特徴 | 満洲華北華中 | 範囲外 |
| 4 | 4 | 3 | | 473 | 台湾での労働力動員政策の特徴 | 外・台湾 | 範囲外 |
| 4 | 4 | 4 | | 477 | 東南アジア地域での労働力動員情況 | 南方 | 範囲外 |
| 4 | 4 | 1 | 1 | 477 | (1)全般的状況 | 南方 | 範囲外 |
| 4 | 4 | 1 | 2 | 480 | (2)泰緬鉄道建設工事 | 南方 | 範囲外 |
| 4 | 5 | | | 488 | 太平洋戦争期の物資蒐集機能の鈍化 | | |
| 4 | 5 | 1 | | 488 | 朝鮮、満州での食糧増産運動 | 朝鮮満洲 | |
| 4 | 5 | 2 | | 501 | 華北における物資蒐集状況 | 華北 | |
| 4 | 5 | 3 | | 501 | 華中における物資蒐集状況 | 華中 | |
| 4 | 6 | | | 505 | 日本資本の植民地進出の状況 | 日本帝国 | |
| 4 | 7 | | | 510 | 太平洋戦争期の日本資本主義の軍事的再編過程 | － | |

| 無 | 堀評価 | 小林論文の使用箇所 | 原朗成果の使用箇所 | コメント |
|---|---|---|---|---|
| | 盗作 | | 385-387＝原①論文61-63､511-5154-46表､第4-10表は原提供資料(小林大会報告13-14p第６図 | |
| | − | 文章なし | | |
| | | | | |
| | | | | |
| | | 注なし | | |
| | − | １行のみ | | |
| | 盗作 | | 519-524＝原①論文63､原③論文45-46､76､原⑨論文 その３ 364-366 被告著書225頁に収録､原⑱論文 第13表 | |
| | | | | |
| | 引用不適切 | | 528-530＝原⑱実態論文18-19 | |
| | | | | |
| | | | | |
| | − | 文章なし | | |
| | 盗作 | | 本文参照 | |
| | 盗作 | | 本文参照 | |
| | − | | | 非研究 |

重複箇所一覧」2017年７月25日)。

「問題なし」､灰色 ▭ は「堀評価」の「第三者研究無視」､柿色 ▒ は「堀評価」の「引

二　堀和生氏「意見書Ⅲ」全文（2017年12月27日）

| 篇 | 章 | 節 | 項 | 頁数 | 題目名（長いものは末尾削除） | 地域 | 原朗 |
|---|---|---|---|---|---|---|---|
| 4 | 7 | 1 | | 510 | 重要産業部門の崩壊過程 | 日本帝国 | |
| 4 | 7 | 2 | | 515 | 「第二次生産力拡充計画」の生産実績分析 | 日本帝国 | |
| 4 | 7 | 2 | 1 | 515 | (1)日本資本の植民地進出の特徴 | 日本帝国 | |
| 4 | 7 | 2 | 2 | 516 | (2)貿易構造の変化 | 日本帝国 | |
| 4 | 7 | 2 | 3 | 517 | (3)労働力供給状況 | 日本帝国 | |
| 4 | 8 | | | 519 | 「大東亜共栄圏」の崩壊 | | |
| 4 | 8 | 1 | | 519 | 船舶輸送能力の減退と陸送転移方針の採用 | 日本帝国 | |
| 4 | 8 | 2 | | 524 | 「大東亜共栄圏」内での抗日運動の展開 | 日本帝国 | |
| 4 | 8 | 3 | | 528 | 南方軍政方針の転換 | 南方 | |
| 4 | 8 | 1 | 1 | 528 | (1)「南方甲地区経済対策要綱」の制定 | 南方 | |
| 4 | 8 | 4 | | 520 | 米・英の反撃と「大東亜共栄圏」の崩壊 | 日本帝国 | |
| 結語 | | | | 534 | 結語 | – | |
| 結語 | | 1 | | 534 | 「大東亜共栄圏」支配の特徴 | 総論 | |
| 結語 | | 2 | | 537 | 「大東亜共栄圏」崩壊の要因 | 総論 | |
| あとがき | | | | | あとがき | – | |

(1)　地域とは、対象としている地域。
(2)　原朗とは、原が自己の研究と重複しないと認めた箇所（「原告著書目次と被告の論文と
(3)　有無の◎印は、その部分が小林既存論文の内容とほぼ一致することが確認できるもの。
(4)　堀評価とは、当該箇所に関する筆者堀の総合的な評価。
(5)　緑色 ■ は「有無」欄の◎印、赤色 ■ は「堀評価」の「盗作」、黄色 ■ は「堀評価」
用不適切」「叙述不適切」である。

法」と末尾の「結語」では、多くの研究者を取り上げながらも原朗は名前すら登場しない。本論本文のなかにおいても、原朗の大会報告は一切言及も引用もされていない。ただ、小林著書中の地図（第3―1）の出典文献の一つとして、「原朗「『大東亜共栄圏』の経済的実態」（『土地制度史学』第七一号、一九七六年四月予定）、より作成」（傍線は筆者堀　一〇九頁）とあるだけである。また、筆者名のない同論文名は、同じく小林著書中のグラフ（第4―4図）の典拠として複数の文献のひとつとして、「前掲「『大東亜共栄圏』の経済的実態」（傍線は筆者堀　四四六、四四七頁）が二回使われているだけである。

これらのことから、小林が小林著書の執筆時に、原朗の大会報告論文の原稿を所持しており、執筆に使用していたことが客観的に明らかになる。そのうえで、上述のように小林自身の謝辞の繰り返しにもかかわらず、小林著書は同じテーマに取り組む原朗の大会報告を、まったく先行研究、学術研究の成果として評価していないことが分かる。このことを確認しておくことは、これから小林著書中の自己既存論文と重ならない部分について、具体的な照合と考証をおこなううえで重要な意味を持つ。

先述のように、小林著書本文の実質項目一〇五箇のうち、内容が小林の既発表論文とほとんど一致するものは三二箇であるので、それを除いた残り七三箇の項目が詳細照合の対象である。ただし、小林著書の項目は、その対象の地域、時代、分野が数頁ずつで変わっていく独特な構成になっているので、各項目そのままでは既存研究との比較や学説的な評価が困難である。そこで、ここでは、七三箇の項目を便宜的に大きく五つの部門にまとめたうえで、その内容を小林の既存論文と原朗の研究成果、関連研究等と照合分析することにする。もちろん、この五つの部門、およびそのうち分析の焦点の設定は、単なる概括的な分類である。

## i　満州の経済政策の立案過程

小林著書のなかで、満州は大きな比重を割り当てられている。小林の主要な研究領域である朝鮮については、既発表一二本のうち朝鮮関係は八本、著書収録八本中でも四本を占めており、著書の項目数でみると、朝鮮産金関係五項目を含めて一八項目（満州共通一を含む）になっている。それに対して満州の項目数は二五箇（満州・華北・華中・朝鮮共通三箇を含む）と突出しており、小林が著書のなかで満州を重視していたことがうかがえる。この二五項目のうち小林既発表論文の内容だけでカバーできるのは三項目だけで、原朗が「被告分担範囲外」と認める「満州事変前」の三項目を加えても、残り一九項目については精査が必要である。小林には、満州に関する⑤論文（一九六九年七月刊）と⑧論文（一九七二年一月刊）があるにもかかわらず、朝鮮・台湾のように全て自己の既発表論文の成果だけで充当することができていない。これは何故であろうか。

それは、満州については、原朗⑦論文（一九七一年一月刊）と原朗⑰論文（一九七六年三月刊）が存在したからである。原朗⑰論文のみは刊行が遅れたが、その原稿の完成時期は原朗⑦論文、小林⑧論文と同じく一九七一年六月であったことは、先に引用した満州史研究会代表浅田喬二の証言によって証明されている。とりわけ、日本帝国内で重工業の中心地となった満州経済の研究において、経済政策、経済実態、五ヵ年計画、日産の満州移転、動員政策とその破綻等の分野については、原朗の⑦論文と⑰論文が公表された後には、小林⑤論文の学術的価値が低くなっていた。

その理由は、小林⑤論文自体によっても明らかになる。同論文の「満洲産業開発五ヵ年計画の立案過程」の冒頭において、「当初計画立案契機は、一九三五年以降、「石原構想」なる形で、陸軍参謀本部内に存していた」（二五頁）と述べ、その注1には「「石原構想」の「五ヶ年計画」への結実過程については、原朗「資金統制と産業金融」（本誌第三四号所収）参照」（二八頁）と記して、先行研究として、まず原朗①論文をあげていた。また、同論文では、一九三六年九月『満州ニ於ケル軍需産業建設拡充計画』から翌年「満洲産業開発五年計画要綱」が立案される過程に注7をつけ、「この間の動きについてはより詳しい資料的採求が必要であるが、ここではそのアウト・ラインを示し、詳しい研究は後日の課題としたい」（二八頁）と小林自ら今後資料発掘が必要だと述べていた。さらに、この論文末の付記で、「本稿では日産の対満州進出の視点が弱い」（四三頁）と自認していた。ちなみに、この論文の付記には原朗の教示に対する小林の謝辞が記載されている。小林は、小林⑤論文、⑧論文公表以降、満州については何も研究を発表していない。

この小林⑤論文の公表二年後に、原朗⑦論文、⑰論文がまとめられた。この二本の論文は、筆者「意見書Ⅱ」で当時の専門研究者達による書評での評価として紹介したように、満洲経済史研究において時代を画するものであった。それらが異口同音に高く評価していることは、一次資料の発掘によって中央・現地の軍、中央・植民地政府の官僚、満鉄、新興財閥等の様々な主体同士の葛藤のなかで、満洲の政策の成立から破綻までの過程を描き出したことであった。泉山三六旧蔵の日満財政経済研究会資料（『日満財政経済研究会資料』第一～三巻、原朗⑥資料集）、満鉄経済調査会の立案調査資料類、鮎川義介旧蔵の満洲重工業関係資料、岡野鑑記旧蔵の満州国企画委員会文書等、原朗自身が発掘した膨大な資料を駆使して書き上げた約二〇〇頁（⑦論文一一一頁＋⑰論文八八頁）もの重厚な実証研究は、まさしく研究水準を格段に引き上げるものであった。この原朗の研究によって、当該分野の研究史は原朗論文以前と以後に二分されるほどであったことは、筆者の「意見書Ⅱ」の第1部で詳細に証明した。この原朗の研究成果に照らすと、小林⑤論文は明らかに古い時代の枠組みと実証の水準にとどまっていた。例えば、満州国の当時の政策方針をそのまま事実として受けとめて「特殊会社」の実態や役割を過大評価していること（二〇―二一頁）、一九三五年満州中央銀行券を日本銀行券とリンクしたいわゆる「円元パー」を、単純に日本経済との結合完了と捉えて、それが同時にもった複雑なマイナス面を理解していないこと（二一―二三頁）、現実に満州経済政策が行き詰まっていた一九三六年を「特殊、準特殊会社設立、金融機構再編成を事実上完了し、跛行的であれ、『満洲』産業諸部門が、恐慌、『事変』後の混乱から漸次回復する時期であり、……対ソ、対中前進基地「満洲」の政治的経済的基礎過程の準備を完了する時期にあたっている」（二五頁）と過度に楽観的に捉えており、五ヶ年計画を「三〇年代前半期の『満洲』国産業政策の基調たる特殊、準特殊会社の生産力拡充を図る形で計画遂行を企図したものと想定される」（二七頁）と、まったく事実と異なった判断をしていた。これらは、原朗の二つの論文が発表されたことで、全て間違っていたことが明らかになった。もちろん、学術研究の発展過程を公平正確に評価する立場は、単に後の研究成果によって以前の研究成果の弱点や未熟さをあげつらうことではない。小林⑤論文は発表時点ではそれなりに学術的な意義があった。ただし、その後に、原朗⑦論文、⑰論文が発表されて以前の研究の問題点が克服された後は、原朗の研究成果が標準となりそれより前の小林の⑤論文の学術的価値がほとんどなくなったのである。これが、学術研究の発展である。原朗の二つの論文は、満洲経済史研究において現在なお古典として読み継がれているが、満州経済史を研究する者のなかで、小林⑤論文をそのまま引用する者はいない。このような研究の現状からみて、小林がこの訴訟の最初に、「被告論文発表の五年以上前に、原告が満洲工業化論文を発表していることを考えれば、……被告の言をそのまま返すならば、被告が原告満洲工業化論文を「剽窃・盗用」したということにすらなりかねない」（原告　第二準備書面　二〇一四年一月二一日）と述べている。これは、あまりにも荒唐無稽な主張である。原朗と小林の上記三つの論文を読み比べれば、初学の大学院生であってもその密度と水準の懸隔を容易にみぬくことができる。このような見え透いた嘘を綴った「準備書面」を提出することは、裁判官の読解、判断能力を著しく過小評価しているとしかいいようがない。

しかし学会においては、小林はそのような態度を取ることはできなかった。一九七四年大会報告で、小林は「『満州産業開発五ヵ年計画』立案過程（一九三二―三七年）」を説明する一覧表を、原朗⑦論文から作成したと明記している（小林大会報告資料　乙第二七号証の二、一頁第一―二表）。さらに、同じく「『生産力拡充計画』立案過程（一九三七―三九年）」についても、一覧表を同様に原朗⑦論文より作成したと記している（同上資料　三頁第四表）。つまり、一九三〇年代満州の経済政策立案過程については、すべて原朗の研究業績により把握できるとしていた。学会において、小林はこのように振る舞わざるを得なかった。ところが、小林著書のなかで先行研究の扱いはそうではない。以下具体的に検討する。

（ア）　五ヵ年計画の立案について

「特殊、準特殊会社」（二―一―二　四九―五三頁）では、小林⑤論文にあった特殊会社についての過大評価は改められ、その脆弱性に言及していることからも、原朗論文⑦を参照したことは疑う余地もない。第二―一表も原朗⑦論文四六頁の表によって補正している。しかし、原論文への言及はない。

「満州産業開発五ヵ年計画」の立案に関しては、小林⑤論文と比べられないほど重厚な原朗⑦論文がすでにあるので、その扱いが焦点になる。「立案経緯」（二―二―一　六六―六九頁）五三頁では冒頭の立案経緯に註をつけ、「この点の詳細な経緯については、原朗『一九三〇年代の満州経済統制政策』（前掲『日本帝国主義下の満州』所収）参照」と記している。ところが、その後、資料をあげつつ本文で政策立案過程について論じている。これでは、どこまでが原朗説で、どこからが小林の見解か読者は判断できない。実は、この節全部が原朗⑦論文の研究成果であり挙げられている資料もすべて原朗がその論旨展開のなかで使用したものである。本文に引用している資料の文章まで同じである。よって、本節は全てが原朗の見解であると明示しなければ、学術論文としては失格であり、盗作と評価される。さらに、つづく「立案契機」（二―二―二　六九―七二頁）には、原朗の論文は引用されておらず、かつすべて原朗の成果に依拠しているので、ここは盗作である。つづく「計画の内容と一年度実績」（二―二―三　七三―七八頁）にも、原朗は引用されていない。小林⑤論文には、初年度についての実績分析はなく、本節は原朗⑦論文中の「五ヵ年計画第一年度の施行実績」（七一―七四頁）に完全に依拠している。なお、小林著書七五頁の表二―七「満州産業開発五ヵ年計画表」は、小林⑤論文にも使われていたが、後に述べる石川滋論文によって修正されている。この石川滋論文が引用されていないことは、後に述べる。本節は一部に小林の文章もあるが、引用なしに原朗の成果をつかっているので盗作である。

（イ）　修正五ヵ年計画と満州重工業について

修正五ヵ年計画の立案と特徴の節（三―三―一　一六七―一六九頁）で、冒頭部分に三八年以降、事実上「修正五ヵ年計画」が実施されたと述べた箇所（一六七頁）に註を振り、その註（一）で次のようにのべている。「修正五ヵ年計画の立案過程と日本国内の生産力拡充計画」との関連については、原朗「一九三〇年代の満州経済統制政策」（前掲『日本帝国主義下の満州』所収）七二頁以下参照」と述べている。しかし、本節の内容全てが原朗の所説である。しかも、本節の表三―一六表（一六八頁）は原朗の表（七四頁）を注記なく改編したものであり、資料もすべて原朗⑦論文のものを使用しながら、小林が計画立案について論じているので、読者はこの節全部が原朗の研究成果だとは読み取れない。学術論文の引用ルールを逸脱しており、盗作である。

「満鉄改組と満州重工業開発株式会社の創設」（三―三―二　一七〇―一七七頁）について、小林⑤⑧論文に該当テーマがないので、小林には研究成果がない。一方、原朗には原朗⑰論文という先行論文があった。ここの研究史整理はどのようになっているのか。この節では、原朗⑰論文は参照されず、槙田健介「一九三〇年代における満鉄改組問題」（『歴史評論』二八九号　一九七四年五月）のみが、先行研究として引用されている。そして、裁判の過程でも、満鉄改組については、槙田論文に依拠して書いたので、原朗⑰論文（満州第二）は見ていなかったと強調している。（原告「第二準備書面」二〇一四年一月二一日　一八―一九頁）。しかし、一九七四年大会報告で、小林が原朗⑰論文を自己の研究に使用していたことはすでに証明した通りである。槙田論文は、当時『歴史評論』が設けていた「私の卒業論文」というコーナーに掲載されたものである。それは、新聞記事や資料集、公刊図書を丁寧に整理しており、学部生の卒業論文としては優秀であるがそれ以上ではない。一方、原朗⑰論文は、先に紹介した一次資料に加えて満州重工業社長鮎川義介文書という一次資料を駆使してまとめた八八頁の力作で、高村直助東大助教授（当時）が「まさに圧巻」「画期的に深化」と賞賛したものである。小林は、実際には、ここでも原朗の研究成果を使っており、それは満鉄経営の矛盾や満州重工業への特権付与など槙田論文には含まれていない内容が含まれている。私的に受け取った未発表原稿を、本人の了承もなく自己の原稿中に利用しているので重要な学術的背信行為であり、この節は盗作である。

### ⅱ　満州諸経済計画の展開

この領域については、小林著書を原朗の研究成果だけでなく、すでにⅠであげた石川滋論文（一九五八年）と松村高夫論文（一九七二年）とも照合する。この二つの研究は、小林著書による原朗の成果の盗作事件とは直接的な関係がない。ただし、同書が研究書としてもっている重要な問題点を示唆するので合わせて検討する。

「満州経済再編の進行」（三―四―一　一九二―二〇一頁）は、全面的に原朗⑦論文七一―八〇頁、原朗⑰論文二五二―二八〇頁、および石川論文に依拠している。原朗のこれらの論文は、先述のように戦時研究史の新しい時代を切り拓いた画期的なもので、当時すでに広く頻用される日本統制経済に関する代表的な論文であった。そして、小林著書一九三頁の第三―二六表は、すでに原朗が同じ『製鉄業参考資料』で分析している（一一二―一一三頁）。また、満州重工業の経営行き詰まりに関しては、原朗⑰論文二五二―二八〇頁が詳細に明らかにしている。この節の内容は、原朗の研究成果に明確に依拠しながら、それらを一切引用していないので、盗作である。ここで、石川論文について説明しておく。この論文については、一九七二年尾形洋一（当時　早稲田大学大学院生）が「『満州国』経済における目標と成果との乖離は、すでに石川滋氏の論文「終戦にいたるまでの満州経済開発――その目的と成果――」で詳細に分析され、また、状況の変化によって動揺する「満州」経済政策は、当時にあっても、その大要は捉えられていた」（『社会経済史学』三八巻四号　一九七二年二号　一一五―一一六頁）と述べていたように、既によく知られていた。原朗⑦論文では、「四一年の五ヵ年計画最終年次において、五ヵ年計画がどの程度最初の意図を実現しえたかという一点についてのみ、最後に簡単にふれておくことにしよう。この点については、すでに石川滋氏による先駆的業績がある」（一一四頁）として、石川論文を引用紹介していた。また、先に言及した槙田健介の卒業論文でも、「満洲産業開発五ヵ年計画」の変遷について、原朗⑦論文だけでなくこの石川論文を何度も引用している（四八―五〇頁）。ところが、これほど広く知られている石川論文を小林著書は、まったく引用していない。しかし、ここで小林が書いていている五ヵ年計画に関する歴史的事実と論点は、すでに石川論文中の「計画目標との比較における実績」「基礎目的との比較における実績」（七五二―七七一頁）によってほとんど詳細に書かれている。特に、小林著書が多用する計画目標と計画実績をグラフ上で対比する手法は、すでに石川が具体的に行っている（七五四頁）。これほど著名な先行業績の存在をふせて、自分の研究として発表することは学術界では認められないことであり、小林著書の専門研究書として重大な欠陥である。

「満州における資金動員政策の展開」（三―五―一　一二三二―一二三七頁）については、一部に小林の⑤論文、⑧論文の内容を含んでいるが、満州投資に関する満鉄中心主義から満州重工業と満州興業銀行への転換については、原朗が自ら発掘して一次資料を駆使して分析した原朗⑦論文（四―五〇、七一―八〇頁）、原朗⑰論文（二五二―二八〇頁）、原朗大会報告（原朗⑲論文＝実態論文　二〇頁）が、はるかに具体的に、かつ理論的に解明している。また、石川論文（七五九―七六〇、七七四―七七八頁）にも資金統制についての分析がある。小林が原朗大会報告を聞いていただけでなく、原朗⑰論文の資金研究に関する成果を吸収していたことは、小林の学会報告資料（乙第一七号証の二）八頁の所要資金に関する第九表で原⑰論文を引用していることで証明された。この節には原朗の研究に言及がないので、その部分は原朗の成果の盗作である。

「配給機構の整備」（三―七―一―一　三〇七―三一〇頁）は、小林⑤論文の成果を一部に含んではいるが、より多くの部分を原朗⑦七四―八四頁、および原朗⑰論文二五三―二五七頁に依拠している。「日本資本の満州進出の情況と特徴」（三―八―一　三二九―三三四頁）は一部に小林⑤論文を使っているが、原朗⑰論文二八六―二九一頁の成果を利用している。「満州経済の軍事的再編」（四―二―二四一二―四一六頁）は、化学・機械工業の一部を小林が自分で書いているが、多くの部分は原朗⑰論文二六四、二八六―二九一頁の研究を使っている。小林が原の機械研究から学んでいることは、小林学会報告資料（乙第二七号証の二）一二頁の第二二表で、満州炭礦の機械について原朗⑰論文を引用していることから明らかである。この節は、小林、原朗、石川（七五三―七七一頁）の三人の研究で構成されている。以上の三項目では、原朗の研究はまったく引用されておらず、学術引用のルールに反しており、原朗の研究成果の部分は盗作である。

「満州、華北での労働力動員政策の展開」（三―六―二　二八三―二九二頁）、および「満州、華北、華中での労働力動員政策の特徴」（四―四―二　四六五―四七三頁）では、ごく一部に小林⑤論文が使われていることが確認できるが、ほとんど松村高夫の研究成果である。すなわち、前者は松村論文二七〇―二七八、二八七―二九一頁の要約、後者は松村論文三〇六―三二四頁の要約である。前者には、一度だけ松村論文を引用しているが、その範囲が示されていないので、どこまでが松村の研究成果で、どこからが小林の研究結果なのかが不明である。この場合、二八七頁以後はすべて松村の研究成果である。後者には、松村論文の引用註はない。小林は、前者中の第三―六一表（二八七頁）と第三―一二図（二八八頁）は、松村二九六頁の第三・二二表と二九七頁の第三・二三表を使っている。ところが、わざわざ前者は単位を千円から万円に変更し、後者は表をグラフにしている。これは何故であろうか？　小林大会報告資料（乙第二七号証の二）一一頁では、この両表を掲載して、出典はともに松村高夫「満州国成立以降における移民・労働政策の形成と展開」（満州史研究会編『日本帝国主義下の満州』）（傍線　引用者）であると明記していた。ところが、小林著書では、松村論文から引用したという記載は削除され、先のような変更がなされたのである。つまり、この図表の改編は図表の真の作成者を隠すための小林の姑息な行為であったと、筆者には感じられる。この点については、かつて満州史研究会で小林と共同研究をおこなっていた著者松村本人（松村高夫「意見書」二〇一五年四月三日乙三八）が、これを自己の研究成果の「盗作」であると厳しく糾弾している。この二つの節は、原朗の研究成果ではないが、研究倫理に著しくもとる行為である。

### ⅲ　日本帝国

ここでは、日本内地を中心とした朝鮮・台湾・満州という日本帝国の中心になる領域を一括して論じる研究について、照合検討しよう。

（ア）「日本経済の軍事的再編の方向」（三―一―二　一一一―一一五頁）と「『生産力拡充四ヵ年計画』の内容と特徴」（三―一―三　一一五―一一八頁）は、研究領域が植民地経済史であった小林にはまったく研究実績のない領域である。そして、一九六〇年代後半から一九七〇年代前半期に、この領域を切り拓いていたのが原朗の一連の論文であった（筆者「意見書Ⅰ」第一節）。であるから、小林がそれら原朗の先行研究をどのように扱うかは注目すべき点である。前者「日本経済の軍事的再編の方向」

では、註の⑴で「日中戦争下の経済統制体制構築過程については、貿易、金融を軸に鋭い分析をおこなっている」（一一五頁）として、原朗⑨論文を挙げており、註⑵でも重ねて引用している。ところが、それは、いずれも貿易、金融を扱った一つのパラグラフのなかの文章に付けられた註にすぎない。そして、次のパラグラフにうつると、「日本の国内経済体制の改編は、この貿易、資金統制をもって完了したのでは決してない」と転じて、以後物資統制や総動員体制に移っていった過程が、小林自身の研究のごとく、次々と論じられている。しかし、そこで述べられていることは、全て原朗がすでに一九六七年の原朗①論文（資金統制）五二頁～六六頁、及びで原朗・中村隆英編『現代史資料43　国家総動員（一）　経済』（みすず書房　一九七〇年）資料解説 xxviii ― xxxix 頁で詳細に論じているのである。このような研究整理は明らかに原朗の研究成果を無視しており、適切ではない。後者「『生産力拡充四ヵ年計画』の内容と特徴」では、小林はメインの資料として「生産力拡充計画要綱」をとりあげ、島田俊彦・稲葉正夫編『現代史資料八　日中戦争1』（みすず書房、一九六四年　七七三―七七七頁）、を出典とし、生産力拡充四ヵ年計画について論じている。ところが、同上の原朗・中村隆英編『現代史資料43　国家総動員（一）』は、この「生産力拡充計画要綱」を収録（二〇一―二〇四頁）したうえで、さらに島田・稲葉編資料集にはないこの資料の解説（lv ― lviii 頁）をおこなっている。また、原朗①論文六〇―六六頁では、一九三九年「生産力拡充計画」と「生産力拡充計画要綱」を具体的にとりあげ、詳細に論じている。この節に原朗の研究は引用されていない。原朗論文および資料の引用なくしてはこれらを研究することは不可能であり、これらを無視することは盗作といって差し支えないだろう。

（イ）「『第二次生産力拡充計画』の立案」（四―一―三　三八五―三八七頁）では、メインの「第二次生産力拡充計画」一覧表について、小林著書のなかで唯一「原朗所蔵資料」（三八六頁）と記載している。ところが、この「第二次生産力拡充計画」の主要部門の計画と実績を示す第四―四六表（五一一―五一三頁）、第四―一〇図（五一四頁）には記載がないが、小林学会報告資料（乙二七―二、一三―一四頁）によれば、これらも原朗所蔵資料であった。つまり全て原朗によって提供された一次資料を解説したもので、その評価は原朗①論文六一―六三頁の見解の水準を超えるものではない。この節は盗作とはいえないが、研究の前進には貢献しないものである。

（ウ）　上述した「第二次生産力拡充計画」の展開過程を示す第四―四六表「『第二次生産力拡充計画』における主要産業部門の計画と実績」、第四―一六図「『第二次生産力拡充計画』における主要産業部門の計画と実績」（五一一―五一四頁）のみでなく、「重要奨励対象部門の再編過程」（三―九―一五四二―五六〇頁）中の（1）「鉄鋼業」（三四二―三四七頁）で使われる第三―七八表「日本帝国主義領土内の鉄鋼生産状況」、及び第三―一八図「日本帝国主義領土内の鉄鋼生産状況」は本書中には記載がないが、小林大会報告資料（乙二七―二）五頁の三―A・B・C・Dによれば、それらは原朗が小林に提供した一次資料であることが分かる。おなじく、（3）「電気化学工業―硫安と軽金属―（三五三―三六〇頁）の第三―八〇表「硫安、軽金属の生産状況」（三五三頁）、および第三―二一図「硫安、アルミニウム生産目標及び生産状況」（三五四頁）の出典にも記載がないが、小林大会報告（乙二七―二）の七頁第七―一表、第七―四図によれば、それらは原朗提供の一次資料であることが明らかである。これは、研究の中味ではなくあくまで典拠資料のことである。ただ、この事実によれば、小林は一九三八―一九四五年の日本帝国（日本、満州、中国）の鉄鋼、鉄鉱石、石炭、硫安、軽金属等の生産実績については、原朗から具体的に示唆を受けていたことは動かないであろう。

### iv　中国関内（中国本土の長城以南）

（ア）　概観地図

まず関内の照合に先だって、第三篇の冒頭に掲げられた第三―一図「日中戦争展開と解放区」（一〇九頁）（本書一六六頁）についてコメントする。先述のように、これは小林著書のなかで、原朗⑱論文（実態論文）を原朗の筆者名をつけて直接引用している唯一の例である。そして、この図は小林著書のなかで後に何度も言及されている。

この地図は、原朗の研究において重要な意味を持っている。原朗⑱論文のⅣ章「『大東亜共栄圏』の金融構造」の「（2）華北・華中の通貨戦と円元パー原則」で、華北と華中で日本と中国の間で日中通貨戦が戦われたことに注目し、中国側の『抗日戦争時期解放区概況』と日本側の『北支の治安戦』『昭和二十年の支那派遣軍1』などの資料を用いて、華北から海南島に至るまで解放区（辺区）が存在したことを、一枚の地図に視覚化して示している（同論文、二一二頁）。この地図は華北と華中で国民政府軍支配地区と共産軍支配地区、日本軍占領地の三つの地区が入り乱れて存在し、三種の通貨が流通力を競う通貨戦が行われたこと、解放区の存在が重要な意義を持ったことを視覚化して示したものであり、あわせて華南でも大陸打通作戦など戦時末期まで戦闘が持続し、大量の日本兵が中国戦線に張り付けられていたことを一枚の地図によって表現している。このように、原朗の研究においてこの地図は重要な意味をもっているにもかかわらず、小林はこの地図のうち華中の部分のみを切り取って自己の著書の地図に取り込んだうえに、他のさまざまな出典の最後に原の図を引用している。

小林著書に先だち、一九七四年一〇月発行の雑誌に掲載された小林⑫論文には、同じように華北の鉄道路線と日本占領地域を記入した第二図「華北政治状況」（一一頁）を掲示している。その華北地図と一〇九頁の華北地図を比較すると、小林著書の華北地図には日本占領地とそれに対峙する八路軍の解放区が描かれている。小林⑫論文では中国解放勢力の動きを無視していたわけではなく、共産党の辺区が日本軍の占領政策を大きく制約していたことを既述していた（二七―二九頁）。でありながら、「華北政治状況」には解放区は描かれていなかった。小林は、裁判の過程で次のように述べている。「原告は、一九七四年一〇月の学会報告時点で、原告の著書の八〇％以上を完成させていたのであり、脱稿直前に報告された被告学会報告に依拠して原告著書を完成させることなど、物理的に不可能であった」（原告「第四準備書面」二〇一四年八月二〇日　七～八頁）。ところが、先に述べたように、小林著書一〇九頁最下段の出典には、原朗のその当時には未刊行である原朗⑱論文がちゃんと引用されている。

これらの事実を総合してみれば事態は明瞭である。小林は、一九七四年一〇月二七日の原朗大会報告の配布資料として、日中戦争下の政治状況を的確に描写した原朗作成の地図（原朗大会報告資料乙第二二号証　八頁「中国における日本軍占領地と解放区」、原朗⑱論文二二頁「中国における日本軍占領地と解放区」）を受け取っていた。ところが上記のように、この「中国における日本軍占領地と解放区」の地図を使って中国内各地間の経済的分断問題を詳細に論じた原朗の大会報告および原朗⑱論文について、小林は小林著書の本文においてどこにも一切言及していない。この事実は、小林が原朗の大会報告の重要な一部を盗作したことを証明している。

（イ）　占領地の開発会社

中国については、華北を対象とした小林⑫論文がある。それで、華北については、Ⅱ．外形的な照合結果（五頁）でみた朝鮮と台湾の場合と同じように、既発表の小林論文と小林著書の特定部分が完全に符合する部分がかなりある。「華北占領政策の形成」（二―四―一　九二―九九頁）、「華北経済の特徴」（二―四―二　九九―一〇四頁）、「華北『幣制統一事業』の展開と特徴」（三―二―一　一一九―一二六頁）がそれであり、個々の文章配列の順番は入れ替わっていても、ほぼ小林⑫論文の文章がそのまま使われている。しかし、小林著書中の華北に関することが、すべて小林⑫論文で書かれているわけではない。特に華北と華南にまたがる問題の領域については、当然この論文には含まれない。特に問題となるのは、占領地開発会社に関する領域についてである。

一九三五年一月に設立された興中公司についてみよう。小林⑫論文一五―一六頁にはこの会社の設立に言及しているが、それは公刊資料により既に知られていた事実を叙述しているのに過ぎない。ところが、原朗は、興中公司社長を務めた十河信二旧蔵の興中公司関係資料を自ら発掘して分析し、同社について詳細な研究を進めていた。その成果の一端は、原朗大会報告および原朗⑱論文四―一四頁によって公表された。それは新しい知見に満ちた研究成果であった。ところが、小林著書「興中公司の設立と活動」（三―三―四―一　一八〇―一八四頁）には、興中公司に関する細かい事実まで原朗報告・論文と同じ内容が記載されている。小林著書の第三―二表a「興中公司担当事業一覧（一九三九年四月）」（一八一頁）は、原朗大会報告資料（乙第二二号証　三頁）「5　興中公司関係事業（一九三九年四月現在）」、および原朗⑱論文七頁第四表「興中公司関係事業」と同じものである。後者の雑誌論文は、多少簡略化されているが実質的にまったく同じ表である。興味深い点は、会社の記載順序が入れ替えられていることである。小林著書の独立した第三―一九表b「軍委託管理工場一覧」（一九三九年四月）」（一八二頁）は、原朗大会報告資料では先の表五のなかに同じデータが収録されている。

そのデータは原朗⑱論文では表四中に大幅に圧縮されてしまっていることに注意が必要である。そして、軍委託管理工場の表でも小林側と原朗側では会社の配列順序が変わっている。小林著書の一九三八年の対中国地域別投資に関する第三一二〇表「対中国向機関投資額」（一八三頁、出典は東亜研究所編『日本の対支投資』一九四二年刊、一四〇頁）については、原朗大会報告資料に同じ表はない。しかし、原朗による同様の大会報告資料では、同じ『日本の対支投資』一〇五五頁からとった別の一九三八年地域別統計が、「6　対華投資内訳」（三頁）として使われている。これは原朗⑱論文九頁でも同じである。以上のことを総合してみれば、事態は明らかである。小林は一九七四年一〇月の原朗大会報告と配付資料に基づいて、著書のこの部分を書いたのである。そしてその三つの表のマイナー・チェンジは、満州の労働問題の項で見たのと同じように、他の研究者の成果を我が物にする時に、それを隠蔽するために小林がつかう姑息な手法ではないか、と筆者には思われる。引き続いて「北支那開発、中支那振興株式会社の設立」（三一三一四一一　一八四一一九一頁）でも、同じ問題がある。この項の華北についての部分は、小林⑫論文によっていることが確認できる。ところが、華中については、原朗⑱論文の当該分野の箇所と同じことを書いている。一八八頁「中支那振興株式会社一覧（一九四一年二月現在）」は、原朗大会報告資料（同上）四頁の「8　中支那振興関係会社」、原朗⑱論文「第六表　中支那振興関係会社」（八頁）と基本的に同じものである。基本的にという意味は、出典は同じ『中支那振興会社並びに関係会社事業概況』という資料となっているが、数値に若干の違いがあるからである。小林の表は、一九四〇年刊行の資料で、一九四一年二月末現在の表を作成しているので、何らかの錯誤があることは明白である。であるから、これは同じ資料で年度が違うのか、筆記過程でいずれかにミスがあったのかは不明である。表中の資本金が、小林は公称資本金を採っており、原朗は払込資本金をつかうなどマイナーな違いがあるが、同系統の資料にもとづく同じ構造の表である。たとえ、小林が原朗とは年度の異なる版をつかったのだとしても、先行研究に言及せずにこの表を作成・使用することは学術上の不正行為だと見なされる。小林著書「中支那振興株式会社の活動」（三―四―三―二　二二一―二三〇頁）は、小林に先行研究がなく、原朗⑱論文の当該箇所から多くの示唆を受けている点が見受けられるが、原が実証研究を発表していないので、不正とまではいえない。しかし、原朗の大会報告と準備報告は、小林にとって十分有益な情報源となったことは確かである。

以上の照合検討から、小林著書の「興中公司の設立と活動」（三―三―四―一）と「北支那開発、中支那振興株式会社の設立」（三―三―四―二）は、原朗の大会報告および原朗⑱論文の盗作だと判断される。

## v　南方進出

南方（東南アジアに対する当時日本側の呼称）については、小林は研究発表をしていないので、既発表論文はなく、ここではもっぱら小林著書と原朗の研究との検討となる。

（ア）　南方軍政の樹立

「南方軍政の立案過程」（四―一―一　三七三―三八一頁）の三七四―三七五頁において、小林は原・中村編⑤『現代史資料』第四三巻の資料および「資料解説」（原の執筆）に基づいて記述している。この場合出典は明示されている。ただし、三七四頁六行目から三七五頁一五行目までの二七行では、このうち、小林本人が執筆した部分は多目に数えても八行分で、引用部分が一九行である。つまり、本人執筆部分よりも資料・資料解説から写した部分が上回っており、学術上適切な引用とはいいがたい。とりわけ原が「資料解説」のなかで特に詳細に分析した「南方施策要綱（案）」（企画院、昭和一五、七、二三）についてみれば、「一、方針」全七行の内六行、「第二、施策の大綱」三、の全四行すべて、五の全六行の内五行を小林はそのまま引き写しており、本節における小林の記述内容は、原朗による「資料解説」の水準を出ていない。

（イ）　インフレーション

「南方における通貨金融政策の特徴」（四―三―一、四四一―四四八頁）において、小林は南方開発金庫を論じつつ、二個のグラフを提示して南方インフレの激化を証明しようとしている。しかしその内容は原朗⑱実態論文「（３）南方インフレと臨軍費会計」（二六―二八頁）とほとんど異なることなく、しかも提示したグラフに若干の操作が加えられているとはいえ原朗が「実態」二三頁に掲げたものとほとんど同じである。しかも、出典でわざわざ原朗⑱論文から原朗の名前を削除して、原資料と並べて記載している。そのため、通貨発行高を比較することで、占領地域のインフレ進行の差違を剔抉した原朗の創意を見えないようにしている。この節の小林の記述にはオリジナリティはなく、この節は盗作と判定される。

「『大東亜共栄圏』内の通貨金融政策の展開とその特徴」（四―三―二　四四八―四五三頁）において、小林は先の「改編」したグラフを参照しつつ、満州・華北・華中のインフレに触れ、さらに南方各地の激しいインフレにつき記述を展開し、最後にアヘン工作と外資金庫に言及している。しかしこれは原朗がすでに大会報告で展開した「大東亜共栄圏」の金融構造に関する記述（原朗⑱実態論文二〇―

二八頁）を後追いしつつ、その典拠を他に求めて注記しており、四五二頁前半のアヘンに関する言及以外は、同頁後半の外資金庫に関する記述も含めて、原朗の大会報告・原朗⑱実態論文の盗作である。外資金庫についても、原朗⑱実態論文はより的確に問題の本質をついているので、小林著書のこの部分は多くの盗作部分を含んでいる。

（ウ）　海上輸送力

「船舶輸送能力の減退と陸送転移方針の採用」（四―八―一　五一九―五二四頁）において、小林は「『大東亜共栄圏』相互間の紐帯を切断する直接的契機となったものは、船舶輸送問題だった」と述べ、「喪失船舶数の増加が、軍需用船舶徴用と重なり益々物資輸送用船舶を圧迫し、『大東亜共栄圏』間の物資輸送を困難にした」と述べている（五一九頁）。しかしこの論点は、原朗が「資金統制と産業金融」（原朗①論文）六三頁で最初に提起し、ついで「日中戦争期の国際収支」（原朗③論文）の四五―四六頁と七六頁で強調し、さらに「日中戦争期の外貨決済」（原朗⑨論文　その三　三六四―六六頁、被告著書二二五頁収録）においてもさらに展開している。加えて原朗⑱実態論文では一八頁の第一三表「大型船による海上交通路放棄の経過」という表を提示したうえで、日本本国と同様に「海上輸送力の不足が東南アジア全域の生活水準を強度に押し下げた」と明快に述べている。両大戦間期、日本の対外経済関係を規定する要因が外貨保有の規模である「輸入力」から、日本在外資産の凍結によって「海上輸送力」に転換し、その「海上輸送力」が戦局悪化によって解体していく過程を歴史的に解明したのは、原朗の一連の論文であり、これは今日でもひろく原朗説とよばれている。小林は原朗とともに研究してきたのであるから、このような学説発展の経緯を熟知していたことは明らかである。この節で小林は原朗の先行業績を意識的に無視して研究史を歪めており、学術的に全く不適切であって原朗学説の盗作だといえる。

（エ）　物資不足

「『南方甲地区経済対策要綱』の制定」（四―八―三―一　五二八―五三〇頁）において、小林は次のように述べている。「前述した『大東亜共栄圏』を結びつける海上輸送力の欠如は、これに拍車をかけた。日本期待物資たる工業製品とタイ、インドシナからの輸入を期待した米が入らず、南方甲地区での繊維製品、食糧不足に起因する一般物価の高騰は著しく、日本軍政の基盤をゆるがす社会不安をつくり出し」（五二九頁）と述べたが、このパラグラフでは一切注を付けていない。他方、原朗⑱実態論文は、同じ事態につき食糧生産の豊富な大陸東南アジアと、食糧自給が困難な海洋東南アジアを今川暎一説を引用しつつ類型化し、一八―一九頁で明快に海上輸送力の激減・海洋東南アジアの物資不足による物価騰貴と食糧欠乏による飢餓状態の発現・大陸東南アジアの米輸出困難による米価下落と農村危機の発生・これらの要因による日本軍政部の軽工業育成と食糧自給化方針への転換・農民抗日意識の強化を論じている。これに照らしてみれば、大会報告準備過程の「乙第二六号証」、大会当日の原朗の口頭報告と配布資料「乙第二二号証」、大会終了後、学会誌発行以前の清書原稿「乙第二四号証」によって、小林は原朗のこの論理を十分に知ることができた。小林は、この部分に関する原朗の論旨を自らのものとして述べていると判断される。これらの事実から、この節は明らかに盗作である。

以上、小林著書の内容を、小林と原朗の既発表成果および関連研究の成果と比較考証してきた。その結果として、小林著書の朝鮮、台湾および華北の一部に関しては小林の研究成果であることを確認した。しかしながら、日本帝国全般と満州に関してはかなり多くの部分、そして中国関内と南方に関する重要な部分が、原朗の発表成果からの盗用であることを確認した。

## Ⅳ　研究史的な検討

以上の照合検討によって、小林の著作には全篇にわたって広範な盗作があることがわかった。では、何故に一人の個人によって、特定の人物の研究成果が盗作されるというおぞましい事件が起こったのであろうか。原朗と小林英夫の研究史の足跡によって検討してみよう。

原朗は一九三九年生まれ、小林英夫は一九四三年生まれで、いずれも一九六〇年代後半から経済史に関する数多くの研究論文を発表してきた意欲的な研究者であった。しかし、二人の研究対象はかなり異なっていた。その違いをわかりやすく説明しよう。二〇一三年に、原朗はほとんど四〇年前に書いていた論文をそのまま収録した二つの論文集を編集刊行した。研究論文は、当該分野の研究が進展することによりその内容の学術的な価値が減じていくために、一般的には時間の経過とともにしだいに顧みられなくなる。そのことに照らせば、東京大学出版会から約四〇年以前の論文集がそのままの形態で刊行されることは、極めて異例である。それは、端的にそれらの論文が長い時間を経ても後続の研究者らに読み継がれる価値を持っていたからにほかならない。その二つの論文集の構成は次の通りである。

■原朗著『日本戦時経済研究』東京大学出版会　二〇一三年三月（以後、『戦時』と略す）

第一部　構造

Ⅰ「戦時統制経済の開始」（岩波講座『日本歴史』第二〇巻　一九七六年七月　岩波書店

Ⅱ「日中戦争期の国際収支―外貨不足問題と経済統制」（原朗③論文、一九六九年三月）

Ⅲ「『大東亜共栄圏』の経済的実態」（原朗⑱論文、一九七六年四月）

第二部　動態

Ⅳ「日中戦争期の外貨決済」（一）（二）（三）（原朗⑨論文、一九七二年四月～一〇月）

Ⅴ「日中戦争期の外国為替基金」（原朗⑧論文、一九七二年九月）

Ⅵ「資金統制と産業金融」（原朗①論文、一九六七年一月）

（Ⅶ、Ⅷ、Ⅸの論文は、一九七六年前の論文ではないので省略）

■原朗著『満州経済統制研究』東京大学出版会　二〇一三年三月（以後、『満州』と略す）

第1論文「一九三〇年代の満州経済統制政策」（原朗⑦論文、一九七二年一月）

第2論文「『満州』における経済統制政策の展開」（原朗⑰論文、一九七六年三月）

このうち『戦時』の最初の論文Ⅰを除いて、すべて小林著書刊行以前の研究成果である。その内容をみると、原朗は植民地経済史から研究を始めたのではない。『戦時』のⅡ、Ⅳ、Ⅴ、Ⅵの論文に明らかなように、原朗の研究関心の出発は、一九三〇年代の日本がおかれた国際的な位置とそれが日本の内部経済をどのように規定していったのかということにあった。そして、日本というものを、日本内地（日本四島）に限るのではなく、日本が支配した植民地満州（『満州』所収の二論文）、やがて中国関内と南方まで含んだ「大東亜共栄圏」全体（『戦時』Ⅲ論文）の領域として、日本帝国の次元で捉えようと研究を発展させてきていた。つまり、後発資本主義国であった日本が、その後進性や脆弱性を克服するために、植民地をもつ帝国主義をめざしていったこと、その帝国主義的な膨張こそが、さらに世界経済の中における日本の選択肢をせばめ、日本帝国を解体に追い込んでいったのであり、それらの過程を物資（生産・貿易）と金融の両面から総合的に解明しようとした。この領域の研究は一九六〇年代から原朗によって開拓され、明確な問題意識と緻密な実証作業は大きな成果を上げた。この植民地を含んだ日本資本主義・日本帝国主義の形成から解体までを、全体として把握しようというスケールの大きな研究は、当時の学界においては原朗の独壇場であった。これら原朗が構築した歴史認識は現在なお原朗理論とよばれ、学界で広く受け入れられ、それらの論文は研究史上の古典として評価されている。このことが、先述のように四〇年を経た今日、発表時の論文そのままで論文集を編纂するという奇跡的な出来事を可能としたのである。この時期の原の研究成果に対する学術的な総括については、堀和生「書評　原朗著『日本戦時経済研究』」（歴史学研究会『歴史学研究』九二二号　二〇一四年九月）を参照されたい。

それに対して小林は、表1の研究業績リスト（二頁）（本書二七七頁）に明らかなように、朝鮮史の研究者として出発した。論文の対象地域は、一二本中八本が朝鮮史である。さらに、小林の関心をみると、初期の労働問題・民族解放運動の領域から、しだいに植民地の工業化の問題に焦点を移していった。それと並行して、地域も満州、台湾、華北へと広げていき、やがて一九七五年末に、この訴訟の焦点になる『「大東亜共栄圏」の形成と崩壊』の執筆刊行に至る。その研究領域を広げていく過程で、一九六九年浅田喬二、原朗、松村高夫とともに「満州史研究会」の結成に参加し、原朗と研究面でも人間関係の面でも繋がりを深めていたことは、二人の「陳述書」がともに述懐している通りである。このようにみると、一九七〇年代半ばの時点で、原朗と小林がともに意欲的な研究者であり、つぎつぎと研究成果を出していたことは間違いない。ただし、二人が密接に協力していることは、両人の研究が近似していることを意味しない。

二人の研究内容の相違に焦点を当てて、さらに説明すると、次のようになる。原は、先述のように、世界経済と日本との関係、戦争の推移と日本内地の戦時経済統制から、しだいに植民地を含めた日本帝国全体の構造研究に関心を広げていった。それに対して、小林は研究地域を広げる中で、植民地地域ごとの工業化の共通性と相違性を明らかにするとともに、それら植民地の工業化を可能にする条件として生産手段（機械と原材料）と日本人労働者と植民地現地労働者との結びつきの問題に関心を向けていった。このように、小林は一貫して植民地工業化に関わる領域で研究を深めていた。もちろん公平に見れば、前掲表1の研究業績のように、必ずしも植民地工業化に収まりきれないテーマもある。例えば、小林⑧論文、小林⑫論文である。そして、このような研究を行っていたことが、小林著書の盗作事件に結びつく契機となったのではないかというのが、筆者の意見である。

一九七〇年半ば、三〇代半ばになった原朗、小林は、ともに自己の研究成果を取りまとめる、当時の習慣では博士学位論文を執筆し単著にする時期にさしかかっていた。原朗は、先の『戦時』『満州』に収録された諸論文を基礎にして、日本帝国の膨張と挫折の過程、まさに『『大東亜共栄圏』の形成と崩壊』のメカニズムを実証的かつ理論的にまとめようとした。その舞台が、はからずも一九七四年土地制度史学会の共通論題報告となったわけである。小林は、自己の一二本の論文を前にして、どのようなまとめ方をすべきか、当然に熟慮したことと想像される。小林は小林著書について、自らこのように述べている。「この問題に関する私の原点は「一九三〇年代朝鮮『工業化』政策の展開過程」（『朝鮮史研究会論文集』第三集　一九六七年一〇月）にある。そこに主要な論点は提示されている。さらにそれを「一九三〇年代『満州工業化』政策の展開過程」（『土地制度史学』第四四号　一九六九年七月）で「満州」に拡大し、「一九三〇年代後半以降の台湾『工業化』政策」（『土地制度史学』第六一号一九七三年一〇月）で台湾に拡大し全体をまとめあげた」（小林英夫「書評：『朝鮮近代の経済構造』」『アジア経済』三二巻三号　一九九一年三月所収、一一五頁）」しかし、それは全くの嘘であることは本稿で確認した通りである。小林著書には、一二本に含まれていないはるかに広範な問題領域が含まれていたことは、以上の照合作業の結果から明らかである。小林の業績を客観的に見れば、「植民地工業化の発展と没落」というテーマが最も自然であったと思われる。彼の「生産手段と労働力の結合と解体」という独自の視角を発展させれば、十分に単著をものにすることができたであろう。原朗の優れた研究業績は、自分の研究の中に原朗説として取り入れれば良かった。ところが、小林は、そのような適切な選択をしなかった。おそらく、植民地工業化には収まりきれない、満州と華北の個別論文を持っていたことが、むしろ自分の領域に相応しいテーマに絞り込んでまとめることを妨げたのではなかろうか。小林はごく身近で自身の研究の体系化に取り組んでいた原朗の研究構想全体を、すっぽり受け取って、その中に自分の植民地工業化の研究成果を組み込んだのである。しかし、そのためには、相当な無理を重ねねばならなかった。なによりも、小林自身がまったく取り組んだことのなかった研究分野について、恰も自分で研究したかのように振る舞わなければならない。このために、本意見書Ⅲで詳しく明らかにしたように、原朗、他それぞれの専門家の研究成果を、引用註釈なしに自著の中に縦横無尽に書き込んだのである。小林著書本文を一三六もの篇章節項に細分化して、自分の研究成果、他人の研究成果、資料の引用を、格子のように組み合わせた特異な構成を取った理由はここにあったと、筆者は考える。これが、小林著作の「課題と方法」と「結語」の註で、小林の既発表論文と原朗の研究成果を一つもあげることができなかった理由であろうと、と筆者は推測するのである。

もちろん、小林はこのような評価には同意しないであろう。しかし、小林が本訴訟で繰り返し述べているように、初期の論文から一貫して大東亜共栄圏の構造的な把握を追究してきたということは、文献的にまったく検証できない。日本内地と植民地との貿易、投資、労働力の需要供給等を時期ごとに体系的に解明し、同時代の国際関係の中に位置づけて論じるという研究は、小林の既発表論文のなかに一篇はおろか、その一部分にさえ存在しない。小林が、原朗と同じように「『大東亜共栄圏』の形成と崩壊」の解明に取り組んできたと主張するのであれば、それを学術的に証明しなければならない。自分には一二本の論文があるというだけではなく、どの論文で当該テーマに関してどのような成果を上げたのかを、自分で明らかにしなければならない。学術研究における不正の嫌疑については、その潔白証明をする責任は、まさに本人にある。

## 付記　意見書筆者の所感

最後に本文の考証作業の結果報告とは別に、この訴訟対象となった事件について筆者の個人的な意見を述べる。筆者は研究者を目指して大学院に進学して以来四〇年の間に、学生、大学教員、学会役員として、数多くの学術的な盗作事件に遭遇した。それは、噂の流布や口頭での争い、学会・研究機関への訴え・告発や調査と摘発、審査や処分、等様々な事態があった。これは学術研究の目的が新事実の発見解明（オリジナリティの追究）であり、それを誰が最初になし遂げたのかが研究評価の重要な要素であるからである。それら多くの問題処理に立ちあった筆者の経験によれば、盗作問題の決着は、疑いが事実無根だと否定される場合、部分的な盗作が認定される場合、全面的に盗作が認定される場合等、さまざまであった。しかし、学術成果は公表されたもので評価されるので、誰が最初に解明したのかは客観的に証明が可能であり、必ず明確な判断が下される。学術上の盗作の争いは、口約束の契約や交渉ごとにおける合意の有無をめぐる争いとは異なり、真相は藪の中というような曖昧な決着はありえない。

長い学術研究生活でそのようなさまざまな盗作問題に関わってきた筆者にとって、本件の争いは特異なものであった。つまり、学術書一冊全体にわたる盗作というケースは初めてであった。私の知る限り、どのような学界においても、単著全体の盗作という事件は極めて稀である。なによりも真実が尊重されなければならない学術の世界において、このように重大かつ深刻な不正が、個人を犠牲にしたままで隠されてきたことは、誠に残念である。盗作事件が発生してから既に約四〇年が経ってしまったが、真実は歴史の中に埋もれてしまうことなく、この裁判によって明らかにされつつある。この裁判の行方には多くの研究者が注目している。学術世界の健全化のために、本訴訟について事実に基づいた公正な判決が下されることを心から願うものである。

# Ⅳ　法廷に立たされて

# 一　証拠調べ

## （一）　証人堀和生証言　主尋問（二〇一八年二月五日）

**被告代理人**（原田伸）

〔乙第三七号証の一（意見書）、乙第四四号証（意見書Ⅱ）、乙第七〇号証（意見書Ⅲ）及び乙第七二号証（訂正書）を示す〕

そこに示した三通の意見書ですけれども、これはあなたが作成して、記名押印したものに間違いありませんか。

**堀和生**　はい、間違いありません。

意見書の中で訂正する箇所は、乙七二号証の訂正書記載のとおりでよろしいですか。

はい、結構です。

ではまず、証人のお名前と経歴を教えてください。

堀和生といいます。一九七七年、京都大学大学院文学研究科に入学し、八九年、京都大学経済学部助教授に就任し、九四年、教授に昇格し、二〇一七年三月に京都大学を退職して、現在無職です。

証人の専攻分野と研究の経歴を教えてください。

　東アジア経済史ということを専攻しておりまして、近代日本と周辺アジア諸国の経済関係を研究しています。私は朝鮮史から勉強を始めまして、修士論文、博士論文は朝鮮史で書きました。その研究対象は、主に朝鮮の工業化の問題から始めまして、それを台湾、満州に広げていきました。この歩みは、小林さんの初期の研究と重なっておりますんで、私の研究は小林さんの研究に非常に近かったと言えると思います。私は次に、日本帝国主義史に取り組みまして、この分野においては、原朗さんの先行研究が重要なものでありました。私は原朗さんの『「大東亜共栄圏」の経済的実態』という論文に非常に大きな影響を受けております。このように、私は七〇年代半ばまでの小林さんと原さんの研究を熟読しておりますんで、その内容をよく理解していると思っております。

それでは、原告著書が出版された一九七五年までの被告の原さんの研究業績について御説明ください。

　原さんの研究は、植民地史というよりも、日本帝国主義史というほうがふさわしいと思います。その概要は、次のようなものです。後進国であった日本は、その後進性を克服するために、周辺アジア諸国を組み込んで帝国として膨張していきます。その過程は、一方において先進英米諸国と対立を引き起こし、他方で植民地や従属地域の人々の抵抗を呼び起こすということで、その矛盾対立が激化する中で、日本帝国は膨張から解体に転じていきます。原さんの研究は、この面について物質面と金融面の両面から体系的に理論化をしようとしておられました。その過程で、当時の政策立案者及び企業のトップであった泉山三六、十河信二、鮎川義介等の一次資料を大量に発掘し、分析しておられました。このように、原さんは日本帝国の膨張から解体までを理論面と実証面で研究を進められておられました。

原告第二準備書面二ページには、被告がみずから独創と主張する内容のほとんどは、他の多くの学者の先行研究に係るものであって、いずれも歴史学界内ではよく知られた内容であるという趣旨の主張をしていますけれども、証人はこの原告の主張をどう考えられますか。

全く間違っていると思います。原さんの研究は非常に大きく新しいものでありました。一九七〇年代は、日本の植民地研究、帝国研究で、大きな移行期にあったと言えます。つまり、それまで六〇年代までは、戦前世代の研究者、例えば矢内原忠雄、細川嘉六、井上晴丸、宇佐美誠次郎などの古典的研究が読み継がれておりました。ところが六〇年代後半になると、戦後世代の新しい研究者が登場し、彼らがそれまでのややイデオロギー過剰でドグマ的な研究を克服し、資料に基づいて実証的に話を作り上げるという新しい移行期に入ったわけです。原さんは、そのような新世代研究者のトップリーダーでありました。小林さんも、そのような新世代の研究者の一人であったとは言えると思います。当時の研究学界が、原さんの研究をどのように評価したかについては、私は当時の書評、原さんの本、論文についての書評をもって、当時の専門研究者たちが原さんの研究を新資料の開発、発掘によって、新しい領域を開拓している画期的な研究だということを述べていたことを、私は意見書Ⅱで証明しました。

原告が著書を刊行した一九七五年までの原告小林さんの研究業績について、説明してください。

小林さんは朝鮮史研究者として出発されました。あの本を出されるまでに、小林さんは一二本の論文を書いておられますが、そのうち八本は朝鮮史についてであります。その対象は、最初は朝鮮の労働運動について研究されて三本の論文を書かれて、やがて小林さんは植民地の工業化ということに対象を移してきまして、そこで六本の論文を書かれています。つまり都合九本の論文は、朝鮮の労働運動と植民地の工業化についてであります。論文一本は時代が外れていますんで除きますと、残りは、満州の金融と華北の経済政策の二本だけです。小林さんは当時から今に至るまで、仕事が非常に早く、論文テーマを次々と変える、なかなか余人にはまねのできない研究スタイルをとっていたと思います。

以上のお二人の研究業績を踏まえた上で、本件訴訟に関連して、原告著書について、証人は学術的にどのように評価していますか。

　この裁判で争われていることは、小林さんがあの本を自分で書いたのか、原さんの研究を不当な形で取り込んでいないのかどうかということであります。このことを検証するには、二つの方法があります。第一は、あの本の内容に即して、それが小林さんがかつて書いたものと原さんが書いたものとを比較して、どれだけ小林さんが自分自身で書いたのかを量的に検討する方法であります。これは私が意見書Ⅲでやった方法であります。私の分析結果によれば、小林さんの本は一〇五という多くの部分によって構成されていますが、そのうち小林さんがかつて自分で書いたもので支えられていることが確認できるのは、三二か所であります。つまり残りの七三か所が、この本書の書きおろし部分ということになります。結論的に言いますと、そのうち二五か所が原朗さんの研究、二か所が松村高夫さん、かつて小林さんが原さんと一緒に共同研究した松村さんの業績、九か所が引用が不適切、不誠実といういわばファジーな部分であり、その他が三七ということになります。つまり、全体一〇五のうちの二七か所、四分の一を超える部分が、原さんないし他人の研究であるということです。これは四分の一を超えていますんで、到底引用ミスということではなく、この本全体が他人の研究によって支えられていると思います。

もう一つの検証方法は、どのような方法でしょうか。

第二の方法は、研究史的に、小林さんの研究経歴と原さんの研究経歴を比較して、その中でこの本を位置づけるやり方で、これは、小林さんがどの程度、あの本を書く条件を持っていたか、準備をしていたかということを明らかにするものであります。小林さんの研究は、先ほども申しましたように、朝鮮史からスタートしましたが、朝鮮の労働運動と植民地の工業化に圧倒的に集中しておりました。一一本のうちの論文のうち、九本がそれに当たります。小林さんは、自分の研究を振り返って、このように述べておられます。『「大東亜共栄圏」の形成と崩壊』、あの研究は一九六七年に発表した自分の卒業論文「一九三〇年代朝鮮『工業化』政策の展開過程」というものに、その原点があり、主要な論点は全部そこに出しているんだと述べておられます。この論文は、本書の中で八か所引用されていますが、その内容はいずれも朝鮮の工業化に関することであり、大東亜共栄圏に対する研究ではありません。つまり小林さんの言っていることは、文献的に実証ができないことであります。大東亜共栄圏というものを研究するにはなくてはならない大東亜共栄圏の構造、その相互連関、こういうものについて、小林さんは研究したことがありませんし、大東亜共栄圏を構成する日本内地の経済について分析した論文もありません。中国中南部や南方について論文を書いたこともありません。つまり、七〇年代半ばにおいて、小林さんが大東亜共栄圏を研究するといっても、その時点においては、フレームワークも重要な部分、パーツもなかったわけです。これが現状であります。それに対して、原さんは、初めから一貫して日本帝国というものを正面に据えて研究されてきました。そのことを明らかにするために、多くの資料を発掘し、四冊の資料集を出し、六本の実証論文を書いた上で、まさに満を持して、この理論化に挑んでいたわけです。一九七四年一〇月に、土地制度史学会秋季大会共通論題という場において、原さんは「大東亜共栄圏」の最初から最後までを捉えるんだということを掲げて、「『大東亜共栄圏』の経済的実態」という総括報告を行いました。小林さんは、そのときに、「一九三〇年代植民地『工業化』の諸特徴」についての各論報告を行いました。学会理事会が、弱冠三五歳の原さんに、これほど大きなテーマの総括報告を任せ、オーガナイザーを依頼したのは、それにふさわしい研究経歴、実績を原さんが持っていたから起こったことで、これはこの学会でこの段階において、日本でこのテーマを総括的に研究できる人は、原さんをおいていなかったというのが現実です。この総括報告者と各論報告者を入れかえるということは、研究史的にあり得ないし、学会の誰もが納得できないことでありますね。ところが、そのあり得ないことが現実に起こるわけです。翌年、一九七五年一二月に、小林さんは『「大東亜共栄圏」の形成と崩壊』という大著を出します。その中で、小林さんは、かつて書いたことのない、研究したことのない広範な領域について書き、かつその多くの部分が前年の原さんの大会報告の内容と重複しているわけです。しかも、小林さんは、その本の中で、前年の原さんの大会報告に一切言及していないのみならず、研究史整理においても、多くの研究者の名前を出しながら、原さんの名前を一度たりとも出していません。このような二つの検証方法をとれば、日本の学術界において、大学であろうが学会であろうが、小林さんの行為を盗作だと判断します。

原告は、原告著書が学会で高く評価されたと述べていますけれども、この点について、証人はどのように考えますか。

当時の学会で小林さんの本の評判がよかったこと、多くの書評が小林さんの本を高く評価していたことは事実です。個人的体験でありますが、私の先生クラスの研究者が、小林さんを天才だと賞賛していたことを、私はよく覚えております。しかし、これが意味を持つのは、あの本を本当に小林さんが書いたのだということを、当然の前提にしています。しかし、今そのこと自身について疑念が出されているわけです。学術の世界というのは、性善説によって成り立っていますんで、悪意による背信行為、他人の業績によって本を出すというようなことは、そもそも想定にされていないわけです。当時出された多くの書評は、小林さんの本が大東亜共栄圏という広範な領域を正面から取り扱ったことを高く評価しています。例えば雑誌「アジア経済」に載った森久男さんの書評は、このように言っています。小林さんの本は、大東亜共栄圏の崩壊について、それまでの比較軍事的な観点ではなく、戦争遂行能力の物質的基盤について焦点を当てて説明したと、実証的根拠を持った学術的見解としては、これは本邦の嚆矢であると、嚆矢とは最初の鏑矢という嚆矢と持ち上げております。しかし、森さんの書評では、その前年に原さんが「『大東亜共栄圏』の経済的実態」という大会報告をやったことについて、何ら触れていません。森さんの書評だけでなく、その他全ての書評において、原さんの大会報告には一言の言及もないわけです。東洋学報に載った岩武照彦さんの書評は、このように述べています。日満財政経済研究会の原案立案から満州国産業開発修正五カ年計画にいたる一連の過程を、一次資料の発掘によって解明したのは、小林さんの本の功績だと述べています。しかし、これは間違いです。実際は泉山三六文書を発見し、四冊の資料集を出し、二〇〇ページに及ぶ詳細な実証論文を書いて実証して明らかにしたのは、これは原朗さんの功績なんです。これら書評者たちの誤り、誤解は、これは書評者たちが小林さんの本を誤読したから起こったことでしょうか。そうではありません。これは、小林さんの本が原さんの業績を大量に使いながら、それを意図的に隠蔽したから起こったことです。これら書評者たちのオリジナリティーに対する誤解、錯誤というものの責任は、あげて小林さんにあると思います。

原告著書出版後、原告、被告お二人の研究は、それぞれどのように評価されてきましたか。

研究というものは、その研究が発表された時点における評価だけではなく、それとは相対的に別に時間を置いてから、時間というフィルターを経ることによって、研究の真価があらわれてくるということがあります。一九七〇年から、やや停滞気味にあった日本の戦時経済研究は、九〇年前後から再度、前進を始めます。その際、原さんの一連の研究は先駆的研究として扱われ、原さんの多くの見解は原朗学説と呼ばれるようになっています。このことは、各時期ごとに出される講座や研究シリーズというものによくあらわされています。小林さんの本が出されてから、経済史の分野においては、三つの経済史シリーズが出ています。岩波書店から出された計量経済史グループによる日本経済史、伝統的経済史家を結集した日本帝国主義史シリーズ、それから東大出版会から出された最新の日本経済史シリーズの三つがありますが、そのいずれにおいても原さんの「『大東亜共栄圏』の経済的実態」という論文を、例外なく重要な論文として位置づけられています。また、原さんのその他の研究論文も頻繁に引用されています。

もちろん、小林さんの本も使われていますが、それはあくまでも植民地や占領地に関する領域にだけです。ところが原さんの研究は、日本の貿易、投資、対外決済という国際関係や、日本帝国内部の構造、物資動員や交通、日本内地の経済統制、金融統制等、広範な領域、まさに日本帝国の膨張と解体の全領域にわたって、開拓者の仕事として位置づけられています。小林さんは、二〇〇六年に、小林さんの本の増補版を出しましたが、これについて書評が出たということは、私は知りません。それに対して、原さんは初期の論文を集めて、二〇一三年に「日本戦時経済研究」という論文集を出されました。その内容は多くが四〇年よりも前の研究論文をそのまま集めて編纂したものであったにもかかわらず、この本が出てから、直ちに「社会経済史学」、「歴史と経済」、「歴史学研究」、「日本歴史」、「経済学論集」と、五つの主要な学術誌に書評が掲載されるという異例の扱いを受けました。このことは、今なお原さんの研究が、当該分野において古典的な研究として受けとめられていることを示していると思います。

これまで証人は、原告の小林さんと個人的な接触はありましたか。

二〇〇五年一二月一四日付の手紙を受け取り、その数日後に、自宅に電話をもらっています。

随分正確に覚えていらっしゃるようですけれども、その手紙は現在もお持ちですか。

はい、持っています。その手紙には、小林さんは、今度増補版を出すけれど、論争の再燃はやめましょうという趣旨のことが書いてありました。このことだけでは意味が分かりませんが、数日後に自宅で受けた電話で、小林さんはこう言われました。この増補版については、ぜひとも書評はしないでくれと、頼むと、もう自分は引退する年になったんだからということを言われましたんで、私は意味を理解しました。しかし、この関係を理解するためには、もう少し前の経緯を説明する必要があります。一九八〇年代、私は小林さんの本と原さんの『『大東亜共栄圏』の経済的実態」論文が非常に似ていることに早くから気がついて、その関係に興味を持っていました。私は、土地制度史学会の大会報告の関係が、総括報告を原さんが行い、各論報告を小林さんがやったんで、当然これはこの理論を創ったのが原朗さんであり、それを各植民地で実証したのが小林さんであるという理解をしまして、そういう趣旨で研究整理を行い、自分の論文で一九九〇年に発表しました。ところが、小林さんは直ちにそれに対して、翌年九一年に、雑誌「アジア経済」誌上で、私を批判しました。堀の理解は間違っていると、あの大東亜共栄圏の研究は原朗の研究でなく、全部自分がやったんだというふうに私に反論したわけです。これで私の久しい間の疑問が解けまして、ああ、そうか、あの本は小林さんが原さんの研究に依拠して書いたんではなくて、盗作したんだということをはっきりと悟ったわけです。私は当然、納得しませんから、そういう趣旨を書いて、日本帝国の解体について理論的に解明した研究史上の功績は原朗にあるというふうに明記しまして、自分の本を一九九五年に出版しました。こういう経緯がありましたんで、小林さんは、私が再度同じ趣旨のことを増補版の書評として学会に発信することを恐れたんだと思います。専門研究書を出す人、小林さんが、その専門に最も近い私に対して、書評をしないでくれという学会においては考えられないような働きかけをした経緯は、こういうものでありました。私が小林さんから受け取った手紙も電話も、これ一回きりでした。

最後に、この訴訟について、証人はどのように考えていらっしゃいますか。

一九七四年時点で、小林さんも原さんもともに三〇代半ばに差しかかり、自分の研究をまとめる、博士論文を書いて本を出すということに、真剣に取り組んでいたと思います。研究者というものは、自分のオリジナリティーを作ることに全力を傾けますが、同時に他の研究者、とりわけ共同研究者がいる場合は、その共同研究者のオリジナリティーを最大限厳格に尊重するということが求められます。しかし、小林さんは、このモラルを守ろうという意識が皆無でした。最も親しい共同研究者の研究を、すっぽりとって本を出すという、日本の人文社会科学史上、例のないような盗作行為が、このようにして起こったわけです。あの本を原さんが自分で書かれなかったことは、日本の歴史学界にとって、大きな打撃でした。小林さんの本は、原さんのものをすっぽりとったものでありましたが、それは原さんの研究を代替することはできませんでした。なぜなら、小林さんのやったように、原さんの研究を切り刻んで、それに自分の研究を引っつけてまとめて本にするという形態は、原さんの研究が本来持っていたような体系性、一貫性を全部壊してしまうからです。原さんであれば伸ばせたであろう多くの研究の芽を、あの段階で潰されたことは、後進研究者として残念でなりません。あの本を出したことによって、小林さんは学術上における名誉と社会的な地位を得ましたが、逆に原さんは、そのことによって絶望に突き落とされました。研究者にとってかけがえのない最初の一〇年間の研究成果、オリジナリティーを自分のものとして発表する権利、機会を奪われたわけです。そのことが原さんにとって、いかに大きな打撃であったかは、当該分野の研究を原さんが続けられなくなったことに、よくあらわれていると思います。私は、小林さんが原さんの研究を盗作したことは、若き天才研究者原朗の研究者生命を絶ったことだと思っております。親しい友人の研究を奪うという研究倫理も、人間倫理をも踏みにじる行為を行った小林さんが、こともあろうにその被害者である原さんを裁判で訴えるというようなことは、天人ともに許すべからざる行為だと、私は思っております。この裁判のおかげで、この盗作事件は学会に広く知られ、多くの研究者がこの裁判の行方を見守っています。学術研究の健全な発展のために、公正で厳格な判決をお願いしたいと思います。以上です。

## (二)　被告本人原朗供述　主尋問 (二〇一八年二月一三日)

被告復代理人(武藤行輝)

〔乙第四二号証(陳述書Ⅰ)及び乙第四三号証(陳述書Ⅱ)を示す〕

この陳述書ⅠとⅡは、原先生が作成して押印したものですね。

　はい、さようでございます。

〔乙第七三号証(陳述書訂正書)を示す〕

これは訂正書ですけれども、陳述書ⅠとⅡを、この訂正書のとおり訂正されるということでよろしいですか。

　はい、訂正していただくようお願いいたします。

まず、原先生の経歴を御説明ください。

　私は一九三九年、昭和一四年に東京に生まれ、高校二年のときに経済学を学ぶ決心をいたしました。と申しますのは、その前年、一九五四年五月に家族の一名が現在まで続く重病にかかりまして、家計も貧困でしたので、貧乏と病気の悪循環を脱すためには経済学が一番必要だと思いましたので、そういたしました。その後、一九六四年に東京大学経済学部を卒業し、そして六六年に修士号を得まして、その年に東京大学経済学部助手となり、助教授、教授と進みまして、一九九九年に定年により退官いたしました。その間、助手時代には土地制度史学会という学会の幹事を務めまして、事務局を担当いたしました。教授の時期には同じ学会の理事になりまして、最後の三年間は理事代表、普通の学会ですと、いわゆる会長という職に相当いたしますが、それを務めさせていただきました。一九九九年から二〇〇九年までは東京国際大学に勤務いたしまして、その間、二〇〇三年に日本学術会議会員に選出され、三年ほどその仕事をいたしました。二〇〇九年以降は無職でございますが、二〇一五年まで首都大学東京で客員教授として共同研究をいたしました。その後は全く無職になりまして、現在、東京大学名誉教授、東京国際大学名誉教授でございます。以上が私の経歴でございます。

先生の研究の専門分野は、何でしょうか。

　私の研究の専門分野は日本経済史、日本経済の歴史でございます。

それでは、本件に関して質問します。原先生が小林さんに剽窃されたとしている乙一二号証の「大東亜共栄圏の経済的実態」という論文、これを被告論文とこれから言いますが、この論文は、一九七四年一〇月二七日の土地制度史学会秋季学術大会での「一九三〇年代における日本帝国主義の植民地問題」という共通論題報告、これで原先生が行った報告内容とこの被告論文、これはどういう関係にありますか。

　それは、ほぼ同じものなんですが、その前書きにも書いてございますように、スペースの関係で一部の統計表、図表を省略し、あと注をつけました。その統計表を削除し、地図を削除し、注を加えたほかは、論旨、内容は全く変えてございません。その旨、変えていない旨、前書きに記しておきました。以上の関係でございます。

今のは、乙一二号証の前書きに記してあるとおりだということですね。

　さようでございます。

では、この大会前後の経緯についてお聞きします。まず大会以前の原先生と小林さんの交流関係について、御説明ください。

それはもう大変仲がよくて、非常に親しくお付き合いをさせていただいたと思います。一九六九年の四月だったと記憶しますが、小林さんが満州史研究会を作って、みんなで勉強しようというふうに私を誘ってくださいまして、それから浅田喬二先生をリーダーにいたしまして、小林さんと私、そして慶應義塾大学の松村高夫先生、この四人で満州史研究会を作りました。研究会で議論するだけではなくて、小林さんは何か疑問があると、私の自宅に電話を何度もかけてくださいまして、私が長い説明をすることも多々ございました。そして、それだけでなく、自宅をお訪ねくださいまして、議論することもたびたびでありまして、そうですね、長引いてお泊まりになられたこともあるというわけで、私たち二人同士でも、それから第三者のほかの方々から見ても、非常に親密な研究仲間であると考えられて、見られていたと私は思います。

その後、一九七四年の大会で、原先生は小林さんと共同して、共通論題報告を行いましたね。

はい。

この共通論題報告の責任者は、どなたでしたか。

私でございます。

どのような経緯で、原先生が選ばれたんですか。

それは、その年はちょっと普通の年度と違っておりまして、理事会で共通論題について意見が対立いたしました。共通論題をもうそろそろ廃止すべきだという御意見の先生方と、それから、いや、そうではなくて存続すべきだという御意見が相当厳しく対立されまして、なかなか結論が出ません。そして大分たちまして、妥協案が出てまいりまして、存続廃止は次年度以降の理事会の討論に譲ることにして、差し当たり一九七四年度は担当分野を西洋経済史から日本経済史に変更して、同じ経済史ですので、西洋から日本に変更して実行しようというのが理事会の結論になりました。そして私がちょっとびっくりいたしましたのは、その理事会決定のすぐ後に、理事会の意向として私が共通論題の組織者に、オーガナイザーになるよう命ぜられたことであります。当時、私はまだ駆け出しの幹事でございまして、いつもは普通、五〇前後の、四〇代、五〇代のベテランの理事の先生方が共通論題の組織者を担当されるわけですので、ちょっと私にはとてもできないと思ったのですが、私は幹事でございますけれども、理事会の議事の記録を筆記するように言われまして、理事会に陪席をして、ずっと御議論を伺っておりましたので、事情は分かりましたので、野球で申しますと、ワンポイントリリーフであれば若いピッチャーを使ってもいいかというふうにも考え直しまして、ちょっと分不相応ではございますが、何とか頑張ってみようと、そのときには、小林さんたちと一緒にやった満州史研究会のメンバーに頼るほかないなということで、お受けをしたわけでございます。

それで先生が組織者になられて、その報告の内容の全体的な内容であるとか報告者の方々というのは、どういうふうにされたんですか。

共通論題は、先ほどお読み上げくださった「一九三〇年代における日本帝国主義の植民地問題」というテーマですが、三〇年代とは申しましても、これは御承知のように満州事変、日中戦争が三〇年代ですね。それは太平洋戦争にずっと一連の戦争で続いてまいりますので、特に日中戦争は続いてまいりますので、やはり一九四〇年代前半まで入れて、そして、対象地域は「大東亜共栄圏」全体を対象とする。ただ、「大東亜共栄圏」全体の農業土地問題から生産過程の問題から流通過程の問題まで一挙に全部報告する、説明するということは、私どもの能力ではできませんし、また時間の制約上、不可能でございます。そこで、小林さんと私ともう一方、当時、早稲田大学大学院に御在籍中だった高橋泰隆さんにお願いいたしまして、三名で共通論題を担当しようと、報告者となろうと。私は、まず「大東亜共栄圏」全体について流通過程に限って考察する。ここで流通過程と申しますのは、私は投資と貿易と金融の問題を意味しておりますが、私は流通過程で一応全域を考察する。ただ、小林さんには、もっと「大東亜共栄圏」の中核部分である日本、満州、華北の「日満華北ブロック」、もちろん朝鮮、台湾のような本来の植民地を含みますが、そういうところも生産過程の側から、つまり労働力ですとか機械ですとか、そういうところから見るというところに立ち入って分析をしていただく。農業土地問題はさらに地域ごとによって非常に個性差が違いますので、これは「満州」のみに、中国東北のみに絞りまして、そして、その中の日本とも関係がある満州農業移民というところに絞り込んで、高橋泰隆さんに御報告をお願いすると、こういう分担関係を定めたわけでございます。

その後の報告に向けた準備は、どのように進められていきましたか。

　理事会決定も遅かったものですから、評議員の先生への諮問も大分遅くなりまして、全部、全員御賛成のお返事をいただいたのが八月三一日でございました。ですから、九月から理事を含む準備研究会を一度いたしまして、あとは一生懸命、報告者が集まりまして、準備研究会をいたしました。その中で重要だったと思うのは、大会報告の半月ほど前の一〇月一二日の準備研究会だったというふうに思います。

その日には、どういうことがあったんですか。

大会報告の準備ですから、私は大会報告の目次と、それから当日配付する資料、つまり略年表ですとか、それから、いろいろな一覧表、そして地図、統計、グラフ、そのようなものをそろえまして、さらに口頭発表用の原稿を少し書きまして、それを出しました。ただ、その日には、小林さんは目次を提出していただけませんで、図表でしてくださったんですが、それも数が割に少なかったものですから、一応オーガナイザーでありますす私としては、ちょっと心配になりまして、小林さんにお願いをいたしました。小林さんは論文をたくさん書いておられますので、その中の図表を総動員して、大会当日に間に合わせていただけないだろうかということをお願いいたしました。小林さんも御快諾くださいまして、大会当日には充実した資料を提出してくださったと思います。ただ、そこにも目次はなかったんですが、一応それは乙第二七号証の二として私から提出させていただいたのが、一〇月一二日の、失礼しました、二七号の一ですかね、その準備研究会は。いえ、間違いでした。二七号の二は、大会当日にお配りくださった充実した統計資料でございます。目次はございません。二七の一というのが、小林さんが準備研究会、一二日に提出してくださったものでございます。ちょっと間違えまして、失礼いたしました。

一〇月一二日の研究会のときに原先生が準備されていた、先ほどおっしゃった目次や資料というものをおっしゃっていましたが、それは、乙第二六号証として出してるもののことでしょうか。

　はい、さようでございます。

それから、口頭発表用の原稿を準備されていましたとおっしゃいましたけども、それは、乙二三号証として出しているもののことですか。

はい。

これらを、小林さんにも見せていたということですか。

はい、もちろんごらんになりました。

〔はい、もちろんごらんに入れました。〕

なぜ口頭発表用の原稿まで、小林さんに見せたのでしょうか。

それは、理由は簡単でございまして、共通論題報告というのは、報告時間を相当厳格に守らなければなりません。そのためには、報告時間がどれぐらいかかるかということをはかるためには、どうしても口頭形、口語体の原稿を書く、そのことに、それを読み上げて時間をあらかじめはかっておくことによって、それでやっと長さを決めることができるわけです。ですから、制限時間を考慮いたしまして、いつも私は口語体で発表原稿を、こういうふうに書くことにしていますよということを、小林さんや高橋さんにごらんに入れたということでございます。

これらについて小林さんがごらんになったときに、その内容を理解されているようでしたか。

それは、もちろん十分理解してくださっていたと思います。

何か特別な反応とかは、ありましたか。

いえ、特に異論はおっしゃいませんでしたし、一生懸命資料を作ってくださっていたというのが、そうですね、何かおっしゃいましたか、いや、私の記憶では、特に何かおっしゃられたという記憶はございません。

それでは次に、本件の争点である原告による剽窃、盗用の有無、すなわちですけれども、乙六号証の『「大東亜共栄圏」の形成と崩壊』という原告の著書、これを原告著書と言いますけれども、これに被告論文ないし先生の大会報告からの盗用、剽窃があるのかどうかという点に関して、まず前提となるような事項を伺っていきます。まず先生の大会報告ないし被告論文、同じものですけれども、これと原告著書、この二つの関係については、学問的に見て、どちらが先行研究になるんでしょうか。

学問的に見れば私の報告が先行研究でございまして、一年二ヵ月たって発行された小林さんの御著書は、後発研究ということになります。ちょっと申し上げますと、これは著作権法で皆さん御存じのことだと思いますが、一〇条一項一号に、小説、脚本、講義、講演ですね、失礼しました。論文、講演、その他の言語の著作物という規定が一〇条一項一号にあったと存じます。それによって、私が当日報告いたしましたのは、土地制度史学会会員約一八〇名の前で公表しておりますので、演述著作物としての権利をそのときに認められたと思っております。それから、同時に配付いたしました私の配付資料、グラフとか地図とかを含んでいるものは、同じ第一項の第六号、これは地図または学術的性質を要する図面、図表、模型、その他の図形の著作物という規定があると思いますので、それによって、同時に著作物性を認められたというふうに私は思っております。ですから、先行研究です。

そうすると、大会報告とその内容を変えていない被告論文というのも合わせて、先行研究になるということですか。

さようでございます。

それから、原先生の御自身の被告論文と同じテーマに関連した先行する論文がいろいろありますけれども、例えば乙三号証のこの『満州経済統制研究』などに収録されている「満州第一論文」と呼ばれるものや「第二論文」、こういったものがありますけれども、これらの先行論文と被告論文の関係、これはどういう関係になるんでしょうか。

私自身の先行研究とこの被告論文、つまり「『大東亜共栄圏』の経済的実態」というのは、全て先行研究を集大成したものが大会報告並びに被告論文という形になっておりまして、今、「満州第二」、「満州第二」とおっしゃいましたけれども、ほかにも「資金統制」論文でありますとか、「国際収支」論文でありますとか、「外貨決済」論文でありますとか、全て私のそれまでの論文は、この「『大東亜共栄圏』の経済的実態」という大会報告に集大成しようという意思を持って、私はまとめましたし、そして全部、注もつけてございます。その中に、前の自分の研究を拙稿と、つたない原稿という形で、注に全部引用してございます。

それから、原先生の大会報告ないし被告論文の学問的価値、学問的な評価について、代表的なものを一つ挙げていただけますか。

私どもが報告いたしましたのは、一九七四年一〇月二七日でありますが、その後、一九七五年四月の『歴史評論』という雑誌に、司会をしてくださった浅田喬二先生が学会展望の論文を書いてくださいました。この号は『歴史評論』の創刊三〇〇号記念の特大号でありまして、そこで浅田先生は私の報告について、「原朗は大東亜共栄圏の経済的実態という、中国本部は言うに及ばず、南方地域まで含まれた画期的な報告を土地制度史学会で行った」というふうに評価してくださいました。これは、私どもの、小林さんと私の論文の公刊が後に申しあげます事情でおくれまして、七六年の四月になったのですが、それよりも一年前にそう評価してくださったこと、それから、小林さんの御本が出版されるよりも八か月前に、既に浅田先生が私の大会報告を画期的だと評価してくださったことに、私は非常に感謝しております。

今おっしゃった『歴史評論』については、乙五八号証として既に出されているものということで間違いないですか。

　はい、さようでございます。

ところで、論文や学問的著書において、重要な先行研究があるときに、それに言及しないと、そういうことはありますか。

　それは、あり得ません。

原告著書では原先生の大会報告について、どの程度言及していますか。

　三ヵ所言及しておられます。

どのように。

　具体的に申しますと、まず、そうですね、順序逆にしますが、四四六頁、小林さんの御本の四四六頁と四四七頁に見開き二頁のグラフがございます。そのグラフの下に注がついておりまして、前掲「『大東亜共栄圏』の経済的実態」及び日本銀行『戦時中金融統計要覧』より作成という注記がございます。これは、論文の題名は私の大会報告と同じですので、前掲というので、その前にあるのかなと思って、二、三頁繰っても、これは出てきません。五頁か一〇頁前かもしれないと思って、めくっても出てきません。ずっと前にたどりまして、私が発見いたしましたのは、三三七頁も前の一〇九頁に地図がございます。この地図については、また後ほど問題になると思いますけれども、この一〇九頁の地図のところに初めて注の、地図の注の一番下のところに、原朗「『大東亜共栄圏』の経済的実態」と、目立たたないような形で引用してくださっている。ですけれども、学界の普通の慣行では、三三七頁も前のを、前掲と書くことは普通許されておりません。近くの場合には、同上とか同前とか書くのが当たり前でございまして、ちょっと離れたときは、例えば小林さんのお仕事でしたらば、小林、前掲、何ページと、必ず氏名を表示するということが学会での慣行であります。ただ、三三七頁も後のところに前掲とあっても、そこで、それと日本銀行『戦時中金融統計要覧』より作成となったら、どなたが考えても、何だかわけの分からない前掲というものがあるらしいが、『戦時中金融統計要覧』という日銀の資料を使って、著者である小林さんがお作りになったものだというふうに受け取れるのが、普通の読者の感じだと思います。

今グラフと図の箇所に書いてあると、一応書いてあるということでしたけど、それ以外のところでは書いてないと。

いいえ、それ以外のところでは、私の先行論文をたくさん引用してくださってまして、ただ、引用をしてくださるのはありがたいんですが、引用の仕方がちょっと私のやってる引用の仕方とは違うので、細かくなりますので。

被告論文については、言及されていないんですね。

被告論文については、今申し上げた三ヵ所、つまり地図の注とグラフの注、それも同じ図を、私の同じ一つの図を二つに小林さんは分けられて、それをページ、一頁大に拡大されて、二頁見開きで出されたのを拝見して、これは小林さんの御本の第四の四図でありますが、この四の四図をごらんいただきたいというふうに、小林さんが堂々と書いてあるのを拝見したときには、正直私は大変びっくりいたしました。どこかで見た、自分。ごめんなさい。

この程度しか言及がなかったことについて、先生はどうお考えになりましたか。

先行研究としては無視されたなというのが、私の率直な感想です。

次に、剽窃、盗用の内容について、さらに具体的にお聞きしますけれども、先生は、被告論文の論理構成が原告著書の編別構成で剽窃されたと、こういうふうに内容の発言や記述をされていますね。

　はい。

まず一般論として伺いますけれども、この論理構成、これは、どういうもののことですか。

　それは、論理と論理を組み立てて体系的な見解を構築すること、これが論理構成であります。

もう少し敷衍すると、どういう説明になりますか。

　敷衍しますと、課題を設定いたしまして、どういう方法で分析するかを考え、そして、あるいは分析し、または総合いたしまして結論に至ると、そういう全体が論理構成というふうに、私は思っております。

歴史学においては、論理構成というものはどういうものになるんですか。

　歴史学では同じことなんですが、課題を設定いたしまして、ただ、史料を収集いたします。史料を集めます。その集めました史料を史料批判というものを加えまして、つまり史料を吟味するわけですね。果たしてこれは本当の史料であるか、うその史料であるかという史料批判という、テキストクリティークといいますか、クヴェルレンクリティークと申しますか、そういうものをいたします。その上で史実を認定いたします。歴史的な事実として、事実認定ができるかどうかということですね。事実を認定する。認定できた歴史的事実と、また同じく認定できた別の歴史的事実との関係を考えまして、歴史的連関というものを考える。それに基づいて、最終的には、途中いろいろありますが、飛ばして、最終的には歴史的意義というものをきちんと位置づけて、そしてそれを結論とする。この課題設定から結論をつけるところまでが全部が論理構成だというふうに、僕は歴史学における論理構成だと思っております。

今の御説明を当てはめますと、被告論文の論理構成、これは、どういうものになるんでしょうか。

これは問題別として、時期別、地域別というふうに三段構えで考えることにいたしました。まず問題別と申しますのも三つに分けてまして、一つは投資形態の問題であります。それから、二番目が貿易構造の問題であります。三番目が金融構造の問題であります。私は流通過程を扱っているわけですから、一番重要なのは投資、貿易、金融というところに絞ったわけです。それで、それぞれについて第一期、第二期、第三期というふうに説明しましたから、私の一、二、三、一、二、三、一、二、三という、ワルツのような感じのリズムでございます。

さらに具体的に投資形態に関しては、どのような論理を構成されましたか。

投資形態では、私の言う第一期、ほぼ満州事変期に該当しますが、もうちょっと狭いのですけど、私の場合は。第一期は満州への軍事侵略を行いましたので、そこだけが占領地になったわけですが、ないし半植民地だったから、半植民地と言ってもいいんですけれど、いずれにしても中国東北部、満州につきまして、投資の中心機関になったのは満鉄、南満州鉄道株式會社という国策会社でございます。その下に、いろいろ特殊会社ですとか準特殊会社ですとか、そういうものを定めまして、そして投資を進めるという方式でありました。ところが、第二期の満州になりますと、それができませんで、日本本国の新興財閥である日産の全ての資本を満州に移駐して、移して、そして満州重工業開発会社というものを作ります。これは鮎川義介という人が総裁になるんですが、これは日産の総帥です。日産の総帥が全ての資本を満州に投下する。そして満州重工業、満業を作るということです。これが第二期の満州です。第二期になりますと、日本は華北、華中にも軍事侵略をいたしましたので、華北につきましては最初、興中公司という満鉄の子会社が経営いたします。ところが、これはすぐにそれではだめだということになりまして、本国の既成資本、既成財閥、例えば三井、三菱、住友、その他紡績連合会ですとか電力連盟ですとか、そういう本国の独占資本が全面的に乗り出して、北支那開発株式会社と中支那振興株式会社という二つの巨大投資会社を作りました。そういう形で経済支配を進めようというのが投資であります。そして、さらに第三期の南方占領地になりますと、これは直接に国家が、日本の国家が南方にある各鉱山や、各工場を直接に指定して担当企業を指名するという形で、直接に民間独占資本を指名して経営させると、いわゆる担当企業者指定方式というものが使われると、これが投資形態について、ちょっと長いですか。

簡潔に貿易構造、金融構造についても、どういったことを書いたかという。

短く、貿易構造の要点は、円ブロックと第三国を分けることでございまして、円ブロックに幾ら輸出しても、これは外貨を獲得できません。円が戻ってくるだけです。そういたしますと、日本は第三国、つまり円ブロック以外の欧米諸国から軍需品を買わなければいけないわけです。軍需品を買うためには、どうしても外貨が必要なわけですね。ですから、外貨を獲得できない円ブロックへの貿易、輸出は制限せざるを得ないと、対関満支貿易、要するに輸出を抑える法令が出ます。細かい説明を省略させていただきますが、いずれにしても、そういたしますと、例えば中国の華北、華中では物価が上がってきてしまうわけです。日本から物資が行きませんので。そうすると、物価上昇が日本にまた波及してくると困りますから、それで物資移動を禁止しなきゃいけない。つまりブロックを作ったんですけど、ブロックの中で物資を、物資輸出の移動を制限することになる。金融構造についても同じことでありまして、ブロック内の各地域で貨幣制度が異なっております。そうしますと、物価上昇、インフレの速度が全部違うわけですね。それを私がそのグラフで書いたんですが、片対数グラフで書いたんですが、そうしますと、ここもやっぱり金融的な送金関係を切断しなきゃいけなくなる。ですから、せっかくブロックを作りながら、ブロックの中でお互いに経済関係、貿易、物資の移動や資金の移動を制限しなければならなくなる。これが、私が作った大まかな論理構造であります。

最後に、どういうふうにまとめられたんでしょうか。

まとめは簡単でございまして、今申し上げましたように、「ブロックならざるブロック」、つまりイギリスのポンドスターリングブロックのようなきちんとした内実を持っているブロックとは異なって、円ブロックというのは、ブロックという名は持ってるものの実質がない、ブロックならざるブロックであり、「大東亜共栄圏」、ともに栄える地域という名前をつけましたが、「共栄圏」ではなく「共貧圏」、みんなで貧乏になっていってしまうと。「ブロックならざるブロック」、「共栄圏ならぬ共貧圏」というのが私の結論でございます。

以上、説明いただいた被告論文の論理構成、これを原告著書の編別構成で剽窃されたというふうにおっしゃいましたけれども、ここで言う編別構成とは何ですか。

編別構成と申しますのは、叙述の順序のことだと思います。

そうしますと、被告論文の論理構成を原告著書の編別構成、叙述の順序において剽窃されたと、これは、どういう意味になるんでしょうか。簡単におっしゃっていただけますか。

そうですね、私の論理構成が小林さんの御本のさまざまなところにたくさん出てまいりまして、そして私の論理構成がないと、小林さんの編別構成が成り立たないんだろうというふうに、私は目次を拝見したときに、そう思いました。

その成り立たないということが、その意味であるということですね。

そうですね。

これは被告論文と原告著書の論理構成、二つの論理構成が全く同じものであると、そういう意味なんですか。

それは全然、全く同じものではございません。

あくまで被告論文の論理構成が、原告書著で使われていると。

原告著書の編別構成で使われてると。

使われていると、そういう意味なんですね。

はい。

先生は、なぜそのように判断できたんでしょうか。

それは、もしお許しをいただければ、私の陳述書のⅡの別表をごらんいただければありがたいのですが、ちょっと。

〔乙第四三号証（陳述書Ⅱ）の別紙第一図を示す〕（本書一〇九頁）

それでは、簡単に申し上げさせていただきます。小林さんの御本は、裁判長のほうからごらんになられまして、一番最初に「序論」がございます。次に、「第一篇」というのがございまして、この「第一篇」は一九二〇年代にかかわるもので、私どもの共通論題の一九三〇年代とは関係ございませんので、一応今日の議論からは除かさせていただきたい。その下に「第二篇」がありまして、「第二篇」は四章なんですが、その四章のうち第三章は、これは朝鮮北部重化学工業化という朝鮮に関するもので、これは私の報告の分担範囲外でございますので、小林さんの御専門ではいらっしゃいますけれども、残った「第一篇」一章、二章、四章というものは、ここに青色で塗ってございますのは、序論の一、二を含めて「二篇」の一、二、四は、私の論理構成と密接に関連した、ないし強く申しますと、まだこれは申し上げないほうがいいかな、非常に強く関連したところであります。それから「三篇」「四篇」は、今度は章の数が大変多くなります。「三篇」は九章になりまして、「四篇」は八章でございます。そのうち、私が注目いたしましたのは、「三篇」の五章から九章までと、ちょっと位置がずれるんですけれども、「第四篇」の三章から七章までが、それぞれ小林さんの論理構成に応じて作られた編別構成なのだろうと、僕は思いました。簡単に言いますと、「三篇」五章ないし「四篇」三章は、これは金融を扱っております。金の問題ですね。次は労働力の問題、人の問題を扱っておられます。その次が流通とか物資ですから、物の問題を扱っておられる。ですから、カネ、ヒト、モノ、そして日本資本の植民地進出、そして日本資本主義の軍事的再編成という、これは見事に対応した五つの対応する五章があります。ところが、その対応する五章のうちの一番最初の「三篇」五章と「四篇」三章は金融に関するものでありまして、私の論文の内容と非常に密接に、今のところ密接に関連がございます。それから、終わりの「三篇」九章と「四篇」七章も非常に密接な関連がございます。そして、「四篇」の残った八章というのは、これは「『大東亜共栄圏』

の崩壊」という題がついておりますけれども、これは結語につなぐためのつなぎの章でありまして、そして、その下に結語が一と二とございます。それで、このつなぎの章である「四篇」八章も結語の一も二も、全てこれは私の論理構成と非常に密接な関連がある形で、小林さんの御本の編別構成ができている。と申しますことは、序論が同じであり、同じではないですけど、序論が似ており、結論が似ており、その間の編別構成の要所、要所、例えば「二篇」の一章、「三篇」の一章、「四篇」の一章あるいはそれぞれの「篇」の最終章、そういうところが私の論理構成と密接に関連する形で構成された編別構成であるということで、これは全体として、私の論理構成を、小林さんは編別構成に全面的に組みかえることによって剽窃されたというのが、私の意見であります。

今、個々の点については密接に関連すると、そういう表現にとどまっておりましたが、それは剽窃された、その個々の部分に関しても剽窃されたと、そういうふうに伺ってよろしいですか。

そういうことでございます。全体としての剽窃だということで、個々のところの剽窃は数え上げることができないほど多いのです。ですから、編別構成で剽窃されたというふうな表現を用いたのは、そういうわけでございます。

さらに、具体的に個々の剽窃がどういうものかということについては、もう既に争点対照表で詳細に説明し、陳述書Ⅱでも説明しておりますので、全てを逐一説明するということはしませんけれども、先ほどグラフの話も出ましたので、まず、ここで一点だけ具体的に説明していただきたいと思いますが、新たに発掘した一次史料に基づく記述の剽窃と、こういう問題について伺いますけれども、具体的に言うと、争点対照表の９番、ここで原先生は、日産、満州重工業に関して、被告が初めて発掘して論文として発表した鮎川義介邸所蔵の史料を利用し、原告は被告論文等の表現を変えて、希釈しつつ剽窃していると、こういう主張をしていますけれども、この点について、時間もありますので、やや簡潔に具体的に御説明ください。

それでは、あるのかないのか不安なんですが、その鮎川義介さんの史料を私が見つけた経緯をちょっと具体的にお話ししましょう、歴史学のことですから。これは東京の世田谷の当時、用賀だったと思いますが、鮎川義介さんの非常に広いお屋敷がございました。そのお屋敷の建物の中にその満州重工業関係の、満業関係の重要書類がありまして、私は鮎川令夫人、美代令夫人と、それから鮎川義介さん自身は、既にもうそのときにはいらっしゃらなかったと思うんですけれども、鮎川美代令夫人と、それから鮎川金次郎さん、息子さんです、に特別の御許可をいただきまして、その「満業関係重要史料」というものを全部拝借させていただくことができました。これは満業に関する一次史料で、ほかにはそういうものはございません。それを使って、私はいわゆる「満州第二」論文の基礎としたわけであります。ですから、それを使って、私が一次史料を具体的にそういう経緯で手に入れて、そして、それを分析して「満州第二」論文にしたと、第二と申しますのは、発表が後になっただけで、原稿としては、「満州第一」論文という、先ほどちょっと申しました満州史研究会で出した『日本帝国主義下の満州』の第一章というのが満州の第一論文なんですけど、そのときに、一緒にもう僕は第二論文も書いていたわけです。ちょっと分量が多過ぎて、そこには載っけられなかったと。発表が大変遅くなってしまったというものですが、一次史料というのは、そういうふうに具体的に、何度も何度もお訪ねしてお願いをして、そしてやっと見つかるものでございまして、見つかった一次史料をどういうふうに利用するかと、お許しをいただきまして、私はそれを宇田川勝先生という方に、経営史の先生にごらんに入れてもよろしいだろうかということを、鮎川家からお許しをいただきまして、ごらんに入れました。それで、宇田川先生はそれを使って、私が掘り出しました史料を使って、論文や御本をお書きになっておられます。その後、現在では、多分その史料は横浜市史編纂室にあるというふうに伺っております。市史編纂室に私は伺っておりませんけれど、そういうふうに聞いております。それが一次史料についての私の記憶、その鮎川さんについての記憶でありまして、話し出すとちょっと。

それが要するに原告著書でも使われて記載があると、それについては、どういうふうに考えられますか。

　そうですね、私の「満州第二」論文と非常に似たことが小林さんの御本の中にいっぱい書いていらっしゃるので、僕は困ったなと思ってたわけです。

それは、困ったなというのはどういうことですか。剽窃があったということなんですか。

　剽窃だと思います。

この「満州第二」論文についてなんですけども、これについては、この訴訟の中で原告は、これを見て書くことは物理的に不可能である。なぜなら「満州第二」論文が出たのは一九七六年三月であると、これは原告著書の出版後であるから、これを見ることはできなかったということを言っているんですけども、これについて、原先生はどう認識されていますか。

　それは完全な虚偽だと、うそだと思います。

それは、なぜ。

なぜならば証拠があります。先ほど申し上げた小林さんが土地制度史学会の共通論題の報告の日に、つまり一九七四年一〇月二七日に報告資料として配った乙第二七号証の二というところに二ヵ所、私のその満州第二論文のもとになるものを引用しておられます。ちょっとこれ時間がかかるのかもしれませんけれども、よろしいですか。

それは、どこにどういうふうに。

第八頁の第九表と第一二頁の第二三表、その下に、「原朗『満州に於ける経済統制政策の展開―満鉄改組と満業設立をめぐって―』安藤良雄編『日本経済政策史論』下（未刊）所収　論文より引用」というふうなことが二回あります。これは一九七四年一〇月二七日以前に、二六日以前に小林さんが見ることが物理的に可能であった、しかもそれが安藤先生の本に、編著に入るということが可能だったということを証明するものだと僕は思います。ですから、このような物理的に可能であったものを、物理的に不可能であったということを準備書面で何度もお繰り返しになり、さらに争点対照表の原告の反論において、何回も何回も物理的に不可能であったということを述べて、現在までも訂正されておられないということは、これは法廷に対して虚偽の事実をずっと述べ続けられたものだと、私は思っております。

続いて、甲二号証の三や乙二号証と同じものですけれども、ここに先生は、原告著書の編別構成が被告論文の論理構成と余りに酷似していると、こういうことを書かれましたけれども、このように、まずこの本で類似性、似ているということを書いた理由は何ですか。

それはリーディングスですね、のことですね、リーディングス『展望　日本歴史』第二〇巻「帝国主義と植民地」という論文集といいますか、これは大学院で勉強を始める人たちのために、模範的な論文を集めて編集するというところで、その同じ巻の「帝国主義と植民地」に、小林さんの論文も収録されておりますし、私のこの被告論文も掲載されたわけですが、小林さんの御本の出版は七五年の一二月です。私どもの大会報告を、一括掲載を私は理事会にお願いしたんですが、これは前例がないということで、どうしても許していただけない。何度も何度も理事会にもお願いして、やっと実現することができたのが七六年四月号です。七六年四月号のところでやっと掲載ができたわけですけれど、「満州第二」について言えば、もっと遅れて七六年になってしまった。これも多分、後で反対尋問のときに何かお話があるような感じの書類が昨日夕べ、夕方届いたと私は伺いしましたが、ですから、そのときに議論させていただいてもいいのですけれども、今簡単に申し上げますと、物理的に完全に可能でありました。

そのように似ていると書かれた理由は、そのように、どういう理由ですか、簡単に。

　要するに物理的に可能であると同時に、そうですね、小林さんのお名前を私は挙げざるを得なかったのです。七五年一二月に、小林さんは本を出されている。それと余りにも似た内容の論文がそのリーディングス、大学院生が最初に勉強を始めるときに見ることになる。どうしても私が二番煎じになります、一般的には。一〇月二七日に僕の演述著作権が確認されてるなんていうことは、誰も知りません。ですから、どうしても小林さんのほうがもとになりまして、私のが後になる。これでは困ると思いまして、それで非常に似ているんだということを述べまして、最後に時日もたったことだから、実際二五年間、私が沈黙を守ったわけですから、その間。時日もたったことだから、お名前を挙げることを御海容いただきたいと、お許しいただきたい、御海容いただきたいというふうに言って、お名前を記したわけでございます。

ここでは酷似していると言ったまでなんですけれども、東京国際大学の大学院での最終講義では、小林さんが被告論文を剽窃あるいは盗用したということまでおっしゃいましたが、なぜこのように大学院の最終講義で、盗用、剽窃があったという事実を明らかにしたんでしょうか。

私は最終講義では、私の大学時代の私の研究生活といいますか、教育生活といいますか、学者生活をやっぱりまとめて総括しなければいけないというふうに思いました。そういたしますと、最初の、大まかに申しまして、最初の一〇年と後の三〇年、後っていうのは小林さんの御著書が発行された七五年一二月を境にしてということですが、ですから、正確に言いますと、最初の九年と後の三〇年といいますか、一〇年と三〇年が違う。それを、大学院生にどう説明しようかということを考えました。同時に、私が最後の講義で大学院生に伝えるべきことは何かということを考えまして、その内容を四つの文字に込めようと思いました。剽窃厳禁あるいは盗用厳禁、これを大学院生に伝えることは、次の世代の学問を担う大学院生たちに対して、研究倫理を必ず守らなければいけないということを伝えなければいけない。これは私の問題というよりも、大学院生の問題であり、同時に、そこで一緒に聞いてくださった同僚の先生方、研究者に対しても、私がこういう考えを持ってるということをお知りいただきたいということでもあり、さらに教室の外にある日本の人文社会科学界全体に対して、あるいは学術界、学界全体に対して、どうしても公の問題として剽窃厳禁、盗用厳禁という四文字を訴えたかったと、これが最終講義での私が考えたことでございます。そのときに、なぜ具体的に小林さんのお名前まで出したかと申しますと、これは、私どもは歴史学をやっておりますから、後から見て、もう一度検証することが可能な形でなければ、具体的なリアリティーを持った形でなければ物事の真実は伝わりませんし、大学院生の心を揺すぶることもできません。大学院生たちの心を揺すぶるような形でしっかりと研究倫理を覚えてもらうためには、ちゃんと反証可能性がある形で、ポパー、名前を呼ばずともいいと思いますが、反証可能性がある形で提示しなければいけない。そうすると、具体的にと言ったときには、やはり小林さんのお名前を挙げるよりほか仕方がないし、なるべくそれが自然に受け取られるようにと思って、先ほどのリーディングスに書いた私の追記を示しながらお話をしたわけで、何も最後の最終講義で突然、小林さんの名前を出したわけではなく、脈絡としては、リーディングスから続いている脈絡です。これは私の最終講義の講義録を丁寧にしっかりと読んでいただければ、分かることでございます。

先生が剽窃にお気づきになってから後のことについて伺っていきます。まず原告著書を初めて原告に見せられたときのことを説明ください。

　小林さんが部屋に来てくださって、先生、本ができましたということでくださった、そのいただいた本を私は今日も大事に持ってまいりました。内容を、お帰りになってから、小林さんがお帰りになってから私は早速本を拝見しまして、まずちょっとびっくりいたしましたのは、目次です。目次がちょっと僕のやっていることと余りにもよく似ているということで、びっくりした。実は本をお持ちになったときに、僕はちょっとびっくりしたのは、小林さんがそういう本を書いているとは、僕は知らなかったんです。植民地工業化についての御本をお書きに、おまとめになるだろうなというふうには、僕は予想をしておりました。ただ、大東亜共栄圏についての御本をお書きになるとは、僕は予想してなかった。ですから、題名を拝見したときに、ああそうかと思って、すごいお仕事をなさったんだと僕は思いました。目次のところを拝見いたしますと、私の被告論文と非常によく似ているのです。編別構成については、先ほどごらんいただいたような感じなんですけれど、何と申しましょうか、内容に入りますと、私が実証した部分が切り刻まれて、いろいろなページに本当に切り刻まれて、散りばめられていると、何かパッチワークを見ているような錯覚を覚えまして、これは僕の実証成果が、正直に申し上げますと、見るも無残な形で本文の中に散りばめられているというのが、私のそのときの印象でありました。終わりまで読みまして唖然といたしました、結語を読みまして。これは全く剽窃されてしまったと、そのときすぐに私は悟りました。同時に、私の研究の最初の一〇年間、正確には九年間ですけれど、全ての時間はここで失われたと、「ああ、壊されちゃったな」というのが、そのときの私の思いでありました。壊されちゃったと申しますのは、私が慎重に丁寧に緻密に作り上げようとしていた体系と、その体系に基づいて行おうと思っていた総合的な歴史叙述、当時、三部作を構想しておりまして、『日本戦時経済分析』、『帝国主義下のアジア』、そして『現代日本経済史序説』と、お分かりのように、これは山田盛太郎『日本資本主義分析』、矢内原忠雄『帝国主義下の台湾』、大塚久雄『欧州近代経済史序説』、それを意識した題です。それは、もちろんその三つの方法論は全く異なります。しかし、当時の私は、その三つの方法のさらに上に、その三つを見晴らせる管制高地、方法論的な管制高地を、そこに上っていこうと、登攀しようという意欲は、まだそのときは、ありました。目の前でがらがらと音を立てて、自分の体系が崩れ、叙述も不可能になるというのが、そのときの実感であります。ちょっと感覚的に過ぎたかもしれませんが、もうちょっと順序立てて申し上げることもできますけれども、時間の関係で。

この前の依田証人も言っていたんですけれども、原先生は本を出せばよかったんだと、それで同じような本であっても、それを出すことによって、それがあくまで発展につながるといった内容の証言をされていましたけど、この点に関しては、先生はいかがですか。

それは依田先生も依田先生以外の皆さんも、もっとちゃんと書けばいいじゃないかと、優れたスーパーシード、要するに上回る本を書けばいいではないかというアドバイスをしてくださる先生方も先輩も、いっぱいいらっしゃいました。ただ、小林さんの御本は、小林さん御自身が誇っておっしゃるように五四五頁の大作です。私の論文は、高々二八頁の論文です。この五四五頁の中に一頁一七行です、小林さんは。そうしますと、五四五頁にわたる本に反論しなければいけません。これは小林さんにオリジナリティーはなく、私にオリジナリティーがあると、プライオリティーの主張をするといたしますと、一〇倍のページ数を使っても、これは不可能です。五四五頁の一〇倍、五四五〇頁の本を書いても、あるいはその二〇倍、一万頁を上回る本を書いても、これは不可能ですが、五〇〇〇頁や一万頁の本を、どの出版社が引き受けてくれましょうか。それに、それを書く気が私は、もうそのときはありませんでした。

それは、書くことはできないということですか。

できないのではありません。できます。できますけれども、公刊することは不可能でしょうね。定価が幾らになるでしょうか。

原先生が当時、この問題を告発されなかった理由は何ですか。

それは二つ、非常に簡単です。一つは学会が壊れるからです。つまり共通論題存続論と共通論題廃止論が激しく対立いたしまして、存続論に山田盛太郎理事代表は与しておられました。

それに対して、非常に強く廃止論を唱えられる理事もおられた。事実、その後、その両先生は、対立された両先生は理事に選挙で選出されたにもかかわらず、選挙で選出されたにもかかわらず、理事を堅く辞して、辞退されて受けられませんでした。それは山田先生だけではなく、もうお一方の西洋経済史の理事の先生も選出されたにもかかわらず、理事就任を固辞された。そのことによって、土地制度史学会は理事代表、初代理事代表、山田盛太郎の時代は長かったんですけど、これが途切れることになったのは、これが原因です。ですから、私が、もし第一報告者が第二報告者の小林さんを告発するといたしますと、これは共通論題の第一報告者が第二報告者を告発して論文の撤回を求めるわけですから、そのような共通論題を許した理事会の責任をどうするかという議論が必ず出ますし、理事代表の責任をどうするかということも出ます。ですから、それは、そのために事務局として一生懸命やってきた土地制度史学会を潰すことは、私にはできませんでした。これは学会が潰れるからという意味です。ちょっと急ぎますので、第二は、もうちょっと微妙なっていうか、ちょっと申し上げにくいことなんですけれども、小林さん御自身のことであります。私が告発をいたしますと、必ずや社会的な制裁が小林さんに立ち向かってくる。具体的に申しますと、著書の絶版、あるいは教職の懲戒免職あるいは学位の剥奪、このような社会的制裁が加わったときに、当時、私は小林さんと仲がよかったので、僕としては、小林さんの情緒もメンタリティーもよく分かっていたつもりでした。そうしますと、小林さんがその社会的圧力に耐えかねて重大な決意をなさることを、僕は非常におそれたのです。陳述書に書きましたので申し上げさせていただきますと、御本人、前にして失礼ですが、申し上げますと、小林さんが自殺されることが僕は一番怖かった。学問全体と人一人の命と比べたら、どちらが重いか。私は、家族の一名に今でも続く痛みに耐えて生き抜いている人間を一人抱えておりますから、そういう立場から言ったら、どうしても命のほうが尊いというのが、私のそのときの結論です。それで小林さんが自殺されては困るから、私は告発しませんでした。

最後の質問にしますけれども、本件訴訟については、どう考えられていますか。

　これは、やはり訴訟で申し上げるのもあれなんですけど、本来は学術界で論争すべきだったと、学術界の論争で結論を出すべきだったのではないかなというのが、四年八ヵ月たったこの事件の今でも、私はそう思っております。本来は学会で論文で批判し、あるいは反論を書き、あるいは著書でいろいろ主張し合い、そのうちに当事者の小林さんと私ではない第三者の先生方がいろいろ御判断くださいまして、どちらが正しいかが決まっていくというのが学界でのあり方。小林さんは甲第五〇号証ですか、昨年五月二日に出された「陳述書」の最後だったかと思いますが、当の学会ではなく、法曹界の公正な判断に委ねたいというふうに、それが、この訴訟にかけた私の思いであるとおっしゃっておられたと思います。私は、やはり学術界の論争であるべきであるということは、今でも変わっておりません。ただ、私が四年八ヵ月、私は来月七九歳になりますが、後期高齢者の私にとりまして、四年八ヵ月というのは、そう短い時間ではございません。ただ、その間を一生懸命、この裁判の書類を書いてまいりましたのは、月にすると大体一五〇枚、原稿用紙一五〇枚ずつぐらい書き続けなければ、ここまでたどり着けなかったと思いますが、それをいたしましたのは、ただ一つ、この裁判が、この裁判での御判断が、日本の人文社会科学界の研究倫理のために有意義なものになっていただくことが、ただ一つの願いでありまして、盗用、剽窃に関する非常に厳格な学術界の慣行を、どうか本裁判所が、当法廷が尊重してくださいまして、法的に有意義な判断を、法的判断を下していただきたいと、下していただくことをお願いして、まだちょっと時間ありますか、もう過ぎてますか。

まだおっしゃりたいことはありますか。

いいえ、もうございません。最後に、学術界の盗用に関する、厳格な慣行をどうぞお認めくださいまして、当裁判所が有意義な法的判断を下してくださいますことをお願いいたしまして、私の供述を終わらせていただきたいと存じます。どうもありがとうございました。

## 二　口頭陳述

### 被告本人口頭陳述（二〇一八年五月二二日）

（参考：弾劾証拠乙七五）原告陳述書と原告著書の記述との対照表

**被告本人口頭陳述書**

平成三〇年五月二二日

東京地方裁判所　民事第四二部A合は係　御中

被告　原　朗

結審にあたり、被告本人として口頭の陳述を行います。ここでは三つの問題を申し上げたいと思います。その第一点は、原告の陳述書の本質に関するものであり、第二点は、原告の陳述書の内容に係るもの、第三点は本訴訟における私の基本的態度、つまり本法廷で私が裁判所に対しとくに申し上げたいこと、この三点です。

1　第一点は、原告である小林さんに対し、明確にして頂きたいことが一つあります。あなたは、前回二月一三日午後の法廷で、あなたの「陳述書」(甲五〇)をそのまま前提として主尋問と反対尋問に答えられました。しかし、あなたが以前に法廷へ提出しているあなたの著書『「大東亜共栄圏」と日本企業』(甲四三)の記述では、原告著書の作成過程について、あなたの「陳述書」と全く異なる事実が記されているのです。

もしあなたが「陳述書」の記述を今でも主張されるのであれば、それはあなたの著書『「大東亜共栄圏」と日本企業』が全く虚偽の事実を述べたことになります。それだけではなく、あなたがこれまでに出版されてきた非常に多数の著書の内容を、研究者たちは全く信用できないことになるのです。

あなたご自身が証拠として法廷に提出されたこの著書『「大東亜共栄圏」と日本企業』(甲四三)での記述を現在でも維持されるのであれば、それと矛盾するあなたの「陳述書」(甲五〇)は虚偽の事実を述べたものとして否定され、あなたは法廷に対して虚偽の事実を述べたことにならざるを得ません。あなたが法廷に提出されたあなたの「陳述書」の信用性がなくなってしまうのです。

また、もし「陳述書」での主張を維持されるならば、今度は甲第四三号証が否定され、あなたがこれまでに書いてきたほとんどの著書の信用性を失わせることになるのです。あなたの「陳述書」と「甲第四三号証」が全く矛盾していることは、本年二月一三日の法廷でのあなたへの反対尋問に際して提出した弾劾証拠(甲七五)の年表によって、争いのない「客観的事実」とともに、完全に明白に立証されているのです。

ここで私があなたに伺いたいことは、あなたは今日ただいま、「陳述書」を否定するのですか、それとも『「大東亜共栄圏」と日本企業』に代表される、あなたの沢山の著作での記述の信用性を否定するのですか、そのどちらですか。

この場合、研究者として、両方とも否定しない、というお答えは成立しません。虚偽の事実を記して法廷に提出した「陳述書」をはっきりと否定するか、『「大東亜共栄圏」と日本企業』に代表されるあなたの多くの著作の信用性のほうを否定して自らの研究者生命を失うという選択をなさるのか、二つに一つしかお答えはないのです。以上が私の申し上げたいあなたの原告「陳述書」（甲五〇）全体の本質にかかわる第一の論点です。

2　第二の論点、この原告陳述書（甲五〇）の内容について申し上げます。あなたは、この陳述書において、裁判所に対して徹頭徹尾、虚偽を申し述べ続けていることを指摘しなければなりません。

原告の陳述書（甲五〇）は、つぎの三点を骨子としています。即ち、いわゆる「三結合の理論」つまり「本国からの機械と熟練労働力、そして植民地の不熟練労働力が、直接的生産過程において結合すること」、第二は「植民地工業化の形成と崩壊をもって大東亜共栄圏の形成と崩壊の論理とすること」、この二点です。そしてこの二つの「理論」は、原告の最初の作品から最後の作品にいたるまで、ずっと一貫していた、そして一九七四年一〇月の時点で原告著書の八〇％はすでに書かれており、遅くとも一九七五年一月には脱稿していた、これが原告の陳述書の三つめの明確な主張です。

一番目のいわゆる「三結合の理論」についていえば、原告は、つねにこれを「資材・資金・労働力」の三者の結合という論理と混同し続けており、原告が被告と法廷に示した二つの陳述書案では、この点は歴然としておりました。この点について平成二九年四月二八日に私が提出した「陳述書Ⅱ」で追及したところ、原告はこれを見てから同年五月二日に提出した甲第五〇号証で、この二つの論理の混同を糊塗すべく、無理矢理結び付けて言い繕っています。原告はこれらの主張が最初の作品から最後の作品まで一貫していると陳述書で述べていますが、これを原告が法廷に提出した甲号証の各論文と

**（参考：弾劾証拠乙七五）原告陳述書と原告著書の記述との対照表**

| 年 | 客観的事実 | 原告主張・陳述 | 『「大東亜共栄圏」と日本企業』【甲四三】 |
|---|---|---|---|
| 1973年以前 |  | 一九七二年一〇月<br>原告、満州移民史研究会に入会【甲五〇P7】<br>一九七三年<br>植民地分析の方法論を論争<br>・浅田氏の「土地分配」「金融財政支配」「鉄道支配」の「三本柱」論に対し、原告は時期別・課題別に主要な柱を設定する必要があると強調【甲五〇P11】 | 一九七三年<br>原告、駒澤大学に就職<br>・以降、浅田氏と月一回の割合で植民地研究サークルを開催【甲四三P16後L1】 |
| 1974年 | 一九七四年夏頃<br>被告、大会報告の組織者に指名される<br>一〇月一二日<br>打合せ<br>一〇月二七日<br>大会報告 | 一九七四年初め<br>原告は、時期別・課題別に主要な柱を設定する必要があるとの浅田氏への反論「にもとづいて、一九七四年の初めには、本件著書の構成を決めた」【第二準備書面P19下L7】<br>一〇月<br>原告著書の「八割方を完成させていた」【甲五〇P13L12】 | 一九七四年頃<br>原告、植民地研究サークルの月例会で、「三本柱」で分析する手法を提示<br>・浅田氏は原告にレジメと報告書の提出を求め、これを前提に小林の私案を積極的に受け入れる【甲四三P17L2〜】 |

作成者　被告代理人弁護士　渡辺春己

| 1976年 | 1975年 |
| --- | --- |
| 四月<br>学会誌大会報告掲載 | 四月<br>浅田氏、「歴史評論」一九七五年四月号掲載の論文【乙五八】で「三本柱」論を展開<br>八月二五～二七日<br>歴史科学協議会　第九回大会開催<br>・「歴史評論」一九七五年一二月号に同大会の「討論要旨」掲載<br>一二月<br>原告著書発刊 |
|  | 遅くとも一月頃<br>原告著書を脱稿【甲五〇P13L15】 |
|  | 一九七五年以降<br>浅田氏、原告の私案を受け入れて「歴史評論」に複数の論文発表【甲四三P17L5】<br>八月二五～二七日<br>歴史科学協議会　第九回大会で、原告が浅田氏を批判する側として発言（「静態的・固定的な仕上げ」には賛成できない）【甲四三P17L8】<br>・「以降小林は、この浅田氏が「提示」した「三本柱」論を乗り越えて新しい植民地分析の方法論提示に全力を挙げた」（地域横割り的・段階論的方法）【甲四三P18L8】<br>・原告著書は「こうした論争の過程で生まれた」【甲四三P18L9】 |

付合わせてみれば明確なように、当初は労働力への言及があるのみで、機械への言及は大分後になって持ち込まれ、直接的生産過程への言及も最後の段階で、具体的には原告が大会報告後に作成した報告原稿で初めて定式化され、最終段階で原告著書と学会誌掲載原告論文に登場したものにほかなりません。

二番目の「植民地工業化の形成と崩壊の論理」をもって「大東亜共栄圏の形成と崩壊の論理とする」という「理論」は、全く成り立ちません。大東亜共栄圏が包摂する南方占領地において、そもそも「工業化」は当初から施政方針とされておらず、「植民地工業化」が通用するのは台湾・朝鮮・満州と、せいぜい華北までであって、「工業化」と「共栄圏」とは全く別の次元の問題であるのに、原告はその点に全く気付かず、「陳述書」で両者の「形成と崩壊の論理」を結びつけ、「植民地工業化の形成と崩壊の論理を大東亜共栄圏形成と崩壊の論理とし」と言い切ってしまっています。原告著書の結語において、原告が大東亜共栄圏崩壊の論理を全く結論付けることができず、関連のない空疎な論点を羅列するに終わっているのは、以上指摘してきた二つの論理上の欠陥を示すものに外なりません。

三番目に、執筆時期に関する原告陳述書の主張については、すでに最初に申し上げた第一の論点、具体的には原告自身が法廷に提出した甲第四三号証、ここでの小林さんの記述は文章も時間に沿って自然に流れ、時系列に沿っていると読めるのですが、これと陳述書（甲五〇）とを対照しますと、陳述書は非常に不自然で全く矛盾に満ちているのです。この甲第四三号証と甲第五〇号証とを比較対照したものが当方の弾劾証拠（乙七五）の年表であり、この年表に明確に示しましたのでもはや繰り返しません。双方が認める客観的事実は動かせず、これまで原告がその著書（甲四三）で自発的に述べてきた、それなりに検証可能な時間的経過とも全く矛盾している虚偽の時間的経過を、原告は陳述書

（甲五〇）で述べてしまったのです。

なお、期限を守って提出した被告の陳述書の内容を知ったのち、原告は自らの陳述書（甲五〇）に、論理的に非常に重大な変更を加えました。これはすでにこの時点で、原告の主張が論理的に完全に破産していたことを示すものです。本件原告著書のみならず、原告陳述書と原告のその他の著書との明白な矛盾も、被告の著作権への侵害を明確に立証しているのです。

原告陳述書の提出が五月二日に時期をおくらせ、四月二八日提出の被告陳述書Ⅱを見てから内容の重要部分を改変したことは全く許せないものです。

現実の経済の世界での厳然たる慣行では、支払期限の時刻に一秒でも遅れれば、直ちに倒産を宣告されるのです。原告が行った意図的な提出期限への遅延と内容の改変行為は、経済史学を専門としてきた原告自身がその主な対象である現実の経済の世界自体が厳格な規律によって運営されていることへの無知を暴露し、提出期限に遅れた経済自体の世界ならその時点で「破産」を宣告されたのと同じです。

3　原告は二〇〇九年度末の被告の東京国際大学大学院経済学研究科での最終講義で、原告に言及した部分が名誉毀損に相当するとして訴状を提出しましたが、被告はこの請求にはまったく根拠がなく、逆に原告が被告の研究成果を大々的に剽窃し、被告の著作権を侵害していたことこそが真実であり、少なくとも真実だと信ずるのが相当であったことを、これまでの準備書面・証拠書類・陳述書・意見書や法廷での証言・供述によって主張・立証してきました。

原告は原告著書で被告の学会報告即ち被告論文とそれに先行する被告の諸論文・資料解説等の研究成果を大量に剽窃したのみならず、当該原告著書の編別構成そのものすら、被告報告の論理構成を盗用しなければ構成できなかったのが真実なのです。これは被告の「陳述書Ⅰ」と「陳述書Ⅱ」、「最終準備書面」で集約的に証明しています。

最終講義で、学生に伝えるべき最も重要な事項を、最終的に「研究者倫理の厳守」、具体的には「剽窃厳禁」・「盗用厳禁」に集約したのは、原告の一九七五年末の研究者倫理に反する盗用剽窃行為が、私自身の単著発行を不可能にし、以後の私の学者としての生活に長い苦痛を与えました。このような行為、研究者全体が順守しなければならない研究者倫理に反し、盗用・剽窃によって人に被害を及ぼし続ける行為は一般的にいって許せるものではないことを、大学における研究と教育の場を離れる最後の機会である最終講義に当たって、自ら被った具体的経験に基づき、当事者本人として、また「一歩前へ進み出て（pro）真実を告白する（fess）」という「教授（professor）」職を去るにあたって、迫力をもって大学院生たちに対し心に響くように訴え、彼らを教育するとともに、より広く教室の壁を越えて、一般的に人文社会学界全体に対し研究者倫理の確立を求めようとしたのです。

原告著書の刊行により、私の研究の核心部分をすっぽりと抜き取られ、当時の研究対象であった日本帝国主義本国の分析も、植民地・占領地の分析も、その両者に基づく現代日本経済史の歴史叙述も、すべて実行不可能になりました。

私が積み重ねてきたそれまで約一〇年間もの時間のすべてが、一瞬で奪い去られたのです。本来意図していた研究すべてを断念して、私は他の研究対象をあらためて手探りで模索しなおすことになりました。この痛切な体験抜きに、私の学問的生涯を回顧する最終講義は成り立ちません。

私は原告の剽窃行為で著作権を侵害された被害者であり、原告は私の権利を侵害した加害者なのです。従って、本件の本質は、加害者が被害者を訴えたという特異な事件であることにご注意頂きたいと存じます。原告の陳述書（甲五〇）が、いかに虚偽に満ちたものであり、これを法廷に提出したことが法廷の尊厳を冒した行為であったかはもはや再論するまでもないと考えます。

原告は、今回、またしても最終準備書面の提出期限の延長を懇願したばかりか、平成三〇年五月八日付「第九準備書面」は、単に「訴状」の趣旨を繰り返すのみで、証人尋問・本人尋問における原告側反対尋問では一切問いただそうともしなかった、「被告論文の論理構成」を「原告著書の編別構成」が剽窃した問題や、「争点対照表」の諸論点を、俄かに論じ立てています。本来厳粛な法廷での証拠調べに際してはこれを一切取り上げようともせず、逆に被告側証言や供述の内容から、恣意的に解釈して自らに好都合だと思い込んだ部分のみを拾い上げて、既に被告側準備書面で論破された論点も含め、従前の主張をなおも繰り返し、法廷に対して全く誠意のない態度をとり続けています。法廷での反対尋問では取り上げずに、事後に「準備書面」で俄かに行った本年のこの「第九準備書面」は、昨年の原告の「陳述書」（甲五〇）と並んで、原告側の主張にいかに根拠がないかを逆に証明するものです。

被告側が提出した堀和生証人の三回に及ぶ「意見書」における精緻な実証に対して、原告は何ら有効に反論できず、とくに原告執筆論文と原告著書の内容とを綿密に比較考証して原告の剽窃行為を白日の下に曝した堀「意見書Ⅲ」第4表（被告「最終準備書面」別紙2）に対して全く反論を加えることができていないのです。

同時に、本来は学界での討論により議論すべき事柄を、原告が一切の学術的討論もせず、直ちに法的手段に訴えて訴状を提出したため、私はやむなく応訴し、すでに約五年もの時間が経過しました。

原告の著作権侵害行為によって四〇年以上も被害を受け続けてきた被告として、原告の訴状提出以来、現在にいたるまで、原告は理不尽な主張を次々に述べ立てては主張を変更し、無益な弁解に終始してきたことに対し、私はあらためて抗議するものです。

なおいくつか申し上げたい点もございますが、詳しくはこれまで私が法廷に提出してきた陳述書Ⅰ（乙四二）、陳述書Ⅱ（乙四三）で述べております。また、松村高夫氏の意見書（乙三八）、堀和生氏の意見書Ⅰ（乙三七の一）、意見書Ⅱ（乙四四）、意見書Ⅲ（乙七〇）という、四つの意見書で明快に論じられております。裁判官の方々におかれましては、これらの意見書や被告の陳述書、さらには準備書面などをどうかご精査下さいますよう、切にお願いいたします。原告の訴状が提出されてから既に五年近くもの長い時間が経過いたしましたので、書類の量もたいへん多くなりまして恐縮に存じますが、あらためて訴訟書類を入念にご検討くださいますようお願いする次第です。

最後に、貴裁判所が、研究倫理に関する学術界の厳格な慣行を尊重され、有意義で公正な法的判断を下してくださいますよう、心からお願い申し上げまして、結審に際しての私の口頭陳述とさせて頂きます。

以上

# V　驚くべき東京地裁判決

## 一　東京地方裁判所判決（二〇一九年一月二一日）

平成三一年一月二一日　判決言渡
同日原本領収　裁判所書記官
平成二五年（ワ）第一六九二五号　謝罪広告等請求事件
口頭弁論終結日　平成三〇年五月二二日

判決

原告　小林英夫　　住所（略）
同訴訟代理人弁護士　道あゆみ
同　浦川道太郎
同　小島秀一

被告　原朗　　住所（略）
同訴訟代理人弁護士　渡辺春己
同　原田伸

同訴訟復代理人弁護士　武藤行輝

## 主文

一　被告は、原告に対し、二二〇万円及びこれに対する平成二五年三月一五日から支払済みまで年五分の割合による金員を支払え。
二　原告のその余の請求をいずれも棄却する。
三　訴訟費用は、これを一〇分し、その三を被告の、その余を原告の負担とする。
四　この判決は、第一項に限り、仮に執行することができる。

## 事実及び理由

### 第１　請求の趣旨（略）

### 第２　事案の概要（略）

### 第３　当裁判所の判断

一　争点一（本件発言等の摘示事実及び原告の社会的評価の低下の有無）について

（1）　判断枠組み

ある表現が摘示している事実が何であるか、また、当該記載が原告の社会的評価を低下させるものであるかどうかは、一般読者の普通の注意と読み方を基準に判断すべきものである（最高裁昭和三一

年七月二〇日第二小法廷判決・民集一〇巻八号一〇五九頁参照）。

（２）　本件発言等の摘示事実

ア　本件発言は、前提事実（六）に記載のとおり、本件最終講義における講演での発言であり、本件最終講義録として発表されているところ、これを一般の受講者ないし読者の普通の注意と読み方を基準にみれば、①原告が、未公刊の被告の論文の構成を、自己の著作の編別構成に利用する形で、剽窃を行ったこと（以下、この事実を「本件摘示事実一」という。）並びに②その結果、被告は、自己の著作の公表及び学位申請を断念し、現在に至るまで単著を出版することなく、共同研究の編集や資料集の出版のみを行ってきたこと（以下、この事実を「本件摘示事実二」といい、本件摘示事実一と併せて「本件摘示事実」という。）という事実を摘示したものと認められる。そして、本件摘示事実は、原告が、剽窃という学界において許されない行為を行った反倫理的な研究者であるとの印象を与えるものであるから、原告の社会的評価を低下させるものと認められる。

イ　本件記述一は、前提事実（七）に記載のとおり、前記「日本戦時経済研究」の記述であり、その記述の中で本件最終講義を引用しているところ、本件最終講義録は、インターネット上で公開されており、誰でも容易に閲覧が可能な状態にある。したがって、一般読者の普通の注意と読み方を基準にみれば、本件記述一は、本件最終講義における発言によって摘示された本件摘示事実を摘示したものと認められる（なお、前提事実（七）ウ記載の記述は、本件摘示事実二のうち、自己の著作の公表を断念したことの具体的経過を示すものであり、新たに別個の事実を摘示したものではない。）。

本件記述一も、前記アと同様に、原告が、剽窃という学界において許されない行為を行った反倫理的な研究者であるとの印象を与えるものであるから、原告の社会的評価を低下させるものと認められる。

ウ　本件記述二は、前提事実（8）に記載のとおり、前記「満州経済統制研究」の記述であり、これを一般読者の普通の注意と読み方を基準にみれば、本件摘示事実と同様の事実を摘示したものと認められる（なお、本件記述二は、本件摘示事実一について、本件原告著書が被告学会報告の論理構成ないし編別構成を流用したことや、本件原告著書の書名が被告学会報告の中の表現を使用したことなど、より具体的な剽窃の内容を示したとはいえるが、新たに別個の事実を摘示したものではない。）。

本件記述二も、前記アと同様に、原告が、剽窃という学界において許されない行為を行った反倫理的な研究者であるとの印象を与えるものであるから、原告の社会的評価を低下させるものと認められる。

（3）　被告は、本件摘示事実二について、原告の社会的評価を低下させるものではないと主張するが、原告の剽窃によって被告が著書を断念して学位取得を断念したなどの事実は、一般読者をして、原告が行った剽窃行為の悪質性を強く印象付けるものであって、本件摘示事実一と相まって、原告の社会的評価を低下させるものと認められるから、被告の主張は採用できない。

二　争点二（本件発言等の違法性阻却事由及び故意過失の有無）について

（1）　名誉毀損行為については、当該行為が公共の利害に関する事実に係り専ら公益を図る目的に出た場合には、摘示された事実の重要な部分が真実であることが証明されたときは、その行為には違法性がなく、不法行為は成立しない（最高裁昭和四一年六月二三日第一小法廷判決・民集二〇巻五号一一一八頁）。

(2)　そこで、まず、本件発言等が公共の利害に関する事実に係り専ら公益を図る目的に出たか否かを検討する。

ア　公共の利害に関する事実に係るか否かについて

本件発言等は、いずれも、原告が被告の論文等を剽窃し、それによって被告が単著の出版を断念したこと等の事実を摘示するものであるところ、これらの事実は、学問研究の適正さに関わる事実であり、高度の公共性が認められる。したがって、本件発言等は、公共の利害に関する事実に係るものであると認められる。

原告は、名誉毀損行為の公共性について、違法性が阻却されるためには、相当程度不特定多数人の利害に関する事実である必要があり、本件発言等に係る事実は、そのような事実ではないと主張する。しかしながら、学問研究は、その自由が憲法上保障され（憲法二三条）、多数の国民の利害関心の対象となり得るものであるところ、研究者による剽窃という事実は、学問研究の適正さを損なうものであって、これもまた多数の国民の利害関心の対象となる事実といえる。したがって、違法性が阻却されるために必要な公共の利害に関する事実を、相当程度多数人の利害に関する事実と限定したとしても、本件発言等で摘示された事実は、多数の国民の利害関心の対象となる事実といえるから、この点に関する原告の主張は採用できない。

イ　専ら公益を図る目的に出たか否かについて

専ら公益を図る目的に出たものといえるためには、主として公益を図る目的があれば足りるといえるところ、本件発言及び本件記述一は、前記アのとおり高度の公共性が認められる事実を摘示するものであり、その表現方法も穏当なものにとどまるといえる。また、本件記述二は、いささか穏当を欠く表現をもって原告を非難する記載があるものの、基本的には、原告による剽窃を指摘し、これによって被害を被ったことを伝えようとしたものといえる。これらの事情に照らせば、被告が本件発言等を行った際に、主として公益を図る目的があったと認められるから、専ら公益を図る目的に出たものと認められる。

原告は、本件発言等は、原告へのネガティブな感情に基づき、原告の社会的評価を低下させること自体を目的にされたものであるから、専ら公益目的に出たものとはいえないと主張する。しかしながら、専ら公益を図る目的に出たものといえるためには、主として公益を図る目的があれば足り、私的目的が併存している場合でも否定されないと解すべきである。本件では、被告は、原告から被告学会報告や被告先行論文を剽窃されたという認識から、原告に対して否定的な感情を抱くことは想像に難くなく、本件記述二では、不穏当な表現でもって原告を非難したことが認められる。しかし他方で、被告は、本件発言等が公共性を有する事柄であることも認識していることに照らすと、全く私的な復讐心を晴らすために本件発言等を行ったものと認めることもできない。したがって、この点に関する原告の主張を採用することはできない。

（３）　本件発言等の真実性について

ア　剽窃の定義について

（ア）　剽窃という語句について、確定的な定義は存在しないところ、証拠（乙一四、一五）によれば、学問の世界においては、出典を明示することや適切な引用方法によらず、他人の著作物を無断で借用したり、自己の著作物であるかのように発表したりすることのみならず、著作物になっていない他人のアイデアや理論等を自己のものとして発表することも剽窃として非難されることがあることが認められる。

そして、このような剽窃という語句の使われ方及び一般人が想起する剽窃という語句の理解に鑑みると、本件摘示事実の真実性の検討に当たっては、他人の著作物又はアイデアに依拠して、これを自己の著作物又はアイデアとして表現する行為があった場合に、剽窃の事実が真実であったことの証明があったものと認めるのが相当である。また、上記の「他人のアイデア」については、もともとアイデアには新規性や独創性のあるものからありふれたものまで様々なものが想定されるところであるが、ここで剽窃の対象となるアイデアには、既出のアイデアや、ありふれたアイデアは含まれないと解するのが相当である。

（イ）　被告は、経済史学界においては、特定の歴史的事実について当該事実を論じている先行研究を引用せずに記述した場合にも、剽窃を行ったと評価されると主張する。しかしながら、先行研究に依拠せずに単に同一の項目について記述したことを剽窃と表現する用法が一般的であるとはいえず、そのように解すべき理由もないから、この点に関する被告の主張は採用できない。

（ウ）　そこで、上記（ア）にいう、他人の著作物又はアイデアに依拠して、これを自己の著作物又はアイデアとして表現する行為が行われたか否かを、以下検討する（なお、本件発言等で使用される盗用という語句も、剽窃と同一の意味で用いられていることから、以下の検討では両者を区別せずに扱う。）。

イ　本件摘示事実一の真実性

被告は、本件原告著書と被告学会報告の全体構想、表題・用語法、満州事変から太平洋戦争終結までの時期区分、大東亜共栄圏における投資形態、貿易構造及び金融構造等の記述内容の観点から、原告が、被告学会報告を剽窃したものであり、また、原告が被告学会報告の基礎となった被告先行論文をも剽窃したとして、本件発言等の摘示事実の重要部分について真実であるなど、別紙争点対照表の各観点から剽窃が真実であるとの主張をするので、以下、別紙争点対照表に従って検討する。

（ア）　全体構想（課題設定及び論理構成）について

ａ　証拠（乙五、一二）によれば、被告学会報告の構成は、大要、「Ⅰ　課題」において、その課題を、一九三〇年代から敗戦に至るまでの大東亜共栄圏の形成過程について、基本構想及び投資形態の変遷を把握し、大東亜共栄圏の各地域間の経済的構造連関と諸矛盾の存在について、主として貿易構造と金融構造の両面から考察することと設定した上で、「Ⅱ　「大東亜共栄圏」の展開過程」において、大東亜共栄圏の投資形態について、第一期、第二期、第三期と時期別に叙述し、「Ⅲ　「大東亜共栄圏」の貿易構造」において、円ブロック貿易、日本、満州、中国からなるいわゆる日満支ブロックの地域（自給圏）の貿易及び東南アジア（補給圏）の貿易の各構造について叙述し、「Ⅳ　「大東亜共栄圏」の金融構造」において、満州、華北・華中及び南方占領地の通貨問題を叙述したものであると認められる。

他方、証拠（乙六）によれば、本件原告著書の構成は、大要、序論において、その課題を、日本帝国主義の植民地支配政策の歴史的展開過程とその特徴について植民地全体を視野に入れて展望することと設定した上で、第一篇では、主に、満州事変前の奉天軍閥の経済的基礎とその特徴の検討、日本帝国主義の対満経済侵略の実態及び日本帝国主義と奉天軍閥の対抗関係について、金融部門、土地所有、鉄道部門を中心に論じ、第二篇では、満州事変後の満州経済の軍事的再編政策の展開、すなわち幣制統一事業、特殊・準特殊会社設立と第一期満州経済建設を中心に記述し、加えて、朝鮮での電力開発事業の進行及び華北占領政策の立案とその前提たる一九三〇年代前半の華北経済の特徴を記述し、第三篇では、日中戦争期の日本国内の戦時動員体制と植民地におけるその展開を生産力拡充計画目標の達成如何との関連で分析し、第四篇では、太平洋戦争期の日本帝国主義の植民地支配政策の実態を記述したものであると認められる。

このように、被告学会報告と本件原告著書は、大東亜共栄圏の始期から終期までの期間、同圏内での投資、貿易、金融の各分野の問題について論じる点では共通する部分があるものの、大東亜共栄圏の同期間における上記各分野を問題とした論述を行うこと自体は、何人でも行い得るものであって、前記意味におけるアイデアとはいえないから、他者がかかるアイデアに依拠して論述をしたとしても、被告学会報告を剽窃したということはできない。また、叙述順序について、被告学会報告が問題別に分けた上で時期別又は地域別に叙述するものであるのに対し、本件原告著書は、時期別・問題別・地域別の構造をとり、まず時期で区切った上で、当該時期における上記各問題等を地域ごとに論じている点で違いがある。さらに、本件原告著書には、各植民地における労働力の確保及び植民地の工業化という観点からの記述並びに朝鮮及び台湾の植民地経済についての分析等についての記述があるところ、これらの点については被告学会報告で触れられていない。

以上のとおり、本件原告著書と被告学会報告とは、研究対象や分析の視点が一部重なっていることが認められるものの、当該重なる部分は、上記のアイデアに属する事柄であって、これが剽窃の対象になるとはおよそ認められないものであるし、また、記述の順序や具体的な検討対象等が異なっていることも併せて考慮すると、課題設定及び論理構成という論文の全体構想について、剽窃が行われたとは認められない。

b　被告は、課題設定に関して、大東亜共栄圏の形成と崩壊について、投資形態の変遷、貿易構造及び金融構造という三面から、圏内各地域間の経済的連携を把握するという課題設定方法は、被告の独創であって、これを原告がそのまま使用したことが剽窃であると主張する（争点対照表「第一　全体構想」二）が、そのような観点からの検討自体は、誰でも行い得ることは上記のとおりであるから、この点に関する被告の主張は採用できない。

次に、被告は、原告が、論理構成の剽窃を不分明にするため、被告学会報告の編別構成そのものを時期別・問題別・地域別の順序に組み替えて、被告先行論文により解明された投資・貿易・金融上の問題別の諸論点を、時期別に分散させる操作を行ったと主張する（争点対照表「第一　全体構想」二）。しかしながら、証拠（甲七、四九、五〇、依田証人、原告本人）によれば、本件原告著書が採用した時期別・問題別・地域別という植民地分析の方法論は、本件原告著書が発行された当時に浅田が採用していた方法論とは異なること、原告は、昭和四八年初め頃からの浅田との論争の過程で、かかる方法論を採用するに至ったことが認められる。したがって、原告が時期別・問題別・地域別の順序に従って記述したのは、上記の過程で得た原告自身の着想に基づくものであるといえ、剽窃を不分明にするために叙述の順序を入れ替えたとの被告の主張は採用できない。

また、被告は、①一九三〇年代日本経済は、高級資本資材と基礎原料を円ブロックの外から輸入せざるを得ない構造にあり、②日本が植民地を含めて重工業化政策を推進すると、欧米からの資材輸入で入超が増大するうえに、日本の植民地拡張政策が欧米の権益を侵害することで摩擦を激化させ、③日本が円ブロック構築を追求しても資源的アウタルキー（自給自足経済）が確立できないのみならず、実際には円ブロック外からの入超が一層拡大することになり、④太平洋戦争への突入によって円ブロックへの資材供給が困難になると、インフレーションが激化して物資の略奪が顕在化し、結局経済破綻の中で日本帝国主義は崩壊に至ったことが、被告の理論の核心であり、この核心部分を本件原告著書は剽窃していると主張する。しかしながら、証拠（甲二一、乙六）及び弁論の全趣旨によれば、本件大会が開催される前の昭和三八年三月二五日発行の大蔵省昭和財政史編集室編『昭和財政史　第一三巻』（東洋経済新報社）において、上記①ないし③の観点からの記述がされていることが認められるほか、本件原告著書には、上記①ないし④の観点からの叙述を基礎付ける参照文献が引用されていると認められる。したがって、原告が被告学会報告に依拠して上記①ないし④の観点からの記述を行ったと認めることはできない。

（イ）　表題・用語法について

被告は、本件原告著書の表題である「『大東亜共栄圏』の形成と崩壊」は、大東亜共栄圏の形成過程と崩壊過程を同時に把握しようとする点で被告の創見であると主張する（争点対照表「第二　表題・用語法」三）。しかしながら、「形成」及び「崩壊」という語句は、いずれもありふれた語句である上に、大東亜共栄圏の形成過程と崩壊過程を論じることそれ自体は、誰でも行い得るものであり、前記意味におけるアイデアとはいえないから、原告が上記表題に決めたことを剽窃と認めることはできない。

また、被告は、大東亜共栄圏の分析に当たって占領政策史的観点が必要不可欠であること及びこれを展開過程として捉える方法を用いることは被告の創見であるところ、原告は被告の創見による手法を用いて剽窃したと主張する（争点対照表「第二　表題・用語法」四）。しかしながら、植民地及び占領地の研究において、占領政策の把握やその展開過程を把握することは、一般的な研究手法ということができ、誰でも行い得るものであって、前記意味におけるアイデアとはいえないから、上記手法を用いて記述することが剽窃に当たるとはいえない。

（ウ）　時期区分について

被告は、原告が、被告学会報告において示された時期区分を、本件原告著書において、自己の独創であるかのように記載して剽窃したと主張する（争点対照表「第三　時期区分」五）。

しかしながら、証拠（乙五、一二）によれば、被告学会報告では、被告が採用した時期区分について、「満州事変期・日中戦争期・太平洋戦争期をそれぞれ第一期・第二期・第三期とよぶが、時期区分の境界は三五年一一月における中国の幣制改革と、それに踵を接して行なわれた日満両通貨の等価連繋および華北非武装地帯における日本の傀儡政権冀東防共自治委員会の樹立のころに、また第二期と第三期の境界としては、四〇年五月のドイツ西方作戦の展開から四一年七月の対日資産凍結にかけての時期をとりたい。」（二頁）との記載があり、第一期と第二期との境を一九三五年一一月に設定し、第二期と第三期との境を一九四〇年五月から一九四一年七月という幅をもって設定したことが認められる。他方、本件原告著書は、一九三〇年から一九四五年の一五年戦争期について、ほぼ三つの時期に分割することが可能であると述べた上で、「第一期（一九三一年九月～一九三七年七月）」（一〇頁）、「第二期（一九三七年七月～一九四一年一二月）」（一一頁）、「第三期（一九四一年一二月～一九四五年八月）」（一四頁）と記載しており、採用した時期区分は被告学会報告のものと異なることが認められる（乙六）。本件原告著書においては、「国際的諸関係を視野に入れた時期区分」（九頁）として、被告学会報告において示されたものと類似した時期区分を記載しているが、通説的時期区分とは異なる「小区画」として紹介したにすぎず（九～一〇頁）、被告学会報告の見解を採用したということはできない。また、そもそも、長期間にわたる歴史的事実を叙述するに際し、これを複数の時期に区分して論じることそれ自体は、誰でも行い得るものであり、前記意味におけるアイデアとはいえない。

したがって、この点に関する被告の主張は採用できない。

(エ)　投資形態について

被告は、被告学会報告が、大東亜共栄圏における投資形態の変遷について、投資の中心機関が第一期には国策会社満鉄であり、第二期には満州では満業、華北・華中では興中公司及び北支那開発・中支那振興であり、第三期の南方占領地では指定民間企業者であるなど、次々に独占資本を前面に押し出したとの論理構成をとり、かかる論理構成は被告の創見であるところ、本件原告著書は、かかる論理構成を剽窃したと主張する（争点対照表「第四　投資形態」六）。しかしながら、証拠（甲九、一一、一二、二一、乙六）によれば、本件大会が開催される以前、昭和二六年一二月一〇日発行の井上晴丸・宇佐美誠次郎著「危機における日本資本主義の構造」（岩波書店）及び昭和三八年三月二五日発行の前出「昭和財政史　第一三巻」といった先行研究並びに原告が著作した論文である昭和四四年七月発表の「一九三〇年代『満州工業化』政策の展開過程」（「土地制度史学」第四四号）及び昭和四九年一〇月発表の「日本帝国主義の華北占領政策」（「日本史研究」第一四六号）において、満州における満鉄及び満業、華北・華中における興中公司、北支那開発及び中支那振興並びに南方占領地における財閥等の指定民間企業者など、各占領地の投資機関に関する記述があることが認められるほか、本件原告著書には、上記投資機関に関する記述を基礎付ける参照文献が記載されていると認められる。これらの事実に照らせば、原告が、被告学会報告に依拠して本件原告著書を記述したと認めることはできず、この点に関する被告の主張は採用できない。

次に、被告は、別紙争点対照表「第四　投資形態」七から一〇並びに一三及び一四の「被告の主張」欄記載のとおり主張する。しかしながら、上述したほかは、本件原告著書と被告学会報告の各記述は、主語、述語、記載順序等の表現形式に同一性が認められず、原告が被告学会報告に依拠して本件原告著書を記述したことをうかがわせる証拠はない。記述内容については重なる部分があるものの、当該部分は歴史的事実の記載にすぎないから、これを他者が記述したことをもって剽窃ということはできない。

また、被告は、原告が、被告学会報告に掲載した表を、引用文献の年次を若干変更したり、表の形式を若干変えたり、一部を削除し一部を加えるなどの細工をしたりして本件原告著書に使用して剽窃したと主張する（争点対照表「第四　投資形態」一一及び一二）。しかしながら、証拠（乙六）及び弁論の全趣旨によれば、上記本件原告著書の表と被告学会報告の表は、記載項目については重なりが認められるものの、記載順序や記載数値については違いがあり、表現形式に同一性が認められない。さらに、本件原告著書の上記各表の下部には、「国松文雄『わが満州廿五年の回顧』（一九六一年）、新紀元社、二二七～二三二頁」及び「中支那振興株式会社『中支那振興株式会社及関係会社事業現況』（一九四〇年）、付表」（一八三頁、一八八頁）との記載があり、原告が上記各表を作成するに際して依拠した文献を記載していることが認められる。これらの事実に鑑みれば、原告が被告学会報告に依拠して上記表を作成したと認めることはできない。また、各投資機関の事業の内容を、参加企業の一覧表により提示するという表現方式は、誰でも行い得るものであって、前記意味におけるアイデアとはいえないから、かかる表現方式を利用したことをもって剽窃に当たるとはいえない。

以上のとおりであるから、大東亜共栄圏における投資形態の変遷等に関する被告の主張はいずれも採用できない。

（オ）　貿易構造について

被告は、別紙争点対照表「第五　貿易構造」一五から一八の「被告の主張」欄記載のとおり、本件原告著書の貿易構造に関する記述が被告学会報告を剽窃したものであると主張する。しかしながら、本件原告著書と被告学会報告の各記述は、主語、述語、記載順序等の表現形式に同一性が認められないこと、他方で、本件原告著書には、貿易構造に関する記述を基礎付ける参照文献が引用されていることに鑑みれば、原告が被告学会報告に依拠して本件原告著書を記述したと認めることはできない。また、記述内容については重なる部分があるものの、当該部分は歴史的事実の記載にすぎないから、これを他者が記述したことをもって剽窃ということはできない。

（カ）　金融構造について

被告は、被告学会報告において、大東亜共栄圏というブロックには、その域内各地域間の貨幣制度と占領地中央銀行の発券制度等の金融機構の構築方式の違いにより、地域ごとのインフレーションの進行速度が異なるため、物価上昇の急速な地域に利潤を求めて物資が移動する結果を招き、域内各地域間の送金関係及び貿易関係を制限せざるを得ず、地域間の金融的連関も分断されたという欠陥があったことを解明したところ、原告は、貿易構造及び金融構造という分析視角を持っていなかったにもかかわらず、本件原告著書において、上記被告の解明した論理構成と同内容を自己の見解として記載し、被告学会報告を剽窃したと主張する（争点対照表「第六　金融構造」一九）。しかしながら、証拠（甲一一、一四、乙六）及び弁論の全趣旨によれば、本件大会が開催される以前、昭和四〇年一〇月発行の桑野仁「戦時通貨工作史論」（法政大学出版局）及び原告前出「日本帝国主義の華北占領政策」において、上記各項目についての記述があることが認められるほか、本件原告著書には、上記各項目についての記述を基礎付ける参照文献が引用されていると認められる。したがって、原告が被告学会報告に依拠して本件原告著書を記述したと認めることはできないから、この点に関する被告の主張は採用できない。

次に、被告は、被告学会報告が、日中戦争期の華北及び華中における通貨戦争の経緯並びに南方占領地におけるインフレーション等について記述し、かかる記述の論旨は被告の創見であるところ、原告は、本件原告著書において、これらの記述を剽窃したと主張する（争点対照表「第六　金融構造」二〇から二二）。しかしながら、証拠（甲一一、二二、二四、二五、乙六）及び弁論の全趣旨によれば、本件大会が開催される以前、昭和一九年九月一五日発行の「支那占領地経済の発展」（財団法人東亞研究所）、原告前出「満州金融構造の再編成過程」及び「日本帝国主義の華北占領政策」、桑野仁前出「戦時通貨工作史論」において、日中戦争期の華北及び華中における通貨戦争の経緯に関する記述があることが認められるほか、本件原告著書には、上記各項目についての記述を基礎付ける参照文献が引用されていると認められる。したがって、原告が被告学会報告に依拠して本件原告著書を記述したと認めることはできないから、この点に関する被告の主張は採用できない。

また、被告は、別紙争点対照表「第六　金融構造」の二三から二五までに記載の本件原告著書の各図について、被告学会報告の図を剽窃したものであると主張する。しかしながら、本件原告著書の図と被告学会報告の図は、記載内容が明白に異なっており、また、証拠（乙六）によれば、本件原告著書の図の下部には、「日本銀行統計局『戦時中金融統計要覧』（一九四七年）、一五七～一五八頁より作成」（四四七頁）、「前掲『戦時中金融統計要覧』より作成」（四四六頁）、「佐野公館研究所「中国共産党ノ経済政策」（発行年不明）、（中略）より作成」（一〇九頁）との各記載があるほか、「原朗「『大東亜共栄圏』の経済的実態」（『土地制度史学』第七一号、一九七六年四月予定）」（同頁）、「前掲『大東亜共栄圏』の経済的実態」」（四四六頁）との記載もあり、被告学会報告を引用したことが明示されているのであるから、剽窃に当たるということはできない。なお、被告は、別紙争点対照表「第六　金融構造」二三及び二四記載の図について、「前掲『大東亜共栄圏』の経済的実態」」として、三三八頁前の文献について前掲としたことが不適切である旨も主張するが、既に引用した論文等を再度引用する際に、「前掲」との記載をすることは一般的に許容されており、その間隔がどれだけのものであれば許容されるかについて確たる基準はないから、この点に関する被告の主張は採用できない。

（キ）　被告学会報告の基礎となる被告先行論文からの剽窃について

被告は、被告先行論文からの剽窃を主張するが（争点対照表「第七　被告論文の基礎となる被告の論稿からの剽窃」二六から三四まで）、本件摘示事実は、原告が未公刊の被告の論文、すなわち被告学会報告の編別構成を原告の著書の構成に利用して剽窃したという事実であり、被告先行論文からの剽窃は真実性立証の対象とならない。したがって、この点に関する被告の主張は、主張自体失当である。

なお、別紙争点対照表「第七　被告論文の基礎となる被告の論稿からの剽窃」記載の本件原告著書と被告学会報告の各記述は、主語、述語、記載順序等の表現形式に同一性が認められないこと、他方で、本件原告著書には、上記記述を基礎付ける参照文献が引用されていることに鑑みれば、原告が被告学会報告に依拠して本件原告著書を記述したと認めることはできず、記述内容については重なる部分があるものの、当該部分は歴史的事実の記載にすぎないから、これを他者が記述したことをもって剽窃ということはできない。したがって、被告先行論文からの剽窃の事実も認められない。

（ク）　総括について

被告は、「共栄圏ならぬ共貧圏」という語句ないし成句を原告が剽窃したと主張する（争点対照表「第八　総括」三五）。しかしながら、「共栄圏」という語句は、大東亜共栄圏という語句の一部であって、一般に使用されていることが明らかであり、「共貧圏」という語句も、共栄圏の反対の意味を示すために「栄」を「貧」に変えただけであって、ありふれた表現の一つといえ、前記意味におけるアイデアとはいえないから、かかる語句ないし成句の使用によって剽窃を行ったということはできない。

また、被告は、被告学会報告において示された抗日運動強化に至る経過を原告が剽窃したと主張する（争点対照表「第八　総括」三六）。しかしながら、本件原告著書と被告学会報告の各記述は、主語、述語、記載順序等の表現形式に同一性が認められないこと、他方で、本件原告著書には、抗日運動強化に至る経過について、記述を基礎付ける文献が引用されていると認められることに鑑みれば、原告が被告学会報告に依拠して本件原告著書を記述したと認めることはできない。また、記述内容については重なる部分があるものの、当該部分は歴史的事実の記載にすぎないから、これを他者が記述したことをもって剽窃ということはできない。

（ケ）　以上のとおり、別紙争点対照表記載の被告の主張はいずれも採用できず、その余の被告の主張を考慮しても、原告が被告学会報告を剽窃したとの事実が真実であるとは認められない。被告は、原告が、本件大会の半年前に、被告学会報告の手書原稿を受け取っていたことから、原告が被告学会報告を剽窃したものであると主張するが、かかる事実が認められても、前記結論を左右しない。

よって、本件摘示事実一について真実であるとの立証がなく、本件発言等の違法性は阻却されない。

（4）　本件摘示事実二について

本件摘示事実二は、本件摘示事実一が認められることを前提に、原告による剽窃によって、被告は、予定していた単著『帝国主義下のアジア―日本帝国経済圏の形成と崩壊―』及び『日本戦時経済分析』の出版を断念したこと等の事実を摘示するものであるところ、前述のように、本件摘示事実一が真実であると認めることはできないから、この点で本件摘示事実二も真実性の証明があるとはいえない。

更に進んで、本件原告著書の発行によって被告が上記単著の出版を断念した事実の有無について検討するに、証拠（被告本人）及び弁論の全趣旨によれば、本件原告著書が発行された昭和五〇年一二月二〇日当時、上記『帝国主義下のアジア―日本帝国経済圏の形成と崩壊―』及び『日本戦時経済分析』の原稿は完成しておらず、出版予定も立っておらず、被告はそのような書籍の構想をしていたにとどまることが認められる。したがって、これら書籍を発行する具体的予定があったと認めることはできないから、単著の出版予定があったとの事実が真実であると認めることはできない。

したがって、本件摘示事実二の重要部分について、真実であると認めることはできない。

（5）　真実相当性について

ア　民事上の不法行為である名誉毀損については、摘示された事実が真実であることの証明がされなくても、その行為者において当該事実を真実であると信ずるについて相当の理由があるときは、故意又は過失を欠くものとして、不法行為が成立しないと解される（最高裁昭和四一年六月二三日第一小法廷判決・民集二〇巻五号一一一八頁）。

イ　そこで検討するに、前記（3）のとおり、被告が指摘する点は、基本的には記述の内容に重なりがあることを主張するにすぎず、原告が被告学会報告に依拠して本件原告著書を書き上げたことを裏付ける確実な資料又は根拠があったと認めることはできない。したがって、被告が原告による剽窃を信じたことについて相当の理由があると認めることはできない。

（６）　小活

以上のとおり、本件発言等によって摘示された本件摘示事実につきそれらの重要な部分が真実であると認めることはできないから、本件発言等の違法性は阻却されず、また、真実であると信じたことについて相当の理由があったと認めることもできないから、故意又は過失も否定されず、被告は、不法行為責任を負う。

三　争点三（損害及びその額並びに謝罪広告等の必要性の有無）について

（１）　本件発言等により、原告の名誉が毀損された結果、原告は精神的苦痛を被ったと認められる。そして、本件発言は、本件最終講義録がインターネット上に公開されている結果、本件発言による名誉毀損が現在まで継続していることが認められ、また、本件記述一及び二についても、それらが記載された前記「日本戦時経済研究」及び「満州経済統制研究」は研究者向けのものであって、長年月に渡って保存されるものであるという特性がある。これらの事情に鑑みれば、前記「満州経済統制研究」が非売品であることを考慮しても、原告が被った精神的苦痛は、相当程度大きいものであると認められる。

以上の事情のほか、本件における一切の事情を考慮すれば、原告の被った精神的苦痛に対する慰謝料は二〇〇万円とするのが相当であり、また、被告の不法行為と相当因果関係のある弁護士費用は二〇万円とするのが相当である。

（2）　原告は、不法行為に基づく損害賠償請求に加え、謝罪広告の掲載、前記「満州経済統制研究」の回収並びに回収ができなかった場合の文書及び付箋の送付を求めているが、上記損害賠償請求が認容されることにより、原告の名誉が一定程度回復されることに鑑みれば、金銭賠償に加えて上記各措置を行う必要性があると認めることはできない。

**第4　結論**

以上のとおりであるから、本件請求は、原告が、被告に対し、二二〇万円及びこれに対する平成二五年三月一五日から支払済みまで年五分の割合による金員の支払を求める限度で理由があるからこれを認容し、その余の請求は理由がないからいずれも棄却することとして、主文のとおり判決する。

東京地方裁判所民事第四二部
裁判長裁判官　梅本圭一郎
裁判官　安田　裕子
裁判官　加賀谷友行

〔著者注〕平成二五年八月五日の第一回口頭弁論以降、二二回の弁論準備手続を含め、本件の審理に係った右三名以外の裁判長裁判官の氏名は木納敏和、小野瀬厚、裁判官の氏名は樋口真貴子、渡貫昭太、小泉敬祐、柴田啓介、判決言渡し（代読）の際の裁判長裁判官の氏名は松田典浩であった（「裁判所謄写記録」による）。

## 二　東京地方裁判所判決批判

地裁の判決を受けるまで、私はくりかえし経過をずっと考えていた。研究生活の最初の約十年間の時間のすべてを、一審原告の単著刊行と全面的剽窃行為によって全く奪われたこと、私のそれまでの研究を単著として刊行し体系的に展開することが、剽窃者の「先行業績」によって不可能になったこと、前記の理由で私は沈黙を守ったが、その後の約四十年の生活でも、本来の研究者としての道を断念させられ、次世代の研究者の育成・教育者として大学生活をおくってきた。その加害者である剽窃者自身が原告となって、被害者である私を提訴し、その結果として七〇代後半の六年もの私の時間は裁判対策に終始することとなった。

このように他人の一生のほとんどすべてを歪めておいて、宣誓をしながらなおかつ平然と法廷に対して虚偽を述べ続けた地裁での原告小林英夫氏の言動は、それのみをもっても驚くべきものであるが、さらに驚くべきことに、地裁は法廷に対して明白に虚偽を述べ続けた原告の「陳述書」を肯定した。そればかりか、作成時点が結審よりずっと古い「争点対照表」に「被告の再反論」の記入を許さず、被告に反論の機会を与えなかった。結審時点までに被告側は争点に関する多大の証拠を提出したにも関わらず、これらすべてを無視し、時点も古く虚言を多く含む「争点対照表」の「原告の反論」欄のみに寄りかかって、これを判決における真実性否定の根拠として多用した。あまつさえこの判決には「真実性が認められないから相当性も認められない」という、法学における「相当性」の基礎的常識について全くの無理解が含まれている。「真実性」と「相当性」の区別もできない裁判官に、名誉毀損事件の判決を言渡す資格があるといえようか。「右事実が真実であることが証明されなくても、その行為者においてその事実を信ずるについて相当の理由があるときには、右行為には故意もしくは過失がなく、結局、不法行為は成立しない」との確立した判例を忘れ去ったのであろうか。

六年も待った結果としての地裁判決には、全くあきれるほかはなかった。被告の公共性・公益性は認めたものの、真実性はすべて認めず、相当性も認めないというのだが、その論拠は一方的に原告の最初の「訴状」と、まだ審理中途の段階で作成された『争点対照表』、それも表のうち「原告の反論」欄のみに依り、被告側が提出した文書はほとんどまったく参照されず、争点の内容に立ちいらないで恣意的な形式的判断基準を設定し、被告敗訴を結論として辻褄を合わせたものであり、学術的内容に関する司法判断としては全く不十分なものだった。この点については控訴審に提出した堀和生「意見書Ⅳ」が真実性に関する判決批判として全ての論点について徹底的に論破しており、同じく控訴審に提出した原朗「陳述書Ⅲ」も、真実性と相当性に関する地裁判決の大きな欠陥を示している。

二〇一九年一月二一日の地裁判決によって、局面は大きく変わった。以上に述べた原告・被告の争いに関するミス・ジャッジに加えて、この判決をそのまま認めれば、永年に亘り学界の厳格な慣行となっていた剽窃と盗作の禁止の原則が、いとも簡単に覆され、学界において認められなかった研究不正が、一片の「訴状」提出という法的措置によって可能とされることになるからである。裁判の私的な敗訴もさることながら、判決理由そのものが法的にも学問的にも許容できるものではない。

地裁のこの判決を批判することは、個人の私的な問題のみでなく、学界の公的な問題に拡大したのである。むしろこの判決を徹底的に反論することが学界にとって重要になった。

本年一月二一日に東京地裁の判決が言渡されたのち、一月三一日に「控訴状」を裁判所に提出して私は控訴人となったが、控訴人の主張の真実性を強調した「控訴理由書」の提出は、期限延長を一回申出て五月一七日に行った。同時に地裁判決を全論点に亘って批判し尽くした堀和生氏の「意見書Ⅳ」と、主として「相当性」について原判決を批判した私の「陳述書Ⅲ」も提出した。

そして「原朗氏を支援する会」が結成され、六月一三日にウェブサイトが公開された。同サイトには、「裁判の前史」として一九六五年七月から、「裁判の経過」として二〇一三年五月から二〇一九年五月二七日の高裁即日結審までの年表と、「裁判資料」として二〇一六年四月一八日の松村高夫氏の「意見書」、および二〇一九年一月二一日の東京地裁の「判決」、五月一七日付けの堀和生「意見書Ⅳ」、原朗「陳述書Ⅲ」が公表された。

また、六月二八日に堀和生氏は小論文「小林英夫氏盗作行為の起源」で、小林氏の最初の発表論文「元山ゼネスト―一九二九年のたたかい」が、先行して発表されていた尹亨彬「一九二九年元山労働者の総罷業とその教訓」から、文字数にして四八％もの剽窃を行っていたことを指摘し、ウェブサイトに公表した。

また、六月三〇日午後一時から、「戦時経済研究会―原朗氏の著作を中心に―」が東京大学大学院経済学研究科で開かれ、堀和生京都大学名誉教授の講演「学術盗作問題と司法―原朗・小林英夫裁判に関わって―」があり、私も「戦時経済研究回顧―学問と裁判と人生と―」という短い発言をした。以後、約八〇人の参加者の内一一名が発言し、午後四時五〇分まで討論が行われた。

堀氏の講演は、氏の四つの意見書を総合した明快な講演で、まず原・小林両者の研究業績の比較、他の研究者による客観的評価、小林著書と既発表論文との克明な対比による盗作部分の精密な指摘など、事件の進捗状況に合わせて見事に整序された説得的なものであったが、さらに六月二八日にウェブサイトに氏が公表された、小林氏の最初の発表論文が朝鮮語の学会誌に掲載された他人の論文の文字数で四八％、結論部分は一〇〇％もの盗作部分を含むという前記「小林英夫氏盗作行為の起源」の内容も提示され、会場の大きな反響を呼んだ。

私の発言は、事件の経過の概要を裁判の前史と裁判の経過について略年表によって説明したものであったが、「なぜこのように長期間沈黙していたのか」という質問に応じて、第一に、私が明言すれば当時の土地制度史学会（現在の政治経済学・経済史学会）が解体する恐れが非常に大きかったこと、第二に、小林氏自身が社会的制裁に耐えられず自ら命を絶つ恐れも同様に大きかったこと、以上の二点が私の長い沈黙の原因であったことを強調した。

以上が地裁の判決後、高裁の判決に至るまでの概況である。

## （一）　堀和生「意見書Ⅳ」（全文）（二〇一九年五月一七日）

意見書Ⅳ
二〇一九年五月一七日

堀　和生

### はじめに

一月二二日の被告側敗訴の一報は予想外であり、大変驚かされた。その判決文を精読して内容を把握すると、そこには裁判官の誤認が数多く見いだされるだけでなく、学術研究にかかわる裁判所の法律的判断として、看過できない重大な問題があることがわかってきた。これを判例として確定させてしまっては、現在重大な社会問題の一つになっている学術不正に関する対処において、今後深刻な悪影響を与える可能性がある。筆者が考える問題点とは次のようなことである。

第1に、原判決は、本文で指摘するように事実の間違いが多い。

第2に、係争案件の処理においては、双方から提出された主張と証拠を均しく検討すべきであるのに対して、今回の判決では被告側の多くの主張と証拠を無視している。これは、裁判の公平性の原則と相容れない不当な行為である。

第3に、本件が学術研究の領域での争いであるという特徴を持つ故に、専門家ではない裁判官がそれを裁くにあたっては、当該領域について必要な知識を備える必要がある。しかしながら、本件の審査では裁判長が四人も交代し、判決を書いた裁判官は、証拠として提出された文献を十分に参照した様子がうかがわれない。

第4に、学術研究は科学として普遍の原理の上に成立するので、その評価の方法や基準も同様に普遍性をもつ。であるから、たとえ裁判の場においても、学術研究に対する評価の方法や基準は、学界と同じでなければならないはずである。ところが原判決は、裁判官は学界では決して用いられない独自の判定基準や評価方法をつくりだして、判決を作成した。これは、学術研究からの甚だしい逸脱であり、見過ごすことができない。

以上の理由で、筆者は学術研究の観点から、原判決の問題点を具体的に明らかにするために、この意見書を執筆する。

なお、本文では一般用語としての盗作と学術不正行為としての剽窃と盗用を区別せず同じものとして用いる。原告と小林英夫（以降、小林と記す）、被告と原朗（以後も原朗と記す）を均しく使う。主に研究関係の記述では名前を、裁判関係では原告・被告を使う。

## I　原判決の判定基準

本訴訟は被告の最終講義において原告の名誉が毀損されたという訴えである。原判決は被告の最終講義での発言に公共性と公益目的があったことを認めた点を除いて、被告の主張をことごとく退けて、ほぼ原告の完全勝訴とした。本稿は、訴訟中で学術的な剽窃の有無を争った事項（第3の二（3）イ「本件適示事実1の真実性」）について、原判決の判断（判決二五―三六頁、本書三六五―三七七頁）を検討するものである。

裁判では、原告小林の『「大東亜共栄圏」の形成と崩壊』（以後、小林著書と記す）と、被告原朗の学会報告「『大東亜共栄圏』の経済的実態」（以後、学会報告あるいは「経済的実態」論文と記す）の間での剽窃の有無について、最初に裁判所が主導して双方の「争点対照表」を作成させた。原判決は、その「争点対照表」にそって、学術的な剽窃の有無に関する摘示事実（以後、本件摘示事実と呼ぶ）を、（ア）から（ケ）の九つの項目にまとめている。項目（ア）が二つにわかれており、項目（ケ）は具体的な争点を扱っていないので、ここでは九つの項目として検討する。

下記の表一は、筆者が、個別の本件摘示事実九項目に対する原判決内容を、その根拠とした基準六つに分類したものである。その基準とは、最初の三つは判決の検討が研究内容に及んでいない形式的な基準であり、つぎの三つは何らかの形で何らかの形で研究内容やその評価による基準である。つまり、原判決は九項目について、六つの基準で合計二四事項の判断を下したことになる。本表に争点に対する裁判所の判断はすべて含まれる（地図とグラフについては直接言及しないが、各項目の争点中に実質的に含まれているとする）。以下、この六つの判断基準が妥当するのか、原判決の内容を順次検討する。

## (1)　形式的基準によって判断された一六事項

事実発見や実証の質について学問的価値がある歴史学においては、剽窃の有無を形式的基準によって判断すると、さまざま矛盾が生じる。以下、具体的に指摘する。

**表1　「判決　第3の2（3）イ「本件適示事実1の真実性」の分析**

| 判決の項目 | 形式的な基準：「歴史的事実の記載」の一般化 | 形式的な基準：主語述語、記述順序、表現形式が異なる | 形式的な基準：参照文献の注がある | 研究内容に関わる基準：（原告を含め）先行研究がある | 研究内容に関わる基準：理論創造の前後関係 | 研究内容に関わる基準：何人・誰でもやれる |
|---|---|---|---|---|---|---|
| 判断の基準・評価 | | | | | | |
| イ　本件摘示事実1の真実性……25 | － | － | － | － | － | － |
| （ア）全体構想〈課題設定　論理構成〉……25 | － | － | － | － | － | － |
| a　〈「大東亜共栄圏」全体を捉える〉…25―27 | ●27p1、14 | | | | | ●27p2 |
| b　〈課題の設定　原告の論理〉……27―29 | | | ●29p2 | ●28p26 | ●28p1 | ●27p24 |
| （イ）表題・用語法について……29 | | | | | | ●29p11、18 |
| （ウ）時期区分について……29―30 | ●30p11 | | | | | ●30p19 |
| （エ）投資形態について……30―32 | ●31p22 | ●31p20 | ●31p14 | ●31p5、32p3 | | |
| （オ）貿易構造について……32―33 | ●32p25 | ●32p21 | ●32p23 | | | |
| （カ）金融構造について……33―34 | | | ●33p17 | ●33p14、26 | | |
| （キ）被告報告先行論文から剽窃……35 | ●35p13 | ●35p8 | ●35p10 | | | |
| （ク）総括について〈「共貧圏」・抗日運動〉……35 | ●36p5 | ●36p1 | ●36p2 | | | |
| （ケ）〈被告の主張〉……36 | － | － | － | － | － | － |

「歴史的事実の記載」の一般化（表1の第1列）

小林著書と原朗の論文（学会報告）を対比して、判決は次のように述べる。

「記述内容については重なる部分があるものの、当該部分は歴史的事実の記載にすぎないから、これを他者が記述したことをもって剽窃ということはできない」（三一頁二一行）、「記述内容については重なる部分があるものの、当該部分は歴史的事実の記載にすぎないから、これを他者が記述したことをもって剽窃ということはできない」（三二頁二五行）、「記述内容については重なる部分があるものの、当該部分は歴史的事実の記載に過ぎないから、これを他者が記述したことをもって剽窃ということはできない」（三五頁一三行）、「記述内容については重なる部分があるものの、当該部分は歴史的事実の記載にすぎないから、これを他者が記述したことをもって剽窃ということはできない」（三六頁五行）と、全く同文である。

原判決は、両者に重複が多いことを認めたうえで、それは歴史の叙述なので剽窃にはならないという論理である。しかし、対象となっている二つの研究は歴史研究なので、全篇歴史の記述によって成り立っている。歴史的記述であるから剽窃ではない、というこの判決の論理でいけば、歴史研究では剽窃行為はありえないことになってしまう。この非学問的な矛盾は、それぞれの研究が当該部分で何を明らかにしたのか、という学術研究における最も重要な判断基準を、原判決がまったく持ち合わせていないことから生まれている。歴史学の研究においては、歴史的事実の発見のプロセスや実証密度の深化も学問的成果として評価される。原判決のこの基準は、剽窃の判断の基準にまったくなり得ない。

## 表現形式による検証（表1の第2列）

原判決の上記の問題点は、「主語、述語、叙述の順序、表現形式」を基準とする判断によって、さらに顕在化する。表1のように、この類型の判断基準も多用されている。

「本件原告著書と被告学会報告の各記述は、主語、述語、記載順序等の表現形式に同一性が認められず」（三二頁二〇行）、「本件原告著書と被告学会報告の各記述は、主語、述語、記載順序等の表現形式に同一性が認められない」（三三頁二一行）、「本件原告著書と被告学会報告の各記述は、主語、述語、記載順序等の表現形式に同一性が認められない」（三五頁九行）、「本件原告著書と被告学会報告の各記述は、主語、述語、記載順序等の表現形式に同一性が認められない」（三六頁一行）、と同じ文章で判決は剽窃でないと断定している。

各引用文の前の文章を見ると、「争点対照表」にあげられた当該個所を比較検討したようである。しかし、学術研究のオリジナリティ、プライオリティを評価・認定するのに、この基準は使えない。学生のレポートでインターネット上からの無断盗用、いわゆる「コピー&ペースト」などならともかく、専門研究者が専門の研究者の著作から意図的に剽窃しようとする際に、対象の研究の文章をそのまま使用することはまずない。例えば、意図的な剽窃者が、対象研究の論文を熟読して内容を完全に我が物とした後で、それを自分の言葉で論文として書いても、研究のオリジナリティが同じであれば、その行為は完全に剽窃なのである。実際に、筆者の「意見書Ⅲ」の一三頁、一七頁で具体的な事例を示したように、小林著書は原朗あるいは他研究者の研究を引用表示なく使う場合には改変を加えている。学界の剽窃嫌疑案件の審査において、このような「主語、述語、記載順序等の表現形式等」というような基準を、剽窃の問題の比較検討において使うことは絶対にない。筆者は、自分の四〇年間の学研生活の中で、そのような事例を一度も見たことがない。

**参照文献の有無の検証**（表1の第3列）

これは前項の表現形式による類型と結びつくことの多い判断のパターンである。原判決の中で、判断の根拠として参照文献の有無をあげているものを列挙すれば次のようである。

「本件原告著書には、上記①ないし④の観点からの叙述を基礎付ける参照文献が引用されていると認められる。」（二九頁二行）

「本件原告著書には、上記投資機関に関する記述を基礎付ける参照文献が記載されていると認められる。」（三一頁一四行）

「本件原告著書には、貿易構造に関する記述を基礎付ける参照文献が引用されていることに鑑みれば、」（三二頁二三行）

「本件原告著書には、上記各項目についての記述を基礎付ける参照文献が引用されていると認められる。」（三三頁一七行）

「本件原告著書には、上記記述を基礎付ける参照文献が引用されていることに鑑みれば」（三五頁一〇行）」

「本件件原告著書には、抗日運動強化に至る経過について、記述を基礎付ける文献が引用されていると認められることに鑑みれば」（三六頁二行）

これらの引用文を根拠としてその後に、「原告が被告学会報告に依拠して本件原告著書を記述したと認めることはできない」、という定型の判断の結論が続く。一般的に研究不正の防止マニュアルでは、典拠となる文献を明確に示すようにと指示している〔例えば、早稲田大学「剽窃定義確認書」等（乙第一四号証）〕。しかし、専門研究者が意図的に剽窃を隠蔽している場合、このような出典注の有無は何ら不正検証の方法とならない。極端に言えば、剽窃対象の研究論文が引用している文献を再度引用すれば、引用注はきれいに備えられる。これは、荒唐無稽な話ではない。小林著書はこのことを随所で実践している。筆者の「意見書Ⅲ」の「Ⅲ　詳細照合と考証」で摘出・列挙している剽窃は、この事例が最も多い。例えば、「意見書Ⅲ」一一頁一四行以下で、小林は原朗が引用した文献を注で引用しながら、原朗の見解をあたかも自己のものであるかの如く叙述している例を示している。本文の次節でも、同じ文献を使いながら、原朗の研究成果を自己の成果としている事例を紹介する。

つまり、学生の「コピー&ペースト」を防ぐため、あるいは初学者の論文の質を改善するために、論文に引用注の完備を求めることに意味はある。しかし、専門研究者が意図的に剽窃をはかっている場合には、引用注の有無だけで判断する基準は、何ら剽窃行為の検証にはならない。

以上、三つの基準は極めて形式的で、学術的な検討に堪えうるものでないので、学界における論文審査ではけっして使われることがない。ゆえに、この基準によって剽窃なしと判断したよる原判決の一六事項の判定結果は、学術的には何も意味がない。その判断は、学界における剽窃の判断と全く無縁のものである。

## (2)　研究内容に関わる基準による判断

原判決が、多少とも研究内容に関して言及した上で判断したのは、前掲表1のように三つの類型に分けられる。まず、被告原朗の研究が発表される前にすでに別の先行研究があるとする基準（表1第四列）による三事項、ついで論理創造時期の前後関係を根拠にした基準（表1の五列）による一事項、さらに当該の学術的な見解は「誰でもやれる」いう基準（表1の六列）による四事項、の判断である。以後、原判決に従って見ていこう。

**全体構想の課題設定（表1のアb、第4列）**

全体構想について、原告が自己の創見であるとするのに、原判決はそれらの見解はすでに先行研究のなかにあるという論理で、原告の主張を却下する。具体的に見よう。

全体構想の課題の設定に関して、原朗は次のように主張する。一九三〇年代の日本経済は高級資本材と基礎原料を輸入する円ブロック外の貿易とブロック内の貿易とは内容が異なっており、日中戦争勃発後に日本がブロック内で資源的アウタルキーを追求しようとすると、逆にブロック外の入超が急増するという矛盾を深めていった。太平洋戦争への突入により、円ブロックへの物資供給が困難になると、物資略奪とそれによるインフレーションが激化し、結局経済破綻の中で日本帝国主義が崩壊した。このプロセス全体のメカニズムを把握したのが原朗の学会報告であり、その核心部分を小林が剽窃したとした（要約　①〜③の番号省略）。

それに対して、原判決は小林の主張を全て受け入れて、「大蔵省昭和財政史編集室編『昭和財政史第一三巻』（東洋経済新報社）において、上記①ないし③の観点からの記述がされていることが認められるほか、本件原告著書には、上記①ないし④の観点からの叙述を基礎付ける参照文献が引用されていると認められる。したがって、原告が被告学会報告に依拠して上記①ないし④の観点からの記述を行ったと認めることはできない。」（傍点は引用者、以降も同じ。二八頁二六行）としている。

剽窃が疑われている論文・学会報告以外の注があるということをもって、剽窃嫌疑を否定する根拠にならないことはすでに述べたので、ここでは繰り返さない。『昭和財政史　第一三巻』に原朗の学会報告・論文と同じ観点の記述があるので、小林の剽窃疑惑が否定されるという原判決の判断には、次の三つの問題点がある。

第1に、研究史・研究水準の評価を行っていないことである。『昭和財政史　第一三巻』（一九六三年）の当該記述部分と原朗の学会報告（一九七四年）が、はたして学問的に同じ内容であるのか、先行研究に対する後続研究には新しい創造的な内容が付加されていないのか、そもそも判決はそのレベルの比較検討をおこなったのか、という問題である。二つ以上の研究を比較評価する場合、研究者はそれら対象となる研究の学術的な内容について、課題設定、研究方法、資料、分析過程、結論等を詳細に検討する。これらは、先行研究の歩みと到達点を理解する研究整理という作業で、研究者がごく普通に取り組む研究活動の一部であり、如何なる学術分野においても研究分析の第一歩である。ところが、原判決では「………の観点からの記述がされていることが認められる。」というだけで、両者の内容について何ら比較分析をおこなった形跡はない。

裁判官が自立的な立場で両者の主張を審査することは当然であるが、対象が学術的な研究についての判断であれば、学術的な次元での評価に堪えるものでなくてはならない。筆者の検討によれば、『昭和財政史　第一三巻』と原朗学会報告・論文との間には、研究の水準として段階を画する大きなレベルの差がある。小林が『昭和財政史　第一三巻』に依拠したとして指摘した個所（甲第二一号証）には、引用注がまったくない短い概説である。それに対して、原朗の学会報告・論文は、自身の五本の論文を基礎にして、さらに構想を拡大している。また、原朗は、日銀資料、満鉄調査會立案資料、十河信二文書、岡野鑑記文書、泉山三六文書、鮎川義介文書等、膨大な一次資料を自ら発掘し、それら広範な一次資料を精緻に分析したことにより実証の精度を格段に高めている。筆者が法廷で証人として述べたように、これは理論と実証の両面において、宇佐美誠次郎を含む戦前世代の研究水準を大きく乗り越えた新しい研究であった。このことは専門家でなくとも、二つの文献を比較して精読すれば容易に判断が付くことである。字面だけの一致不一致に拘泥する判定基準では、この剽窃の有無を正確に判定することはできない。

そのことを証明する二つの方法がある。一つは、当時の研究者が原朗の研究をどのように受けとめたかという評価である。筆者は「意見書Ⅱ」の第Ⅰ部で、当時の多くの論文評を引用して、同時代の研究者らが原朗の研究論文について、新資料の発掘と新しい領域の開拓においてすばらしい成果を上げた、と一様に高く評価していたことを明らかにした。高村直助（当時　東京大学助教授）の書評中で用いた表現のように、「まさしく圧巻」「画期的」と評価されたのである。いま一つの方法は、ここでとりあげた原朗の見解は、日本経済史研究の領域では原朗説として定着しており、それは今日「通説」（山崎志郎、『経済学論集』八一巻一号）、「定説」（浅井良夫『歴史と経済』二三二号）としてその功績が認められ、さらに「古典」（沢井実『社会経済史学会』八〇巻二号、堀和生『歴史学研究』九二二号）と呼ぶ研究者もいる。研究史において、冒頭で取りあげた学術的見解を、宇佐美誠次郎説と呼ぶことはないし、それを小林英夫説と書いた論文を筆者は見たことがない。原朗こそがこの分野の開拓者であることは学界から広く認められている。

第二に、小林が自著を執筆するのに、この『昭和財政史　第一三巻』宇佐美誠次郎執筆論考に依拠し、原朗学会報告を参考にしていないのか、ということである。まず、小林著書のなかで、『昭和財

政史　第一三巻』を引用しているのは四個所である（二五七頁、四四八頁、四五二頁、五〇五頁）。そのうち二五七頁は、一九六七年小林の卒業論文である「朝鮮産金奨励政策について」における朝鮮の産金政策に関する引用が、そのまま著書に取り込まれたものである。日中戦争期とそれ以前については、小林著書は同書を引用していない。四四八頁と五〇二頁は、太平洋戦争期南方における日本の資金・決済操作と南方開発金庫について説明した個所であるが、その内容は原朗の学会報告が一次資料に基づいてより詳細に解明している。五〇五頁は本文での引用ではなく表の出典であり、『昭和財政史　第一三巻』の当該頁にはその表の出典や根拠は示されていない。また、小林が「甲第二一号証」によって自分が依拠したと具体的に挙げている三五九―三六〇頁は、小林著書の中ではどこにも引用した注記がない。仮に、原判決のように引用の存在非存在を剽窃の基準とするのであれば、小林がこれに依拠したと主張するのなら、それは小林による宇佐美誠次郎からの無断引用、剽窃であるといえよう。ここでは小林による宇佐美誠次郎論考の剽窃の有無についてはこれ以上議論しないが、小林の主張が矛盾している一つの証拠である。さらに重要な点として小林著書が引用している『昭和財政史　第一三巻』の該当頁には、先に示した原朗の創見による日本帝国がはらむ矛盾の展開、日本帝国の形成期から解体期までの解明に匹敵する密度の内容はない。

第三に、この判断に原朗学会報告と小林著書との関係が検討されていないことである。原朗の学術的見解に対する小林の剽窃の有無を検討するのに、原判決がこの「（ア）「全体構想（課題設定及び論理構成）について」」において、『昭和財政史　第一三巻』という先行研究と原朗学会報告との比較に終始し、一番肝心な原朗報告と小林著書の「課題設定及び論理構成」の比較を全く行っていないことである。これは原告小林側の主張に沿った検証順序からきた問題であり、原判決が原告・被告間の剽窃について直接何も検討していないことを意味している。

筆者は、小林著作の全頁について、小林のそれ以前の全業績、原朗の学会報告を含めた全業績と比較してその内容の異同を詳細に検討した。その結果、堀和生「意見書Ⅲ」の「Ⅲ詳細照合と考証」（六頁～二〇頁、本書二六二―二七七頁）と末尾掲載の表4によって、日本帝国の骨格に関わる問題に関して、小林著書の第二編の第一、二章、第三編の第一、三、四、五、七、八章、第四編の第二、三、七、八章に原朗の研究業績が大量に剽窃されている事実を、根拠と頁数をあげて具体的に明らかにした。この「意見書Ⅲ」は、この裁判に提出した証拠である（乙第七〇号証）。ところが、原判決は、小林側の法廷証言を利用しながら（二八頁五行）、この分析結果を含めて、筆者の三つの意見書と法廷証言を全く取りあげていない。原判決の判断根拠と矛盾する事実が法廷において提出されていれば、判決はそれらについて見解を示すべきである。

なお、原判決は小林著書の中に、原の研究していない領域（労働問題や朝鮮・台湾経済）があることをもって、剽窃否定の根拠のひとつにしている（二七頁一〇行）。しかし、オリジナリティ・プライオリティを争っている当事者の研究業績に、重複しない部分があることと、剽窃の有無とは全く関係がない。剽窃について争っていない点を取り上げる行為は、原判決が剽窃問題における業績の取扱で常識を欠いていることを示している。

原判決は、剽窃評価の前提となる研究史的な検討をおこなっていないこと、剽窃問題において最も重要な両側の争点について直接比較して検討していないこと、判決と矛盾する多くの事実が提示されているにもかかわらず、それを無視していることの三点において、決定的に間違っている。学界における剽窃問題の審査ではあり得ないことである。

## 投資形態について（表1のエ、第4列）

投資形態についても、原判決は被告の創見とする見解は、先行研究の中ですでに述べられていると判断をしている。具体的に見よう。

原朗は、日本の対植民地・占領地に対する投資形態について、中心機関が第一期には国策会社の南満洲鉄道株式会社であり、第二期には満州では満州重工業株式会社、華北華中では興中公司および北支那開発株式会社・中支那振興株式会社であり、第三期の南方占領地では指定民間企業者であるなど段階的に変化し、しだいに独占資本を全面に押し出したという自己の論理構成を、小林によって剽窃されたと主張した。それに対して、原判決は次のように判断した。小林著書と小林側の証拠（甲九、一一、一二、一二）によれば、井上晴丸・宇佐美誠次郎『危機における日本資本主義の構造』一九五一年、前掲『昭和財政史　一三巻』一九六三年、小林英夫「一九三〇年代『満州工業化』政策の展開過程」一九六九年、同「日本帝国主義の華北占領政策」一九七四年において、「満州における満鉄及び満業、華北・華中における興中公司、北支那開発及び中支那振興並びに南方占領地域における財閥等の指定民間起業者など、各占領地の投資機関に関する記述があることが認められる」（三一頁一一行）ことをもって、剽窃を否定した。

原判決が、根拠の文献をあげているので、個別に見ていこう。

まず、原朗の学術的見解の独自性を否定するのに、井上・宇佐美（一九五一）を持ち出してきたのは、研究者として驚きである。この著書は研究史において取りあげられることはあるが、それはあくまで戦後の研究が始まった時点における代表的な研究としての扱いである。後に原朗が分析するいくつかの会社名とそれに関連する簡単な評価はあるが、それは、戦前の認識を読み替えたレベルにすぎない。原朗をはじめとする研究者が発掘した資料を用いての実証研究が始まった一九七〇年代以降は（二〇一八年二月五日堀和生証言）、発想はともかくその著書中の歴史的事実が学術的に利用されることは全くなくなっていた。それは同じく宇佐美が執筆した『昭和財政史　第一三巻』についてもいえることであり、大蔵省資料を利用できたために、井上・宇佐美（一九五一）の著書よりは扱っている事実がより豊富になっていることは認められるが、研究史的に見れば日本政府と資本の一貫した結託を強調する一九五〇年代以来の伝統的通説に沿ったもの過ぎなかった。それに対して、一九六七年から発表をはじめた原朗の一連の研究は、先に述べたように、また「意見書Ⅱ」で発表当時の学界の反響を明らかにしたように、そして今日研究史においてそう評価されているように、膨大な一次資料の発掘とこれに基づいた論理構成によって画期的な成果を出していたのである。

投資形態に関しては、満州では満鉄資料のみならず自ら発掘した泉山三六文書、鮎川義介文書等を駆使して、一九七四年の学会報告以前に、すでに二〇〇頁におよぶ「満州第一論文」、「満州第二論文」で詳細に解明していた。このような研究史発展の過程を無視し、井上・宇佐美の著書（一九五一）や『昭和財政史　一三巻』（一九六三）中に同じ会社名やわずか数行の叙述があることをもって、原朗の一連の研究の画期的な意義を否定している原判決は、研究史、研究の進展に対して余りにも理解がなく、研究の発展に対する冒涜である。

投資形態に関する小林の二論文について論じる前に、学術的な業績審査ではあり得ない原判決の誤った判断の問題点を指摘しておく。学術論文の剽窃有無に対する検討においては、両当事者の先行研究との関係が決定的に重要である。それは、当該論文の独創性、先行性の成立を検証するうえで、重要な材料であるからである。ところが判決はその検証を放棄している。以下、具体的に説明しよう。

原判決は、上記のように小林の2論文に投資機関に関する記述があるので、原朗の学会報告からの剽窃は認めないと断じている。それでいながら、原朗の大会報告に先行する論文については、裁判の争点ではないので、そこからの剽窃有無は判断しないと重大な判断をくだしている（三五頁二一～七行）。原判決は、このように一方で小林の先行論文（一九六九論文と一九七四年論文）と小林著書との研究の連関性を判断の根拠としてあげながら、原朗の先行論文からの剽窃有無については検討自体を排除している。これは研究成果の剽窃に関する検証として、恣意的で公平を欠くものである。学界における論文剽窃の審査では絶対にとらない非科学的な姿勢である。

筆者の「意見書Ⅲ」のⅢで詳しく明らかにしたように、小林は著書中で自らの既発表論文を利用する際には、ほとんど一言一句修正することなくそのまま使っている。ところが、ここであげている小林の「一九三〇年代『満州工業化』政策の展開過程」（一九六九年）だけはそのまま引用したところは殆どない。その理由は専門研究者には容易に推察できる。その後原朗の二〇〇頁にも及ぶ重厚な「満州第一論文」「満州第二論文」（一九七一年）が出されたために、それ以前の研究段階である自己の既発表論文を使えなかったのである。それゆえ、小林は原朗の二つの研究論文を引用するのではなく、満鉄についてはは原朗の「満州第一論文」から、満州重工業株式会社については「満州第二論文」から剽窃したと考えるのが自然である。

小林論文（一九六九年）が、満州の統制政策について「この間の動きについてはより詳しい資料探究が必要であるが………詳しい研究は後日の課題としたい」（二八頁）、「本稿は日産の対満州進出の視点が弱い」（四三頁）と、その問題点を自ら認めていた。その後小林著書が、原朗の満州の二論文を活用することによって、自らの一九六九年論文の多くの見解を修正した事実は、堀和生「意見書Ⅲ」

九―一〇頁で具体的に例を挙げて指摘したとおりである。そのなかには、満州の特殊会社という投資形態の中核的問題についての見解修正も含まれる。

小林の「日本帝国主義の華北占領政策」は、華北のある領域について一定の実証分析をしたことを認めたとしても、興中公司の投資形態の内実についてはまったく分析されていない。小林著書中の、興中公司から北支那開発株式会社、中支那振興株式会社への投資形態変遷の詳細な叙述は、興中公司社長を務めた十河信二の文書を発見し詳細に分析した原朗の学会報告に全面的に依存している。なお、原判決は、在中国投資会社に関して、「上記本件原告著書の表と被告学会報告の表は、記載項目について重なりが見られるものの、記載順序や記載数値については違いがあり、表現形式に同一性が認められない」（三二頁三行、本書三七三頁）ことを判断の根拠としている（このことは先に述べたように、全く誤った判断基準である）。筆者は、「意見書Ⅲ」のなかで当該部分を取りあげ、同じ資料からとった資料を別ものに見せるために、小林が如何に意図的に表を加工しているかを具体的に指摘している（一六～一八頁）。原判決は、それらの表の出典が、原朗学会報告と同じ国松文雄『わが満支廿五年の回顧』（原判決では、『わが満州廿五年の回顧』と誤記、満州のはずはない）と、原朗と同じ中支那振興株式会社『中支那振興株式会社及関連会社事業現況』の異なる年度版（原朗は一九四二年版、小林は一九四〇年版）を使っていることをもって、剽窃ではないと断じている（原判決は頁を一八三頁と一八八頁としているが、実際は一八八頁の誤り）。筆者は意見書の中で、先に発表された報告の結論を、同じ資料を使って自己の見解として主張することは剽窃であると指摘している（意見書同上、筆者の法廷証人尋問二〇一八年二月五日）。原判決は、学界では剽窃と見なされるこれら指摘を全て無視して、「原告が被告学会報告に依拠して上記表を作成したと認めることはできない」（三二頁一〇行）と断定している。

以上のように、投資形態に関して、小林が原朗の学会報告を含めた研究業績を自己の著書に剽窃したことを否定する原判決の根拠は、いずれも具体的な検証に堪え得ないものである。学会の基準では、明らかに剽窃となる内容である。

貿易構造についてでは、「研究内容に関わる基準」（表1）による事項がないので、ここでは触れない。

**金融構造について（表1のカ、第4列）**

金融構造についても、被告の創見とする見解は先行研究中に述べられていると判断している。具体的に見よう。

原朗は「大東亜共栄圏」において、日本による金融機構の構築方式の違いにより、各地域のインフレーションの進行速度が異なるため各地域間で物資が移動する事態を招くので、日本は送金や貿易を制限せざるを得ず、金融的連関が分断されていったことを解明したと主張している。ところが、原判決は、「本件大会が開催される以前、昭和四〇年一〇月発行の桑野仁「戦時通貨工作史論」（法政大学出版局）及び原告前出「日本帝国主義の華北占領政策」において、上記各項目についての記述があることが認められる」ほか、出典注があるので、「原告が被告学会報告に依拠して本件原告著書を記述したと認めることはできない」（三三頁一四行）としている。

また、原朗は、自己の学会報告によって、日中戦争期の華北及び華中における通貨戦争の経緯、並びに南方占領地域におけるインフレーションを解明したとして、この自己の創見を小林が剽窃したと主張した。それに対して、原判決は「本件大会が開催される以前、昭和一九年九月一五日発行の「支那占領地経済の発展」（財団法人東亜研究所）、原告前出「満州金融構造の再編成過程」及び「日本帝国主義の華北占領政策」、桑野仁前出「戦時通貨工作史論」において、日中戦争期の華北及び華中における通貨戦争の経緯に関する記述があることが認められる」ほか、出典注があるので、「原告が被告学会報告に依拠して本件原告著書を記述したと認めることはできない」（三三頁二六行）、と断定している。

ここで、検討すべきは二点である。第一は、先行研究としてあげている、東亜研究所刊行書（一九四四）、桑野仁著書（一九六五年）、小林の二論文（一九七二年、一九七四年）と原朗の学会報告の内容が、研究史においてどのような学術的な位置づけになるか。第二は、当該分野について、小林著書と原朗の学会報告の内容が、どのような学術的な位置づけになるか。

第一について、原判決はいずれも、先行研究に「……に関する記述があることが認められる」と述べるだけで、どの本・論文のどこの記述が、原朗の学会報告とどういう関係になるのかについて何も述べていない。さらに両者の内容と関係について、学術的な評価をしていない。学術研究とは、研究者が解明した成果の積み重ねによって発展していくのであり、それぞれの研究の学術的貢献を評価していくのが研究史整理という作業である。学術的剽窃という行為の有無は、まずこの研究史の中で判断する必要がある。この観点に立つと、発表年代の異なる書籍や論文の評価において、ある記述があるか否かという単純な基準は、各学術研究の発展を捉えることができない。例えば、小林の一九七四年論文の金融機構に関して、東亜研究所刊行書（一九四四）と類似の記述はあるであろうが、ではその小林論文はまったく同じ内容を繰り返しているだけだ、となるのであろうか？　当該分野の研究は、一九四四年、一九六五年、一九七二年、一九七四年と三〇年間にわたって、全く新しい展開がなかったのであろうか？　本当にそのように信じるのであれば、研究に携わるものすべてへの侮辱である。

原判決は、四つの先行研究のなかに原朗が創見とする諸見解に関わる記述があると述べているだけで、それぞれが何を示すのかが明示されず、さらに課題設定、資料、分析手法、分析結果等の学術的内容に、一切踏み込んでいない。このように原判決が具体的に学術的な検討をしていないので、筆者は原判決の誤りを具体的に指摘することができない。ただし、桑野仁著書については原判決が何度も言及しているので、一言コメントしておく。本書については、原朗が書評によって詳細に論評している（原朗「書評　桑野仁『戦時通貨工作史論』」（『経済学論集』三三巻二号　一九六七年）。原朗は、中国の通貨工作については、戦前以来多くの研究蓄積があるが、「全時期にわたって詳細にその全貌を描いたのは本書を以て最初の文献とする」と、本書を極めて高く評価している。そのうえで、原朗は、本書が十分に説明できていない「円元パー原則の問題も、華北と華中南との経済交流の人為的切断の問題も、いわゆる『円ブロック』の実態がいかなるものであったのか」（九一頁）という理論的な問題点を導きだして、それらを統一的な歴史的過程の中で解明していく見通しを論じている。原朗は、桑野著書が戦前以来の当該分野の研究水準を大きく引き上げたことを十分に認めた上で、本書と格闘しながら、自らの新しい研究視角の確立について論じている。そして、それを実践したものこそが、原朗の学会報告であった。このような、当該領域の研究史の発展過程を踏まえれば、一九四四年から一九七四年まで、同じ記述があるというレベルの認識で、原朗の学会報告の学術的な価値を否定するのは、学術評価とは無縁な暴論だというほかない。

第二に、原判決は研究業績の剽窃の検討において、小林の主張に引きずられ原朗の創見と先行研究との「照合」だけに留まっており、これまで指摘したことと同じく、一番肝心な原朗学会報告と小林著書との比較に全く取り組んでいない。占領地における金融研究に関連して、小林は二〇一二年に刊行した著作で研究史を次のように整理している。戦前戦後の研究のなかで桑野仁の研究を労作とよび、先の『戦時通貨工作史論』をとりあげ、日本・国民党・共産党による三つどもえの「通貨戦」の認識を深めた研究だと、原朗と同様に高く評価している。続けて、「弱点をいえば桑野が中国連合準備銀行の顧問室員として、連銀の内情に通じ華北の通貨政策や金融事情に精通していた裏返しとして華中の通貨、金融政策への考慮がうすく、華中については華北にひきつけた通貨政策が論じられていることである。華北と異なる華中の特殊性を考慮した三つどもえの「通貨戦」の全体像を描くことは将来の課題となったのである。この点を意識した研究としては原朗「『大東亜共栄圏』の経済的実態」、『土地制度史学』第七一号、一九七六年四月。小林英夫『増補版「大東亜共栄圏」の形成と崩壊』第三編第二章、御茶の水書房、二〇〇六年を参照願いたい。」（小林英夫『「大東亜共栄圏」と日本企業』社会評論社　二〇一二年　一〇二～一〇三頁）と述べている。原告である小林自身が、原朗の学会報告が前掲桑野仁著書を超える視点をもつ研究であることを認め、原朗学会報告と小林著書（一九七五年）の増補版（内容は同じ）を同じように評価している。ならば、この領域について剽窃を否定する小林は、小林著書が前年発表の原朗学会報告と異なる独自性を有することを明らかにしなければならない。この金融機構については、原朗は理由を挙げて、客観的に時間的に後に刊行された小林著書が原朗学会報告と同じ見解を書いていると主張（「争点対照表」一一～一三頁、六三頁一〇、一一、一二）している。筆者の「意見書Ⅲ」付表4の三頁で、両者の頁数を示して問題点を指摘しているが、原判決は根拠を示さずそれらの主張や指摘を無視している。そして、原判決は先述のように、先行研究中に原朗の学会報告と重なる記述があるという指摘を繰り返すだけで、肝心の原朗学会報告と小林著書と間における研究内容の重複、両者のあいだの創見性、先行性については一切検討も言及もしていない。それでいて、「原告が被告学会報告に依拠して本件原告著書を記述したと認めることはできないから、この点に関する被告の主張は採用できない。」（三四頁六行）と断じている。

このように、金融構造の研究に関する検証においても、原判決は研究史を踏まえない非学術的な叙述探索にとどまっており、原朗学会報告と小林著書の学術的な見解の比較検討を全く行っていない。これは学術研究の剽窃に関する検証作業ではない。


**理論創造の前後関係（第1表のアb　第5列）**

原判決の中で、小林が独自につくりあげた見解としてただ一つ具体的にあげているのは、著書の論理構成についてである。原朗の学会報告は、「大東亜共栄圏」の形成と崩壊に関して、投資形態、貿易構造、金融構造の三つの問題別に整理し、それぞれの問題を三つの時代別に叙述し、且つ対象地域を満州・中国占領地・南方へと叙述する。つまり、「問題別・時代別・地域別」の構成をとっていた。原朗によれば、小林はこれら論理構成を剽窃したうえで、それを不分明にする目的で、著書の編別構成を「時代別・問題別・地域別」の順序に組み替えて、原朗が明らかにした問題の諸論点を意図的に分散させる操作をした、と主張している。

原判決は、この両者の研究全体に関わる訴訟の核心的争点について、原朗の主張を退け、小林著書の「時代別・問題別・地域別」の論理構成は、小林本人によって作られたと断定している。その根拠として、「昭和四八年初め頃からの浅田との論争の過程で、かかる方法論を採用するに至ったことが認められる」からだとしている（原判決　二八頁八行）。その根拠は、小林本人の「陳述書」（二〇一七年五月　甲第五〇号証　一一頁）のみであり、そこで小林は、「時期別・課題別・地域別」の方法を確立したのを一九七四年初めとしている。

ところが、この小林の発言と矛盾する資料と事実が存在する。

小林英夫著『「大東亜共栄圏」と日本企業』社会評論社　二〇一二年刊……提訴の一年前）の一六一一八頁注（2）には次のように書かれている。

① 一九七四年初め頃、駒沢大学での浅田喬二との研究会において、小林自身が植民地支配史を金融、土地、鉄道の「三本柱」で支配構造を分析すべきではないかと提起した。

② 浅田はその小林の私案を積極的に受け入れて、七五年以降『歴史評論』に植民地研究方法論をめぐる論文を一、二年の短期間に矢継ぎ早に発表した。

③ 小林は、浅田の「三本柱論」の静態的・固定的な仕上がりに賛成できなくなり、歴史科学協議会第九回大会（一九七五年八月開催）で、浅田の「三本柱論」を批判した。

④ 以降小林は、この浅田が「提示」した「三本柱」論を乗り越えて新しい植民地分析の方法論提示に全力をあげた。小林著書（一九七五年一二月）はこうした論争の過程で生まれた。

⑤ そこでは、浅田の縦割り的な「三本柱論」に対峙して、地域横割り的段階論的方法論を採用した。

ちなみに、浅田が『歴史評論』に発表した一連の論文とは次のものである。

一九七五年四月「日本植民史研究の現状と問題点」（『歴史評論』三〇〇号）

一九七五年八月「植民地研究の課題と方法」（『歴史評論』三〇四号）

一九七五年一二月「日本植民史研究の課題と方法」（『歴史評論』三〇八号）

一九七六年一月「日本帝国主義と植民地問題」（『歴史評論』三〇九号）

この小林本人の手になるクロニクルな事態の叙述は、先の小林の「陳述書」の説明と矛盾し、全く両立しない。小林著書の「時期別・課題別・地域別」という論理構成を確立したのを、後者は一九七四年初めとしており、前者は一九七五年浅田の『歴史評論』論文との論争の過程であったと述べている。小林の論理構成の確立時期が重要な意味を持つのは、小林が原朗の創り上げた「問題別・時代別・地域別」という論理構成を知った時期が、おそくとも一九七四年一〇月一二日（原朗「共通論題準備研究会報告（3）」一九七四・一〇・一二　乙第二六号証）であったからである。小林は、原朗の論理構成を剽窃したとする指摘を否定するために、自己の論理構成を一九七四年初めに確立し、その著作原稿を一九七四年一〇月の学会当時に、すでに八割を完成させていた（「陳述書」二〇一七年五月二日、一三頁一二行　甲第五〇号証）と主張した。

小林が自己の論理構成を確立した時期は、一九七四年初めなのか、一九七五年浅田との論争の過程においてなのか。両立しない小林自身の二つの証言の矛盾は深刻である。二〇一八年二月一三日の原告証言反対尋問で、被告側弁護士からこの矛盾を追及された小林は絶句して応答できなかった（「本人調書（小林英夫）二〇一八年二月一三日」三七〜四〇頁、乙第七五号証）。さらに、二〇一八年五月二二日の被告人口頭陳述で再度、この点を指摘されても、何ら弁明や反論をしなかった（「被告本人口頭陳述書」二〇一八年五月二二日、一〜二頁）。このように、小林が一九七四年一〇月の原朗学会報告に先行して、自身の「時代別・問題別・地域別」の論理構成を独自につくりあげたとする主張は、小林自身の二つの説明と証言、客観的事実との間の矛盾によって、明確に破綻している。

本件訴訟の中心的な争点に関して、被告原朗側は法廷において二回にわたり小林側の説明・証言の矛盾を指摘し、その重要性に注意を喚起した。にもかかわらず、原判決は被告原朗の指摘を一切無視し、小林の二つの矛盾する主張を裁判官みずから折衷して、「昭和四八年初め頃からの浅田との論争の過程で、かかる方法論を採用するに至ったことが認められる。したがって、原告が時期別・問題別・地域別の順序に従って記述したのは、上記の過程で得た原告自身の着想に基づくものであるといえ、剽窃を不分明にするために叙述の順序を入れ替えたとの被告の主張は採用できない」（二八頁八行）と断定した。これが、被告原朗の論理構成を剽窃されたとする被告側の主張を退け、小林著書の論理構成は原告小林が自ら創り上げたのだと判断した判決が掲げた唯一の根拠である。それが成り立たないことは、あまりに明白である。

原判決の判定根拠とは異なり、小林が、学会報告の論理構成を剽窃したことについては、被告原朗の「陳述書Ⅰ、Ⅱ」および堀和生「意見書Ⅲ」のⅢで、すでに多くの具体的な証拠を列挙している。原判決は、これらも全て無視している。

剽窃疑惑に対する審査においては、双方の挙証事実すべてについて公平厳格に検証しなければならないはずである。しかし残念ながら、理論構成の独創性にかかわる重要問題の審査においても、原判決には公平性も科学性も全く欠けている。学界における審査とはまったく異質な審査であるといわざるを得ない。

最後に、原判決の著しい錯誤の例を挙げておく。

この事例に見られるように、原判決は、事実の時間的な前後関係について鈍感で、粗雑な理解をしている。原判決は、争点に対する被告の主張として次のように述べている。

「被告は、被告学会報告の半年前に、原告及びその他の共同報告者に対し、本件大会における発表に備えて、被告学会報告の手書原稿を交付した。そのため、原告は、その時点で、被告学会報告の編別構成・論理構成を把握していたのであるから、本件原告著書に利用することができた。」（一四頁八行）

また、裁判所の判断として、「被告は、原告が、本件大会の半年前に、被告学会報告の手書原稿を受け取っていたことから、原告が被告学会報告を剽窃したものであると主張するが、かかる事実が認められても、前記結論を左右しない」（三六頁一〇行）。

判決文で二度書いているので誤記・誤植のはずはなく、裁判官はこのように認識していた。学会の半年前となると、一九七四年四月ということになり、土地制度史学会では同年に共通論題を開催するか否かを議論していた時点であった。共通論題のテーマを「植民地経済史」にすることはおろか、共通論題を日本史部会が担当することさえ決まっていなかった（被告「陳述書Ｉ」二〇一六年九月三日、乙第四二号証　一〇頁）。当然に、七四年四月に原朗が学会報告論文を書いたことも、小林に渡したこともない。もちろん、被告原朗側からこのような主張をしたことは一切ない。原判決は、事実とまったく異なる事柄を、被告原朗の主張だと繰り返している。原判決は、未公開学会報告の剽窃に関して非常に重要な事実関係を、これほど粗雑に理解している。

以上、原判決が学術的見解について判断しているうちで、三件は被告が創見と主張している内容は別の先行研究があるので、剽窃ではないという論理であった。しかし、各研究の見解の領域や深さ、研究の段階的な発展は、全く意識されていない。このような語句や時間軸を遡及する基準は、実質的に研究史に踏み込んでいないので学術的に意味がない。また、本件剽窃関係の焦点となる被告学会報告と原告著書との関連の解明にまったく取り組んでいないので、この原判決は本件剽窃問題について何ら根拠ある結論を出せていない。原判決が、唯一原告の学術的見解の創見性を認めている事項は、時間的な前後関係に明白な錯誤と誤認があり、まったく成り立たない。これら原判決の検討方法自体は学術的に意味がなく、剽窃審査の方法として役立たない。学界ではこのような審査方法はとらない。

**学術的価値の無視（表1の第6列）**

原判決の判断類型の最後に、学術研究の見解に対してあえてなにも評価を行わないという一連の判断をとりあげる。これは、研究者として特に奇異に覚える原判決の独特の認識である。原判決は極めて安易に「誰でも行い得る」という評価を繰り返し、剽窃だという主張を退けている。具体的には以下の個所である。

全体構想について、「大東亜共栄圏の始期から終期までの期間、同圏内での投資、貿易、金融の各分野の問題について論じる点」は、先にも言及したように原朗、小林ともに共通するが、原判決は、「大東亜共栄圏の同期間における上記各分野を問題とした論述を行うこと自体は、何人でも行い得るものであって」（二七頁二行）、剽窃とはいえないとしている。

また、「大東亜共栄圏の形成と崩壊について、投資形態の変遷、貿易構造及び金融構造という三面から、圏内各地域間の経済的連携を把握するという課題設定方法」については、「そのような観点からの検討自体は、誰でも行い得ること」（二七頁二四行）なので、剽窃ではないと断定している。

「大東亜共栄圏の形成過程と崩壊過程を同時に把握しようとする点で被告の創見である」という原朗の主張に対して、原判決は「大東亜共栄圏の形成過程と崩壊過程を論じることとそれ自体は誰でも行い得るものであり」（二九頁一一行）、剽窃ではないとする。また、「大東亜共栄圏の分析に当たって占領政策史的観点が必要不可欠であること及びこれを展開過程として捉える方法を用いることは被告の創見である」とする原朗の主張に対して、原判決は「占領政策の把握やその展開過程を把握することは、一般的な研究手法ということができ、誰でも行い得るものであって」（二九頁一八行）、剽窃ではないとする。

原朗が自分の学会発表で使った独創性ある時期区分を剽窃されたとしているのに対して、「長期にわたる歴史的事実を叙述するに際し、これを複数の時期に区分して論じることそれ自体は誰でも行い得るものであり」（三〇頁一九行）、剽窃ではないと判断した。

これら原判決の「誰でも行い得る」という極端な決めつけには、次のような問題がある。

第一に、そもそもここでとりあげた被告原朗の全体構想、課題設定、研究方法等の学術的見解は、氏の一〇年に及ぶ研究研鑽の結果として到達・構築したものである。研究課題の設定とは、単なる思いつきで生まれるのではなく、研究の蓄積のなかで創り出すものである。適切な研究課題と研究手法を確立できれば、その研究は半分成功したようなものだと、学界でよく言われている。大東亜共栄圏の形成過程と崩壊過程を、投資形態、貿易構造及び金融構造という三面から捉え、それらを通した論理を追究すること、圏内各地域間の経済的連携を把握すること、大東亜共栄圏を旧来の講座派的な構造決定論によるのではなく、現実との対抗による政策史の展開として捉えることは、戦後三〇年間を経た一九七〇年代半ばまで、原朗以前のどの研究者も行っていなかった。これらを総合した課題を掲げ、一九七四年一〇月に土地制度史学会が秋季学術大会共通論題で「一九三〇年代における日本帝国主義と植民地問題」というテーマの下、総括報告「『大東亜共栄圏』の経済的実態」を行ったのは原朗である。投資形態、貿易構造及び金融構造という三つの分野について、原朗は「日中戦争期の対外決済（1）（2）（3）」（東京大学『経済学論集』第三八巻一、二、三号　一九七二年）、「日中戦争期の国際収支―外貨不足問題と経済統制―」（『社会経済史学』三四巻六号　一九六九年）、「資金統制と産業金融」（『土地制度史学』九巻二号　一九六七年）等、いずれも実証度の極めて高い研究を積み重ねていた。原朗が学会報告において提起した三側面からの統合的な把握とは、このような実績を基礎にして構築した研究視角であった（堀和生「意見書Ⅲ」の「Ⅳ研究史的な検討」参照）。この課題設定は、決して「誰でも行い得ること」ではない。そのように、研究視角や課題、手法などの確立は、研究活動の中核であるがゆえに、このようにして生まれた原朗による学会報告の課題設定を、誰でも行い得るものとして学術的価値、剽窃の対象でないと決めつけることは、学術研究のプロセスを全く理解していないことを意味している。判決の単純な決めつけは、学界における認識とは全く異なる。ちなみに、小林の研究業績中には、一九七四年より前に大東亜共栄圏と日本帝国の投資形態、貿易構造及び金融構造を研究した論文はない。

時期区分についても研究視角と同様のことが言える。戦争期の始点を一九三五年一一月に置くことは一般的な時期区分とは異なるものであり、当該時代を研究した結果として創りだした認識なのであり、決して年表上の単なる線引きではない。ゆえに、研究成果にもとづく時期区分には創意があるのであり、時代区分を「誰でも行い得る」として、原朗と小林との研究プライオリティの検討を放棄した判決は学術的判定として逸脱している。具体的に例によってみれば、原朗は大会報告で、日本戦争期の始点を一九三七年七月七日（盧溝橋事件）より前、一九三五年一一月の中国幣制改革とそれに連動する日満両国の為替の等価連繫措置（いわゆる円元パー）、華北分離工作による現地傀儡政権の樹立等の時点に設定した。小林はその大会報告の手書き論文原稿では、「この時期区分は、現実の日本帝国主義の侵略過程にそった時期区分であって、現実の占領政策展開過程は、侵略戦争より若干先行することは原論文の時期区分で述べられたとおりである」（乙第二五号証　四頁二行）と、原朗の時期区分を受け入れていることを認めていた。ところが、小林著書では、傍点部分は全て削除され、自己の見解として述べられている（小林著書　九頁）。この隠蔽については、被告「陳述書Ｉ」（乙第四二号証二〇一六年九月二日）一二頁と「陳述書Ⅱ」（乙第四三号証　二〇一七年四月二八日）三二頁で詳しく指摘していた。にもかかわらず、原判決は小林がこの傍点部分を削除していることを無視して、時期区分は「誰でも行い得るもの」なので剽窃ではないと断定したのである。

そもそも学問研究は誰でもおこなうことができ、多くの資料はアクセスが可能であり、如何なる対象をどのような手法で研究しようとも、その自由は保障されている。しかし、そうであるからといって、それぞれの研究者が自己の研鑽によってつくりあげた研究の構想、課題の設定、研究の手法、歴史研究の時期区分等のオリジナリティとプライオリティを尊重する原則が疎かにされて良いはずがない。このような学界の基本ルールについて、原判決は全く無知であるといわざるを得ない。

第二に、原判決とは異なり、被告原朗の学術見解に関するオリジナリティとプライオリティが否定できなくなると、その延長に殆ど同様の見解を述べている原告小林と被告原朗との関係が浮かび上がってくる。原朗の学会報告による研究成果、すなわち大東亜共栄圏の形成過程と崩壊過程を、投資形態、貿易構造及び金融構造という三面から捉える論理、日本帝国主義の活動を政策の展開として分析する方法、原朗独自の時期区分等について、何故に小林著書に殆ど同じ内容が書かれているのかという疑惑が、当然に審査の課題とならざるを得なくなる。研究者間における未公刊の研究成果のオリジナリティとプライオリティを検討する場合には、その時点における両研究者の具体的な関係を見る必要がある。二人の研究は隔絶した地域で接触なく取り組まれたのではなく、緊密な交流関係のなかで進められた。二人は一九六九年から継続的に共同研究に取り組んでおり、とりわけ一九七四年一〇月の土地制度史学会大会共通論題で共同報告者であったことが特に重要である。そのために、原朗は同大会の前に、「経済的実態」論文の内容、つまり全体構想、課題設定、研究方法、時代区分や分析結果等すべてを小林に説明し、その原稿と資料を渡している。学界において、未公刊の学術発表内容の扱いについては、すべての研究者が倫理的に細心の注意を払うことを求められる。そして未公刊の学会報告・論文について、剽窃の疑惑が提起されれば、剽窃嫌疑者がその学会報告の場に参加していたか否か、アクセスする機会があったか否かが、きわめてクリティカルな事実として注視される。本件の場合、小林はその学会共通論題の共同報告者であったので、疑問の余地なく、小林は原朗の大東亜共栄圏の研究に関する全体構想、課題設定、研究方法、時期区分等の情報を、一方的に入手していた。故に、この両者の研究の全体構想、課題設定、研究方法、時期区分等の関係について、具体的に深く探究することなく、「誰でも行い得るもの」という原判決の決めつけは、剽窃審査の体をなしていない。原判決のこの四事項についての判断も、剽窃有無の審査結果としては全く意味がない。学界の審査基準としてはあり得ないものである。

最後に、原朗が考案した大東亜共栄圏研究の総括的な認識に関わる語句を、ありふれた表現とし、一般的な表現と安易に決めつけた事例について触れておこう。原朗が大東亜共栄圏を「『共栄圏』ならぬ『共貧圏』」と表現したのは、単なる言葉の対句ではなく、氏が全体構想で論じた「大東亜共栄圏」

| | | 小　林 | | | | | | | | | |
|---|---|---|---|---|---|---|---|---|---|---|---|
| ⑨ | ⑲ | ② | ③ | ⑤ | ⑧ | ⑨ | ⑩ | ⑪ | ⑫ | ⑭ | ⑮ |
| 七二年四月 …一〇月 | 七六年四月 | 六七年二月 | 六七年一〇月 | 六九年七月 | 七二年一月 | 七三年一〇月 | 七三年三月 | 七四年二月 | 七四年一〇月 | 七五年一二月 | 七六年四月 |
| ● | ● | | | | | | | | | ● | |
| ● | ● | | | | | | | | ● | ● | |
| ● | ● | | | | | | | | ● | ● | |
| ● | ● | | | | | | | | | ● | ● |
| ● | ● | | | | | | | | | ● | ● |
| ● | ● | | | | | | | | | ● | ● |
| ● | | | | | | | | | | ● | ● |
| ● | ● | | | ● | ● | | | | | ● | ● |
| ● | ● | | | ● | ● | | | | | ● | ● |
| ● | ● | | | | | | | | | ● | ● |
| | ● | | | ● | | | | | | ● | ● |
| | ● | | | ● | | | | | | ● | ● |
| | | | | ● | | | | | | ● | ● |
| | | | ● | | | | | | | ● | |
| | | ● | ● | | | ● | ● | ● | | ● | ● |
| | | | | | | ● | ● | ● | | ● | ● |
| | | | | | | ● | | ● | | ● | ● |
| | | | ● | | | ● | ● | ● | | ● | ● |
| | | | ● | | | ● | ● | ● | | ● | ● |
| ● | ● | | | | | | | | | ● | |
| ● | ● | ● | | | | | | | | ● | |
| | ● | | | | | | | | ● | ● | ● |
| | ● | | | | | | | | | ● | |

注：研究業績の配列を、公刊時代順に原稿完成が確認できる時期を加えて再調整した。

**表２　原朗と小林英夫の研究業績の領域**

| | 原朗 | | | | | | |
|---|---|---|---|---|---|---|---|
| | ① | ③ | ⑤ | ⑥ | ⑦ | ⑰ | ⑧ |
| | 六七年一月 | 六九年三月 | 七〇年二月 | 七〇年一月〜五月 | 七二年一月 | 七六年三月 | 七二年九月 |
| 日本国際収支・外貨決済 | ● | ● | ● | ● | ● | ● | ● |
| 日本貿易構造・ブロック | ● | ● | ● | ● | ● | ● | ● |
| 日本・日本帝国の投資・金融統制 | ● | ● | ● | ● | ● | ● | ● |
| 日本の生産力拡充政策 | ● | | ● | ● | | ● | |
| 日本物資動員計画・動員政策 | ● | | ● | ● | ● | ● | ● |
| 日本の工業化 | | | ● | ● | ● | ● | ● |
| 日本労働力統制 | | | ● | ● | ● | ● | |
| 満州の金融統制 | ● | | ● | ● | | ● | ● |
| 満州経済建設計画 | ● | | ● | ● | ● | ● | ● |
| 満州物資動員計画・動員政策 | ● | | ● | ● | | ● | ● |
| 満州の工業化 | ● | | ● | ● | | ● | ● |
| 満州の生産力拡充 | ● | | ● | ● | ● | ● | ● |
| 満州の労働力統制 | | | | ● | | ● | |
| 朝鮮台湾の金融統制 | | | ● | | | | |
| 朝鮮台湾の工業化 | | | ● | | | | |
| 朝鮮台湾の生産力拡充政策 | | | ● | ● | | | |
| 朝鮮台湾物資動員計画・動員政策 | | | ● | ● | | | |
| 朝鮮台湾の工業化 | | | ● | ● | | | |
| 朝鮮台湾の労働力統制 | | | | ● | | | |
| 南方経済・南方支配 | | | ● | ● | | | |
| 産金政策 | | | ● | | | ● | |
| 北支開発・華北支配 | | | ● | ● | | | |
| 中支振興・華中支配 | | | | ● | | | |

典拠：堀和生「意見書」二〇一五年一〇月一日（乙第三七号証の一）四頁。

の構造的な特質を明示するためであった（原朗　学会報告論文　一八頁）。翌年刊行の小林著書五二四頁は、同じく大東亜共栄圏を「『共栄圏』ならぬ『共貧圏』」と表現した。この表現は大東亜共栄圏の実態を的確に表しているために、今日では経済史のみならず歴史学でも広く使われるようになっている。それらの起源をたどると、原朗論文か小林著書のいずれかにたどり着く。原朗は、これを考案した表現の剽窃だと主張するのに対し、小林はこれを一般的な表現に過ぎないとして、原判決も小林の主張を踏襲した。ところが、一般的な表現だとする根拠を問われて、小林は読売新聞一九四七年三月八日付け記事に「共栄圏」は「共貧圏」とするという表現があることをあげた（「争点対照表」一八頁三五）。現代は電子検索によって、大手新聞のあらゆる記事を、過去に遡って検索することができる。そこで、この「共貧圏」で検索に掛けると、この記事をピックアップできる。ところが、この言葉は、「読売新聞」ではこれ一例のみであり、「朝日新聞」「毎日新聞」の電子検索では探し出せない。一般用語だという根拠はないに均しい。

原朗が考案したのは「共貧圏」という単語ではなく、大東亜共栄圏の構造的特質を表した「『共栄圏』ならぬ『共貧圏』」という、特徴ある絶妙な語句である。小林は、一九七四年一〇月二七日の原朗学会報告でこの印象的な表現を聞き、それが書かれた原稿を原朗から受け取っている。二〇一八年二月一三日原告証言の反対尋問において、この事実について追及された小林は、あくまで読売新聞一九四七年三月八日付け記事を見てこの言葉を使ったと言い張った（「本人調書（小林英夫）二〇一八〇二一三」六二～六三頁）。無限に存在する新聞記事の中で、著書刊行の二八年前の一記事の中から発見した「共貧圏」の言葉をもとに、自ら考案したという強弁よりも、当時小林自身か執筆直前に直接に聞いた学会報告で使われ、又受け取っていた原稿中にあった「『共栄圏』ならぬ『共貧圏』」を剽窃したと、判断するのが合理的である。しかるに、原判決は「『共栄圏』ならぬ『共貧圏』」を「ありふれた表現」とかたづけ、剽窃ではないと断じている（三五頁）。これは、膨大な時間を掛け思索の末に一つの表現や概念を創り上げる研究者の知的な営みを全く無視した暴論である、と筆者は考える。

このように原判決は、学術研究における課題の設定から結論に至るまでの研究蓄積の意味について全く理解しておらず、創意と努力、時間を費やした研究成果を評価することができていない。そのために表2のように一〇年間の研究蓄積の上に構築された研究成果と、そのような先行論文がほとんどない者が突然生み出した小林著書との決定的な違いを、原判決はまったく識別することができていない。

以上、形式的基準による検証一六項目と、研究に関わる検証八項目について検討した結果、その判断の基準、その審査の対象や方法、根拠との整合性等、いずれも剽窃に関する審査という目的に合致するものはなかった。原判決の都合二四事項の判断の結論は、学術的な剽窃の審査結果として根本的に間違っており、その結論は科学的検証に堪え得るものでもない。

## Ⅱ　研究不正に司法はどう向き合うべきか

近年学界における研究不正事件が、社会問題の一つとしてしばしば報道されるようになった。それらが生じる要因の詮索はさておき、学術研究の健全な発展を大きく阻害する不正の件数は、残念ながら増えているように思われる。裁判の争いは社会のありさまを反映するので、やがてこの研究不正の問題が法廷に持ち込まれることが増えてくるのではないか、と予想される。ここでは、本訴訟の審査において現れた問題につき、研究者の立場から見解を述べる。

私人間の紛争を解決する民事裁判と真理の探究をめざす学界とでは、その機能や社会的な役割のみでなく、思考方式や使う論理に違いがあることについて、筆者はある程度は予想していた。しかし、この裁判の過程で現れたそのギャップは、予想をはるかに超えるものであった。そのことは、まずなによりも、提訴から判決言い渡しまで、五年八ヶ月にもわたった審査期間の長さに表れている。文部科学省のガイドラインでは、学術不正についての審査期間について、おおむね一五〇日で終えることを求めているので、この裁判の長さはその一〇倍を超えている（文部科学省「研究活動における不正行為への対応等に関するガイドライン」一五頁　二〇一四年八月二六日）。さらに、その間に担当裁判官が四人も替わったことも、学界における不正調査では考えられない事態である。これらの事実は、裁判所にとっても、この提訴の扱いがきわめて困難であったことをうかがわせる。

本件訴訟は名誉毀損の成否を争う形になっているが、その中心的な争点は研究成果の剽窃の有無である。このような研究成果をめぐる争いが裁判に持ち込まれたことは、きわめて稀である。そして、この学術分野の剽窃有無の評価は、必然的に研究成果の内容に入っていかざるを得ないために、外形的な判断が可能な芸術作品の盗作の訴訟では見られない固有の性格を持つことになる。

### （1）　研究不正の判断

はじめに確認しておくべきことは、学術研究の成果に対する評価は、あくまで当該学術分野における基準と方法によって行わねばならず、それとは別に司法世界において独自の基準や方法が用いられるわけではない。であるから、科学にもとづく研究論文に対する剽窃有無の判断において、学界と司法が別の基準や方法を用いるということは、本来あってはならないはずである。ところが、原判決によってそれが現実に起きてしまった。このようなわけで、原判決は個別判断の誤りという次元を超えて、司法と学界の役割と両者の関係について、重大な問題を投げかけることになった。

### (2)　学界における剽窃審査のあり方

現在の学術研究とはきわめて専門化が進んでおり、同じ学問であっても分野が少し違うと、その学問的な価値を正確に把握することは難しい。例えば、同じ歴史学であっても、近代史と古代史は史料も分析方法が全く異なるし、さらに同じ近代史であっても、経済史の専攻者が思想史の論文を正確に読み取れるかどうかは心許ない。経済学のなかにおいて、近代経済学と経済史の双方に通じているものは稀であるし、たとえ経済史のなかでも、計量的手法を用いるものとそうでないものの間には、大きなギャップがある。このような研究分野の細分化は必ずしも望ましいことばかりではないが、研究の発展にともなっていずれの分野でも深化している。このために、研究機関や学会において剽窃嫌疑の訴えや通報があった場合には、組織的な対応がなされる。当該分野を専攻する研究者を中心とする審査委員会が設けられることが普通である。剽窃問題を判断するためには、当該学問分野の研究史に対する広い知識をもって、当事者の研究の内容はもちろん、両研究の見解の妥当性、深さや優劣、先行研究との関わり等を適切に評価しなければならない。先ほどのように学問の細分化が進んでいるために、剽窃問題の直接的な審査は、他分野の研究者では困難であり、かならず当該分野の専門研究が中心とならざるをえないのである。

実際の審査は、およそ次のように行われる。まず、剽窃が疑われる側と剽窃された可能性のある側双方の論文・書籍や学会報告の内容、つまり課題設定、研究方法、資料、分析過程、結論等を詳細に検討整理する。次に、その二つの研究成果をめぐる研究状況、および両者の先行業績について関係資料を収集して、両研究の研究史上の位置づけを明らかにする。さらに、未公刊の学会・研究会等の報告に対する剽窃疑惑であれば、当該機会における両者の接触についても調べることになる。調査のプロセスとしては、まず専門研究者が以上の調査を行い、調査結果を綜合して学術的なレベルで剽窃の有無について判定案を作成する。さらに、構成員の幅を広げた調査委員会がより多角的な観点から総合的な審査を加えたうえで結論を下す。調査の対象となる研究分野や実施する機関によって多少の差はあるにせよ、調査する事項とプロセスはこのようである。

筆者は、基本的に学術研究に関する剽窃問題は、本来学界において審査決定すべきだと考える。本件を例にすれば、原告小林は被告原朗による剽窃の指摘を容認できないのであれば、まずそれを学界において提起すべきであった。具体的には、東京国際大学における被告の最終講義の内容に異議があれば、それを掲載した東京国際大学紀要『経済研究』の編集委員会、あるいは東京国際大学経済学研究科当局に抗議し、同誌への反論あるいは謝罪文等の掲示を要求することが適切であったと考える。しかしながら、小林はそのような学界レベルにおける検証を一切飛ばして、「公正な判断を求める」としていきなり提訴したのである。今回の件は、そのような学界においての通常の対応や客観的な審査が行われなかったことが残念なことである。

## （3）司法における剽窃審査

たとえ学界において一定の判断が下されたとしても、当事者が納得しない場合、裁判に持ち込まれることを防ぐことはできない。裁判所は、訴えに対して何らかの対応をせざるをえないであろう。真理の追求を目的とする学界における剽窃問題の審査と、あらゆる私人間の紛争に関わる民事裁判における同審理は、審理担当者が持っている条件が全く異なる。もちろん、裁判官は自律的に判断することが求められる。しかし、案件が学術研究の内容に関することである以上、その司法判断の根拠は当該学術研究の次元において認められるものでなければならない。つまり、学界における評価と司法での評価が対立するようなことは避けなければならない。すくなくとも、学界とはまったく異なる学術研究の基準や評価の方法を取るべきではなく、学界で行われる審査とほぼ同等なレベルで審理することが望まれる。ところが、原判決はこのような判断の基準や評価方法を学界と共有しようとはしなかった。

二〇一三年六月の提訴から二〇一九年一月の判決まで五年八ヶ月という長い時間、裁判所の中でどのような審理が行われたのかは、窺い知ることができない。しかし、結果的に下された原判決は、本稿のⅠで個別に明らかにしたように、学術研究の発展のプロセスや研究の内容を全く無視し、きわめて独自的で恣意的な判断を行った。（1）で検討した一六事項は、学術的に何の意味も持たない形式的基準によって、原告の剽窃容疑を否定した。（2）で検討した四事項は、資料発掘や研究の発達と切り離された語句・文面を先行研究の中で遡及検出することによって、被告の学術的成果を否定し、また裁判官の事実誤認によって原告と被告の研究の関連性を否定した。さらに四事項は、長い研究研鑽で到達した学術的な見解の意義を、「誰でも行い得ること」として根拠なく無視することによって、剽窃の審査自体を投げ出した。このように原判決が用いた審査の基準と方法は、学界における剽窃審査ではまったく用いられることのないものであった。そして致命的な欠陥は、剽窃問題の審査における最も核心的な対象である両研究の比較分析を一切行っていないことである。これは、学界における調査方法と全く異なり、学界においてはこのような審査は決してありえない。

裁判所が学術分野における剽窃紛争について提訴された場合、まず当該裁判官は双方から提出された書類と資料を精読して、当該分野の研究状況を正確に把握することが必要である。さらに争点である原告被告の研究内容、すなわち課題の設定、研究方法、資料、分析過程、結論等について厳格に比較審査することが求められる。その基準や方法は、少なくとも学術研究と共通のベースを持たなければならないはずである。

本件の初審には、原告側五二件、被告側七六件の証拠が提出されているが、原判決の認識はほとんど「争点対照表」の次元に留まっている。その後、原告被告が提出した多くの「準備書面」「陳述書」のうち、原判決が言及したのは、原告側の「陳述書」（小林「陳述書」二〇一七年五月二日　甲第五〇号証　二八頁五行）一回のみである。双方が提出した専門書籍・論文のうち、原判決が典拠として言及した文献は、小林著書と原告学会報告を除くと、原告側が九件（甲七、九、一一、一二、一四、二二、二二、二四、二五）で被告側は0件である。引用証言の箇所も原告側が二件（本人と証人　二八頁五行）で被告側は0件である。このように、原判決は、提出された証拠文献数に対して言及したものが少ないうえに、学術研究に関わる審査に必要な、関連資料を公平に精査する姿勢が欠けている。また、専門外の裁判官が審査するのであるから、当該分野における評価や専門家の意見を積極的に参照する必要があろう。本裁判では専門家の意見として、原告側から2本（依田憙家「陳述書Ⅰ、Ⅱ」）、被告側から四本（松村高夫「意見書」、堀和生「意見書Ⅰ、Ⅱ、Ⅲ」）が提出されたが、原判決は回想にもとづく原告側依田憙家「陳述書」（二〇一七年一二月　甲第四九号証　二八頁五行）のみを使い、文献考証に取り組んだ被告側四本の「意見書」には一切言及がない。筆者の「意見書Ⅲ」は、原告著書と被告学会報告のみならず、両者の一九七四年以前の全ての論文（小林一二本、原六本）の全頁を比較照合して、その異同を検証したものであるが、それを参照した形跡がない。原審では原告被告双方から証人が立ったが、原判決は原告側の証言のみ使い（二八頁五行）、被告側の証言には言及していない。このように、原判決は学界における原告被告の研究に対する実証的な検討成果を全く参照していないだけでなく、原告被告側の情報を公平に扱っていない。原判決の判断と全く異なる事実が大量に提示されているのに、反駁して否定することなく全て無視している。これは学術研究の世界、科学の探究においてはあり得ない審査である。

このように原判決は学界と司法の間の規範を踏み外し、学界では通用しない基準と方法を独自につくりあげ、学界では想像もできないような判決を下した。これでは学術研究の内容に関わる評価を、学界ではなく司法が左右するという深刻な問題になると考える。本来的に学界と司法での結論が全く対立することはあってはならず、社会はそのようなことを容認しない。

### (4)　あるべき関係

ところが、原判決はそのような社会通念に反する事態を現実に引き起こしてしまった。もしも、このようなことが容認されてしまうと、学会や研究機関で剽窃と判定された案件が裁判に持ちこまれ、その結論を覆そうとする動きが出かねない。これは科学の根幹原理である普遍性と学術研究の自立性を根底から脅かす。

私人間の紛争を解決する民事裁判と真理の探究をめざす学界は、ともに社会にとって不可欠な存在なので、その役割を相互に尊重し、知識や情報が疎通するような関係が理想だと考える。本訴訟の裁判官は、当該案件に関わる学術研究の状況を詳細に把握し、原告被告間の係争の焦点を学術的な次元で分析したうえで判断することが望まれる。筆者は裁判官とはそのような能力を有し、実践される専門人であることを信じたい。しかし、もしも裁判所がある剽窃問題を学術的な基準と手法によって判断することが困難な場合には、その争いは裁判ではなく学界において判断すべきだとして、原告の訴えを退けるべきであったと、筆者は考える。これは、決して奇異な見解ではないはずである。

今回は、裁判官は本件が自分で判断を下せると考え、実際に独自の基準を作って独自の方法によって判決を下した。しかし、学問分野によっては、たとえば数学や自然科学の領域のように、専門外の人間が内容を十分に理解することがさらに困難な見解や命題が多々ある。もしも、それらの領域の研究内容について、剽窃や不正が提訴された場合、裁判所は如何に対応するのであろうか。

原判決が引き起こした司法の判断と学界の認識との乖離はあまりに大きい。裁判官は、もっと当該案件に関わる学術研究の事情と当該研究の内容について調査した上で判決を作っていただきたい。それとともに、学術研究に関わるすべての争いを、裁判で決着をつけるのは困難であることを、社会が認める必要がある、と筆者は考える。

## おわりに

オリジナリティとプライオリティの取得をめざして日夜研鑽している研究者にとって、専攻が近い研究者の間で生じる剽窃嫌疑の問題は、きわめてセンシティブな案件である。そしてこの裁判は、経済史学・歴史学の学界においてそれぞれ著名な研究者の間で起こった、学術内容に関わる争いであったので、多くの研究者が関心を持ち、その訴訟審理の過程と判決を注目してきた。そのような中で、二〇一九年一月二一日に言い渡された判決内容が伝えられると、大きな驚きと強い憂慮の声が広がっている。驚きとは、原判決のような原告小林側の一方的な勝利が予想されていなかったうえに、判決内容が本文で述べたように学界では決してあり得ない基準と方法による非学術的な判断であったからである。憂慮とは、そのような非科学的な判断が裁判の判決として確定されることで、学界における学術不正の審査に悪影響を与えるのではないか、ということである。これまで学術の不正については、その摘出と判断、制裁は、必ず学界内における基準と手続によって自主的に行われてきた。ところが、もしも原判決が確定してしまうと、学界ではない裁判の場において、研究者ではない裁判官が、学界の判断基準とは全く異なる独自の基準をつくり、学界の判断とは異なる判断を下すことが認められてしまう。とすると、研究機関や学会で剽窃や研究不正を行ったと断罪された者が、それを裁判に訴えて覆そうとする道が開かれることになる。これは、科学の黎明期のガリレオ裁判を彷彿とさせ、近代科学に対する深刻な脅威となる。

　小林著書に対する剽窃の疑惑は、学界において裁判開始前にすでに静かに語られていたが、裁判が起こされたために小林著書の一書全般にわたる甚だしい剽窃の事実が広く知られるようになった。学界がこの裁判を如何に注目してきたかは、原審の法廷傍聴席を、毎回多くの研究者が埋めたことによく表れている。原審の原判決の内容は急速に伝わり、波紋を呼び起こしつつある。やがて、様々な学術メディアによって、原判決の判断がいかに異質で恣意的なものであるかを、さらに多くの研究者が知ることになるであろう。万が一、原判決が確定された場合、学界関係者の裁判制度に対する失望と原判決への批判が澎湃と湧き起こるであろう。大学・研究機関や学会の研究者が、専門外の裁判官が非科学的な判断を行ったと、公然と批判することになるであろう。研究者・教育者の間で司法制度への信頼性が失われることは、現代の社会において極めて深刻な問題である。

筆者は、この裁判を見守ってきた一研究者として、貴高等裁判所が控訴の訴えを真摯にうけとめ、再度事実を調べ直して慎重に審査を行っていただきたいと、強く希望するものである。

## （二）原朗「陳述書Ⅲ」（全文）（二〇一九年五月一七日）

**陳述書Ⅲ**

令和元年五月一七日

東京高等裁判所　第一七民事部　御中

控訴人　原　朗

### 第1　はじめに

**1　原判決の衝撃**

東京地方裁判所の平成三一年一月二一日「判決」（民事第四二部　裁判長裁判官梅本圭一郎、裁判官安田裕子、裁判官加賀屋友行）で私の主張は認められませんでしたが、判決の「主文」、「事実および理由」「当裁判所による判断」に私は不服がありますので、この判決の取消しを求めて控訴を申し出ます。

当初の判決予定日の昨年九月三日からなぜか数回にわたり延期され、八ヵ月を経て代読された判決の内容に、私は強い衝撃を受けました。言語と論理や実験その他の手段を用いて、真理と正義に近づくことを目標としている私たち学術研究者にとって、この「判決」はあまりに理解を絶する「言語」と「論理」によって組み立てられていたからです。

原判決は、公共性と公益性の二点については私の主張を認められましたが、真実性と相当性については、私が五年間に亘って提出し続けてきた準備書面・「争点対照表」の「被告の主張」（平成二九年五月一〇日）・陳述書・意見書・証言・供述・口頭陳述（平成三〇年五月二二日）等の内容にはほとんど全く触れず、一方的に原告（被控訴人）の六年前の「訴状」と一年も前の「争点対照表」の中の「原告の反論」の主張にそのまま従い、「判決」を下されております。

私は今年ちょうど八〇歳になりましたが、そのうち六〇歳までは東京大学で、次の一〇年を東京国際大学で、以後も各種の学術的世界で暮らしてきました。したがいまして、私にとって学問の世界は大変重要です。長期間に亘って真理を追究するための学問の世界の言語と論理に慣れたものにとって、日本の司法制度の基盤をなすものであろうと信じていた地方裁判所の「判決」文の「言語」と「論理」の水準が、ついにここまで至ったのか、という驚きとともに、学問の世界では是認されていた私の言語や論理の用法が、原審（東京地方裁判所）において全く否定され、私の司法制度への信頼をほとんど全面的に崩すような「判決」を言渡されたのです。

のちに述べますように、一九七五年一二月、私は学会での共同報告者の一人である被控訴人から剽窃行為を受け、この事件によって私の研究生活と生き方は非常に大きく変更させられました。

二〇〇一年、ある論文集の発行の際に私は追記でこの人の具体名に触れ、その時、彼は私に謝罪し、その後二〇〇九年まで私（控訴人）に抗議しませんでしたので、私は同年の東京国際大学での最終講義で自分の研究生活を振り返るに際し、この事件につき以上の脈絡で触れたところ、本来は学問の世界の中で学問的に決着すべき争点にかかわる論争を、被控訴人はすべて回避して行わないまま、直ちに法的措置をとり、原告（被控訴人）となって、名誉毀損の廉で直接に法廷に対して私を提訴したのです。剽窃行為の加害者により被害者の私が訴えられたわけで、名誉毀損に当たらないとするための挙証責任を負わされ、原審の訴訟指揮に従って判決までに五年八ヵ月もの時間が費やされました。

詳しいことは別途東京地方裁判所から東京高等裁判所に上げられた被告（控訴人）側の書面（準備書面・陳述書・意見書・証人証言・被告供述・同口頭陳述など、原判決ではほとんど全く取上げられなかった多数の書面）にゆずり、詳述はしませんが、私の主張を原判決はほとんど全く認めず、一方的に被控訴人の主張の大部分を採用されました。その判決理由は一部を除いてほとんど納得できるものではなく、公共性・公益性の判断を除く大部分に対して私は不服であり、これが今回控訴した主な理由の一つです。

## 2　原判決がもたらす学界への悪影響

控訴したもう一つの重要な理由は、この原判決が、学問的に見て多くの重大な難点を含み、学問の正常な発展にとって極めて危険であると判断したからです。原判決に対して私が控訴をしない場合、その影響は学問による真理の探究と、裁判による審理の手続きとの両者の関係について、非常に重大な問題を生むことになります。

これは被控訴人（原告）と控訴人（被告）がともに専門分野とする経済史学だけに限られず、経済史学の基礎をなす歴史学・経済学のみにもとどまらず、広く人文・社会科学全般から、さらには自然科学と応用科学に至る広範な学問諸領域にまで広がり、学問研究と法的判断との関係について大きな学術上の危機をもたらすことになります。

控訴理由書でも触れたように、この原判決が確定されれば、学術の世界で現在厳禁されている「盗用・剽窃」を、逆に「奨励」しかねない怖れがあるのです。
学術の世界で「剽窃・盗用」行為をして、大学或いは学会等において自律的な処分を受けていた者が、法廷に提訴して個別的な「判決」により勝訴すれば多額の「精神的慰謝料」をも受けうることになってしまうかも知れないのです。

原判決がそのまま承認された場合には、以上のようなこともあり得るのです。学問の世界で剽窃・盗用を絶対に許さないという厳しい慣行が侵される怖れを、いま私はひしひしと感じています。

このような学問の危機をまねく原判決を引き出してしまった研究者の当人として、私はこの判決の効力を一刻も早く中断させる必要があると考え、控訴状を提出いたしました。

## 第2　本訴訟の経緯

### 1　私の略歴と出発点

既に原審で述べましたので、私の略歴と今回の訴訟の経過は簡単に申上げます。私は一九三九年東京生まれ、家業は柘植櫛の製造卸で、中学以来、下校後は家業の手伝いをして暮しました。一九五四年五月、妹の一人が重篤な疾患に罹り、現在に至る闘病生活に入ったのが私にとっても転回点になり、「病気と貧乏の悪循環」を絶つ夢をもって、経済学を志望しました。

東京大学では一九五九年から各種の奨学金やアルバイトに助けられ、家計を支えつつ学び、現代日本経済史を専攻し大学院に進学、元大蔵大臣泉山三六旧蔵資料を発掘し論文『戦時資金統制と産業金融』で修士となり、博士課程を三ヵ月で中退し東京大学助手に任命され、以後助教授・教授として経済史第四講座（現代日本経済史）を担当、学会では土地制度史学会事務局幹事・理事・理事代表を務めました。

一九九九年に東京国際大学に移り、二〇〇九年まで経済史あるいは歴史学などを講じ、この間、学部長を一期、第一九期の日本学術会議会員を一期務めています。二〇〇九年の同大学の最終講義の際、自分の学問生涯を総括する最終講義としましたが、その一節が問題となって今回の控訴の契機となりました。

## 2　研究活動

この間の研究活動では、私はまず一次史料に基づく現代日本経済史の再構築を目指し、経済企画庁関係資料、大蔵省関係資料、元大蔵大臣泉山三六氏旧蔵企画院資料・日満財政経済研究会資料、日本銀行所蔵戦時資金統制関係資料、東京銀行所蔵横浜正金銀行関係資料、国策研究会所蔵美濃部洋次資料、国民経済研究協会旧蔵戦時物資動員計画関連資料、防衛庁防衛研修所所蔵物資動員計画関連資料、南満州鉄道株式会社経済調査会立案調査書類、十河信二氏寄贈興中公司関係資料、鮎川義介氏旧蔵の日産・満州重工業関係資料、岡野鑑記氏旧蔵満州国政府企画委員会関係資料、アメリカ議会図書館所蔵満鉄関係文書、アメリカ国立公文書館スートランド別館所蔵対日占領政策関係資料、マッカーサー・メモリアル連合国軍最高司令官総司令部（ＳＣＡＰ／ＧＨＱ）関係資料等々を調査するとともに、これらを基礎として個別論文を執筆してきました。

資料の点数が非常に大きいものは共同研究のテーマとし、多数の資料集を連名で発行してきました。当時の現代経済史研究がとかく二次資料にのみ基づくことが多い中で、私の研究は一次史料の発掘とその解析に努力を集中させたことが特徴だと思います。

## 3　満州史研究会

今回の訴訟にいたる経過のうち、第一に重要なのは五〇年前に設立した「満州史研究会」です。私が被控訴人（原告）小林英夫氏と知り合ったのは一九六九年、氏が私を訪ねて「満州史研究会」を作ろうと誘い、浅田喬二氏（農林省農業総合研究所主任研究官）、松村高夫氏（慶應義塾大学助手）、小林氏（東京都立大学助手）、そして私（東京大学経済学部助教授、役職は後述の成果発行時のもの）の四人だけの研究会を、同年四月から始めました。

研究会は古典の輪読から始まり順調に楽しく進み、研究成果として『日本帝国主義下の満州』（御茶の水書房、一九七二年一月）という一冊の研究書を刊行しました。

私は自分が収集していた一次資料の前記満鉄経済調査会『立案調査書類』をこの共同研究に提供し、自ら第一章の『満州経済統制政策』を執筆し、第二章担当の小林氏がテーマ選択に難渋していたのを見て、『立案調査書類』の中から『満州通貨金融方策』三冊を提供してその執筆を援助しました。松村氏は第三章で労働問題を、浅田氏が第四章で土地商租権問題を担当して同書は成立しました。

この間、小林氏と私は非常に仲が良く、たいへん親密な関係で、彼は連日のように長時間の電話をかけてきて研究上の諸問題につき私に質問し、私がこれに答えることが相次ぎ、自宅を訪問してくることも少なからずありました。

研究会の成果取りまとめの合宿に、私は「満州統制経済政策の立案・実施過程」という長大な原稿を提出しました。結局この原稿の前半部分（立案過程）のみを『日本帝国主義下の満州』に収録し、残りの後半部分（実施過程）については別の機会を待つことになりました。この後半部分（満州第二論文）がすでに完成していたことは同書「あとがき」（四〇〇頁）にその内容が明示されており。のち一九七六年五月に公刊された安藤良雄編『日本経済政策史論』下巻の内容と、この「あとがき」の記述とは全く一致しています。

合宿当時から、小林氏（被控訴人）はこの原稿を見ることが可能でした。にも関わらず、被控訴人は、私の原稿の後半部分を公刊した安藤良雄編『日本経済政策史論』下巻（一九七六年五月）まで見ることはできなかった、「物理的に不可能」だったと「争点対照表」でも繰り返し主張しています（同表四九頁七項④、八項⑤、五〇頁九項四）。

ところが実際には一九七四年一〇月の学会報告時点に被控訴人が配布した資料（乙二七の二）の中に、被控訴人自身が二か所も私の上記文献を明確に記載（引用）していたことを私は証明いたしました（乙二七―二）。被控訴人は遅くとも一九七四年一〇月に引用できていたものが、一九七六年一〇月まで見ることが「物理的に不可能」だったと、裁判所に対し何度も虚偽を言い続け、「争点対照表」の「原告の反論」でも同じ虚構を繰り返しています。

この被控訴人（原告）の法廷に対する度重なる虚偽の表明を、貴裁判所はお許しになるのでしょうか。原判決は、それが主として採用した「争点対照表」の「原告の反論」の中で、被控訴人が何度となく「物理的に不可能だった」という虚偽・虚構をすでにお認めになってしまっているのです。

この点は些細な点のように思われるかも知れませんが、被控訴人が「訴状」でも、「争点対照表」でも、さらに最後の「陳述書」（甲五〇）でも、繰返し法廷に対して虚偽を述べ続けていることを如実に示しているので、これを見逃すわけにはまいりません。

## 4　土地制度史学会の共通論題報告

訴訟に至る経過で第二に重要なのは、土地制度史学会一九七四年度秋季学術大会共通論題で私（控訴人）が組織者として第一報告「『大東亜共栄圏』の経済的実態」を報告し、小林氏（被控訴人）が第二報告者として「一九三〇年代植民地『工業化』の諸問題」を報告したことです。

当時三五歳の若輩だった私に共通論題組織者を依頼されたのは、学会の理事会で共通論題の廃止論が強くなり、存続論と対立して結論が出ず、妥協案で存廃論は次年度理事会に持ち越し、当面は経済史のうち西洋経済史から日本経済史に担当分野を変えて共通論題を実行することとなりました。その直後に若手事務局幹事であった控訴人が急遽組織者に指名されたのです。

私は大変驚きましたが書記担当として理事会に陪席し、難問題への対応を憂慮していましたので、致し方なくこれを引き受け、統一論題を「一九三〇年代における日本帝国主義の植民地問題」とし、基調報告は私（控訴人）の「『大東亜共栄圏』の経済的実態」、第二報告は小林英夫（被控訴人）「一九三〇年代植民地『工業化』の諸特徴」、第三報告は高橋泰隆「日本ファシズムと『満州』農業移民」と定めて、一九七四年一〇月一二日に最終準備研究会を行い、一〇月二七日に専修大学でこれらの共通論題を実行しました。

大会報告実行後、控訴人は共通論題報告の学会誌への一括掲載を強く希望しましたが、理事会＝編集会議は前例なしとして直ちにはこれを許可せず、個別論文について非常に厳格な審査を行ってきたこの学会では、大会共通論題をも含めて個別審査を原則とし、三名の若年研究者の大会報告論文一挙掲載の主張は難航しました。私が主張した一括掲載は結局に受け入れられましたが、掲載は翌々年の一九七六年四月まで遅れました。

## 5　原告著書発行の衝撃

口頭報告も無事終わり、学会誌掲載まであとわずか四ヵ月となった一九七五年一二月、小林氏は突如『「大東亜共栄圏」の形成と崩壊』という著書を刊行し、その内容のうち非常に多くの部分が私の大会報告論文（報告は一九七四年一〇月、学会誌掲載は一九七六年四月）と、それ以前の私の諸論文から大々的な剽窃が行われていることを即座に知り、私は愕然としました。これが訴訟への決定的な第三の前提となります。小林氏の著書がいかに控訴人の報告＝論文から著しく広範な範囲に亘って剽窃を行っていたかにつきましては、原審の開始時点で裁判所に提出した剽窃箇所の一覧表である「原告小林の単著と被告原の論文との対照表」（二〇一三年八月）「準備書面1」（平成二五年九月二五日）の「別紙」として提出）が、A3用紙一六頁にも及ぶほどの大規模なものになった点でもお判り頂けようと存じます。

さて、四四年前の事情に戻りましょう。私が大会報告の一括掲載のため強い要請を理事会に対して行い続けてきたため、小林氏の著書に抗議することも、四月刊行予定の小林氏の第二論文の取下げを求めるのも非常に困難となっていました。第一論文報告者（控訴人）として第二報告者（被控訴人）の論文の撤回を求め、理事会に要求することは、極度に困難な状況でした。

なぜなら、すでに一九七三年秋以来の共通論題廃止論をめぐる対立に加えて、ここで大会第一報告者の私が第二報告者の論文の撤回を提起すれば、なぜそのような共通論題そのものを許可したのか、という責任問題をめぐって理事間の対立がさらに激化し、個々の理事の辞職から始まってさらに理事会の解体を招き、学会全体の崩壊へと向かう危険性が非常に強い状況だったのです。

学会の方だけではありません。私が小林氏の剽窃を指摘すれば、小林氏自身に対して社会的な制裁圧力が非常に強まり、出版物の発売禁止・裁断・懲戒免職・学位取消・再就職不可能などの諸問題が連動することは必至で、最悪の場合には小林氏が自らその命を絶つ事態すら想定される危険な状況になり、私はここで大変な難問とぶつかりました。

それまでは親しい友人であり親密な研究仲間だと思い込んでいた人物から、かかる仕打ちを受け、学会への対処と小林氏への対処との二つの難問に直面して私は苦しみぬきました。小林氏の剽窃行為は、私がそれまで一生懸命取り組んできた過去約一〇年の研究の、ほとんど全ての研究時間を、一挙に奪い取られてしまったことに等しいのです。

当然に私が当時構想していた著書や論文の刊行は不可能になりました。しかし学会そのものを潰すことは私にはやはりできません。学会は若手研究者を登場させ、その就職機会のためにも重要な役割を果たしています。その意味でも学会を解体に追い込むことは私にはできません。

また、一人の人間の生命と、学問全体とはどちらが重いのか、という問いへの答えを考えることも重大な難問でした。この問いもさらに悩みを増やし、考えをいくら煮詰めても、それへの解答を見出すことは困難を極めました。

悩みに悩んだ挙句、私は決断しました。剽窃の指摘は行わない、被控訴人との交際関係は断つ、こうして学会の存続と、被控訴人の生命は保つ、このため私に起こる重大な不利益、例えば私の単著の出版の断念、学位取得の断念、今後被控訴人が論ずるであろう「大東亜共栄圏」論や日本帝国主義史論の研究から涙をのんで完全撤退し、そして研究より教育の側に重点を移行させ、むしろ「次世代の研究者」の育成の方に重点を決定的に移すこと、単著刊行は断念するが、共同研究のパートナーを注意して選び、共同研究の一部分として別のテーマで論文を書きつづけること、大学自治のための学内行政と学会事務局としての役割はきちんと務め、加えて一種の情報センター的なサービスを励行すること、こういう形で、自分の態度を一九七六年一月、原告（被控訴人）の著書発行の翌月に決めました。そしてそのとき以降、被控訴人の著書が私の大会報告＝被告論文から剽窃したことを、私は二五年にわたって一切発言しませんでした。

## 6　控訴人論文収録書への追記と被控訴人の謝罪

二〇〇一年になり、『展望　日本歴史』第二〇巻「帝国主義と植民地」（東京堂出版）という、大学院生用模範的論文集（「リーディングス」）が編纂され、私の一九七四年の学会大会報告（一九七六年刊行）が収録されました。ここで私の論文が被控訴人著書よりも前に報告されたものだという点を明確にするために、私は【追記】で公に被控訴人小林英夫氏の実名に触れました。原審松村高夫「意見書」によれば、このとき被控訴人はあわてて松村氏に電話をし、「原さんに書かれてしまった、どうしよう」と聞き、松村氏は「あやまるほかないでしょう」と答えられたといいます。

数ヵ月たって五月末日、学会の廊下を歩いていた私の後ろから小林氏が小走りに近づいてきて、「先生、ごめんなさい」と小さな声で云い、前方に駆け抜けていきました。私が彼から受けたただ一つの「謝罪」です。以後、私が二〇〇九年に最終講義を行うまで、彼は私に対して何一つとして抗議してきたことはありませんでした。

つまり、控訴人は二〇〇一年に自分の学会報告論文を編集企画本に収録することを依頼された際に、自分の論文のオリジナリティを確保する目的をもって、原告（被控訴人）の氏名を明示し、控訴人が被控訴人の原告著書につき盗作の心証をもっていることを収録論文に付記しておいたところ、これに対しては、被控訴人から抗議するなどの反応はなく、むしろ学会で「ごめんなさい」という挨拶を受けたわけです。

この二〇〇一年の謝罪と、以後八年間も被控訴人から抗議がなかったことは、控訴人が二〇〇九年の最終講義において、二〇〇一年の「リーディングス」の【追記】の文章を引用する際に充分に考えました。つまり、当時の私は被控訴人から謝罪を受け、その後何等の抗議も受けず、本人の謝罪のもとになった【追記】、すなわちすでに被控訴人の名が明記されていた八年前の文章を配布したうえで、それに即して発言する、という段取りをとったのです。

私は当時被控訴人がこの件に関し謝罪した態度を維持していると考えており、少なくとも、被控訴人が直接に私に対して自らの剽窃行為を認め、謝罪していることを、当時の私は真実だと信じておりました。

## 第3　「訴状」で隠蔽された事実

### 1　「訴状」提出とその事実誤認

原告（被控訴人）は、被告（控訴人）の『最終講義』とその『講義録』（『経済研究』）、著書『日本戦時経済研究』と『満州経済統制研究』のうち、原告（被控訴人）に対し名誉棄損に当たるとする部分をもって「訴状」の内容を構成しました。そのうち、まず最終講義と最終講義録の部分について検討すると、以下のように「訴状」自身が重大な事実を誤認ないし隠蔽していたことが判明します。

まず訴状「請求の原因」第2につき、最終講義録に六項を掲載したといいますが、そのうち⑤「この事件は研究者としての私にとって致命傷となってしまった」と、⑥「現在は早稲田大学教授の小林英夫という人ですが」との間に、次の傍線部分が隠蔽されています。

「（この事件は研究者としての私にとって致命傷となってしまった）わけですが、私の作品が二六年後にあるリーディングス（『展望日本歴史二〇帝国主義と植民地』東京堂出版、二〇〇一年、二一〇―二四九頁）に収録された際、お手許のプリントの最後の二ページにその経過について実名をあげて記してあります。（現在は早稲田大学教授の小林英夫という人ですが、）私がこの追記を公表して八年、私はご本人からは何の抗議も受けておらず、口頭で軽く謝罪の意を告げられただけであり、現在もその人は次々に著作を公表し、大活躍中です。」（控訴人最終講義録：『経済研究』二一〇と、「訴状」四頁を対比）。

注目すべき点は、この裁判の発端となった原告（被控訴人）の「訴状」それ自体が、このように重大な事実を隠蔽し、それに立脚して作成されているという事実は、極めて重要だといわなければなりません。原告（被控訴人）にとって、最も都合が悪いこの事実を隠蔽したこと、同時に「原判決」も、「訴状」そのものがもつこの隠蔽を見破れず、むしろ原告「訴状」に沿ってその訴えを認めているのです。原告とその代理人は、意図的にこの部分を隠蔽して訴状を作成したものと推測されますが、原判決は「訴状」の内容と、その引用元である私の最終講義録とを注意深く検討しなかったのでしょうか。それとも訴えの基礎となった控訴人の「講義録」とを比較対照もせずに性急に判断を行ったのでしょうか。

一方で控訴人の講義録もきちんと照合もせず、他方で被控訴人側、すなわち剽窃・盗用をみずから認め、謝罪し、抗議もしていなかった被控訴人側に対しては、原審は次々に被控訴人の主張に合致する語句を連ね、何の根拠もないほとんど架空とも云うべき理由付けを重ねた結果、虚偽に満ちた被控訴人「陳述書」のその虚偽を全く認めず、法廷で宣誓の上でなされた尋問においても、「争点対照表」の（原告の反論）でも、最終的な原告「陳述書」までも虚偽を重ねて述べ続けた被控訴人を勝訴とする「判決」を言渡してしまったのです。

「訴状」「準備書面」「争点対照表（「原告の反論」）」「陳述書」のすべてにわたって、法廷に対し虚偽を重ね続けた被控訴人を、法の名の下に原判決は勝訴させたのです。

## 2　意見書・証言等の重要な証拠に対する検討の欠落

また、原判決は、控訴人が提出していた数多くの「準備書面」ならびに「陳述書Ⅰ・Ⅱ」の検討をほとんど全く行っておりません。ならびに、松村高夫氏の「意見書」一通および堀和生氏が三回に亘って提出した「意見書」三通、とくに堀「意見書Ⅲ」により論証された、被控訴人の著述の一〇五ヵ所のうち二五ヵ所が控訴人の記述からの盗用であることを証明された一覧表（第4表）を無視しています。たとえ二、三ヵ所でも剽窃が認められるだけでもその学術論文や著作は全体が剽窃物であると厳しく判定されるのが学術界での確立された厳しい慣行であるのに対して、「意見書Ⅲ」で指摘され、かつ証拠調べにおいて証人の証言として述べられ、調書に記録されているにもかかわらず、二五ヵ所もの剽窃箇所が存在しているという指摘を原判決は反論すら行わずこれを全く無視しています。証拠調べを行いながら、その内容にはほとんど触れずに判決を下すことなどあり得るものでしょうか。

## 3　事実誤認と「社会的評価」

原判決は、ついで二一頁「（2）本件発言等の摘示事実」の冒頭で、「ア　本件発言は、前提事実（6）

に記載のとおり、本件最終講義における講演での発言であり、本件最終講義として発表されているところ、」として、ここで「訴状」が隠蔽した「謝罪」し「抗議」しなかった事実（本「陳述書」第8項参照）を無視し、論点を飛ばしながら、直ちに「本件摘示事実一」「同二」の検討に入ってしまいます。「ア」のその結論は「原告の社会的評価を低下させる」というものですが、そもそも罪を認めて抗議しなかった、事実上自己の「社会的評価の低下」を八年以上も自認していた原告に、少なくとも控訴人に対しては罪を自認していた被控訴人が、さらには学術界でこの問題につき公開の論争すら経ることもなく、自らの謝罪などの事実を隠蔽した「訴状」を、「学問の世界」にではなく、「法曹界」に、法廷に提出し、学術界での評価を含む「社会的評価を低下」させたと自ら言い立てることなど、自己矛盾も甚だしいと言うほかはありません。二二頁の「イ」「ウ」、(3)、すべて同断です。

## 第4　「争点対照表」について

### 1　争点対照表各欄の作成時期と記入方法の差

上記のように、原判決はもっぱら平成二五年六月二七日付の被控訴人『訴状』と平成二九年五月一〇日付『争点対照表』のうち、誤謬や虚偽を多く含む最後の「原告の反論」欄を論拠としています。この「争点対照表」の内容に、さらに控訴人が同表に記入した平成二八年二月五日以降、平成三〇年五月二二日の結審に至る、「陳述書Ⅰ」（二八・九・一三）「陳述書Ⅱ」（二九・四・二八）、堀和生意見書Ⅲ（二九・一二・二七）、堀和生証人証言（三〇・二・五）、被告本人供述（三〇・二・一三）、被告本人口頭陳述（三〇・五・二二）、「準備書面」一三（平成二九・七・二五）、同一四（同七・三一）、堀和生「意見書Ⅲ」、証人尋問「調書」（平成三〇年二月五日）、本人尋問「調書」（同二月一三日）、「被告本人口頭陳述書」（同五月二二日）などに含まれている被告（控訴人）側の主張と立証、被控訴人側への反批判を追加することなくして、対等な「争点対照表」は成立しないことを、被控訴人も原判決も一切考慮していません。

また、原判決は同頁（ウ）で「他人の著作物又はアイデア」に依拠して、これを「自己の著作物又はアイデア」として表現する行為の検討に入り「争点対照表」の順で行いますが、ここで検討の前提としてまず考慮しなければならないことは、各項目の記入方法と作成時期の問題です。

この『争点対照表』で、「被告の主張」は訴訟指揮にしたがって平成二八年二月五日という早期に、かつ裁判長の訴訟指揮に従って、できるだけ簡明に記入したのに対し、「原告の反論」はようやく平成二九年五月一〇日まで提出時期をずっと後まで遅らせたばかりか、裁判長の訴訟指揮を無視して各項ごとに繰り返し不均衡に長文の記入を行ったのです。これに再反論するために、控訴人はその後に「被告の再反論」に相当すべきものを記入することを要求したのですが、裁判所によりこの「被告の再反論」の「争点対照表」への記入は許可されず、「原告の反論」をもって『争点対照表』の記入は終わってしまいました。このことが、原判決の結論とそれにいたる論理に非常に大きな影響を持ったことは誰の目にも明らかです。

したがって、前述しましたように、以後の被告側書類―被告（控訴人）提出の各「準備書面」や「陳述書」・「意見書」・訊問「調書」などに控訴人側の見解が豊富に示されているにもかかわらず、これらを全く参照されず、平成二八年二月五日から三〇年五月二二日の結審まで二年三ヵ月間の被告側記述と立証を全く無視した、一方的で裁判の手続きを尽くしていない原判決になったのです。

原判決は「『争点対照表』に即して」と言いながら、原告と被告の論理をかみ合わせて審理することを極度に避け、『争点対照表』のなかの「原告の反論」のみに注目して辻褄合わせに終始し、誤った結論を導き出したのだ、と誰もが受け取るでありましょう。

## 2　争点対照表の記述の特徴　(1)　全般的記述方式

最初に、この争点対照表の特徴について、作成時点の相違の外、いくつか注意すべき点を記しておきましょう。

上記のように被告（控訴人）は裁判所の訴訟指揮に従って争点を簡潔に記したのに対し、「原告の反論」は冗長かつ形式的で、被告の主張に正面から答えておりません。

また、被控訴人は争点対照表上で「これまで主張・立証がなされていないため、本争点表に記載することは不適当である」といいますが、きちんと読めば、控訴人がすでに主張し記載していることは明白であり、被控訴人はこれを意図的に無視しているのです。

第二に、「剽窃・盗用の主張でないため、本件の真実性立証とはならない。」という点は、被告が「剽窃・盗用」を主張しているにもかかわらず、これを「剽窃・盗用でない」と単純かつ一方的に決めつけることにほかならず、訴訟に向かい合う態度として全く不誠実です。

真実性の実証は双方の弁論と立証を経て裁判所が判決するものであるのに対し、最初から理由も述べず「剽窃・盗用の主張でない」と主張することは手続きから見て不当です。

第三に、被告の各論文が「書証として提出されていない」という遁辞があげられます。これらの論文は地裁において訴訟が開始されてまもなく、平成二五年九月二五日に提出した準備書面一、一一月二六日の準備書面二および三と共に包括的に提出しており、原告（被控訴人）はこれら初期の証拠書類を精査していないからこそ、このように誤った主張を申し立てているのです。被告準備書面と提出した証拠を、乙一号証からの全ての証拠につき、著書に所収された論文も含め、準備書面における主張も含めて精査すればこれらの遁辞は成り立ちません。

第四に、「ただし、念のため、引用箇所について、原告の主張・反論をあげれば概ね以下のとおり」としてすでに原告準備書面で述べていた主張を単純かつ大量に繰り返している点は、それこそ簡潔明快を旨とすべき本「争点対照表」に記載することが不適当だというべきです。

### 3　争点対照表の記述の特徴　(2)　後半の記入パターーン

さて、「争点対照表」の後半第二一項以下における原告（被控訴人）の記入では、次のようなパターンが繰り返されています。

1　「一次史料（原史料）」が何かの主張・立証がない」

2　「「自己の発見であるかのように」が何をさすかの主張・立証がない」

①　「『剽窃』『引用』の関係について主張・立証がない」

②　「各引用部分には、同一性は認められない」

③　「引用部分は歴史的事実であり、創作性がない」

④　「引用部分は、原告先行研究等で言及されている」

⑤　「原告は…適切に引用している」

これらすべての遁辞には、すべて根拠がなく、逐一反論出来ますが、ここではこれら原告（被控訴人）側が「争点対照表」作成に際してのこのような形式的不適切性を持っていたことを指摘するにとどめ、以下この「訴状」と、「争点対照表」中の「原告の反論」、および原判決の内容につき、個々に反論することにしたいと思います。

## 第5　原判決の論法の問題性

### 1　「誰でも行いうる」という論法

まず、原判決の論法の特徴を次々に見ていくことにしましょう。その第一として、「何人でも行いうる」とする断定が頻出する点を指摘しなければなりません。この原判決に多く見られた判断のパターンのいくつかを引用しますと、次のような文章が続出してきます。

「大東亜共栄圏の同期間を問題とした論述を行うことそれ自体は、何人でも行いうるものであって」（判決二七頁三行目）「そのような観点からの検討自体は、誰でも行いうる事は上記のとおりであるから」（同頁二六行目）、「大東亜共栄圏の形成過程と崩壊過程を論じることそれ自体は、誰でも行い得るものであり」（二九頁一一―一二行目）、以下さらに二九頁一八―一九行、三〇頁二〇―二一行目、三二頁一三行と繰り替えられます。

専門的学術分野の論述について「誰でも行いうる」という論理が使われているのです。学術が高度に専門性を高めつつ発展してきたことが、ここではまったく無視されることになります。専門的な事項について論じることが一般人の「誰でも行い得る」ことになれば、どうして専門人が必要となるのでしょう。「誰でも行いうる」のだから、専門的な学者など全く必要はない、というのでしょうか。

司法試験の合格者、公務員試験の合格者、外交官試験の合格者、医師国家試験の合格者、これらの合格者にはその後の専門職に進む資格が与えられているのに、「誰でも行いうる」という判断を繰り返すのは、あまりに危険だといえないでしょうか。誰でも医者の仕事をしてもよいのでしょうか。裁判官は誰でも行いうるのでしょうか。学者が永年の時間をかけて思索や実験を重ねて発言したことを、かくも軽々しく否定して良いものでしょうか。簡単に考えただけでも、この「誰でも行い得る」という論法は危うい議論であり、暴論というほかはないように思われます。

さて、当面の主題に即して狭く限定して「大東亜共栄圏」に問題を限った論述についてみれば、これも「何人でも行いうるもの」ではないのです。私は「『大東亜共栄圏』の経済的実態」について学会大会共通論題で論じましたから、「何人」のうちに入るのでしょうが、大会報告当時の原告（被控訴人）の報告論題は「一九三〇年代植民地『工業化』の諸特徴」というもので、「大東亜共栄圏」全体を含んでいませんでした。そうではなく、同報告は「日満華北ブロック」に限定されていたのですから、「何人でも行いうる」中には入らないのです。第三報告も日本と「満州」に限られたものであり、やはり「何人でも行いうる」中には入っていないのです。

地裁のこの「判決」が「何人でも行いうる」と判断した根拠は一体全体どこにあるのでしょうか。地裁裁判官の方々がいくらそのように判断しても、実社会の人々がこれを認めることはないでしょう。

## 2　「参考文献の引用」「重なる部分」という論法

ついで適切な「参考文献引用」の有無を、地裁裁判官という非専門家が認定したという点が問題です。「判決」は繰返し「叙述を基礎づける参照文献が引用されていると認められる。」（二九頁二一―二三行目）、三一頁一五行目、三二頁二三―二四行目、三三頁一七―一八行目、三四頁四―五行目など数多くの場所で、上記のロジックを大変多く使っています。参照文献の適切性は「誰でも」見分けられるものでしょうか。

このケースでは、原告（被控訴人）の著書による控訴人（被告）の論文の「剽窃の有無」が争われているのですから、「参照文献」の記載が「無いこと」、具体的には控訴人論文が「参照文献」として「記載」ないし「引用」されていないこと、この点がむしろ最大の争点だったのです。原判決はこの点にまったく気付かず、形式的判断を重ねたあまり、問題の本質を把握されなかったものと推察されます。

この判決ではさらに重大な「主語・述語・記載順序の表現形式」・「重なる部分」・「歴史的事実の記載」などの諸表現が次々に問題になります。「主語、述語、記載順序の表現形式に同一性」（三一頁二〇―二一行目）、「記述内容については重なる部分があるものの、当該部分は歴史的事実の記載にすぎないから」（三一頁二二―二三行目）以下、三二頁四―五行目、二二行目、三五頁九―一四行目など数多くの箇所がこれらの問題をはらんでいます。

また、「重なる部分」があるなら、「重なる部分」のどちらが研究成果の独創性を示すのか、それとも他人の研究成果の「剽窃」を示すのか、あるいはそうではなく単に「重なる」だけで「剽窃」ではないのか、それを具体的に判断すべきであるのが原審の裁判官の役割だったのではないでしょうか。具体的な生きた歴史の如何を問わず、すべて「誰でもなしうる」とすれば、この社会を支えている専門的職業はほとんど成り立たなくなってしまうのではないでしょうか。歴史家もそういう専門的職業のひとつだといえましょう。

## 3「歴史的事実の記載にすぎない」という論法

とくに、「歴史的事実の記載にすぎない」との論断は、歴史学への無理解あるいは無知をさらけ出したもので、歴史学者はこれに対して全く同意を示さないでしょう。「控訴理由書」でも触れましたが、ここではごく簡単にひとつだけ反論しておきますと、「歴史的事実」というのは、「歴史家」が史料をもってその存在を確認し、他の「歴史的事実」との歴史的な関連性（歴史的連関ともいいます）を確認して、はじめて「歴史的事実」が認知されるので、要約すれば「歴史家」が「歴史的事実」を確認してこれを位置付けたものこそ「歴史」なのです。

「『歴史的事実』の記載にすぎない」という言い方は、裸の「歴史的事実」がぽつんと固定され動かしようもなく存在しているという誤った認識を原審裁判官がもっていたといわざるを得ません。「歴史的事実」の確定のために、世界中の歴史家が日々重ねている努力を、これでは全く無視する事に他ならないと思うのです。

このような判決、すべての争点につき形式的理由によって原告の請求を認めた原判決に対して私が控訴をしない場合には、その影響は学問による真理の探究と、裁判による審理の手続きとの関係について、非常に重大な問題をはらむことになるものと深刻に考えたわけです。

## 4「誰でも」考えられる「アイデア」論という論法

原判決は、「被告以外の者」による「先行論文」とその「原告による引用」をもって、「被告論文に依拠していない」としています。この場合、単なる「引用」があれば、本文の論旨と関係なしに「先行」論文として認められているのです。本文がその引用箇所について批判したか、否定したか、是認したか、あるいは止揚したか、これらは全く問題とされていません。頁数すら「引用」されず、文献名に「言及」されるだけで「先行研究」とされるのです。

これに平仄を合わせて、原判決は「誰でも考えられる」「アイデア論」を採用していますが、そのことによって、「すべての学術的判断」を「裁判所が」なし得るのか、という大問題が生ずることに鋭く注意を払わなければなりません。「すべての学術的判断」についての是非を問う提訴が、全国各地の裁判所に続々と持ち込まれる事態を想定すれば、その答えは自ずから明らかだと言って良いのではないでしょうか。

## 5　「同一の項目」と「一般的」性格という論法

原判決二五頁六行（イ）で、「被告は、経済史学界においては、特定の歴史的事実について当該事実を論じている先行研究を引用せずに記述した場合にも、剽窃を行ったと評価されると主張する。」「しかしながら、先行研究に依拠せずに単に同一の項目を記述したことを剽窃と表現する方法が一般的であるとはいえず、そのように解すべき理由もないから、この点に関する被告の主張は採用できない。」との一節です。この後段を吟味しますと、本件では、「先行研究」（たとえば控訴人の研究）に強く依拠しているにもかかわらず、それを記述していない場合が問題になっている際に、それを無視して、「単に同一の項目を記述」するという判断基準を適用することは、学界に非常に悪影響を与える、あまりに一般的すぎる記述です。「同一の項目」の「項目」とは何を示すのですか。「一般的である」

と言いきれることがここでは論証されておりません。そのように「解すべき理由もない」ことを、納得的に説明していません。

このように単純かつ「一般的」な「論理」によって、これまで歴史学のみならず、すべての諸学問分野の全体が、営々として行ってきた「先行研究」の貴重な成果物の集大成に他ならない現在の学問そのものを、いとも簡単に切って捨てることを、正常な判断だということはできません。

原判決は、かくも重大な問題を孕んでいることを自覚せずに行っており、それでも「被告の主張は採用できない」（二五頁）というのであれば、上記のような重大な疑問にすべて逐一答えるべき責任を、まず果すべきです。

## 第6　具体的検証の例

### 1　朝鮮・台湾不在論の陥穽

次は原判決二七頁一一―一三行です。「朝鮮及び台湾の植民地経済についての分析等についての記述があるところ、これらの点については被告学会報告では触れられていない。」と記しています。

この一句を読むと、原判決が原告（被控訴人）側の資料のみを鵜呑みにしているばかりか、被告（控訴人）側の最も重要な当の論文である「『大東亜共栄圏』の経済的実態」の第I頁「まえがき」および二頁注（3）すら全く読んでいないことが判明します。

控訴人論文一頁の一段組の「まえがき」では、大会報告の分担において、被告（控訴人）は広く大東亜共栄圏全体を流通過程の視角から概観し、原告（被控訴人）が地域をさらに絞り込んで、より狭く日満華北ブロックと朝鮮・台湾につき、生産過程の視角から中心に取り上げる、という合意の上で報告をした、そのことが同論文の「まえがき」および二頁注（3）にきちんと明記されているのです。短い文ですから注（3）の文をここに記します。

「朝鮮台湾をふくむ日満華北ブロック自体の分析および生産過程や労働問題に立ち入った検討については本号所載小林論文にゆずる」。

原判決は控訴人大会報告論文一頁冒頭のまえがきと「課題」、それに関する注をも読まず、被控訴人の主張にそのまま従って、被控訴人側の分担範囲に関する誤った思い込みの通りに、判決でも書き写してしまったという、判決における判断の公正性への信頼を、非常に大きく揺るがすものになってしまったのです。

## 2　「浅田―小林論争」と控訴人報告

原判決は二八頁五―一三行で、「本件原告著書が発行されていた当時に浅田が採用していた方法論とは異なること」「原告は、昭和四八年初め頃からの浅田との論争の過程で、かかる方法論を展開するに至った」といっています。ここで浅田氏と小林氏（被控訴人）との論争と控訴人報告との関係を正確に位置付けておきます。

控訴理由書で述べたように、被控訴人（原告）の「陳述書」での説明によりますと、同人は一九七三年初めから浅田氏の土地・金融・鉄道の三本柱論に対して論争を始め、時期別・課題別に柱を設定するよう主張、一九七五年初めに浅田氏への反論に基づき原告著書の構成を決め、一〇月には原告著書の八割方を完成し、遅くとも一九七五年一月頃に原告著書を脱稿した、という順序になります。

（原告「陳述書」甲五〇）

一方、同じ原告（被控訴人）が法廷に提出した『「大東亜共栄圏」と日本企業』（甲四三）では、おなじ論争につき全く別の経過が語られています。

すなわち、被控訴人は一九七三年以降浅田氏と月一回の植民地研究サークルを開催し、一九七四年頃の月例会で「三本柱」で分析する手法を被控訴人が提示したところ、浅田氏は被控訴人にレジュメと報告者書の提出を求めて被控訴人の私案を積極的に受け入れ、一九七五年『歴史評論』に複数の論文を発表したが、同年八月二五―二七日の歴史科学評議会第九回大会で、原告は逆に浅田氏を批判する側として「静態的・固定的な仕上げには賛成できない」と公然と発言し、以後被控訴人は、この浅田氏が提示した三本柱論を乗り越えて植民地分析の方法論提示に全力を挙げ、原告著書はこうした論争の過程で生まれた、というのです。

一九七五年八月末以後に方法論提示に全力を挙げたのであれば、本件の控訴人学会報告はその前の一九七四年一〇月二七日、準備報告は更に前の一〇月一二日になされていますから、被控訴人は控訴人の学会報告の全容を知っていたわけで、浅田氏との論争のみから原告著書が生み出されたわけではなく、私が学会共通論題で提示した方法論も十分取り入れ、かつそれを隠していたわけです。

原判決は「争点対照表」四五頁二の「原告（被控訴人）の反論」や被控訴人「陳述書」一一頁などの記述に惑わされ、これをまったく見過ごしてしまいました。

控訴人の学会大会報告より後の一九七五年に浅田氏の三本柱論がその全容を現わし、それに対し被控訴人が同年九月以降にこれを批判しようとしたのですから、被控訴人の主張する浅田氏との論争から被控訴人著書の方法論を生み出したという被控訴人の主張は、時系列的に見て成り立ちません。

一九七四年一〇月一二日の土地制度史学会大会準備研究会報告で、控訴人の問題別・時期別・地域別の論理構成とそれに照応する一連の資料の開示をしたことが、のちに被控訴人による時期別・問題別・地域別分析の方法に転用されたのです。準備研究会当日、原告は自らの目次構成も示すことも出来ず、ただ私の論理構成に聞き入るだけでした。

このように学会準備研究会・大会報告作成過程で被告（控訴人）の思考を知る機会があったことが、浅田氏との論争だけではなく、被告＝控訴人の思考にも依拠して行われたと判断されるのは理の当然です。浅田氏との論争に加えて、控訴人の思考内容の提示があり、被控訴人のいわゆる「時期別」方法論が発想されえたのです。

私が方法論を明示したのが一九七四年一〇月、浅田氏が土地支配・金融支配・鉄道支配の「三本柱」論を展開したのは一九七五年春、原告（被控訴人）が浅田氏を批判したのは同年八月の歴史科学協議会第九回の時で、それ以降原告は「三本柱」論を乗り越えようと「方法論提示」に「全力を挙げ」、「原告著書」はこの「論争の過程で」生まれた、との主張を、そのまま受容して法的判断をすることは不可能なはずです。

もし前者の原告（被控訴人）「陳述書」（甲五〇）を正しいとすれば、後者（甲四三）を含む原告の大多数の著作は虚言を平然と記すものとしてその信用性を著しく損なうことになり、逆に後者などの著作の信頼性を尊重すれば、宣誓して真実のみを述べることを誓った法廷に対し虚偽に満ちた「陳述書」を提出したことになるのです。

この点を私は平成三〇年五月二二日の結審に際して口頭陳述の冒頭に申しましたが、原告はこれに全く回答できませんでした。ところが原判決は虚偽に満ちた原告（被控訴人）「陳述書」を全く問題とせず、これに有利な「判決」に導き、さらにこの原判決は被告（控訴人）が問い詰めて被控訴人を絶句に追い込んだこの口頭陳述について何も触れないものでした。

原告（被控訴人）著書の「あとがき」冒頭に、本文には一切引用されず無視・剽窃された私＝控訴人の寄与への、異例の謝辞の特記の根拠となっているのです。

（同書五四三頁、「本書は、右の課題に沿って過去一〇年間に発表した諸論文および未発表論文を新たな視角から全面的に再構成しなおしたものである。再構成の際、一九七四年度土地制度史学会秋期学術大会報告（大会報告は『土地制度史学』第七一号、一九七六年四月掲載予定）の準備のため、満州史研究会の原朗氏とおこなった数度の打ち合わせの討議が、本書作成に大いに役立った。かさねて原朗氏に感謝いたしたい。」）

方法論上、当時の学会の状況に即して考えれば、浅田氏や私との関係を無視して、被控訴人が単独で方法論を作り上げたわけではなく、「浅田―小林論争から被控訴人著書が生まれた」という「神話」は、本人がいかに述べ立てようと虚構にすぎないことは、以上で証明したとおりです。本件被控訴人著書あとがき五四三頁冒頭の謝辞にまず登場するのは浅田氏ではなく控訴人＝私でした。

原判決二八頁六―一三行は、この点も吟味せず、ひたすら被控訴人の主張に従うのみで、控訴人の主張を斥けました。原判決の見識そのものをここでも問うものです。

## 第7　公共性・公益性と真実性・相当性

### 1　公共性と公益性の判断

まず原判決は、控訴人の本件発言等が「学問研究の適正さに関わる事実であり、高度の公共性が認められ」「学問研究はその自由が憲法上保証され（憲法二三条）」「多数の国民の利害関心の対象となる事実」に係ること」、および、「専ら公益を図る目的にでたもの」という名誉棄損の違法性阻却の前提となる要件を充たすものであることを認定しました。この部分は控訴人の主張を認めたもので、正当です。残るは真実性と相当性の判断だということになるわけです。

## 2　「真実性の証明」の欠落

前記したような考量からみると、判決が被告の主張・立証に係るあらゆる争点につき、これに係る「科学界・科学者コミュニティ」のありうべき判断基準と評価に一切ふれることなく、いとも簡単にすべて「真実性の証明がない」とした認定は、第三者がみたとしても納得させることができるものとは到底言えないと考えられます。原判決は、科学的著作に関しその質保証のために科学界・科学者コミュニティに自立的かつ自律的規範が存在すること、この規範を判断基準にして科学界・科学者コミュニティにおける「他人のアイデア」の盗用という事実が認定されるべきこと、そして、この自律的規範とそれに基づく判断の尊重が「学問の自由」の保障と表裏であることを見誤っているといわなければなりません。すくなくともこの点を顧慮することなく、内容と切り離された形式のみにこだわって判断を進めるのは異様に性急であろうと思われます。

審理に当てた時間が五ヵ年間、結審後に判決言渡し日時も次々に延期されて八ヵ月、それだけ長期に亘って言渡すことのできた判決の論理がかくも一面性かつ非合理なものでしかないことは、「学問の世界」のみならず「一般人の世界」からみても、理解に苦しむとしか言いようがないと感じます。

### 3　真実性の証明に関する問題性

以上の考量から、判決が「真実性の証明がない」とした争点、一つひとつの論点のすべてにつき、反論することができますが、長文を要しますのでなるべく簡潔に述べ、貴裁判所の審理に有用ならしめることを心がけ、詳細な点につきましては原審に提出した控訴人側書面、控訴理由書及び意見書をご検討くださいますよう、お願いいたします。

### 4　「真実性の証明」と「真実相当性」の関係

「真実性の証明」と「真実相当性」（真実と信じることについての相当の理由の存在）は、名誉毀損の請求を阻却する別途の要件です。ところが、判決は、真実性の証明につき「確実な資料又は根拠があったと認めることができない」ことをもって「真実相当性」を否認しています。

これでは、違法性を阻却すべき二つの別途の要件が、同一の要件に帰してしまっていることになり、原判決の相当性の判示に関して、非常に重大な結果をもたらしました。

### 5　控訴人による相当性の主張

相当性の判断の欠落については、控訴人は、さらに以下のような「相当性の主張」を行っておりましたのに、原判決はこれを全く検討せず、判断の脱漏であると言わざるを得ません。

ア　控訴人先行論文の剽窃

イ　満州史研究会、本件学会発表、準備会における被告研究成果（発見した資料を含む）の原告への開示、本件原告学会報告への助言、学会誌への共同掲載の努力の事実

ウ　原告が謝罪し八年間も講義しなかったことに基づき本件最終講義で発言したという事実。

エ　原判決は、三五頁五―六行で、「被告先行論文からの剽窃は真実性立証の対象とならない」と断じ、九―一〇行で「主語・述語・記載順序等の表現形式に同一性が認められないとし、同一一行「上記記述を基礎づける参照文献が引用されていること」、さらに一三―一四行で「重なる部分があるものの、当該部分は歴史的記述の記載にすぎない」から「剽窃の事実も認められない」と、本判決の誤認方法のすべてを総動員して剽窃を否定しました。

オ　ここで、控訴人論文「『大東亜共栄圏』の経済的実態」が、それまで約十年間の控訴人先行論文の集大成に当たり、したがって数多くの先行論文が控訴人論文の（注）に明記されていること、他方、被控訴人著書の非常に多くの部分に、控訴人の先行報告が、ほとんどすべて剽窃され、不適切なかたちで引用されていることを、原判決は全く軽視しています。

カ　「主語・述語」云々については、すでに批判したように、表現形式の同一性が問題なのではなく、思考内容の同一性こそが問題なのです。また、「参照文献の引用」についても、「歴史的記述の記載に過ぎない」との論旨も上記で批判したとおりです。

上記のような形式的基準によってではなく、被告側証拠書類や法廷における証言、口頭陳述の内容をも検討し、叙述の示す事実と思考に即して検討すべきことが原判決の直面する課題であったはずです。ところが、ここで原判決は原告側の主張に沿った心証のみを重視して、形式的判断基準を優先させ、本項に集約された地裁判決の各種の形式的「論断」基準を総動員して、まことに一方的で不十分な原判決を書き上げてしまいました。この原判決は、実証的歴史学のどの論者にも受け入れられないものになったというべきでしょう。

### 6　「被告先行論文の剽窃」の重要性

とりわけ、前項エで指摘した「被告先行論文の剽窃」の有無は、相当性の判断にとって非常に重要です。原判決（三五頁・四行目以下）は、本件摘示事実は「被告先行論文からの剽窃は真実性の立証の対象にならない」として、被告先行論文の剽窃又はその蓋然性について一切判断をしていません。しかしここで、もし被告先行論文の剽窃があるか否かの検討を行えば、摘示事実の真実性を信ずる相当の理由になりうるのですから、相当性の判断においては重要な判断事項であるとしなければならないと考えられます。

仮に、名誉毀損を判断する場合の「剽窃」の意味が、学術の世界で理解されている「剽窃」の意味より狭いとしても、被告は学術上の意味として「剽窃」という言葉を使用しているのですから、被告には過失がなく、相当性の理由があるとすべきでしょう。

## 第8　本件における司法判断のあり方

### 高度の専門性に立つ学術的判断と法的判断

あるアイデアが誰にでも思いつくか否かは、表面的な語句の一般性ではありません。高度の専門性に立脚する学識・研究によって創見された思考か否かによるものです。したがって、「創見か否か」は専門家でなければ解らないはずであり、「法律家」の判断であるとしても、「学術界」と同一の基準によるべきものであるとしなければならない性質のものです。本件の審理においても、専門的な人々の意見を聴取しなければならなかったと思います。

この裁判は結審までに五年かかり、裁判長の交代が三回あり、判決言渡しも数回延期されて結審から八ヵ月に及びました。その根本原因は何でしょうか。

問題が高度に専門的であって学術界において議論すべきところを、学術界では自らの力で学問論争に勝てないと判断した原告が、公正な法曹界に提訴するという法的措置をとったからです。

原審裁判官がこの問題について高度に専門的知識を持っていたかどうか、この原判決を見れば明らかです。何の具体論にも立ち入れず、原告（被控訴人）側の誤った「論理」のみをよりどころとして、さらにこれを「一般化」し拡充するという、法的に見て「相当性の判断」すらきちんとなされず、学術的に見ればむしろ「有害」ともいわざるを得ない「判決」が下されるという結果に終わってしまったのです。

この訴訟は、高度に専門的な学術的判断と、一般的な法的判断との関係において、相当困難な審理が予想されるところ、やはり「五年を超」える長期裁判になりました。司法統計で見れば、これは民事第一審でわずか〇・二％にしか入らないものです。

しかも判決は原告・被告双方の主張の双方を充分吟味するのではなく、専ら原告（被控訴人）側の論理と原告側の主張のみにたより、五年を超える期間にわたって被告（控訴人）側が法廷に提出し続けてきた書類や立証成果、証拠調べの結果などは、原判決では全く参看されず、無視されてしまったのです。

高度な学問研究の先行性（プライオリティ）を巡って剽窃の嫌疑が裁判となり、法廷で争われた稀な事件として、「控訴理由書」一二―一三頁でも言及した恩賜賞・日本学士院賞をめぐる「中国塩政史研究論文事件」平成四年1二月1六日判決（乙七九　東京地裁平成元年（ワ）第五六〇七号事件（本訴）、平成元年（ワ）1二二七五号　同反訴請求事件（反訴））があります。この裁判における審理は、東洋史学界で高名な研究者をめぐり学術的見地にも正面から触れた判決は学界で注目され、判示も明晰でありました。ここではさらに加えてこの判例から二つの引用をしておきたいと存じます。

「…二つ以上の研究の先後の評価ないし判定は、当該対比されるべき研究における時間的な先後の一事のみならず、当該各研究の内容、程度、方法、結果の発表態様、学説若しくは見解の当否若しくは優劣等種々の要素を総合しなければ容易になしえないものであって、このような学問上の評価ないし判定は、その研究の属する分野の学者・研究者等に委ねられるべきものであり、裁判所において審査し、法令を適用して解決することのできる法律上の争訟ではないといわなければならない。」（一〇頁）

「被告Y一が朱元璋と塩との関係を論じる際に、いかなる史料を使用すべきか、又はいかなる事実を前提とすべきかについては、専ら学術上、学問上の問題であるといえるから、同人の史料操作上の問題点に関しては、学術誌上あるいは学会等の場において議論されるべきであって、そのような議論を経ない現段階において、しかも裁判所において、史料操作に誤りがあったと断ずることはできない。」（三九頁）

この判決における以上の二つの判示は、裁判所が、争われている学術的な事案の全てについて判断を下したわけではなく、あるいは判断を下す際には「専ら学術上、学問上の問題」については「学術誌上あるいは学会等の場において議論されるべきもの」であり、「そのような議論を経ない現段階」

では、「しかも裁判所において」「断ずることはできない」として、慎重に専門的学術的見地に基づく判断を待つ姿勢を示し、事実、控訴理由書でも述べたとおり、日本学士院がこの問題のために設けた特別審査委員会による結論を尊重して判決を言渡しています。

以上の裁判所の姿勢は、学術上の争いと裁判所の司法判断との関係について、あり得る適切な判断であると思われます。

## むすび——現行司法制度と私の立脚点

今年で満八〇歳になった控訴人は、現時点でこのように考えます。私は現在でも日本の民主主義的司法制度への信頼をなお持ち続けています。民主主義的手続きに時間がかかることは、義務教育の中学校二年生、一四歳のときに学びました。この裁判も初審の地方裁判所で五年八ヵ月を要して出た今年一月の「判決」は、第一段階の結末にすぎない、高等裁判所という第二段階に至れば、法的に、かつ法と学術との関係についてもより見識ある裁判官によって、公正な法的判断が下されるであろう、と信じております。

ただ、残念なことに、原判決は私の司法制度へのこの信頼に、充分応えては下さいませんでした。その理由は、原判決の内容から見る限り、控訴人が地裁に提出したもっとも重要な文書にきちんと目を通して理解して頂けなかったことに起因するものと考えざるを得ません。従いまして、この陳述書の最後に、貴高等裁判所におかれましては、最小限次の三つの裁判文書を仔細にご検討頂きたいことをまず申し述べさせていただきたいと存じます。

その第一は、原審結審時に被告が口頭で陳述した際の、「被告（控訴人）本人口頭陳述書」（平成三〇年五月二二日）およびそれに関連する弾劾証拠乙七五「対照表」です。これは原告（被控訴人）「陳述書」（甲五〇）と原告の他の著書における記述（甲四三）との矛盾をつき、原告陳述書が虚偽に充ちていることを証明したものです。それにもかかわらず、原告からの回答は結審において全く得られず、原判決は被控訴人が法廷に提出した「陳述書」（甲五〇）が虚偽に満ちていることを不問に付されました。

第二は、堀和生「意見書Ⅲ」末尾の「表4」で、原告著書の各章・節・項に即して克明に盗作か否かを一覧表に表示され、頁番号をも明記して対比したものです。

第三は、同じく堀和生証人の原審における「証言」そのものでありまして、当事者ではなく第三者の研究者が、被告（控訴人）および原告（被控訴人）の研究業績をどのように判断されているかが示されております。

以上の点を最後にお願いいたしまして、高等裁判所としての高いご見識に信頼し、冀くは、日本の司法の輝く伝統に列なる貴裁判所が、公正にして論旨明快な判決を言渡されることを期待してやみません。

## （三）「控訴理由書」の概要（二〇一九年五月一七日）

この控訴理由書は、Ａ４版で一〇〇頁を超し、全体で七万字を超えるので、目次によって全体の構成を示し、必要最低限の要点の一部を記すほかはない。地裁判決の批判としては、前掲の堀「意見書Ⅳ」と私の陳述書と多く重なるので、この両者と重なる部分は本書では反復を避けている点に留意されたい。目次をやや詳しく記し、その一部についてその内容を摘記すれば以下の如くである。

第１　はじめに
　１　一九七四年一〇月二七日に行った控訴人の土地制度史学会の基調報告とその内容について
　２　被控訴人による控訴人論文の剽窃・盗用
　３　本件の争点と原判決の問題
　４　本書面の概要
第２　原判決の真実性判断過程における歴史学の基礎的知見等の欠落
　１　原判決では以下のような重要な判断の基礎が欠如している
　　(1)　原判決は歴史学及びその叙述についての基礎的な理解を欠いたまま判断を行っている
　　(2)　原判決は「剽窃」に関する学界の共通認識と全く異なる判断を行っている
　　(3)　原判決は原審での立証内容を全く無視したものであり、立証の結果は全く反映されていないばかりか、これに反した判断をしている
　　(4)　原判決は著作権法に関する理解を欠いた誤った判断をしている

(3)　問題別、時期別、地域別からの分析について

(4)　貿易・金融の観点からの分析について

(5)　以上の各事実、原判決自体が指摘する参照文献（書証）そのものを裁判官が実際に読み、理解したかにつき検討したとは思えない内容となっている

1　原判決の被告学会報告の大要についての所論

2　表題・用語法について　3　時期区分について

4　投資形態について　5　貿易構造について

6　金融構造について　7　総括について

8　小括

以上、原判決は「別紙争点対照表に従って検討する」としているにもかかわらず、その判示内容は「争点対照表」の全部ではなく、その中の「原告の反論」欄の文言をただ繋ぎ合わせたものに過ぎないものであり、さらに、原判決は真実性の証明を行うに当たり、歴史学の基本的知識、「剽窃」の判断基準、原審での立証と「当て嵌めの事実」等、基本的判断要素を欠落させたままに、具体的な叙述の目的や内容自体の検討を回避し、控訴人と被控訴人の研究の水準、被控訴人の研究の形成過程の根拠などを全く欠落させたまま「剽窃」の有無を論じている。

第4　真実相当性の判断についての誤り

相当性の立証とは、「摘示された事実が真実であることの証明がなされなくても、その行為者において当該事実を真実であると信ずるについて相当な理由があるときは、故意又は過失を欠くもの

として不法行為が成立しない」のに、原判決は真実性の判断の思考内容をそのまま相当性の判断に流用している。

第5　本件適示事実2について

原判決は被告の原稿は完成しておらず、これら書籍を発行する具体的予定があったと認められないとするが、控訴人がこの点に関し、叙述しているのは、本件論文ののち、さらに単著として執筆することを考慮していた予定を断念し、あわせて研究生活を変えたことであり、原判決はこれを具体的な出版計画を予定し設定していたかに恣意的な拡大解釈を行った上で、「真実性」を否定しているが、被告の主張は、山田盛太郎の『日本資本主義分析』を批判的に継承して『日本戦時経済分析』を、矢内原忠雄の『帝国主義下の台湾』を批判的に継承して『帝国主義下のアジア』を、大塚久雄の『近代欧州経済史序説』を批判的に継承して『現代日本経済史序説』を構想していたこと、植民地を含む日本帝国主義全体の体系的分析を構想していたことを断念せざるを得なくなったと述べたのであり、原判決はこれを歪曲し、勝手な拡張解釈をしている。

第6　本件著書が控訴人の本件論文等を「剽窃」としていることは、以下の項目を検討するだけでも明らかである

堀意見書Ⅲ（乙七〇）等で本件著書の一〇五項目のうち二五項目について「剽窃」が行われていることが明らかにされており、これに対して、被控訴人の弁解は全て破綻している。原判決の判示は、以上の各事実を完全に無視し、歴史学の共通認識を欠落させたものとなっている。念のため、あらためて以下の八項目について検討を加える。

1　全体構想（論理構成、篇別構成）

2　第一期の満州（争点対照表七）
3　興中公司（争点対照表一一）
4　貿易構造の変化（争点対照表一五）
5　第三国貿易と円ブロック貿易（争点対照表一七）
6　第三期の金融構造（争点対照表二二）
7　円系通貨発行高のグラフ（争点対照表二三、二四）
8　日中戦争と解放区の地図（争点対照表二五）
9　前記「貿易構造の変化」（争点対照表一五）「第三国貿易と円ブロック貿易」（争点対照表一七）及び「第三期金融構造（争点対照表二二）と本件著書における「大東亜共栄圏崩壊の要因」との関係について

第7　まとめ

原判決（地裁判決）は、①歴史学における叙述の性格についての基礎的理解の欠如、②「剽窃」に関する学界の共通認識の無視、③証拠調べの結果の無視、④著作権法への理解の欠如、⑤「剽窃」の基準への当てはめにおける根拠のない事実認定、などの結果、空疎なフレーズを多用して、何らの理由もないまま剽窃の有無につき結論している。

原判決の内容は歴史学界、研究者の間で、研究方法、研究成果の評価等について大きな疑問が呈されている。本件は経済史という歴史分野での紛争である以上、歴史学上の基礎的理解のうえに判断されなければならないことはいうまでもない。

原判決は「剽窃」の事実を否定したが、その論理の内容には歴史学の方法と叙述に関する基礎的知見、学問における「剽窃」の内容、控訴人である私の立証結果、「剽窃」を否定した前提事実などすべてを完全に欠落させ、本来の争点については真っ正面から判断せず、「剽窃」の事実を否定している。原判決の致命的欠陥は歴史学の基礎的知見等の欠落であり、真実性と相当性についての判断を誤り、各論点につき剽窃の事実を無視する。原判決は判断の根拠が欠落し、単に争点対照表における被控訴人（原告）の文言の一方的な辻褄合わせに終始し、同対照表の「原告の反論」が虚偽に満ちていることを看破できていない。

歴史的事実の確定は歴史研究者の独創的行為によってなされるのであり、一見誰が見ても同一の「客観的な」歴史的事実なるものも、歴史研究者による主体的かつ独創的な研究に基づいている。

原判決は、前述した歴史学上の基礎的知見を欠落させたまま、何の根拠も示さずに「判断」されたものであり、判断の脱漏、自己矛盾、理由不備、審理不尽が至るところに存在する。

以上に論じてきたところに照らして、原判決は取り消されるべきことは当然といわなければならない。

# 三　原告剽窃行為新証拠の提出（二〇一九年五月一七日）

## （一）　堀和生「小林英夫氏盗作行為の起源」

### はじめに

本件の訴訟の冒頭において、小林英夫氏（以下、「小林」と呼ぶ）は、自分は「学会上の常識や倫理上批判を受けうる、いかなる行為も行っていない」（原告「第二準備書面」二〇一四年一月二一日　四頁）、と述べている。はたしてそうであろうか。本稿の目的は、小林の主張とは異なり、彼が研究活動の当初から、甚だしく研究倫理を欠いた行為を行っていたことを、わかりやすく示すことである。

取りあげる論文は、小林英夫「元山ゼネスト――一九二九年朝鮮人民のたたかい」（労働運動史研究会『労働運動史研究』四四号一九六六年七月。小林英夫・福井紳一著『論戦「満洲国」・満鉄調査部事件――学問的論争の深まりを期して』彩流社、二〇一一年に再録）である。これは小林が、裁判所に提出した自己の「発表論文目録」（甲第五号証）でその第一番目に掲げたもので、上記の「第二準備書面」（二頁）では次のように述べている。「原告は、その著作の主要部分を既に学会誌等への一二本の論文を通じて発表し（甲五）、本件学会発表の前に、原告著書の主要な章節は既に完成していた。原告著書の内容・編別構成は、被告の学会発表前に、上記一二本の論文の中でほとんど発表しているものであり、当然の帰結として、被告の学会発表に依拠したものではない」。このように、小林の本論文（以後、「小林論文」と呼ぶ）は、本件訴訟の資料の一部を構成するものであり、当然にこの論文中における剽窃問題は、自らこれを組み込んだと主張する本件小林著書に対する学術的な信頼性に直結するものである。

小林論文との関係を検討するのは、北朝鮮の学術雑誌に発表された論文、尹亨彬（ユンヒョンビン）「一九二九年元山労働者の総罷業とその教訓」（『歴史科学』一九六四年二号。以後、「尹亨彬論文」と呼ぶ）である。小林論文の二年半前に発表されており、同じく一九二九年朝鮮の元山府で勃発した著名な総罷業（ゼネラル・ストライキ）を対象としている。この論文を取りあげるのは、表題に掲げた問題を第三者が簡単明瞭に理解することができる素材であるからである。

本論に入る前に、二つの論文の対象となった事件の概略を紹介したうえで、当時までの研究史について説明しておこう。１９２８年英蘭系石油会社ロイヤル・ダッチシェルの子会社ライジングサンの朝鮮元山の油槽所でおこった労働争議が、警察署長や商工会議所の調停では解決できず、やがて運送労働者・埠頭労働者までを巻き込み、最終的に一九二九年一月から商店の同情ストまでよびおこす全市的な総罷業にまで拡大した。この三ヶ月に及ぶ総罷業は、朝鮮の労働・民族運動としても、近代日本帝国における社会運動としても規模が大きく、当時から注目を集めた大事件であった。ただし、その事件は日本の植民地統治に関わるものであったために、注目度の高さに比して公開された報道・情報資料は多くはなかった。最もまとまったものは、同時代資料である×××（ふせ字）「元山に於ける総同盟罷業」（『新興科学の旗のもとに』一九二九年七月号）であり、その他は断片的な報道、伝聞資料のみであった。戦後の研究においてもそれら戦前の報道、伝聞資料を再引用する状態に留まっていたなかで、事実発掘の密度を格段に引き上げた時代を画する研究として登場したのが、ここで紹介する尹亨彬論文である。そして、日本における新しい水準の研究が、それから若干遅れて公刊された小林論文であった。

尹亨彬論文の全文を掲げたのが資料Ａで、朝鮮語文で一七頁である。尹亨彬論文を筆者の責任で日本語翻訳したものが資料Ｂで、Ａ４で一七枚である。小林論文の全文が資料Ｃで、四段組一〇頁のものである（以下、単に「Ａ」「Ｂ」「Ｃ」という）。この三つの文献を比較することによって論を進める。小林論文の文章を基準として、重複する箇所に赤線を引いて明示した。接続詞の違いやわずかな表現の変更相違、ＡからＣに至る過程で少しの省略や加筆があっても、それらがおおむね文章の一〇％以内のものであれ、重複と判断した。表現の変更とは、日帝→日本あるいは日本資本主義のような言い換えや、文章の圧縮のことである。当該箇所の重複の実相については、読者が直接に照合して読み合わせていただきたい。

筆者がＡ・ＢとＣを比較検討した結論は、次の三点に要約される。

## (1) 引用注

第一は、両者の重複部分は非常に多く、明らかに小林論文は尹亨彬論文を大々的に参照している。にもかかわらず小林論文にはそれを示す引用注が全くない。

学界のルールとして学術論文を執筆する際は、先行研究の到達点を明らかにし、自己の見解との相違を明らかにするために、先行研究の引用については必ず引用注を付けることが要求される。近年は研究不正を防ぐために、各大学や学会はこのことについて厳格な規定を設けている。例えば、早稲田大学「剽窃定義確認書」では、「他人の文章を書き移す場合（つまり引用する場合）には、かならずその文章を「」（二重カギカッコ）でくくる。」（乙第一四号証　裏面）とある。また、神戸大学国際協力研究科「剽窃・盗用ガイドライン」には、「（2）引用の場合：鉤括弧やブロック・クォーテーションで引用部分を明示したうえで、ページ番号（場合によっては行番号）を付す。」（乙第一五号証　三頁）とある。つまり、先行研究の成果と自己の研究成果を峻別することを、厳格に求めている。

これに対して、小林論文はどうであろうか。小林論文は冒頭において、元山ゼネストに関する戦前の文献を紹介した後、次のように述べている。「しかし最近になって、朝鮮民主主義人民共和国において、当時期の研究が進み、尹亨彬「一九二九年元山労働者達のゼネストとその教訓」（歴史科学一九六四年二月号）をはじめ多くの論文が出されているので、それらをふまえながら以下述べることとする。」（三七頁）。確かに、このように尹亨彬論文の名前は紹介されている。しかし、奇異なことに、尹亨彬論文はどのような内容であり、小林論文がその論文のどの部分・見解を利用しているのか、全く何も述べられていない。そして、尹亨彬論文から膨大な文章を使いながら、一つの注もつけられていない。この点は、他の文献の引用とくらべてみると極めて対照的である。

小林論文には、日本語文献として、「無産者新聞」九回、「新興科学の旗の下に」六回、「京城日報」二回、『レーニン全集』二回、その他一回引用のもの六件が引用されている。朝鮮語文献は「一九二〇年代マルクス・レーニン主義の伝播と労働運動の発展」が二回引用されている。このように、都合二七箇の引用注が付けられている。このうち、事態の推移を要約した一箇所と、事実の有無を確認している一箇所を除き、その他の引用箇所はすべて初めと終わりを括弧（「」）で括り、引用の内容と範囲を明確にしている。この点から見て、小林は学界の引用のルールを知らないわけではない。

しかし、その例外が尹亨彬論文である。Ａ・Ｂ・Ｃを照合すれば明らかなように、小林論文は他の引用文献とは比較にならないほど膨大な分量の文章を、尹亨彬論文の中から使っている。しかし、小林論文のどこにも引用注はなく、先に示した冒頭の一節を除いては、尹亨彬論文に依拠したとは書いていない。二七箇の引用文献が挿入されている小林論文を読んだ読者は、その他の多くの部分が尹亨彬論文の研究成果であることを知るよしもない。多くの引用文献を挿んで、引用なしに使われている尹亨彬論文の文章の無断使用は、客観的に剽窃だという以外の評価はありえない。

引用注がある箇所にも問題がある。小林論文ではレーニンの著作を二回使っており（四一頁第四段と四二頁第一段）、それを大月書店の『レーニン全集』から引用している。ところが、この引用は尹亨彬論文の引用の仕方と全く同じである（Ａ四〇頁左列・Ｂ九頁とＡ四〇頁右列・Ｂ九頁）。尹亨彬が朝鮮語版の『レーニン選集』から引用していたのを、前後の文章もふくめて、全て自分の論として叙述している。他人の著作や見解のどこを自分の論文のなかにどのように取り入れるのかも学術的な営みである。小林は、「尹亨彬論文がすでに指摘しているように、レーニンはこの問題にこのように発言していた」、と説明する必要がある。これは、極めて歪んだ引用だといわざるを得ない。

## （2）二重の背信行為

さらに、尹亨彬論文と小林論文を照合すると、重大な問題が浮かび上がる。それは、小林論文が尹亨彬論文の成果を著しく毀損していることである。

　尹亨彬論文の新しさは、当時の北朝鮮において入手できる文献、行政・警察・司法の一次資料、争議関係者の証言等を可能な限り多数発掘していることで、外国にいる研究者にはアクセスすることが困難な貴重な資料と情報を提供している。小林論文が剽窃している箇所を例にとれば、次のような文献である。

A　三三頁左列（B　二頁）元山歴史博物館所蔵『元山総罷業参加者らとの談話資料』（以下、『元山総罷業参加者らとの談話資料』と称する）
A　三四頁左列（B　三頁）元山警察署文献、元山支庁文献及び『元山総罷業概観』参照
A　三四頁左列（B　三頁）『元山総罷業参加者との談話資料』及び『元山警察署文献』参照
A　三四頁左列（B　三頁）咸興地方法院文献および『元山総罷業を回想しながら』参照
A　三四頁右列（B　三頁）『元山警察署文献』参照
A　三四頁右列（B　四頁）咸興地方法院文献参照
A　三五頁左列（B　四頁）『元山総罷業参加者との談話資料』参照
A　三五頁左列（B　四頁）『元山総罷業概観』参照
A　三五頁左列（B　四頁）『東亜日報』1928・9・18参照
A　四四頁左列（B　一三頁）『東亜日報』1929・3・24参照
A　四四頁右列（B　一三頁）『東亜日報』1929・3・24参照
A　四四頁右列（B　一三頁）『元山総罷業概観』参照

Ａ　四四頁右列（Ｂ　一三頁）『東亜日報』１９２９・３・24、３・26、４・８参照
Ａ　四五頁左列（Ｂ　一四頁）『東亜日報』１９２９・４・８参照
Ａ　四五頁左列（Ｂ　一四頁）『東亜日報』１９２９・４・７、４・８および『元山総罷業を回想しながら』参照
Ａ　四五頁左列（Ｂ　一四頁）『東亜日報』１９２９・４・12参照

ところが、本来の尹亨彬論文にあった以上の出典注は、小林論文の剽窃箇所では全て削除されてしまった。小林論文は、これらに文献と証言によって裏付けられて明らかにされていた歴史事実を、その根拠を全て消して、尹亨彬の文章を全て小林自身の文章として叙述している。

これは二重の意味で、学問的な背信行為である。第一は、文献や証言から歴史的事実を発掘し論文にまとめた尹亨彬の学問的な営みの成果を、否定し奪った行為である。第二に、その根拠となる文献と証言の来歴を消し去ったことによって、小林論文の読者が尹亨彬論文の成果を受け取ることをも妨げている。日本の読者は、そこに書かれている歴史的事実がどのようにして明らかになったのか、検証する方法を絶たれているのである。この小林論文の二重の背信行為によって、当該部分の歴史研究は正常な進展が妨げられたといえる。

### （3）剽窃の重み

この小林論文の剽窃箇所は、派生的な部分ではなく本論そのもの叙述にかかわる部分であり、その

部分がなければこの小林論文は成り立たない。小林論文のなかで尹亨彬論文と重複する比率は、文字換算すると四八％に達している。一つの論文中において、特定の論文と全く同じ文章が半分近くを占めるということは、論文自体を研究対象とする学説史研究でも例を見ない極端な「引用」である。その論文の構成と四八％という分量からいって、これはまったく剽窃によってできた論文である。尹亨彬論文と小林論文の総括的な結論部分を見ていただきたい（A　四六―四七頁、B　一五―一六頁、C四五頁と二五頁）。この小林論文の結論部分は、第一から第七まで順序、内容、文章、表現まで尹亨彬論文とまったく同じである。「経験と教訓」というタイトルさえ、尹亨彬論文からとっている（A四六頁右列三七行、B四五頁二段一七行）。小林論文を公平に見れば、オリジナリティは尹亨彬論文の扱いが比較的少ない領域、つまり日本内における労働運動・無産運動の元山ゼネストに対する連帯・支援活動に関する報道の紹介である。そこにわずかな付加価値があるとはいえ、四八％におよぶ剽窃を含み、結論をまったく同じくする小林論文は、学術論文として認めることのできないものである。

この論文が学術誌におけるチェック制度である査読を通過した理由は、ひとえに当時の当該誌編集委員会と査読担当者のなかに、朝鮮史についての専門的研究者や朝鮮語を解する者がいなかったからであろうと推測するほかない。もしも編集委員会が、論文冒頭に名前が挙がっている尹亨彬論文と著者の見解の違いを明示すること、というコメントを付けて改稿を要求したならば、この論文が日の目を見ることはなかったはずである。

出典を明記することなく先行研究の内容を剽窃する行為は、学界では研究倫理に反するものとして厳しく批判制裁される。小林によるこの剽窃行為は、学界ではどのように扱われるであろうか。学術世界で四〇年を過ごした筆者の経験に照らせば、次のように扱われると思われる。

雑誌掲載論文であれば、掲載取り消し措置が執られることになる。ただし、この『労働運動史研究』は一九八〇年に休刊になり、すでに四〇年近くたっているので、そのような措置は現実には行われない。進学資格論文であれば審査却下となり、受験資格を失う。学位論文（内容からみて博士論文ということはあり得ないので、卒業論文か修士論文の一部）であれば、学位は取り消され、場合によっては身分剥奪というレベルの制裁が科される。小林論文の剽窃行為は、現在の学界ではそのように扱われる。そのことは、小林自身が久しく勤務していた早稲田大学の不正防止規定を見ても疑問の余地がない。そして、小林が二〇一一年にこの論文を自己の著書の中に再録し公刊したことは、彼が学生時代の剽窃行為を、今なおまったく後悔も反省もしていないことを示している。

結論として、本稿が公表されることによって、五三年前の小林論文による剽窃行為が学界に知られるようになる。小林が何らかの弁明によって本稿の論拠を覆さない限り、学界において当該論文は剽窃論文として扱われ、学術論文とは見なされなくなる。

## おわりに

冒頭に紹介したように、この小林論文は小林の最初の公刊論文であり、彼自身は学部のゼミ修了論文を学会誌に発表したと誇っている（原告「陳述書」二〇一七年五月二日　甲第五〇号証　四頁、小林英夫・福井紳一前掲著「資料解題」三六八―三六九頁）。その内容は本文に明らかにした通りである。学生のレポートではよく見られる大胆不届きな剽窃論文が、教育的懲罰をうけるどころか査読をすり抜けて学会誌に掲載されてしまったことは、その後の小林の軌跡に大きな影響を与えたと思われる。剽窃により学術キャリアを始めた小林は、若手時代の研究の集大成として自己の業績をまとめる際に、本訴訟の案件となった『「大東亜共栄圏」の形成と崩壊』において一書全般にわたって同じ行為を行ってしまった。注意深く見ると、小林著書の剽窃では、本稿で扱ったのと同じやり方が随所に見られる。筆者の「意見書Ⅲ」一〇―一五頁で具体的に明らかにしたように、冒頭に先行研究として原朗の論文名を一度だけ出した後、原朗が明らかにしている内容を原朗が発掘紹介した文献を利用して、あたかも小林本人が解明したかのように自分の文章で論を展開している。そしてこのやり方を、小林は著書のなかで何度も何度も繰り返している。小林にとって、研究キャリアの最初の時点で研究倫理を踏み外した代償は実に大きかった、といわざるを得ない。

## （二）尹亨彬（ユンヒョンビン）著「一九二九年元山労働者の総罷業とその教訓」（一部抜粋）

『歴史科学』一九六四年第二号（一九六四年三月）（堀和生監訳）

注・資料A（朝鮮語全文）は本書では省略し、資料B（日本語訳）の序論部分と結論部分を以下に掲げ、資料C（小林論文）はその次に写真版で対応する部分を示す。傍線を付した部分が剽窃箇所に相当する。

今年、われわれは元山総罷業三五周年を迎える。筆者は、本稿で元山総罷業の過程を分析・概括することでこの闘争が我が国の労働運動史上において占めている位置と意義を明らかにしたい。

奴隷的な搾取と抑圧のもとで朝鮮の労働者階級は早い時期から日帝の植民地略奪者と妥協した地

主・資本家に反対し革命的闘争を展開していたが、一九二〇年代に入りその隊列が成長し、マルクス・レーニン主義思想が急速に浸透・普及すると同時に朝鮮革命闘争を領導しはじめた。

労働者の罷業闘争は労働団体の出現および発展とともにその指導のもとで急速に成長し、その組織性が強化されるなかで要求条件も徐々に洗練され、闘争の規模と形態が拡大、発展した。一九二〇年代の労働者たちの罷業闘争の発展の様子は、つぎのとおりである。

| 年度 | 件数 | 参加者数 |
|---|---|---|
| 一九二一 | 三六件 | 三四〇三名 |
| 一九二五 | 五五件 | 五七〇〇名 |
| 一九二八 | 一一九件 | 七七五九名 |

（『最近における朝鮮の治安状況』一四三頁）

マルクス・レーニン主義の旗のもとに頑強に展開された闘争を通じて朝鮮労働者階級は多くの経験を蓄積し、より洗練された階級へと成長・発展し、我が国の労働運動は徐々にマルクス・レーニン主義と農民運動が結びつきはじめた。こうして共産主義者の指導のもとに一九二〇年代下半期に労働者・農民の闘争は、組織性と連帯性を一層強化するなかでさらに急速に拡大・発展した。

急速に成長・発展する朝鮮人民の革命力量に恐れを感じた日帝の植民地統治者たちは、三・一人民蜂起以降、朝鮮人民を瞞着し懐柔するために標榜したいわゆる「文化政治」の看板さえ放り投げ、朝鮮人民の民族解放闘争に対するファッショ的弾圧を一層強化した。かれらは、一切の合法的革命活動の可能性を抹殺するとともに愛国的な人民たちを手当たり次第検挙、投獄し、虐殺した。

しかし、一九二〇年代後半になり一定程度闘争経験を蓄積し鍛錬された我が国の労働者・農民大衆は、深刻化する日帝の略奪と暴圧の前で決して闘争をやめなかった。かれらは一九二八年末の共産党の解散から教訓を得て、大衆のなかに浸透した共産主義者の指導のもとに、罷業闘争や小作争議のみにとどまることなく、より積極的で戦闘的な戦術を大衆的に志向しながら解放闘争の旗をさらに高く掲げた。

そうして全国各地で日帝の暴圧を食い止めようと戦闘的な罷業と示威が継続的に起こった。元山労働者たちの総罷業は、このような一九二〇年代末～一九三〇年代初めの労働者・農民の大衆的・革命的進出の合図となった。

元山労働者たちの総罷業は、一八八〇年代開港以降、露礁だらけであった元山港が日帝による侵略の前哨基地として、略奪的貿易港として転換しはじめたころから絶えず展開されてきた埠頭労働者たちの闘争の全過程のなかで準備された。

開港後、元山には埠頭労働者たちの最初の世代が登場したが、かれらは労働市場に出た最初の日から日帝の過酷な略奪や民族的蔑視、抑圧に反対する血のにじむような闘争のなかで階級的に覚醒し鍛錬されていった。このような歴史的過程は、偉大な社会主義十月革命の勝利とマルクス・レーニン主義革命思想の伝播によって急速に促進された。

一九二〇年代に入ると、地理的条件が有利であったため、元山地方には比較的早い時期からマルクス・レーニン主義思想が伝播しはじめた。

元山にマルクス・レーニン主義が入ってきた主要な経路のひとつは、ソ連の遠東〔極東〕地帯と日本と〔朝鮮〕国内の港の間に開かれていた航路であった。一九二〇年代初めから元山にはこの航路を航行する「清津丸」が出入りしていた。

この貨物船の朝鮮人船員たちは、ウラジオストクに往来しながら社会主義十月革命と解放されたロシアの労働者・農民たちの自由な生活について自分たちが伝え聞いたことを元山の労働者たちに感慨深く話し、マルクス・レーニン主義の書籍を先進的インテリゲンチャたちに伝達した（元山歴史博物館所蔵『元山総罷業参加者との談話資料』（以下、『元山総罷業参加者との談話資料』と称する）参照）。

すでに一定の闘争経験をもっていた埠頭労働者たちは、すぐにマルクス・レーニン主義思想に共鳴した。彼らはマルクス・レーニン主義思想に接するなかで労働運動の全国的な発展に志向しはじめ、先進的インテリゲンチャとともに自分たちの統一的組織のための闘争を展開した。

ついにかれらは一九二一年三月一五日、埠頭労働者たちの七つの労働組合の指導機関として元山労働会を創設したのだが、ここで注目すべきはこの会が当初から労働者階級の単一的組織として現れたという事実だ。未熟ではあるが、この組織はマルクス・レーニン主義思想を指導理念としつつ埠頭労働者たちの鞏固な闘争経験にその土台を置いていた。それゆえに、それは戦闘的埠頭労働者たちに対する統一的指導だけではなく、元山地方における労働運動の統一を保障することができたのである。

元山労働会は傘下の労働組合に対する指導を強化するとともに、一九二一年四月傘下九〇〇名の労働者の賃上げのための罷業闘争を組織・指導し成功を収めたのをはじめとして、労働者の経済闘争を数多く組織・指導した。この過程でその隊列はまた、不断に拡大、発展した。

創設以降、組織的かつ思想的に絶えず強固に発展してきた労働者会は、一九二四年六月に①労働者階級の解放、②無産階級の世界的提携、③労働者の知識向上、④労働者の生活向上などに要約される綱領を採択した。この綱領には確かに曖昧なところがありはしたが、当時の我が国におけるマルクス・レーニン主義の普及、労働運動の成長および労働者大衆の革命的志向が直接的に反映された進歩的なものだった。

綱領の採択に続いて一九二五年一一月にはまた、当時元山で活動していた元山工友会をはじめとするいくつかの労働団体に対して統一的な指導を保障し、経済的および政治的地位の向上のための運輸労働者の闘争が成功するように指導するために、一三五〇名余りの労働者を網羅していた二八個の細胞団体を職業別労働組合の連盟組織に改編し、元山労働連合会を創設した。

綱領を採択し労働連合会を組織することで、元山の労働者はマルクス・レーニン主義の指導のもとに明確な行動綱領をもって団結した力量で経済的かつ政治的境遇の改善のための闘争を一層果敢に展開することができるようになった。

創設された労働連合会は、大衆的職盟組織としての組織体制を整備、強化するとともに絶えず拡大、発展したが、総罷業が起こった時点で傘下に二四個の職業別労働組合に五七個の細胞団体とおよそ三〇〇〇名の労働者をはじめとして元山の労働者をほぼすべて網羅していた（元山警察署文献、元山支庁文献および『元山総罷業概観』参照）。

組織の強固な発展とともに元山労働連合会は、文化啓蒙事業や扶助・共済活動をはじめとして労働者階級の民族的、階級的な利益のための闘争をさまざまなかたちで組織、展開した。

早い時期から活発に展開してきた扶助・共済を見れば、扶助事業は細胞団体を中心に、共済活動は消費組合、労働病院、労働理髪所などの共済施設を通して実行された。食料をはじめとする生活必需品を供給するとともに冠婚葬祭などに対する扶助はもちろん、やむを得ない事情で作業に参加できない成員にも米の値段にはなるくらいの生活費を保障した（『元山総罷業参加者との談話資料』および『元山警察署文献』参照）。

＊＊＊中略＊＊＊

また元山総罷業は、この時期朝鮮革命の発展のなかで浮かび上がってきた一連の問題を実践的に提起することで、運動のそれ以降の発展に高貴な経験と教訓を残した。それは、

第一に、日帝のファッショ的暴圧が一層強化される条件のもとでは政治的かつ経済的要求のための労働者階級の闘争は、強力な反日闘争による支えなくしては所期の目的を達成できず、そのためには合法的闘争とともに非合法的革命活動が要求され、それはまた一九二〇年代に出現したさまざまな労働団体は新たな条件のもとでの労働運動の発展の要求を全うすることはできず、それを改編、強化し革命化することが喫緊の問題だということをはっきりと示した。

第二に、総解雇対総罷業の決戦における敵・味方両者間の戦術上の問題を鋭く提起したのだが、凶悪な階級的敵も労働者に反対する闘争のなかで組織性が強化され、経験を積んでいる条件のもとでは、成熟性のある革命的な罷業戦術が無条件に要求されるということを示した。

主要なものは、罷業の準備と組織、その物質的かつ大衆的基礎についての問題、労働者の闘争形態と方法、罷業指導部と労働者に対する革命的指導の保障、敵の蛮行の社会・政治的暴露、敵内部の矛盾と葛藤を適時に捉え利用することなどであった。

第三に、植民地的暴圧と略奪に反対する苛烈な闘争は、民族改良主義をはじめとする各種の政治思潮とともに、とりわけ階級闘争を階級協調に変えようとする改良主義的機会主義の反逆的本質を余す

ことなく暴露したが、労働運動が深化、発展する条件のもとにおいてはこのような非プロレタリア的潮流を徹底的に排撃し、労働運動の隊列の原則的統一・団結を保障しなければならないということをはっきりと示した。

第四に、総罷業の全過程を通して労働者は、約一〇年間の組織闘争のなかで訓練され、鍛え上げられた労働者階級の政治的かつ戦闘的な力量を見せつけたが、それは我が国の労働者階級がこの時期に至って日帝の植民地的ファッショ化政策が一層強化される条件のもとでは、平和的罷業のみをもってしては闘争が成功する見通しを期待することはできないということを認識し、より積極的な闘争へと進み出ており、たとえそれが自然発生的で分散的であるとしても、暴力闘争への移行を実践的に解決しているだけではなく、糾察隊の組織と活動にみるように、先進労働者は一定程度の経験をすでに蓄積しているということを示した。

第五に、総罷業の全過程において各階級と階層の政治的動向と立場が明確に示されたが、地主、隷属資本家、民族反逆者、親日の手先を除外した農民、小ブルジョアジー、良心的な民族ブルジョアジーなどの広範な人民大衆は、労働者階級の革命的領導を受ける準備を整えており、労働者階級はかれらに対する闘争的領導を実現できる能力を備えていたということを示すと同時に、労働者階級が領導する労農同盟とそれを核心とする広範な反日民族統一戦線運動の組織展開のための客観的諸条件が成熟しており、ひとえに要求されるのは労働者階級の革命的前衛、革命的マルクス・レーニン主義者の組織的指導であり、それが保障されるのであれば、プロレタリアートのヘゲモニーの実現も、反帝反封建民主主義革命の成果的遂行も可能であるということをはっきりと示した。

第六に、反日革命闘争において日本の労働者階級をはじめとする各国の労働者階級との国際主義的連帯を強化し、特に革命的国際労働組織との日常的な組織的関係を設定し、朝鮮内にいる日本人および中国人労働者との事業を強化することについての問題を主に提起した。

第七に、最も切実で重要な問題として、我が国の労働運動と革命闘争の発展が、どの時よりもマルクス・レーニン主義党の革命的領導を要求しているということを示した。

総罷業が敵を戦慄させ、世の中の人々を驚愕させた英雄的闘争であったにもかかわらず、所期の目的を達成できなかったのも、結局は革命的党の領導がなかったからであり、労働運動と民族解放運動が提起している一連の差し迫った諸問題、すなわち強力な反日政治闘争の組織展開、より積極的な闘争形態への移行、広範な反日民族統一前線の形成とプロレタリアのヘゲモニーの実現などを成果的に解決することも、結局は革命的前衛等の出現によってのみ保障されえた。

元山総罷業が残した以上のような諸々の経験と教訓は、革命闘争の新しい高揚とその将来的な発展にあって貴重な土台となり、その過程で引き続き発展し、そこで提起された諸問題は一九三〇年代の抗日武装闘争の時期に全面的に実現された。

＊＊＊以下略＊＊＊

## (三)　小林英夫「元山ゼネスト――一九二九年朝鮮人民のたたかい」（一部抜粋）

＊次頁に資料Ｃ（小林論文）の冒頭部分（２頁）と結論部分（２頁）を示す。傍線部分が尹亨彬（ユンヒョンビン）論文からの剽窃箇所に相当する。

労働運動史研究　44号　1966年6月

36

資料C

# 元山ゼネスト——一九二九年朝鮮人民のたたかい

小　林　英　夫

## 元山ゼネストの位置

37

B-2

## 元山労連の結成と運動の高揚

B-3

44

B-13

## 最後の決戦——総罷

B-14

45

## 元山ゼネストの経験と教訓

B-15

B-16

# Ⅵ　さらに驚くべき東京高裁判決

## 一　東京高等裁判所判決（二〇一九年九月一八日）

令和元年九月一八日判決言渡　同日原本領収　裁判所書記官　田中貴章
平成三一年（ネ）第七一五号謝罪広告等請求控訴事件（原審・東京地方裁判所平成二五年（ワ）第一六九二五号）
令和元年五月二七日口頭弁論終結
判決

控訴人　原朗　住所（略）
同訴訟代理人弁護士　渡辺春己　原田伸　武藤行輝
被控訴人　小林英夫　住所（略）
同訴訟代理人弁護士　道あゆみ　浦川道太郎　小島秀一

**主文**

一　本件控訴を棄却する。

二　控訴費用は控訴人の負担とする。

**事実及び理由**

**第1　控訴の趣旨　（略）**

**第2　事案の概要　（略）**

**第3　当裁判所の判断**

一　当裁判所も、被控訴人の控訴人に対する不法行為に基づく損害賠償請求は、控訴人に対し二二〇万円及びこれに対する平成二五年三月一五日から支払済みまで年五分の割合による金員の支払を求める限度で理由があるから、この限度で認容すべきであると判断する。その理由は、次の二のとおり、当審における控訴人の主張に対する判断を付加するほかは原判決「事実及び理由」欄の「第3　当裁判所の判断」（別紙を含む。）に記載のとおりであるから、これを引用する。ただし、原判決を次のとおり訂正する。

（1）　原判決二三頁四行目の「論文等」を「未公開の論文」と改める。

（2）　原判決二四頁一七行目の「ところ」の次に「（なお、広辞苑（第七版）には「他人の詩歌・文章などの文句または説をぬすみ取って、自分のものとして発表すること」と定義されている。）」を加える。

（3）　原判決二五頁八行目の「しかしながら、」の次に「先行研究に依拠しながら先行研究を引用せずに先行研究の特定の歴史的事実についての創見性・独創性のある記述と同旨の記述を自らの発案に係るものであるかのように表現する場合が剽窃に当たることはもちろんであるが、そのような場合ではなく、」を加え、一〇行目の「理由もないから」を「理由もないし、歴史的事実についてであったとしても、同一の項目について記述したことから当然に先行研究に依拠したと推認されるものでもないから」と改める。

(4) 原判決二七頁一七行目の「ものであるし」の次に「(なお、控訴人と被控訴人とが満州史研究会において共同研究を行ったり、本件大会の報告の準備のために打合せ討議を行ったりした(本件被控訴人著書「あとがき」参照)ことからすれば、分析の視点や歴史的事実の認識を共有する部分があること自体は何ら不自然なことではない。)」を加える。

(5) 原判決二八頁七行目の「浅田」を「満州移民を日本の植民地支配の重要な柱と位置付け、「土地支配」、「金融財政支配」、「鉄道支配」からなる支配の「三本柱」論を提唱し、学界に影響力を有していた浅田」と改める。

(6) 原判決三一頁二三行目の「歴史的事実」から二四行目末尾までを「歴史的事実の記載であって、同じ事実を他者が記述したからといって直ちにこれを剽窃であるということができるものではない(なお、被控訴人がこれを自らの独創的な研究成果であるとして記述していると評価することもできない。)し、上記の重なる部分があることによって、被控訴人が控訴人の創見に係る論理構成を剽窃したということもできない。」と改める。

(7) 原判決三二頁末行の「歴史的事実」から三三頁二行目末尾までを「歴史的事実の記載であって、同じ事実を他者が記述したからといって直ちにこれを剽窃であるということができるものではない。」と改める。

（８）原判決三四頁一九行目の「引用した」を「参照して作成した」と改める。

（９）原判決三五頁二一行目の「「共貧圏」」から二四行目末尾までを「共貧圏」という語句は、一般的に使用されているものとはいえないものの、共栄圏の反対の意味を示すために「栄」を「貧」に変えただけのものであって、それ自体は前記意味におけるアイデアとまでいうことはできないし、仮に、「共貧圏」という語句が前記意味におけるアイデアであるということができるとしても、本件被控訴人著書において「共栄圏ならぬ共貧圏」という語句ないし成句を使用したことをもって、被控訴人が、未刊行の控訴人の論文（控訴人学会報告）の構成や内容を自己の著作の編別構成や内容に利用する形で剽窃を行ったとまでいうことはできない。なお、控訴人は、「共貧圏」との用語は「大東亜共栄圏」と誇示した政策そのものの中にその崩壊の要因が存在し、そのため「共貧圏」となっていたことを示す、「共栄圏」と対になる表現方法であるとも主張するが、この語句ないし成句自体からそのような趣旨までがうかがえるものではなく、被控訴人がこの語句ないし成句を使用していることをもって、被控訴人が控訴人の前記意味のアイデアに依拠して、これを自己のアイデアとして表現したことを裏付けるものであるということもできない。」と改める。

（10）原判決三六頁六行目の「歴史的事実」から七行目末尾までを「歴史的事実の記載であって、同じ事実を他者が記述したからといって直ちにこれを剽窃であるということができるものではない。」と改める。

（11）原判決三六頁二〇行目の「ところ、」から二一行目の「できないから」までを「ものであって、被控訴人に対する名誉毀損との関連において本件摘示事実二のうち重要な部分は、本件摘示事実一を前提に、「その結果」控訴人が自己の著作の公表及び学位申請等を断念するなどしたことであるから、本件摘示事実一が真実であると認めることができない以上、」と改め、一二三行目から三七頁六行目までを削る。

(12)　原判決三八頁一〇行目から一四行目までを削る。

二　当審における控訴人の主張に対する判断

(1)　控訴人は、前記第2の三（1）のとおり主張する。

歴史研究において、歴史的事実として確立されるための手順等や歴史研究者の一般的な研究の在り方が控訴人の主張するとおりであり、先行研究の指摘とその明示が論文の叙述において基本的事項であることが認められるとしても、先行研究の指摘と明示が遵守されない場合には、直ちに剽窃・盗用と判断されることが一般的であるとまでいうことはできないのであって、先行研究に依拠せずに単に同一の項目について記述したことを剽窃と表現する用法が一般的であるとはいえないことは、上記一で訂正の上で原判決（第3の二（3）ア（イ））を引用して説示したとおりである。

また、先行研究に依拠しているか否かの判断に当たっては、当該研究と先行研究を比較することが必要であるということはできるものの、それ以外の事情を考慮して判断されることもあり得ないものではないし、他者の先行研究と内容が同旨であるときに、先行研究の存在を指摘していなければ、他人の先行研究に依拠したものと考えることが一般的であるとまで認めることはできない。原判決は、控訴人が剽窃であると主張する各点についてそれに関する第三者や被控訴人の先行研究の有無等を検討した上、同様の（重複した）叙述が存在するとしても、その部分は歴史的事実の記載であって、そのことから直ちに剽窃であるということはできず、被控訴人が控訴人学会報告に依拠して本件控訴人著書の記述を行ったとは判断できない旨判示しているものであって、何らの検証もなしに剽窃とはいえないと判断しているものではないから、控訴人の批判は当たらない。

よって、控訴人の上記主張を採用することはできない。

（２）　控訴人は、前記第２の三（２）のとおり主張する。

しかしながら、本件被控訴人著書の項目についての分析や控訴人と被控訴人との研究経歴について堀意見書や堀証言のように解することができるとしても、被控訴人が、陳述書（甲五〇）や原審における本人尋問において陳述、供述するように、他の先行研究等や被控訴人自身のそれまでの研究成果などから、本件被控訴人著書の編別構成を考案、記述するに至ることがあり得ないとまでいうことはできないのであって、堀意見書や堀証言をもって、本件摘示事実一の真実性が立証されたということはできない（なお、堀は、被控訴人の研究に精度を欠く点があると感じる一方、控訴人の初期の研究を高く評価するようになり、本件大会における共同報告をした控訴人と被控訴人との関係を、総括報告をした控訴人が全体の理論の創始者であり、各論報告をした被控訴人が緊密な協力者であって、上記理論に依拠して各論につき実証を担当したものと考え、そのような視点からの研究整理を公表して、平成二年ないし平成八年にかけて被控訴人と論争となったという経緯があり（乙三七の一、堀証言）、控訴人と被控訴人の理論的先駆性の評価や堀意見書等にある同人の検討結果が一面の見方としてあり得るとしても、それが第三者として公平で客観的なものであるとまでいえるかどうかには疑問があるし、上記のとおり、それをもって本件被控訴人著書が控訴人学会報告の剽窃であるとまで認めることができるものでもない。）。

よって、控訴人の上記主張を採用することはできない。

（３）　控訴人は、前記第２の三（３）のとおり主張する。

しかしながら、アについては、被控訴人が浅田の支配の「三本柱」論を批判したのが一九七五年（昭和五〇年）八月のことであったとしても、浅田との論争の結果、地域区分を時期ごと、課題ごと、地域ごとに再編成することにしたという被控訴人の陳述等が虚偽であるということはできない（仮に、執筆時期についての陳述が事実と異なるとしても、そのことをもって、被控訴人の上記に係る陳述等が信用できないとまでいうことはできない。）し、本件被控訴人著書に、控訴人学会報告についての指摘があり、被控訴人が本件大会において控訴人と共同報告を行っていること（なお、被控訴人が、控訴人学会報告前に控訴人の手書きの原稿（乙二四）を入手していたことについては、被控訴人は否定しており、これを認めるに足りる証拠はない。）からすれば、被控訴人が本件被控訴人著書を執筆するに当たって、控訴人の控訴人学会報告を参照し、これに依拠することができなかったとまで認めることはできないものの、そのことをもって、これに依拠しなかったという被控訴人の陳述等が虚偽であるとまでいうことはできない。また、イについても、被控訴人は、陳述書（甲五〇）において、「植民地工業化の形成と崩壊の論理を「大東亜共栄圏」の形成と崩壊の論理とし、そのポイントを、更に具体的には、「日本からの機械と熟練労働力の間断なき供給と植民地不熟練労働力の強権的動員、この三者の直接的生産過程における有機的連繋の拡大如何」に置いた」と陳述しているところ、控訴人の指摘する本件被控訴人著書（結語部分。五三四頁以下）には、上記の具体的ポイントとして指摘された事項についての記述があると認められるから、控訴人の指摘は必ずしも当たらないというべきである。ウについても、控訴人の研究成果について、先駆性があるものであると捉えている研究者が多いということはできるものの、被控訴人がこれを否定していることをもって、被控訴人が控訴人学会報告等に依拠していることを殊更隠蔽しようとしているとまでいうことはできない。

よって、控訴人の上記主張は、本件の結論を左右するものであるということはできず、採用することができない。

（４）ア　控訴人は、前記第２の三（４）アのとおり主張する。

しかしながら、大東亜共栄圏全体についての本格的論文は控訴人学会報告が最初のものであり、（①）、新たなカテゴリーを設定すること自体が独創性の発揮である（④）としても、本件全証拠に照らしても、控訴人学会報告が、投資、貿易、金融の各分野の問題について論じる点が、「大東亜共栄圏」全体を三つのカテゴリーで分析し、その崩壊の要因を明らかにするという控訴人の思考の枠組みそのものであって、控訴人学会報告の枢要点であり、画期的なものである（②）とまで認めることはできず、控訴人学会報告と本件被控訴人著書との叙述順序や具体的な検討対象の違い（③）は、剽窃が行われたことを否定する方向に働く事実であるというべきであるから、上記一で訂正の上で引用する原判決（第3の二（3）イ（ア））が認定説示するとおり、本件被控訴人著書において、控訴人学会報告の課題設定及び論理構成という論文の全体構想について剽窃が行われたとは認められないといわざるを得ない。

また、上記一で訂正の上で引用する原判決（第3の二（3）イ（ア）b）が認定説示するとおり、昭和三八年三月二五日発行の文献において控訴人の主張する①ないし③の観点からの記述が既にされていることが認められることからすれば、控訴人のこの分野における研究に対する評価が高いとしても、本件被控訴人著書において同様の観点からの記述があったことをもってこれが剽窃であるということはできず、上記の文献の記述から被控訴人がどのようにして学説を形成させたかという過程の説明や、上記の文献の記述からどのようにして被控訴人の見解が控訴人の見解と同一になるかの証明ができなければ、剽窃であるということになるものでもない（控訴人学会報告以外の先行研究・先行文献等からはおよそ本件被控訴人著書における記述を行い得ないことが証明されれば、当該記述が控訴人学会報告に依拠したものであることが推認されるといえるが、それは真実性（剽窃であること）の立証責任を負う控訴人において証明すべきことである。）。

よって、控訴人の上記主張を採用することはできない。

イ　控訴人は、前記第2の三（4）イのとおり主張する。

しかしながら、上記一で訂正の上引用した原判決（第3の二（3）ア（ア））が説示するとおり、表題、用語法が、一般的にありふれたものであって、誰でも行い得るものであるのであれば、たとえこれに依拠して自己のアイデアとして表現する行為があったと証明されたとしても、それを剽窃に当たると評価することはできず、「剽窃」の事実が真実であったことの証明があったものと認めることができるものではないというべきであり、本件被控訴人著書の表題や用語法をもって、剽窃と認めることはできないことも、原判決（第3の二（3）イ（イ））が説示するとおりである。控訴人は、たとえ上記のような表題や用語法が一般的にはありふれたものであるとしても、これらを用いて表現しようとしたアイデア自体が控訴人の創見に係るものであって、本件被控訴人著書が上記のような表題や用語法を使用したことをもって、控訴人のそのようなアイデアに依拠するものであって「剽窃」に当たる旨の主張をするものとも解されるが、上記の表題、用語法がそのようなものであるとまで読み取ることはできない。

よって、控訴人の上記主張を採用することはできない。

ウ　控訴人は、前記第2の三（4）ウのとおり主張する。

本件被控訴人著書（乙六・九頁ないし一〇頁）において、「侵略戦争に沿ったこの時期区分は、国際的諸関係を視野に入れた時期区分とは若干異なる」「このように、時期は若干ずれるが、ここでは、各時期の概要と特徴を検出する意味で、右の差異を念頭におきつつ、その内容を検討しておこう。」と記述されていることからすると、被控訴人も国際的諸関係を視野に入れた時期区分（小区画）について考慮すべきであると考えていることを読み取ることはできる。しかし、本件被控訴人著書は、これらの記述に続く分析においては通説的な時期区分に沿って論じているのであり（乙六・一〇ないし一四頁）、本件被控訴人著書が控訴人学会報告の見解を採用したとまでいうことはできないし、上記小区画を紹介するに当たり、控訴人学会報告を引用せずに単に同一の項目について記述したことをもって剽窃と表現する用法が一般的であるとはいえず、そのように解すべき理由もない（原判決第３の二（３）ア（イ））から、被控訴人が、時期区分を剽窃したとまでいうことはできない。

よって、控訴人の上記主張を採用することはできない。

エ　控訴人は、前記第２の三（４）エのとおり主張する。

しかしながら、上記一で訂正の上引用した原判決（第３の二（３）イ）が指摘するとおり、本件大会が開催される以前に発行された井上らの著書等の文献の中に、各占領地の投資機関に関する記述があり、本件被控訴人著書には上記投資機関に関する記述が認められることからすれば、仮に、控訴人の歴史叙述が画期的なものであり現在でも定説となっているとしても、被控訴人が控訴人学会報告に依拠しなければ、本件被控訴人著書の当該叙述を行うことができなかったということはできない（井上らの著書の歴史叙述、控訴人の歴史叙述あるいは参照文献の記述と、控訴人学会報告の歴史叙述について叙述の目的、内容（そのレベル）等についての比定を行って、被控訴人がこれらの参照文献等から本件被控訴人著書における記述をすることができることを証明できなければ、被控訴人が控訴人学会報告の叙述を剽窃したことが認められることにはならないし、まして、本件摘示事実一の真実性が証明されたことになるものでもない。)。

また、「剽窃」の有無は単に「主語、述語、記載順序」のみで判断するものではないとしても、これが異なっていることは、「剽窃」と認めるに足りないという理由の一つになり得るものであるし、控訴人が別紙争点対照表「第四　投資形態」七から一〇並びに一三及び一四で主張する事項について、その記述内容に重なりあう部分があるものの、当該部分は歴史的事実の記載であって、同じ事実を他者が記述したからといって直ちにこれを剽窃であるということができるものではないし、上記の重なる部分があることによって、被控訴人が控訴人の創見に係る論理構成を剽窃したということもできないことは、上記一で訂正の上引用する原判決（第3の二（3）イ（エ））が認定説示するとおりである。なお、被控訴人が独自に記述したとしても先行研究の成果と同一であれば、その旨記載しなければ「剽窃」とみられるとの主張は、当裁判所の採用するところではない。

さらに、別紙争点対照表「第四　投資形態」一一及び一二において控訴人が指摘する本件被控訴人著書の表と控訴人学会報告の表については、その記載順序や記載数値については違いがあり、表現形式に同一性が認められないこと、被控訴人が上記各表を作成するに際して依拠した文献を記載していることは、上記一で訂正の上引用する原判決（第3の二（3）イ（エ））が認定説示するとおりであり、控訴人が主張する点を考慮しても、被控訴人が控訴人学会報告に依拠して上記表を作成したと認めることはできない。

よって、控訴人の上記主張を採用することはできない。

オ　控訴人は、前記第2の三（4）オのとおり主張する。

しかしながら、本件被控訴人著書には貿易構造に関する記述を基礎付ける参照文献が引用されているところ、被控訴人が控訴人学会報告に依拠しなければ、本件被控訴人著書の貿易構造に関する記述を行うことができなかったということはできないし（被控訴人がこれらの参照文献等から本件被控訴人著書における記述をすることができることを証明できなければ、被控訴人が控訴人学会報告の叙述を剽窃したことが認められることにはならないし、まして、本件摘示事実一の真実性が証明されたことになるものでもない。）、本件被控訴人著書と控訴人学会報告の各記述の表現形式に同一性が認められないこと、記述内容に重なる部分があるものの、当該部分は歴史的事実の記載であって、同じ事実を他者が記述したからといって直ちにこれを剽窃であるということができるものではないことは、上記一で訂正の上で引用した原判決（第３の二（３）イ（オ））が認定説示するとおりである。

よって、控訴人の上記主張を採用することはできない。

カ　控訴人は、前記第２の三（４）カのとおり主張する。

しかしながら、原判決が指摘する桑野仁の著書が華北を中心に論じられているものであるとしても、その存在や被控訴人の先行研究によれば、被控訴人が控訴人学会報告に依拠してこれらを記述したとまでいうことはできない。また、堀意見書や堀証言をもってしても、上記の先行研究等があることに照らせば、金融構造についての本件被控訴人著書の記載内容のうち、日本帝国全般と満州に関してはかなりの多くの部分、そして中国関内と南方に関する重要な部分が控訴人学会報告からの盗用であるとまで認めることはできない。なお、原判決第３の二（３）イ（キ）が説示するとおり、本件摘示事実一は、被控訴人が未刊行の控訴人の論文、すなわち控訴人学会報告の編別構成を被控訴人の著書の構成に利用して剽窃したというものであり、控訴人先行論文からの剽窃は真実性立証の対象とならないというべきであり、控訴人主張が、控訴人先行論文からの剽窃をいうものであるとすれば、主張自体失当である。

また、控訴人の別紙争点対照表「第六　金融構造」二三から二五までの図表に関する主張については、本件被控訴人著書では、「円系通貨発行高のグラフ」の下部に、日本銀行統計局の文献と「前掲『大東亜共栄圏』の経済的実態」を併記して「より作成」と記載され（乙六・四四七頁）、「中国における日本占領地と解放区」の地図についても、佐野公館研究所の文献等と「原朗「『大東亜共栄圏』の経済的実態」（『土地制度史学』第七一号、一九七六年四月予定）を併記して「より作成」と記載されている（乙六・一〇九頁）ことが認められるものの、被控訴人が上記のうち控訴人の文献以外からこれらの図表を作成したということが虚偽であるとは認められず、この記載方法が、被控訴人独自の作成と読めるような記載方法となっていることが問題であるということはできないし、原判決の判示は、被控訴人において控訴人学会報告における図も参照して作成したことを明示していることを「引用」と表現したものにすぎず、著作権法に反するものであるなどということはできない。

よって、控訴人の上記主張を採用することはできない。

キ　控訴人は、前記第2の三（4）キのとおり主張する。

上記一で訂正の上で原判決（第3の二（3）イ（ク））を引用して説示したとおり、確かに、「共貧圏」という語句は、一般的に使用されているものとはいえないものの、共栄圏の反対の意味を示すために「栄」を「貧」に変えただけのものであって、それ自体は、それを使用することが剽窃と評価されることになるというようなアイデアとまでいうことはできないし、仮に、「共貧圏」という語句が前記意味におけるアイデアであるということができるとしても、本件被控訴人著書において「共栄圏なら ぬ共貧圏」という語句ないし成句を使用したことをもって、被控訴人が、未刊行の控訴人の論文（控訴人学会報告）の構成や内容を自己の著作の編別構成や内容に利用する形で剽窃を行ったとまでいうことはできないというべきであり、また、控訴人は、「「共貧圏」との用語は「大東亜共栄圏」と誇示した政策そのものの中にその崩壊の要因が存在し、そのため「共貧圏」となったことを示す、対になる表現方法であるとも主張するが、この語句ないし成句自体からそのような趣旨までがうかがえるものではなく、被控訴人がこの語句ないし成句を使用していることをもって、被控訴人が前記意味のアイデアに依拠して、これを自己のアイデアとして表現したことを裏付けるものであるということもできない。

よって、控訴人の上記主張を採用することはできない。

（5）　控訴人は、前記第2の三（5）のとおり主張する。

しかしながら、上記一で原判決（第3の二（4））を訂正して説示したとおり、被控訴人に対する名誉毀損との関連において本件摘示事実二のうち重要な部分は、本件摘示事実一を前提に、「その結果」控訴人が自己の著作の公表及び学位申請等を断念するなどしたことであるから、仮に、控訴人が、本件被控訴人著書を読んだ後に、控訴人学会報告のうち更に単著として執筆することを考慮していた予定を断念し、併せて研究生活を変えた事実があったとしても、本件摘示事実一について真実性の証明があるとはいえない以上、本件摘示事実二について真実性の証明があると認めることはできない。

よって、上記控訴人の主張を採用することはできない。

（6）　控訴人は、前記第2の三（6）のとおり主張する。

しかしながら、上記説示のとおり、本件摘示事実について真実性の証明があるということはできないところ、控訴人の主張は、上記真実性の証明があるとして主張した事実を繰り返すものにすぎず、控訴人が確実な資料又は根拠をもって、被控訴人が控訴人学会報告に依拠して本件被控訴人著書を書き上げたことを信じたことをいうものではないから、これらをもって、控訴人において本件摘示事実一及び二が真実であると信じたことについて相当の理由があるということはできない（なお、堀が平成二年に公表した前記研究整理をもって確実な資料又は根拠ということはできないし、真実相当性の判断基準時は行為時であり、真実相当性の抗弁は、その行為時に行為者が認識していた資料に基づいて判断されるべきであるから、控訴人の主張する堀意見書や被控訴人の主張などはその判断の根拠資料になるものではない。）。

よって、控訴人の上記主張を採用することはできない。

(7)　控訴人は、その他、原判決には、判断の脱漏、自己矛盾、理由不備、審理不尽等がある旨るる主張するが、いずれも原審における主張を繰り返すものであり、上記説示に照らして理由がないものであるか、本件の結論を左右するに足りる事実をいうものとは認められないものであるから、上記主張はいずれも採用することはできない。

三　以上によれば、被控訴人の控訴人に対する不法行為に基づく損害賠償請求を二二〇万円及びこれに対する遅延損害金の支払を求める限度で認容した原判決は相当であって、本件控訴は理由がないからこれを棄却することとして、主文のとおり判決する。

東京高等裁判所第一七民事部
裁判長裁判官　川神　　裕
裁判官　武藤真紀子
裁判官　中辻雄一朗

# 二　東京高等裁判所判決批判——最高裁判所への上告

## （一）　高裁判決と学術的判断との対比

当初九月四日に行われるはずだった高裁の判決言渡しは、九月一八日に延期されて言渡された。この高裁の判決は、実質的には地裁判決に不足していた部分を補足し、勇み足で言い過ぎていた部分を取り消して「訂正」し、一二点に亘って地裁判決のほころびを繕った上でこれを維持し、判決主文は同一であった。しかしその判断理由は、地裁より著しく高い立証責任を控訴人（私）の側に負わせるもので、どの論点をとっても、剽窃「とまではいえない」、「とまではいえない」と何回も何回も繰り返し、相手方の研究形成過程の証明責任など、実質的に全く証明不可能な挙証責任をすべて私に要求するものであった。しかも判決は相手方の研究開始時点を、相手方「陳述書」が述べる一九七四年はじめではなく、浅田喬二氏との「三本柱論争」をへた一九七五年八月と認定した。論争が行われたのが八月末、著書が公刊されたのが一二月二〇日、わずか四ヵ月足らずの内に五四五頁もの本件「大著」が方法の構想・執筆・校正・印刷・製本のすべての過程を経て刊行されることが可能であろうか。高裁判決は地裁判決よりもさらに非合理的かつ非現実的な判断を行っている。問題となっている本件著書の形成過程について、私が地裁口頭陳述で追及した時期的齟齬を裁判官たちが吟味した形跡は全くない。高裁判決文自体が混乱を極めている。高裁は事実審の最後であるのに事実認定を正確に行う義務を怠り、下級審の第一次審判決の欠点を庇い合うことに終始してしまったのである。

ここに到って、私は最高裁への上告を決意せざるを得なかった。心の準備のために、まず最高裁判事経験者の回顧録を十冊ほど読み、「裁判所」のトップページから最高裁判例―裁判例情報―最高裁判所判例集―最高裁判例―詳細検索―民事―破棄自判・破棄差戻―名誉毀損・謝罪広告とたどって、いくつかの最高裁判例を調べてみた。

そのうえで私は高裁判決を読み直し、自分流に表現すれば以下のようなことを主張すべきではないかと思った。法学も知らず、上告理由書と上告受理申立理由書の書き分け方も判らない素人が、地裁と高裁の「審判」をうけ、高裁と最高裁との淵に立たされ、なんとか小さな橋を自分で架けようとしてみたのである。

1. 高度の学術的内容を含む上告人の論文と、一審原告の著書についての「剽窃」の有無を判断するにあたり、原判決も第一審も学術界で確立されてきた厳格な「剽窃」の定義や、日本学術会議・大学・文部科学省・日本学術振興会などがその防止に努めてきた「研究不正」（剽窃・盗用、捏造、改竄）の定義も参照していないのはこの判決の大きな欠陥である。

2. 原判決と第一審判決が最高裁判所においても維持された場合、本来同一の方向を示すべき学術判断と司法判断が、全く反対の方向を示すことになる。学術界で自律的な摘発処分を受けた不正行為者が、裁判所に名誉毀損を訴えれば、数百万円もの「精神的慰謝料」を得ることすら可能となる結果を生み、多数の訴訟が各地の裁判所に提訴され、司法の面から見ても大きな混乱を起こすであろう。

3．同様に、両判決が最高裁判所によっても維持されれば、学界におけるこれまでの研究不正に係わる厳格な慣行が瓦解し、学界は大混乱に陥る。多大な時間と巨額の費用を要する裁判に提訴されることを恐れ、剽窃摘発行為は非常に強く抑制され、逆に剽窃行為が横行しかねない。学問の自由、学問の独立が、根本的な次元で崩されることになる。

4．学問の自由は、学問の独立によって支えられる。その学問の独立を、司法部が直接に侵害する事態は全く想定されてこなかった。本件に関する原審と第一次審の判決は、学問の独立に関する正確な判断を欠き、憲法第二十三条「学問の自由は、これを保障する。」の解釈を根本的に誤っている。

5．地裁は非学術的・恣意的・形式的基準を自ら捻出して判断することにより、被告の真実性と相当性を全て否定し、高裁は驚くべきことに『広辞苑』など辞書の語釈などをわざわざ付加して、自ら「剽窃」の学術的基準への無知を告白している。原告が所属していた早稲田大学の「剽窃定義確認書」（乙14）すら参照していない判決は、審理不尽というほかはない。

6．本来、「剽窃」か否かは学術誌・学会など学術界内部での論争等により自律的に判断されてきたが、本件では原告がこれらの学界における討論を全く行わないまま、直ちに法的手段に訴え、被告を名誉毀損の廉で提訴した。

7．裁判所がこれに関与する場合にも、優れて学術的・学問的問題に関しては、学界における討論や審査の結果を待って慎重に対応してきた。東京地裁は別の事件につき次のように判決している。

「学問上の評価ないし判定は、その研究の属する分野の学者・研究者に委ねられるべきであり、法令を適用して解決することのできる法律上の争訟ではない」「優れて学術上、学問上の問題であって、裁判所が審判すべき対象に該当せず、専ら学者・研究者等の評価に委ねられるべきものである」

「史料操作上の問題点に関しては、学術誌上あるいは学会等の場において議論されるべきものであって、そのような議論を経ない現段階において、しかも裁判所において、史料操作に誤りがあったと断ずることはできない。」（乙七九）「中国塩政史研究論文事件判決」（一九九二年一二月一六日）。

8．一審原告の「訴状」は、私の最終講義（二〇〇九年）の一部、私に対して二〇〇一年に謝罪したこと、以後二〇〇九年まで私に対して何の抗議もしなかったことを隠蔽している。これは、当時（行為時、二〇〇九年）私が彼の「剽窃」行為を真実だと「誤認」し、その「誤信」したことにつき、最終講義の記録（二〇一〇年）それ自体が確実な資料、根拠である。

9．従って、この根拠に照らし相当の理由があり、私に犯罪の故意はなく、原判決ならびに第一審判決の前記判断は、法令の解釈運用を誤ったもので、本件最終講義・論文等を総合的全体的に観察する場合、これらが名誉毀損に該当する事実の摘示といえるか否かの判断につき、両判決には審理不尽と法令違背の違法がある。

10．記録にあらわれた本件の経過から見れば、証人堀和生氏の立証趣旨は、明白に真実性の証明を行ったものであり、原審が同証人につき不当な否定的記述をした点は首肯できない。第一次審は法令の解釈を誤り、排除してはならない証拠を排除した違法があり、これを是認した原判決には法令の解釈を誤り審理不尽に陥った違法がある。

11．高裁判決は一審原告が最初の論文「元山ゼネスト」で全体では文字数の四八％、結論部分は一〇〇％にもおよぶ明白な剽窃を行い、かつ２０１１年の著書に再録したという驚くべき事実を解明した証拠（乙八三）を受理しながら何ら吟味をしない。被上告人の剽窃の常習性を示す証拠の無視は明白な審理不尽である。

12．以上に述べた高裁判決の各違法は、判決に影響を及ぼすことが明らかであり、事実の真実性の立証を許さないまま名誉毀損罪の成立を認めた判決は審理不尽である。

13．よって、原判決及びその是認する第一審判決を破棄しなければ、著しく正義に反するものと認めざるをえない。

もちろん、以上は全くの素人の思いつきの手探りにすぎず、実際に提出した「上告理由書」とその「理由要旨・目次」、「上告受理申立理由書」とその「理由要旨・目次」は、弁護士さんたちと討議する中で全く異なる文面と主張に変わっていった。高裁判決の各段落への詳細な逐条的反論をしたい点は山ほどあるのだが、残念ながら紙幅がない。直接の高裁判決各部分への個別的批判にかえて、実質的な批判である一一月二六日に提出した上告関係書類を次項に掲載してこれに代えよう。

二〇一九年一一月二六日、私は上告書類を提出し、受け付けられた。上告書類は「上告理由書」とその「理由要旨・目次」、「上告受理申立理由書」とその「理由要旨・目次」の四種類である。「上告理由書」はA４版用紙で三四頁、「上告受理申立理由書」は八七頁にのぼるので、本書では割愛し、その「理由要旨」と「目次」のみを収録する。

## (二)「上告理由書」の「理由要旨」及び「目次」

### 理由要旨

本事案は、被上告人が著書で上告人論文の内容を剽窃したか否かという、優れて学問上・研究上の剽窃が問題となっていることから、学界での基準に基づき、学界での評価を尊重して判断すべきである。しかしながら原判決は学界における判断基準とは極端に異なった基準により剽窃の有無を判断し、さらに上告人論文の全体構成や具体的歴史叙述などの学問・研究の成果に対する学界における評価を無視し、これに反する判断を至るところで行っている。したがって、原判決は上告人の学問の自由（憲法第23条）を侵害し、かつ、学問的見解に基づいた上告人の表現の自由（憲法第21条）を侵害したものである。

第1　原判決の採用した剽窃の判断基準は学界のそれと異なり、学問の自由を侵害するものである

1　原判決の示した判断基準

i　先行研究と叙述が同一内容であるにもかかわらず、先行研究の指摘と明示がされていない場合でも、直ちに剽窃・盗用とまではいえない。

ii　剽窃が疑われる著書が掲げている参考文献等からは同著書の記述ができないことが証明されなければ、剽窃したと認められない。

iii　剽窃を主張する側が、自らの研究以外の先行研究からは剽窃が疑われる著書が書けないことまでを証明されれば、剽窃が認められる。

2　学界における剽窃の判断基準

学界では、

①　後発研究者が執筆以前にその分野について研究実績がない

②　先行研究の内容と後発研究の内容が一致している

③　後発研究において、先行研究の存在を明示していない場合には、少なくとも剽窃があったと判断する。

これは、学問・研究においては、先行研究を十分理解したうえで、後発研究がなされること（先行研究の内容の熟知）、当該分野における事前の研究実績の積み重ねがなければ著述しえないという学問研究の実態を踏まえて、先行研究と同一内容の記述があり、先行研究の創見性を侵害し、かつ先行研究の明示がない場合は剽窃がなされたと判断する。

これを否定するためには、剽窃が疑われた側が、独自に自己の学問的研究の成果を形成したことを反証する必要がある。

3　原判決の判断基準が学問の自由を侵害していること

原判決の上記基準は、本件報告に依拠する以外に本件著書の叙述はありえないというところまでの立証を求め、文献等からのあらゆる学説発展の可能性の証明を上告人に求めており、事実上不可能な立証責任（いわゆる「悪魔の証明」）を課している。

これに対し、一般の判例・実務でも「依拠性」は、内心の意識であり直接の立証が困難であることから、間接事実を推認する方法で実際に依拠性を認定している。学界でも、学問・研究のあり方（実態）から前記①②③要件の下に剽窃の事実を推認している。

この学界の判断基準は、学問・研究の根本的なあり方から学界で確立している手法であり、学問・研究の一環として保護されなければならない。

原判決は永年の学問の研究の成果というべき学界の判断基準に反する要件を司法判断として定立し、推定と反証という立証方法も否定して学問の自由を侵害している（憲法23条違反）。

第2　原判決は上告人論文の具体的な叙述内容についての学問的評価を無視したものであり、上告人の学問の自由、表現の自由を侵害している

1　全体構想・論理構成

原判決は、上告人論文の全体構想・論理構成を単なる「枠組み」であり「枢要点」ではないとして、その創見性を否定する。

しかし、投資形態・貿易構造・金融構造という三つのテーマに分けて問題別・時期別・地域別に論じた論理構成は、従来の研究にはない画期的なものであり、現在でも定説とされている。

2　具体的叙述

原判決は前記3つのテーマに関する上告人論文の創見的叙述を、単なる固定的な（誰が書いても同じ）「歴史的事実」であるとの理由でその創見性を否定している。

しかし、歴史叙述は各歴史研究者の評価と創造による営みであり固定的なものではなく、上告人論文の叙述は学界でも画期的と評されている。

3　表記・表現

本件報告（論文）では、「「大東亜共栄圏」の「形成」と「崩壊」」、「ブロックならざるブロック」」、「「共栄圏」ならぬ「共貧圏」」などの表現を、単なる「対になる表現」などとして学界での評価を否定した。

しかし、これらの表現は『大東亜共栄圏』の内部にそれを否定する要因が醸成されていたことを示す優れた表現方法として叙述され、研究者からも同様の評価を受けている。

4　「円系通貨発行高」のグラフ、「中国における占領地と解放区」の地図

これらの図表は上告人が独自に作成したものであり、被上告人はこれを正当に引用せず自らが作成したかのように著書に掲載したにもかかわらず、根拠なく剽窃を否定している。

第3　結語

原判決は、剽窃の判断について、学界の基準と異なる基準を用い、また、上告人の具体的な叙述内容についての学問的評価を無視し、剽窃の事実を否定したものであるから、原判決は上告人の学問の自由（憲法23条）及び表現の自由（憲法21条）を侵害したものとして取り消されるべきである。

（「上告理由書」の）「目　次」

はじめに

第1　原判決の採用した剽窃の判断基準は学界のそれと異なり、学問の自由を侵害するものである

1　原判決の示した判断基準

2　学界における剽窃の判断基準とその根拠

(1)　学界における剽窃の判断基準

(2)　学界における同一性判断の在り方

(3)　歴史叙述と先行研究

(4)　執筆者の研究実績

(5)　学界における判断基準の性質と機能

3　原判決の剽窃の基準は学界の共通認識（規範）に反している

第2　原判決は上告人論文の具体的な叙述内容についての学問的評価を無視したものであり、上告人

の学問の自由、表現の自由を侵害している



## (三)「上告受理申立理由書」の「理由要旨」及び「目次」

原判決は、相手方の「剽窃」の有無について、第1に、学界の「剽窃」の判断基準に反し、第2に、確立した判例・実務の判断のあり方に反するという重大な経験則違反・採証法則違反による法令違反があり、破棄されるべきである。

第1　原判決は、「剽窃」について学界の基準と著しく異なった判断基準を用い、かつ中立人論文の研究成果を、学界の評価にも反して非専門的かつ一般的形式論理で否定し、剽窃の事実を否定するという誤りを犯している

1　原判決の用いた「剽窃」に関する判断基準の違法

(1)　原判決の「剽窃」に関する判断基準

(i)　申立人論文等と同一内容の叙述をし、相手方著書が先行研究たる申立人論文等の先行研究

の指摘と明示が遵守されていない場合であっても直ちには剽窃・盗用とはいえない

(ii) 相手方著書に上げている参考文献等からは相手方著書の記述ができないことを証明しなければ剽窃したと認められない

(iii) 申立人論文以外の先行研究からは相手方著書の記述が行えないことを証明しなければ、相手方著書が申立人論文に依拠したとは認められない

(2) 学界の判断基準とその性格

学界では、少なくとも

① 先行研究の内容と後発研究の内容が一致している

② 後発研究者が執筆以前にその分野について研究実績がない

③ 後発研究において、先行研究の存在を明示していない

場合には、剽窃につき高度の蓋然性が認められることから、剽窃を疑われた側が、独自に自己の学説・見解を発展させたことを反証できない限り、剽窃が認定される。

(3) 原判決が用いた「剽窃」判断基準の誤り

原判決が定立した前記基準は、上記の学界での判断基準とは全く異なり、しかも、相手方が挙げた参照文献等によっては相手方著書の叙述が不可能であること、及び申立人論文以外からは相手方著書と同一の叙述ができないことというあらゆる可能性を否定しなければならないという、事実上不可能な立証（いわゆる「悪魔の証明」）を申立人に求めている。本人にしか知り得ない相手方の学説形成過程の証明まで申立人に強いることの理不尽さは明白である（経験則違反）。

## 2　原判決における具体的歴史叙述に関する「剽窃」の判断の違法

### ⑴　堀和生証人について

堀証人はその意見書及びその証言において、学界の厳格な慣行に則り科学的に分析した結果、剽窃があったと判断されることを実証した。

ところが、原判決は、堀証人による分析を何ら具体的根拠にもよらず否定している（採証法則違反、経験則違反）。

### ⑵　相手方の弁解の破綻

ⓐ　執筆の時期からして依拠することは不可能であった

ⓑ　相手方著書の主題（テーマ）は申立人論文と異なる

ⓒ　申立人論文等には先駆性がない

との相手方の弁解につき、原判決は、

ア　ⓐ執筆時期については、相手方の弁解を認めず、一九七五年八月以降に執筆されたことを認めた。上記認定によれば、

（ア）　相手方は相手方著書を執筆するにあたり、申立人報告の手書き原稿（乙二四）を受け取っており、申立人報告を書面の上からも熟知していた。

（イ）　相手方は、一九七五年八月以降「新しい植民地分析方法論提示に全力という、通常か四ヵ月後の同年一二月二〇日に五四五頁にのぼる相手方著書を発行になる。の研究者には全く不可能な執筆経過であることを裁判所が認め

イ　ⓑ相手方著書の主題については、相手方著書の結論において、「大東亜共栄圏」崩壊の要

因として、自らが陳述書の一部で力説した「植民地工業化の崩壊」について全く触れていない。

ウ　ⓒ申立人論文の先駆性についても「控訴人の研究成果について、先駆性があると捉えている研究者が多いということはできる」と認め、実質的に申立人の研究成果の先駆性を認めている。

(3)　全体構想

中立人が、投資・貿易・金融の三つの問題を設定し、問題別・時期別・地域別に「大東亜共栄圏」全体の崩壊過程を解明したことは、「思考の枠組み」であり「枢要点」ではないとして、創見性を否定した（経験則違反）。

(4)　表題・用語法

「形成と崩壊」とは、「ブロックならざるブロック」、「共栄圏」ならぬ「共貧圏」と同様、「大東亜共栄圏」内部の形成時に既に崩壊する矛盾が存在していたことを表す表現であり、これを研究者（石井寛治、山崎志郎）も同様の評価をしている。

にもかかわらず、原判決は、「そのようなものであるとまで読み取ることはできない」と判示している（採証法則違反、経験則違反）。

(5)　時期区分

相手方著書の時期区分において、小区画を設定しているが、これは申立人の創見的見解に基づいたものであるにもかかわらず、これを否定している。

(6)　投資形態

原判決は、相手方著書のうち中立人論文の内容と「重なる」部分についても、「歴史的事実」に過ぎないとの理由創見性を否定することによって、剽窃を否定している。この「重なる」部分の具体的内容は、以前の研究にはなかった中立人独自の先駆的研究であるが、原判決は、その創見性を否定している（採証法則違反・経験則違反）。

(7)　貿易構造

相手方著書と中立人論文の内容が「重なる」部分について、歴史的事実であるとの理由のみにより剽窃を否定している点は前項と同様である。

(8)　金融構造

「円系通貨発行高」のグラフ、「中国における日本軍占領地と解放区」の地図の剽窃に関しては著作権法の初歩的理解を誤った（法令の解釈・適用の誤り）うえ、「被控訴人において控訴人学会報告における図も参照として作成したこと」という剽窃の内容そのものを認定していながら、剽窃を否定するという誤りを犯している（経験則違反）。

(9)　相当性

中立人が学問的見地から剽窃があったと発言、叙述したことにつきの学問的評価及び中立人が二〇〇一年に剽窃の事実を明らかにした際、相手方は中立人に謝罪した上、中立人の東京国際大学大学院における最終講義にいたるまでの八年間、中立人としては何らの抗議も受けておらず、最終講義当日の中立人は相手方が謝罪し抗議しなかったことを信じて本件発言に至ったことについての判断を原判決は欠如させている（採証法則違反、経験則違反）。

第2　現在の判例・実務の確定した判断基準からしても原判決は違法である

2　原判決における具体的歴史叙述に関する「剽窃」の判断の違法

(1)　堀和生証人について

堀証人はその意見書及びその証言において、学界の厳格な慣行に則り科学的に分析した結果、剽窃があったと判断されることを実証した。

ところが、原判決は、堀証人による分析を何ら具体的根拠にもよらず否定している（採証法則違反、経験則違反）。

(2)　相手方の弁解の破綻

ⓐ　執筆の時期からして依拠することは不可能であった

ⓑ　相手方著書の主題（テーマ）は申立人論文と異なる

ⓒ　申立人論文等には先駆性がない

との相手方の弁解につき、原判決は、

ア　ⓐ執筆時期については、相手方の弁解を認めず、一九七五年八月以降に執筆されたことを認めた。上記認定によれば、

(ア)　相手方は相手方著書を執筆するにあたり、申立人報告の手書き原稿（乙二四）を既に受け取っており、申立人報告を書面の上からも熟知していた。

(イ)　相手方は、一九七五年八月以降「新しい植民地分析方法論提示に全力を挙げ」、わずか四ヵ月後の同年一二月二〇日に五四五頁にのぼる相手方著書を発行するという、通常の研究者には全く不可能な執筆経過であることを裁判所が認めたことになる。

イ　ⓑ相手方著書の主題については、相手方著書の結論において、「大東亜共栄圏」崩壊の要

の指摘と明示が遵守されていない場合であっても直ちには剽窃・盗用とはいえない

(ii)　相手方著書に上げている参考文献等からは相手方著書の記述ができないことを証明しなければ剽窃したと認められない

(iii)　申立人論文以外の先行研究からは相手方著書の記述が行えないことを証明しなければ、相手方著書が申立人論文に依拠したとは認められない

(2)　学界の判断基準とその性格

学界では、少なくとも

①　先行研究の内容と後発研究の内容が一致している

②　後発研究者が執筆以前にその分野について研究実績がない

③　後発研究において、先行研究の存在を明示していない

場合には、剽窃につき高度の蓋然性が認められることから、剽窃を疑われた側が、独自に自己の学説・見解を発展させたことを反証できない限り、剽窃が認定される。

(3)　原判決が用いた「剽窃」判断基準の誤り

原判決が定立した前記基準は、上記の学界での判断基準とは全く異なり、しかも、相手方が挙げた参照文献等によっては相手方著書の叙述が不可能であること、及び申立人論文以外からは相手方著書と同一の叙述ができないことというあらゆる可能性を否定しなければならないという、事実上不可能な立証（いわゆる「悪魔の証明」）を申立人に求めている。本人にしか知り得ない相手方の学説形成過程の証明まで申立人に強いることの理不尽さは明白である（経験則違反）。

1　判例・実務の基準

著作権侵害に関する判例・実務では著作物の同一性及び「依拠」が問題となるところ、「依拠」は心理状態（既存の著作物を利用する意思の有無）であり直接立証することが困難であるから、間接事実からの推認による。具体的には、

「①　被告が原告の著作物に関与し、又は著作物を受領した事実」

「②　被告が原告の著作物に接する機会があった事実」

「③　被告作品の原告の著作物を利用せずに作成されたとは経験則上考えられないほど類似している事実」

などの間接事実があれば依拠の事実が推定され、相手方には反証が求められる。

2　原判決の判断基準の違法

判例・実務では、上記のとおり類似性・周知性など種々の間接事実があれば「依拠」の高度の蓋然性があるとしているにもかかわらず、原判決では上記(ii)(iii)のとおりおよそ立証不可能な事実の立証を要求している（経験則違反・判例違反）。

3　原判決の判断の違法

以下の事実からすれば、判例・実務の確立した判断基準では剽窃があったと判断される。

(1)　執筆時期

ア　相手方は中立人論文を十分に知悉していたこと

イ　一九七五年八月に「新しい植民地分析論提示に全力を挙げ」たが、同年12月に相手方著書を発行したことは実際上不可能である

(2)　全体構想の類似性

投資・貿易・金融の面から時期別・問題別・地域別に構成している。

(3)　同一内容の叙述が極めて多いことを原判決も「重なる」部分として認め、堀意見書Ⅲでは一〇六項目のうち二五項目が中立人論文等と同一内容となっている。

(4)　表現の方法の一致

「形成」と「崩壊」、「ブロックならざるブロック」、「共栄圏」ならぬ「共貧圏」との中立人論文以前には研究書にはなかった独特の表現が三つとも相手方著書で使用されている。

(5)　相手方の弁解（反証）が破綻したこと

第1の2（2）で述べたとおり。

(6)　小括

原判決は判例・実務が行っているこのような観点からの判断は全く行っていない（経験則違反・判例違反）。

## 第3　結語

以上のように、原判決は学界及び現在の判例・実務の判断基準を大きく逸脱しているばかりか、具体的な叙述内容を検討しても、学界の判断評価に違反し、かつ、判例・実務の依拠性についての判断から逸脱しており、原判決には結論に影響する重大な法令違反がある。

原判決が維持されれば、学界の判断や一般の社会的判断とかけ離れ、特に重要な点は、学界で剽窃と判断された著作が、司法では剽窃が否定される事態が十分に起こりうる。このような事態を避けるためにも学界の基準に基づいて原判決を破棄されるべきである。

## 〔「上告受理申立理由書」〕の目次

## 三　四十五年ぶりの回顧

裁判書類の連続でやや当惑された方も多いと思う。最高裁の入り口まで辿り着いたところで、再びやや私的な回顧を試みたい。本書の冒頭で私は自分の経歴のほぼ前半について回顧したが、後半について本裁判以外のことについてはまだ語っていない。もはや余り紙幅もないが、ここでごく手短かに述べておくこととしよう。

一九七五年末の原告単著刊行によって自己の体系的単著の発行を断念したのち、一九七六年度以降の私は、① 大学院演習における次世代研究者の育成、② 学部演習における良き社会人の育成と、③ 学部における現代日本経済史に関する講義、④ これらの基礎となる準備学習、現代日本経済史ならびに日本戦時経済研究に関する一次史料の発掘と刊行事業の遂行、さらに ⑤ 自ら選択した共同研究の分担課題としての論文執筆、⑥ 大学院演習卒業者たちによる自ら主催した現代日本経済史研究会の開催と韓国研究者との共同研究、私にとって情報センター的機能を持った ⑦ 東大経済学部図書館の他大学研究者への丁寧な紹介、とりわけ私が重点を置いた学会である ⑧ 土地制度史学会（現　政治経済学・経済史学会）の事務局の仕事に理事や理事代表として時間を割き、大学の構成員として当然に引き受けるべき ⑨ 学部・学内行政の仕事といった九種類を平行して行うというスタイルの仕事を続けてきた。ここに ⑩ として自分の本来の研究を著書として出版する仕事、ということを書き込めないのが痛恨事だが、本書を通読された読者は十分それをお判り頂けると思う。一九九九年四月に東京国際大学に移ってからは、①「日本経済史」「経済史」「歴史学」などの学部講義と演習、②大学院演習、③大学院博士課程増設のための仕事、④長年収集してきた「戦時経済総動員関係資料」全六五巻の刊行、⑤科学研究費による同僚諸氏や他大学研究者を含む共同研究、⑥経済学部長としての仕事、⑦日本学術会議会員としての仕事、⑧大学図書館長の仕事、等々を務めてきた。

二〇〇九年に同大学を退任してからは、五年間ほど首都大学東京の客員教授として科学研究費を用いて主として第二次大戦後の日本経済史を重点に共同研究を続けるかたわら、書き下ろしではなく、過去に書いた論文にそのまま意識的に手を加えず、単行本として『日本戦時経済研究』を東京大学出版会から刊行することとし、あわせて『満州経済統制研究』も私家版として二〇一三年三月に発行した。その帰結としての裁判の進み方は前章までに明らかである。

原告は、私の学会大会報告論文を剽窃することによって、私の研究の初期、ほぼ十年間の研究努力の成果発表の道を閉ざし、本文で述べたとおり、さらに私の本来の研究者としての人生を奪い去った。二五年経って私に謝罪し、以後何らの抗議もしなかった事実を、謝罪の意思の変更がなかったものと信じて、そのまま大学を去る最後の最終講義でその事実を述べたことを捉えて、なんと剽窃を受けた私に対して剽窃した人間が「訴状」をもって提訴し、七十代後半の六年半、不当な挙証責任を負わされて日々をおくり、八十歳の一高齢者としてなおも最高裁判所に上告しなければならなくなっているのが現在の状況である。

一生の最後の貴重な時間を、かくも長期にわたり裁判に費やされることは身を切られるほど辛い。

しかし、私が見聞するところでは、剽窃などの研究不正は人文社会科学でも相当に多い。しかしそれらのほとんどは表面化することなく、「噂」という形で闇の内に揉み潰されていっている。であるとすれば、これらの盗用・剽窃行為を根絶させるためには、誰かがこの問題を正面から受けて立たざるを得ないだろう。私の場合、たまたま私の仕事を剽窃した当の加害者が本来は被害者である私に対し、学会での論争の問題提起も一切せずに、直接に「名誉毀損」だとして裁判所へ「訴状」を提出してきた。若い頃には誰もがこれ以上「親密」な研究仲間はないと見られていた二人の内、一人が「原告」となり、他の一人である私が「被告」とされて、学術の世界ではなく法曹の世界で争わされることになったのである。

応訴しなければいわゆる「欠席裁判」で謝罪広告や巨額の慰謝料等々を求めている相手方の主張に屈することになる。問題の発端は一九七四年、提訴されたのが二〇一三年、そして現在が二〇二〇年、都合約四十五年もの長期間にわたり、私の八〇年の人生のうち半分以上はこの「原告」により陰に陽に翻弄されてきたことになる。

あるいは天の配剤であろうか、この二人ののっぴきならない関係に注目して、研究不正・剽窃盗用問題に警鐘を鳴らせる課題が私に与えられたのかも知れない。本来は学界で、あるいは言論界で議論すべき事柄であることを述べ続けながらも裁判の場で闘い続けたのは、研究不正に悩まされつづけつつ、これに耐えて声を上げずにいる若手・中堅研究者たちのことを考え、私に対する理不尽な提訴を徹底的に否定することによって、声なき研究者に声援することが私に与えられた義務かも知れない、ある時、ふっとそう感じたからである。

実際に訴訟手続きを進めてみると、その辛さと厳しさは並大抵のものではなかった。訴訟書類を一つ作成するにしても、最初の文案を練り直し練り直し、裁判所に提出するまでには平均して十回前後は書き直しが必要である。

当然、書類作成のためには莫大な時間が必要となる。提訴される前に引き受けていた仕事のほとんどは全く断らざるをえなくなり、公的な性格を持つ仕事一つのみを残して一切止めた。

私的な回顧は以上最小限の想いにとどめ、公的にこの事件のたどってきた道を回顧すれば、地裁・高裁と進んできたこの裁判そのものが究極的に到達したのは、最高裁判所がこの事件と日本国憲法第二十三条「学問の自由は、これを保障する」との関係をどう判断するか、という地点であった。

# むすび　学問と裁判――「学問の自由」と「学問の独立」

憲法第二十三条「学問の自由」と二十一条「表現の自由」とこの裁判との関係は、前記二つの「理由要旨」から明らかであろう。ここでは、「学問の自由」について行われている多くの解釈ではあまり触れられることが少ない「学問の独立」という精神について、読者諸賢のご感想を伺いたく、私見を述べさせて頂きたい。

それもほかならぬ原告本人が久しくその職にあった早稲田大学の建学の精神に、この「学問の独立」の一語が係わるからである。同大学の校歌の一節、「進取の精神、学の独立」は、六大学野球の応援のために高唱されて久しく、「学の独立」は、早稲田大学のモットーとして世に膾炙している。しかし、「早稲田大学教旨」（一九一三年一〇月一七日、早稲田大学創立三〇年祝典で大隈重信総長宣言）は、同大学の「建学の本旨」として、同大学正門向って左横に銘文が嵌め込まれている。これは同大学のみならず学問一般にとって非常に重要な意義を持っている。「校歌」の「学の独立」が著名なだけこの「教旨」の唱える「学問の独立」は知られていないが、非常に重要な文書であるから以下に全文を引用する。

「早稲田大学教旨

早稲田大学は学問の独立を全うし学問の活用を効（いた）し模範国民を造就するを以て本旨と為す

早稲田大学は学問の独立を本旨と為すを以てこれが自由討究を主とし常に独創の研鑽に力め以て世界の学問に裨補せん事を期す」

早稲田大学は学問の活用を本旨と為すを以て学理を学理として研究すると共にこれを実際に応用するの道を講じ以て時世の進運に資せん事を期す

早稲田大学は模範国民の造就を本旨と為すを以て立憲帝国の忠良なる臣民として個性を尊重し身家を発達し国家社会を利済し併せて広く世界に活動すべき人格を養成せん事を期す」（『大隈重信演説談話集』岩波文庫、二〇一六年、一四三頁）

早稲田大学の前身である東京専門学校の開校にあたって小野梓は、一八八二年一〇月「開校祝辞」で「一国の独立は国民の独立に基ひし、国民の独立は其精神に根ざす。而して国民精神の独立は、実に学問の独立に由る」と述べていた。両者が「学問の独立」を如何に尊重していたかが明白である。残念なことに、十数年にわたり久しくこの早稲田大学に勤務を続けた本裁判の原告が、この「学問の独立」という精神を忘れ去ったか、この件についての学問的「討究」を全くなげうって、学問以外の権威である「法曹界」に直接訴え出たのである。

翻って考えるに、本来この事件は裁判所によってではなく、まず学界で、そして言論界で議論されるべきものであった。小林氏が学界や言論界での討論を全く行わないまま、そして学界での議論では自分が負けるから、あるいはそのような学界の判断を信用できないから、「公正な法曹界」の判断を仰ぎたいと、権力の一機関である裁判所に「訴状」を出したこと自体が、憲法第二十三条の「学問の自由は、これを保障する」の条文の趣旨をはき違えた、決定的に誤った行動なのである。

通例、「学問の自由」には、「学問研究の自由」と「研究発表の自由」、そして「教授の自由」があり、これらに基づき「大学の自治」が認められているとされている。本裁判に則して言えば、小林氏が最初の著書で剽窃を含む、あるいは剽窃であると「誤信」させる相当性を含む内容の著書を「研究発表の自由」をはき違えて公刊したことにより、私の「大東亜共栄圏」や「日本帝国主義」に関する「学問研究の自由」ならびに「研究発表の自由」は致命的な大打撃を受け、私は以後数十年に亘り「学問の自由」を侵害されてきたということになる。

「研究」は、真理の探究・発見を目的とし、新しい認識を追究して行われる学問的活動の基本であり中核であるから、「学問研究の自由」は「内面的精神活動の自由」である思想の一部を構成するものので、「学問の独立」の精神がある限り、判決といえども学問研究への干渉は許されない。憲法二十三条がこれを禁じている。「学問の自由」に「外面的精神活動の自由」である「研究発表の自由」が含まれることは、学説・判例とも異論がない。この点で、本件についての地裁判決・高裁判決が学問内容に介入していることは明白であり、憲法二十三条に違反していることも明白である。

「学問の自由」は、「大学の自治」とともに、「学問の独立」によって支えられている。自由と自治は、自律と独立を前提としている。慶應義塾の創設者福澤諭吉が諸事万端「獨立自尊」を重んじたことはいうまでもない。小林英夫氏が在籍していた早稲田大学の創設者大隈重信が高らかに宣言した「早稲田大學教旨」と、小野梓の「開校祝辞」は先に引いたところである。この裁判で訴状を提出された当時、現職の早稲田大学教授であった小林氏は、ここで早稲田大学の建学の本旨である「學問の獨立」をかなぐり捨ててしまったのではないか。学術界の討論から完全に逃避して、「法曹界」、具体的には裁判所の権威に縋り付いたのではなかったか。彼の陳述書の最終段は、これを自白したものに等しい。

「学問の自由」は、「学問の独立」と並んで「学問の自律」を必要とする。「独立」を高く掲げるには、学問の世界の中で高い倫理性に裏付けられた「自律」が要請されるのは当然であり必然である。外部の諸勢力から「独立」を守るためには、学問世界の内部において厳しい規律に基づいた「自律」が要請されているのである。その意味で、一審原告小林氏の裁判所への「訴状」提出行為は、学問世界の中で学術的討論をなんら経ていないまま、当該分野の専門的知識を有するか否かを無視して、司法にその判断をゆだねたという意味で、「学問の独立」のみならず「学問の自律」、「学問の自立」の原則にも反したものだったといわなければならない。

その結果は、六年もの時日をかけて、あの見るも無惨な東京地裁判決の非論理的非学問的「判決」に帰結したのである。小林氏は地裁で「勝訴」したとしても、学界・言論界の審判を受けたわけではない。私は地裁と高裁で「敗訴」したが、学界・言論界の審判では私の主張の方に正義があると評価されると信じている。地裁や高裁で敗訴したとしても、学界の討議・検討が行われれば、私はなお私の側に正義が認められるだろうことを確信している。時が経って「歴史の法廷」がこの事件を裁くことになれば、「歴史の審判」は必ず私を無罪にするであろう。

最後に、本書冒頭のエピグラフに掲げたイェーリングの言うところを、私なりの理解に立って言いかえれば、次のようになる。権利を侵害された苦痛を感じ取った時、苦痛を耐え忍びながら最後まで立ち上がらず、行為に訴えなければ、権利感覚は萎縮してしまう。攻撃を斥ける勇気と決意は、全くその人間の品格の問題であり、その品格の最も確かな試金石である。抑えの利いた、しかし断乎として不屈の持続的な抵抗の形も、激情による荒々しく烈しい情熱的な抵抗の形も、ともにありうる。

私がこの事件について完全に沈黙していた二五年間、謝罪を受けてそれを信じていた一二年間、私は抑制の利いた持続的な抵抗の道を選んでいた。全く理不尽にも「訴状」を突きつけられ、裁判の場に引き出されたとき、私はもはや後者の烈しい情熱的抵抗の道を選択せざるを得なかった。裁判の場で争うこと自体が品位を汚すのではない。むしろそこで頑強な抵抗を示し続けることこそが私としての品格の問題に関わるのである。

この裁判はこれからもさらに長く続くのかも知れない。将来も別のケースで学術と司法との境界で困難な事件が発生する恐れが多いことは先にも述べたとおりである。私の事件と裁判をめぐる記録の概要を締めくくるにあたり、ゲーテが『ファウスト』の最終段、あの「時よ止まれ、お前はあまりにも美しいから」という台詞の直前に言い、イェーリングが一八七二年、ウィーンを去る時の講演の結びに用いた、三行のことばの意味を考え続けたい。

人間の智慧の最後の結論はこのようなものだ。
およそ自由と生活を日々享受することができるものは、
日々それを獲得する努力をするもののみである。

二〇二〇年一月一三日
（エミール・ゾラのドレフュス事件への糾弾状発表の日に）

原　朗

## 著者紹介

**原　　朗**（はら　あきら）

1939年生まれ

東京大学大学院経済学研究科博士課程中退

東京大学名誉教授

東京国際大学名誉教授

主な業績：『国家総動員』㈠経済（中村隆英と共編、みすず書房『現代史資料』43、1970年）

『昭和財政史　終戦―講和１　総説／賠償・終戦処理』（安藤良雄と共著、大蔵省財政史室編、東洋経済新報社、1984年）

『日本の戦時経済』（編著、東京大学出版会、1995年）

『戦時経済総動員関係資料集』全65巻（山崎志郎と共編、現代史料出版、1996～2004年）

『復興期の日本経済』（編著、東京大学出版会、2002年）

『高度成長始動期の日本経済』（編著、日本経済評論社、2010年）

『高度成長展開期の日本経済』（編著、日本経済評論社、2012年）

『日本戦時経済研究』（単著、東京大学出版会、2013年）

『満州経済統制研究』（単著、東京大学出版会、2013年）

『日清・日露戦争をどう見るか』（単著、NHK出版、2014年、韓国語訳、2014年）

**創作か 盗作か** ―「大東亜共栄圏」論をめぐって

2020年2月20日　初版第1刷発行

著　者　原（はら）　朗（あきら）

発行者　川上　隆

発行所　㈱同時代社

〒101-0065　東京都千代田区西神田2-7-6 川合ビル

電話 03(3261)3149　FAX 03(3261)3237

制　作　い　り　す

装　幀　クリエイティブ・コンセプト

印　刷　中央精版印刷株式会社

ISBN978-4-88683-870-4

# 事件と裁判をめぐる略年表

## Ⅰ　前史

| | |
|---|---|
| 1965. 5 | 原朗、元大蔵大臣泉山三六氏旧蔵資料［陸軍参謀本部石原莞爾の調査機関（日満財政経済研究会資料）と企画院物資動員計画・資金統制計画・生産力拡充計画関係資料］を発見、引続き日本銀行の戦時資金統制・臨時資金調整法関係資料を発掘・筆写。 |
| 1966.12 | 上記諸資料を総合して修士論文『戦時資金統制と産業金融』作成。 |
| 1967. 1 | 「資金統制と産業金融」（『土地制度史學』1967. 1）として要旨を発表。 |
| 1969. 3 | 各種の国際収支統計を収集し「円ブロック向け」「第三国向け」に分割、「日中戦争期の国際収支：外貨不足問題と経済統制」（『社会経済史学』）。戦時華北経済支配研究のため、前提として満州経済支配の研究を開始。満鉄経済調査会『立案調査書類』の収集につとめ、さらに十河信二文書（満鉄経済調査会委員長・興中公司社長）、岡野鑑記文書（満州国政府企画委員会関係）、鮎川義介文書（日産・満洲重工業開発関係）などを発掘・利用し満州経済統制政策の立案・実施過程を研究。 |
| 1969. 4 | **小林英夫氏提案で満州史研究会（浅田喬二・原朗・松村高夫・小林英夫）発足** |
| 1971. 7 | 研究成果『日本帝国主義下の満州』刊行を企画、八王子セミナーハウスに原稿を持ち寄る。原は第一章「満州における経済統制政策」を担当→政策立案過程・政策実施過程を包括する原稿を提出。検討の結果、原の論稿は分量過大のため前半の政策立案過程分析のみを収録と決定（後半の実施過程分析はのち安藤良雄編『日本経済政策史論』下巻1976. 3に収録）。小林担当の第２章は難航、原提供の満鉄経済調査会・立案調査書類『満州通貨金融方策』に依拠して完成。 |
| 1972. 1 | **満州史研究会『日本帝国主義下の満州』**（御茶の水書房）発行。 |
| 1973.12 | 土地制度史学会理事会で西洋経済史担当理事が**共通論題廃止** |

| | |
|---|---|
| | **論**を提起。→理事会で廃止論と存続論の深刻な対立→廃止直前に安藤良雄理事の提案で担当分野を西洋経済史から日本経済史に変更して実施と決定。→学会事務局幹事の**原に共通論題組織の要請**。 |
| 1974.7 | 原、「**一九三〇年代における日本帝国主義の植民地問題**」を共通論題とし、満州史研究会メンバーで構成する案をたて、報告。原・小林・高橋泰隆、司会　浅田喬二の構成で準備研究会を開始。 |
| 1974.7.24 | 理事会、上記原案を「秋季学術大会共通論題について（案）」とし評議員に諮問（回答期限８月31日）。 |
| 1974.9 | 全評議員から共通論題仮案に賛成の回答、理事会で共通論題案を可決、司会に安藤理事参加。 |
| 1974.10.12 | **学会理事も出席して準備研究会**を開催。<br>**原「大東亜共栄圏」の経済的実態**（乙26）目次・図表６頁。<br>**小林　土地制度史学会準備報告資料**（乙27-１）図表のみ４頁。 |
| 1974.10.27 | **土地制度史学会秋季学術大会**（於　専修大学）<br>共通論題「1930年代における日本帝国主義の植民地問題」<br>司会：安藤良雄・浅田喬二<br>**原「『大東亜共栄圏』の経済的実態」**報告。報告資料（乙28）。<br>**小林「1930年代植民地『工業化』の諸問題」**配布資料（乙27-２）。<br>高橋「日本ファシズムと『満州』農業移民」。全体は“画期的”成功。原は同学会に対し共通論題の一括掲載を強く要望するも、理事会＝編集委員会は前例なしとして難航、一括掲載は1976.4まで遅延。 |
| 1975.12.20 | **小林英夫『「大東亜共栄圏」の形成と崩壊』**（御茶の水書房）刊行。その内容に原は一驚。著書の序論、結語を始め類似点が多く、自己の発掘史料や論文全体の論理構成が使用され、強い衝撃をうける。 |
| 1975年末～76年初頭 | 原は小林著書を子細に検討、大々的な盗用を確認、学会理事会に告発することも考慮、但し自己の強い一括掲載主張と共通論題第一報告者が第二報告の論文撤回を要求した場合の共通論題を認めた理事会・理事代表の責任問題化および辞任問題浮上で学会の存続・解体にもかかわる危険があること、及 |

| | |
|---|---|
| | び告発による小林への懲戒免職・著書絶版など社会的批判の激化を受止めきれず、本人が命を絶つ危険性を考え摘発を断念。 |
| 1976. 4 | **『土地制度史學』第71号に両者の論文掲載**、原は前文と付記で大会報告と内容変更なし、小林著書との比較要望を注記、小林は原に謝辞。 |
| | （この間25年を経過） |
| 2001. 2 | **『展望日本歴史20　帝国主義と植民地』**（初学者向け代表的論文集）発刊、原の論文を収録、小林の行為につき「**追記**」で言及。小林は松村氏に相談、謝る他なしといわれ、のち学会当日原に口頭で**謝罪**。 |
| 2006. 3 .15 | 小林、謝罪後に関わらず『「大東亜共栄圏」の形成と崩壊』**増補版**刊行。「あとがき」に初版成立事情につき文意不明な断り書き。 |
| 2009. 3 .16 | **原、東京国際大学大学院で最終講義**（「開港百五十年史—小江戸・大江戸・そして横浜—」）。 |
| 2010. 3 .20 | 原の国際講義が同大学院紀要**『経済研究』**に掲載、末尾で小林の行為に言及。小林からの反応は皆無。 |
| 2011. 8 | 小林英夫・福井伸一『論戦「満洲国」・満鉄調査部事件—学問的論争の深まりを期して—』（彩流社）を刊行。松村高夫氏等と論争。 |
| 2013. 1 . 1 | **松村論文（『三田学会雑誌』**105巻４号「満鉄調査部事件（1942･43年）再論」）で原の最終講義の小林への言及部分を引用。 |
| 2013. 3 .15 | **原は初の単著『日本戦時経済研究』**（市販本）と**『満州経済統制研究』**（私家版）を発行。「あとがき」で小林の行為に言及。 |

## Ⅱ　裁判手続きの進行と準備書面の提出

| | |
|---|---|
| 2013. 5 . 8 | 小林「**催告書**」（３頁）を書留内容証明で原へ送付。９日到着。 |
| 6 .27 | 小林、東京地方裁判所民事部に原への「訴状」（17頁）提出。 |

| | |
|---|---|
| | 1、精神的損害300万円、弁護士費用30万円および年５分の損害遅延金の支払、２、東京国際大学『経済研究』への謝罪広告の掲載、3、朝日新聞社会面広告欄への謝罪広告掲載、4、『満州経済統制研究』を引渡した相手方からの回収又は送付文書と付箋の送付、を請求。<br>事件名「東京地方裁判所民事第42部<br>平成25年（ワ）第16925号　謝罪広告等請求事件」 |
| 2013. 7 .12 | 東京地方裁判所より呼び出し状、訴状到着。同日午後　原、桂協同法律事務所に弁護を依頼。 |
| 7 .23 | 裁判所に「答弁書」を提出。 |
| 8 . 5 | 第１回口頭弁論、裁判長木納敏和 |
| 8 .23 | 原告「訴状訂正の申立書」（『満州経済統制研究』回収）および原告「第１準備書面」 |
| 8 .30 | 原、「**原告小林の単著と被告原の論文との対照表**」を作成。 |
| 9 .17 | 「被告による説明の要点：原告小林英夫氏と被告原朗との関係に関する覚書」（2013年８月） |
| 9 .25 | 被告「**準備書面１**」（14頁）と附表（16頁）、証拠書類10点（『経済研究』第12号、『日本戦時経済研究』、『満洲経済統制研究』、『日本帝国主義下の満州』、『土地制度史学』第71号、『「大東亜共栄圏」の形成と崩壊』、『朝鮮近代の経済構造』、『アジア経済』1995年７月、『朝鮮工業化の史的分析』、『東アジア資本主義論』）を提出。<br>**準備書面１**（2013年９月25日）（以下、主要項目のみを摘記）<br>第１　請求の原因・原告第１準備書面への答弁「いずれも争う」<br>第２　被告の主張<br>１　原告と被告との密接な交流関係<br>２　土地制度史学会1974年度秋季学術大会<br>(1)　原告が共通論題報告の学会誌刊行（1976年４月）以前に自己の単著を発行したこと。<br>(2)　原告著書の編別構成と被告の執筆構想との関係について。<br>(5)　被告が原告著書発刊の当時、糾弾を控えた理由に |

| | |
|---|---|
| | ついて。<br>3　被告の原告著書に対する論及には何ら違法性がない<br>全14頁<br>附表「原告小林の単著と被告原の論文との対照表」(2013年8月) 16頁 |
| 2013.11.26 | 第3回期日、被告「準備書面2」(18頁)「準備書面3」(7頁)、証拠3点(『「大東亜共栄圏」の形成と崩壊』、「『大東亜共栄圏』の経済的実態」、日本経済新聞2013.11.3) を提出。<br>**準備書面2** (2013年11月26日)<br>第1　被告の主張の前提<br>(1)　通常の「剽窃・盗用」事件と本件との差異。<br>(2)　未公表の被告報告の文章等の原告著書による公表。<br>(3)　被告文章等の原告による分断的使用と文章等の改変。<br>(4)　被告学会報告の公刊以前の原告著書の公刊。<br>(5)　原告著書の被告報告との対比(準備書面1添付「別紙」対照表)。<br>(6)　被告論文の「問題別・時期別」構成の原告著書による「時期別・問題別」への組み替え。<br>(7)　原告の論旨が被告の論旨に依拠している部分等。<br>第2　被告論文と原告著書との内容の対比<br>第3　「各地域における投資形態の差異」について<br>第4　「各地域における貨幣制度の差異」について<br>第5　「満州国」関係の満鉄・満鉄改組等について<br>被告最終講義における最後の学問的義務としての真実の剔抉<br>準備書面3 (2013年11月26日)<br>1　原告著書と被告の学会報告「『大東亜共栄圏』の経済的実態」(被告論文) との関係について。<br>2　被告の論述には何ら違法性がない。 |
| 2014.1.21 | 第4回期日、原告「第2準備書面」、「第3準備書面」を提出。 |
| 5.7 | 被告側証拠書類9点 (**早稲田大学経済学研究科「剽窃定義認定書」、神戸大学国際協力研究科「剽窃・盗用防止ガイドライン**)、THE OXFORD ENGLISH DICTIONARY、Webster's Third New International Dictionary. |

| | |
|---|---|
| 5.9 | 第5回期日、被告「準備書面4」(35頁+2図)提出。<br>**準備書面4**(2014年5月9日)<br>第1　本準備書面の内容<br>第2　**剽窃・盗用の定義について**<br>(1)　剽窃・盗用とは　研究・教育上の剽窃の定義　先行研究と後発研究<br>第3　原告による被告の研究の剽窃・盗用<br>(1)　被告の全体構想の剽窃等　原告著書の表題　原告著書の編別構成に利用された被告の用語法　時期区分　論理構成と全体的構想の編別構成　考察対象の総括的把握　各地域における投資形態の差異　各地域における「貨幣制度」の差異。 |
| 2014.8.20 | 第7回期日、原告「第4準備書面」(44頁)を提出。 |
| 10.29 | 第8回期日、**被告「準備書面5」**(55頁)、**証拠16点**提出(**被告学会口頭発表原稿、被告手書き清書原稿「『大東亜共栄圏』の経済的実態」、原告手書き原稿「課題」等**、被告の1974年10月12日、土地制度史学会共通論題準備研究会資料、原告の同日の報告資料、**原告の第2の報告資料**、『南方経済対策(改訂版)、外交史料館資料表紙等、原朗著作目録)、「政治経済学・経済史学会/土地制度史学会60年のあゆみ」、共通論題まえがき原稿、『日本戦時経済研究』書評2点、『昭和財政史(終戦から講和まで)』第1巻、桑野仁『戦時通貨工作史論の被告による書評)。<br>**準備書面5**(2014年10月29日)<br>第1　原告の基本的な誤謬と虚構。<br>4　データの剽窃・盗用。<br>5　先行研究と後発研究。<br>6　論理構成の全体的構想と編別構成(同書面第2の5)への再反論。<br>7　外務省マイクロフィルム。<br>8　依田教授に対する謝辞の欠落。<br>10「各地域における貨幣制度の差異(その4)通貨発行量のグラフ(同書面第2の8)に対する再反論。 |

| | |
|---|---|
| | 11　被告が告発をしなかった理由。 |
| | 12　原告が被告に対して謝辞を述べたことについて「原告による被告の研究の剽窃・盗用」への再反論。 |
| | 準備書面６（2014年12月18日）本件論述と名誉棄損における「公共に関する事実」 |
| 2015. 1 .14 | 第９回期日。 |
| 2 . 3 | 被告「準備書面７」（４頁）を提出。 |
| | 準備書面７（2015年２月３日）目的の公益性の判断基準 |
| 4 .12 | 被告「陳述書（案）」を作成。 |
| 4 .20 | 「論点対照一覧表」完成。 |
| 6 .24 | 第12回期日、原告「争点対照表」反論を提出。 |
| 9 . 1 | **支援者21名の会合、「公正な裁判を要請する要望書」**に署名。 |
| 9 . 7 | 「争点対照表」提出。 |
| 9 . 9 | 第13回期日。**要望書を提出。裁判長小野瀬厚に交代。** |
| 10. 1 | **「意見書」（京都大学　堀和生）を提出。** |
| | 原朗「堀意見書の参照箇所一覧」を提出。 |
| 10. 2 | **新方式の「争点対照表」**を提出。 |
| 10. 9 | 左陪席裁判官、論理構成の三次元・剽窃箇所につき質問。 |
| 10.11 | 「争点対照表」（被告の主張）完成 |
| 11.20 | 「別表１　論理構成の剽窃に関する対照表」 |
| 12. 2 | 再改訂「争点対照表」を提出。 |
| 12.25 | 裁判長、被告側代理人と和解につき協議。 |
| 2016. 1 .13 | 「堀和生意見書（案）」「争点対照表151202」「別表１」 |
| 2 . 5 | 「争点対照表」（被告の主張）（原告の反論） |
| 2 . 9 | 第16回期日。 |
| | 「準備書面８」（争点対照表への補足と歴史学における「独創性」） |
| 2 . 9 | **「意見書」（慶應義塾大学　松村高夫）を提出。** |
| | 準備書面８（2016年２月９日） |
| | 第１　「争点対照表」の記載内容に関する補足事項 |
| | 第２　歴史学における「独創性」 |
| | 1　年表の独創性 |
| | 2　一覧表やデータの提示方法の独創性 |

| | |
|---|---|
| | 3　歴史的事実に関する叙述の独創性 |
| 2016.3.2 | 原告、『満鉄「知の集団」の誕生と死』（甲48）提出、「特定の政治的立場」に言及。 |
| 4.17 | **「松村高夫意見書」**「準備書面８」「争点対照表」160205「別表１」 |
| 5.11 | 「準備書面９」（６頁）を提出<br>準備書面９（2016年５月11日）<br>要点　投資形態に関する各章節、貿易構造の特質、ブロック内各地域で異なる通貨制度を採用しインフレ進行速度の差から域内各地域間の物資移動・資金移動を制限しブロックとしての内実を欠く結果を生み、制約要因としての外貨不足・船舶不足とあいまって「共栄圏」が崩壊する論理を被告が総合的に解明。<br>小林著書あとがき「新たな視角から全面的に再構成し…「再構成の際、…大会報告準備のため、（原との）「数度の打ち合わせの討議が、本書作成に大いに役立った」 |
| 5.13 | **原告側和解案**「双方で等分に執筆した書き物を出す」、「しかしなるべく小規模に」、「原告・被告による陳述書は各四〇〇〇字（原稿用紙一〇枚）」、「発行部数は五〇部」、「意見書は入れず、双方の準備書面のいくつかを入れる」被告側は拒否。 |
| 9.13 | 第20回期日。**被告「陳述書Ｉ」**提出。裁判所の求釈明事項。「被告論文」以外の論文に関する争点一覧表の必要性）「争点対照表」に（被告の主張）最終記入。 |
| 11.1 | 「準備書面10」（３頁、裁判所の求釈明事項への回答）、「被告論文」以外<br>**準備書面10**（裁判所の求釈明事項（争点対照表「第７」の位置づけ）への回答<br>**準備書面11**　学問研究発展の基本的原則と研究成果発表時における引用の明記について |
| 2017.2.13 | 第23回期日、相手方「陳述書（案）」 |
| 4.28 | **被告「陳述書Ⅱ」**、**堀「意見書Ⅱ」**提出、**相手方は期限までに提出せず**。 |
| 5.10 | 原告「**陳述書**」（５月２日付）（甲）50提出、**剽窃事項に言及せず**。<br>**依田憙家「陳述書」**（１月20日付）提出、**剽窃事項に言及**。 |

| | |
|---|---|
| | **準備書面12**　被告が本件論述の内容を真実であると信ずるにつき**相当の理由**がある。 |
| 2017.５.10 | 第24回期日「**争点対照表**」に「原告の反論」最終記入。「被告の再反論」記入は不承認。 |
| ５.18 | 相手方「**意見書」（依田憙家）**（甲49）「証拠説明書」 |
| ６.１ | 堀「意見書Ⅱ」に関連する証拠書類13点を提出（浅田喬二氏執筆論文３点、原告著書『「日本株式会社」を創った男』、依田憙家・堀和生両氏を証人に申請する「証拠申出書」、証人の申請につき裁判所への「**意見書**」を提出。 |
| ６.７ | 相手方「**時機に後れた攻撃防御方法却下の申立書**」、「証拠申出書」原告のみを証人申請、依田氏を申請せず。 |
| ６.８ | 「時機に後れた攻撃防御方法却下の申立に対する反論書」（６.９付） |
| ６.９ | 第25回期日　裁判所、証人採否の判断を示さず |
| ６.15 | 裁判所、原告「時機に後れた攻撃防御方法却下の申立書」につき「**本件申立は理由がないから、これを却下する**」**と**「**決定**」。 |
| ６.20 | 裁判所、証人申請を留保、本人尋問のみとする方針 |
| ７.25 | 「準備書面13」および「原告著書目次と被告の論文との重複箇所一覧表」（乙67）を提出。<br>**準備書面13**<br>第１　訴訟手続き（立証過程）裁判における正確な事実認定は表裏一体、本件の争点は、争点対照表に記載事由で全て歴史学上の学問的専門性と深く結合。 |
| ７.27 | 原告「第８準備書面」（３頁）を提出、相当性に反論。 |
| ７.31 | 第26回弁論準備期日、**裁判長梅本圭一郎にふたたび交代**。証人採用の可否については現在考慮中、陳述書により内容の把握は可能、被告証拠書類２点につき原本の提出を求める。<br>準備書面14<br>第１　原告の第８準備書面への反論<br>第２　本件における立証課題と立証方法について |
| ９.14 | 第27回期日（証人採用と公判期日の決定）<br>尋問スケジュール　場所　東京地方裁判所５階526号法廷 |
| 12.27 | 乙70（「**意見書Ⅲ**」**堀和生**）を提出。 |

| | |
|---|---|
| 2018. 2. 5 | **第1回尋問**　証人尋問（午前10時00分より）<br>**被告側証人　堀　和生氏　主尋問**（25分）　**反対尋問**（25分）<br>**原告側証人　依田憙家氏　主尋問**（25分）　**反対尋問**（25分） |
| 2018. 2.10 | 原告側、証人尋問後に甲51（被告による原告論文の引用部分）、甲52（『中支那振興会社関係会社概況』）を提出。 |
| 2.12 | 原告側、本人尋問前日夕刻に甲53被告『満州経済統制研究』「あとがき」を提出（被告への反対尋問では51〜53に何も触れず）。 |
| 2.13 | **第2回尋問**　本人尋問（午前10時20分より）<br>**被告　原　　朗　主尋問**（60分）　**反対尋問**（80分）<br>**原告　小林英夫　主尋問**（60分）　**反対尋問**（80分） |
| 2.14 | 乙74『「大東亜共栄圏」と日本企業』（原告＝甲43）（弾劾証拠）<br>乙75「対照表」（被告代理人）（甲50と甲43を比較）（同上）<br>乙76『日本軍政下のアジア―大東亜共栄圏と軍票―』（同上）<br>**証人等調書**（堀和生、依田憙家、原朗、小林英夫） |
| 5. 7 | 被告側「**準備書面15**」（依田証人に関する**証拠弁論**）「**最終準備書面**」130頁＋附図、「尋問調書に関する意見書」（堀和生証人・原朗被告調書の誤記修正等） |
| 2018. 5.21 | 「**被告本人口頭陳述書**」「**被告代理人口頭陳述書**」を裁判所に提出。 |
| 5.22 | 法廷で**被告本人口頭陳述、被告代理人口頭陳述**（原告・原告代理人は口頭陳述を行わず）**結審、判決**は2018年9月3日。 |
| 8.23 | 判決日時を11月28日に延期と裁判所より通告。 |
| 10.31 | 判決日時を12月18日に再延期と裁判所より通告。 |
| 12. 4 | 判決日時を2019年1月21日にさらに延期と裁判所より通告。 |
| 2019. 1.21 | 「**東京地方裁判所判決**」（代読裁判長松田典浩） |
| 2019. 1.31 | 「控訴状」を提出 |
| 4.25 | 「控訴理由書」「意見書Ⅳ」「陳述書Ⅲ」、ほか証拠を提出 |
| 5.27 | 東京高裁控訴審第一回期日、即日結審 |
| 6.10 | 彩流社に質問状　　6.24　再度質問状　　7.9　三回目の質問状、同社に誠意なしと判断 |
| 6.27 | 小林英夫氏の処女論文「元山ゼネスト」に尹亨彬論文の文字数で48％もの盗用の存在を公表 |
| 6.30 | 「戦時経済研究会―原朗氏の著作をめぐって」開催、参会者 |

| | |
|---|---|
| | 80名 |
| 7.2 | 早稲田大学に小林英夫氏「元山ゼネスト」論文の大規模な盗用と著書再録に関し質問状 |
| 7.11 | 東京高等裁判所に公平かつ慎重な審理を求める127名分の署名を提出、Web署名82名分公開 |
| 9.18 | 東京高等裁判所判決、一審判決維持。 |
| 9.30 | 「上告状」を提出 |
| 11.26 | 「上告理由書」同「理由要旨」「目次」、「上告受理申立理由書」同「理由要旨」「目次」を提出 |